Heino Gehrts

Die „andere" Welt und Lebensweisheiten

Herausgegeben von Heiko Fritz

IGEL VERLAG

HAMBURG

Schriften zur Märchen-, Mythen- und Sagenforschung Band 4

Gesammelte Aufsätze 4

Heino Gehrts

Die „andere" Welt
und Lebensweisheiten

Mit einem Vorwort herausgegeben
von Heiko Fritz

Schriften zur Märchen-, Mythen- und Sagenforschung Band 4

Gesammelte Aufsätze 4

LITERATURWISSENSCHAFT

Heino Gehrts
Die „andere" Welt und Lebensweisheiten
Herausgegeben von Heiko Fritz
Schriften zur Märchen-, Mythen- und Sagenforschung Band 4,
Gesammelte Aufsätze 4

1. Auflage 2017
ISBN: 978-3-86815-715-4
Redaktion und Satz: Mirko Esquivel Olmos
© Igel Verlag *Literatur & Wissenschaft*, Hamburg 2017
Alle Rechte vorbehalten.
www.igelverlag.de
Covermotiv: pixabay.com

Igel Verlag *Literatur & Wissenschaft* ist ein Imprint der Diplomica Verlag GmbH
Hermannstal 119 k, 22119 Hamburg

Die Deutsche Bibliothek verzeichnet diesen Titel in der Deutschen Nationalbibliografie.
Bibliografische Daten sind unter http://dnb.d-nb.de verfügbar.

Heiko Fritz

Vorwort des Herausgebers

In diesem vierten Band der Aufsatzsammlung wird thematisch ein erster Abschluß erreicht. Denn das Ziel der Herausgabe der ersten Bücher war es, die universelle Geisteshaltung von Heino Gehrts, die in jeder seiner Arbeiten in nicht unerheblichem Maße die Ergebnisse mit beeinflußt, in möglichst großem inhaltlichen Umfang offenzulegen.

Bei einem groben Überblick über das hinterlassene Werk von Heino Gehrts kristallieren sich drei Kerngebiete heraus, die seine besondere Aufmerksamkeit beanspruchten: das Märchen (Inhalt von Band 1 der „Gesammelten Aufsätze"), die realitätsfernen bzw. -fremden Wirklichkeitserfahrungen (Band 2) und das spezielle „in-der-Welt-sein" der Menschen der initiatischen Kulturen, also der schamanischen und der rituellen (Band 3). Alle drei Interessenbereiche führten Gehrts nebenher auch zu dem Phänomen, das als Tod bezeichnet wird.

Der Tod war kein spezielles Forschungsfeld für ihn, die Beschäftigungen mit ihm ergaben sich vielmehr bei der Themenbearbeitung. Trotzdem rechtfertigt sich ein eigener Band, der sich diesem Gegenstand widmet und Heino Gehrts' Weltauseinandersetzung tatsächlich abrundet. Es zeigt sich nämlich in den folgenden Aufsätzen, daß mit den Fragestellungen über den Tod, die keineswegs in das Bemühen um eine bloße Phänomenbeschreibung münden, sich grundlegende Lebensfragen eröffnen, wie das Geborgenheitserlebnis (im Aufsatz „Vom Weltenbaum zum brennenden Baum") oder über die Wirklichkeit von solch geistigen Erfahrungen wie der Zukunft (im Aufsatz „Im Bummelzug durch Polygapo"). Die Erörterungen über die Erscheinungen des Todes scheinen also unverzichtbar, soll ein umfassendes Lebensverständnis erlangt werden, oder in ritueller Symbolik ausgedrückt: soll sich der Lebenskreis schließen.

Wenn dementsprechend der vierte Band in gewissem Sinne einen Abschluß bildet, wird der fünfte Band der „Gesammelten Aufsätze" von Heino Gehrts ein neuerlicher Anfang sein, der sich wieder mit der Märchenforschung beschäftigt und den einen Überblick verschaffenden einführenden ersten Band – auch durch die Ergebnisse der ersten vier Bände – substantiell erweitert und vertieft.

Diese Sammlung der Aufsätze hat also keinen streng wissenschaftlichen Aufbau in der Form, daß einzelne Themengruppen in einem Band erschöpfend behandelt werden, um sich dann im nächsten Buch einem neuen Gebiet zu widmen. Es wurde ja schon angedeutet, daß es ohnehin sehr schwer ist, bei den Arbeiten von Heino Gehrts eine derartig strenge Trennung vorzunehmen. Nur sehr wenige seiner Schriften bewegen sich inhaltlich in einem abgeschlossenen, einzelnen Fachgebiet. Selbst der noch gut abzusondernde Bereich der Märchenforschung weist mit Gehrts' Sichtweise, Herangehensart und Ergebnisgewinnung weit über jenes Gebiet hinaus, das andere bedeutende Märchenforscher in ihrer wissenschaftlichen Arbeit abgesteckt haben.

Hier zeigt sich einer von vielen weiteren Gründen, weswegen er in derartigen Fachbereichen nicht jene Bedeutung erlangt hat, wie es seine zum Teil grundlegend neuartigen Entdeckungen eigentlich fordern.

Heino Gehrts' wissenschaftliche Forschungsarbeit war dem Leben verpflichtet. Dessen Lebendigkeit ist durch die Bewegung zwischen Gegensätzen charakterisiert. Diesem Umstand geschuldet sah er bei seinen Beschäftigungen in spezifischen Wissenschaftszweigen keine Veranlassung, andere Wissensgebiete auszugrenzen, betrachtete sie vielmehr als Nährstoff für seine Bearbeitungen. Er wies bei einer ihn beschäftigenden Materie selten direkt auf den erarbeiteten Aussagegehalt hin, sondern er umkreise in seiner Darstellung geradezu das oft nur angedeutete Ergebnis, indem er aus den Perspektiven der verschiedensten Fachdisziplinen auf dieses schaute, um dadurch von ihnen eine zusätzliche Bestätigung seines Resultates zu erlangen.

So sah er sich auch immer wieder mit dem Phänomen konfrontiert, das alle Aufsätze in diesem Buch verknüpft: dem Tod.

Der Titel des Bandes hat diesen Begriff jedoch nicht zum Inhalt, er spricht von einer „anderen Welt". Damit ist angedeutet, daß es sich um eine ganz bestimmte Auffassungsweise vom Tod handelt, die eigentümlich ist für die initiatischen Kulturen.

Den Tod schlechthin, als exakt zu definierendes Ereignis, gibt es nicht.[1] Selbst heutzutage besitzen die Menschen verschiedene Vorstellungsarten vom Tod, wovon mittlerweile die beiden überzeugendsten der biologische Tod, sichtbar als lebloser Körper, und der geistige Tod, die Auflösung zu Nichts, sind. Letztere Auffassung bedeutet, auf das dem Tod verfallende

---

[1] Die verschiedenen Auffassungsweisen vom Tod in den unterschiedlichen Kulturen, die gekoppelt werden können mit den jeweiligen Gottesvorstellungen, sind ausführlich dargelegt in dem Buch von Heiko Fritz „Gott und der Tod", Talos Verlag, Hamburg 2012.

Selbstbewußtsein bezogen, den Verlust der Gegenwärtigkeit, womit gleichzeitig die Entziehung jeglicher Zukunft, aber auch die Einbuße der Vergangenheit einhergeht. Es ist für den Toten schlichtweg nichts mehr da. Dies wird auch von den Hinterbliebenen so aufgefaßt. Zwar ist für sie der Verstorbene noch präsent, aber als ein nicht mehr Anwesender. Und das Nichtvorhandensein des vormals Lebenden ist endgültig. Diejenigen, die zum Gestorbenen eine persönliche Beziehung haben, behalten ihn in ihrem Leben in Erinnerung. Jedoch mit ihrem Ableben verliert sich auch diese geistige Möglichkeit der Anwesenheit. Selbst Personen, deren besondere Lebensleistung von Jahrhundert zu Jahrhundert weitergetragen wird, bleiben nicht als Menschen im Gedächtnis, sondern der bloße Name wird mit dem Verdienst, der in irgendeiner Weise der Gegenwart eine lebendige Bedeutung zu geben vermag, verknüpft.

Es gibt nun eine Besonderheit der Erscheinung des Todes, die für alle Kulturausprägungen Geltung hat, aber durch ihre unterschiedliche Interpretation verschiedenartige Vorstellungen hervorbringt. In dieser Eigenheit unterscheidet sich der Tod grundlegend von anderen Lebenserscheinungen und gewahrten Geschehnissen: er kann nicht direkt erlebt werden. Es gibt demgemäß auch keine Erfahrung von ihm. Er ist ein Ereignis, das ausschließlich negativ wahrgenommen werden kann, als das Andere des Lebens.

Wenn in der Zivilisationskultur der Tod auf geistiger Ebene das Nichts bedeutet, ist er der genaue Gegensatz zum heutigen, logischen Verständnis vom Leben, dem allesumfassenden bzw. ausschließlichen Da-Sein im Diesseits. Deshalb ist das Jenseits leer, genauer: nichts. Selbst das, was als biologischer Tod bezeichnet wird, verbleibt im Diesseits, denn er kann beobachtet werden als Stillstand der Körperprozesse und als langsame Verwesung des Leibes.

Diese sich entsprechende Gegensatzvorstellung von Leben und Tod gibt es auch in den initiatischen Kulturen, nur sind sie dort inhaltlich anders bestimmt. Für die Menschen der initiatischen Kulturen existiert nicht nur eine ereignisreiche jenseitige Welt, es herrscht überdies die Überzeugung vor, daß das Jenseits das Diesseits bedingt, wie gleichbedeutend umgekehrt ohne das Diesseits das Jenseits nicht bestehen könne. Deswegen wird zwischen beiden Dimensionen ein Austausch angestrebt. Daß diese Beziehung nach heutigem Wissen keine reale ist, sondern eine logische, schmälert keineswegs die

Wirklichkeit des Geschehens.[2] Denn es darf dabei nicht vergessen werden, daß das, was der wissenschaftliche Mensch als Realität bezeichnet, auch nur eine logische Gestalt der Wirklichkeit ist.

In welcher Weise verstehen nun die Menschen der initiatischen Kulturen die andere Welt? Sehr eindrucksvoll zeigt das Heino Gehrts am Beispiel der Hopi-Indianer.

Bei ihnen feiern die Verstorbenen die gleichen Feste wie die Lebenden, allerdings jahreszeitlich im verkehrten Verhältnis. Das heißt, die Feste im Sommer feiern die Verstorbenen im Winter, die Frühjahrsfeste im ersten Teil der zweiten Jahreshälfte usw.[3] Hier wird die Auffassung des Todes als das „Andere des Lebens" besonders anschaulich. Der Tod ist die Umkehrung des menschlichen Diesseits oder andersherum formuliert, das Leben ist das Gegenteil des Todes. Da dieser Zusammenhang in den initiatischen Kulturen wirklich erlebt wird, ist es verständlich, warum in ihnen die Vorstellung vorherrscht, daß die eine Seite des Gegensatzes auf der anderen gründet, und zudem ist es nachvollziehbar, warum das Verständnis dieser wechselseitigen Abhängigkeit ein Bemühen um die Herstellung von Verbindungen zwischen Diesseits und Jenseits nach sich zieht.

Mit solchen Erkenntnisvoraussetzungen über Anschauungsformen der Menschen in den initiatischen Kulturen erschließen sich auch zunächst unverständlich erscheinende Handlungsweisen, wie beispielsweise die des Kultnarren. Er verhält sich mit seinem Gebaren und seinen Streichen so, wie es im alltäglichen Leben nicht üblich ist. Sein Auftreten steht also im Kontrast zu den Gepflogenheiten im gewohnten Leben. Somit ist er bei den Festen, auf denen er in Erscheinung tritt, wie Heino Gehrts schließt, ein Vertreter aus dem Totenreich. Der Narr verkörpert mit seiner Rolle also meist einen Toten.[4]

Wenn nun noch in Erwägung gezogen wird, daß das eben erwähnte Auftreten von Narren eingebettet ist in die für diesen Indianerstamm sehr ausgeprägten Maskenfeste, dann darf vielleicht ein Brückenschlag gewagt werden zu den Karnevalgeschehnissen in der heutigen Zeit.

---

[2]   Daß selbst solche logischen Geschehnisse wie Spukereignisse in der Welt Wirkungen erzielen, ist im Vorwort des ersten Bandes der „Gesammelten Aufsätze" kurz dargestellt. Heino Gehrts, „Gesammelte Aufsätze – Band 1", Igel Verlag 2014, S. 22–28.

[3]   Siehe dazu die folgenden Ausführungen von Heino Gehrts in den Aufsätzen „Von Tod und Toten in Urkulturen", S. 58, „Aus der geheimen Geschichte des Lichterbaumes", S. 114–115 und die „Die Gefahren der Geisterbegegnung", S. 186.

[4]   Heino Gehrts, „Gesammelte Aufsätze – Band 3", Igel Verlag 2016, S. 198 – Anmerkung 50. Hierher gehört auch der Zusammenhang von Kultnarr und Vielfraß: Heino Gehrts, „Gesammelte Aufsätze – Band 1", Igel Verlag 2014, S. 102ff.

Auch in diesen „tollen Tagen", wie sie in Deutschland mancherorts genannt werden, wird dem geordneten alltäglichen Leben eine strukturauflösende Ausgelassenheit entgegengesetzt.

Gleichwohl bringt der Gegenwartsmensch diese Handlungsweisen keineswegs mit Auffassungen vom Tod in Verbindung. Jedoch versteht er sie zumindest als Freiheit bzw. Loslösung von den Forderungen des sonst vorherrschenden Lebens, das, wie schon erwähnt, eigentlich immer die vollständige Erfüllung des menschlichen Da-Seins bedeutet. In diesem Sinne ist sein karnevalistisches Verhalten in einer rituell geregelten Zeit und einem rituell begrenzten Raum für sein wahrhaftiges Leben bedeutungslos; – es ist Nichts, hat demnach dieselbe Geltung wie das Phänomen des Todes.

An diesem Beispiel mit seiner zugegebenermaßen kühnen Verknüpfung von Ereignissen unterschiedlicher Kulturkreise wird zweierlei deutlich, zum einen ist es problematisch, die heutige, zivilisierte Weltsicht einfach unkritisch auf Vorstellungsweisen der Menschen in den initiatischen Kulturstufen zu übertragen, und zum anderen kann andersherum die weitgehend vorurteilsfreie Analyse des überlieferten Materials aus frühen Menschheitsepochen unter anderem Aufschlüsse geben über heutige Handlungsweisen, die auf den ersten Blick abseitig oder sogar abwegig erscheinen.

Anmerkungen des Herausgebers

Grundlage der hier vorliegenden Arbeiten von Heino Gehrts sind entweder die ursprünglichen schreibmaschinengeschriebenen Originale aus seinem Nachlaß oder die vom Autor selbst autorisierten Veröffentlichungen. Kam es zu einer Publikation eines Aufsatzes, ist dies bei der Überschrift erwähnt.

VON DEN TOTEN UND VOM TOTENDIENST

Spricht man im 20. Jahrhundert von Toten und vom Totendienst, dann gerät man bei so manchem in den Verdacht, daß man dem Aberglauben das Wort reden wolle. Denn was es auch immer an ehrenden Totenmeldungen und Gedenktagen für bedeutende Tote in unseren Medien geben möge, so haben doch weder die Sprecher noch die Hörer das Gefühl, daß sie Gegenwärtigen huldigen. Sie sprechen von der Vergangenheit und von Menschen, die nicht mehr leben. Vergraben und vergangen sind Schiller, Runge und Moltke, und kaum ein Dichter, Maler oder Krieger käme auf den Gedanken, sie um Hilfe bei seinem Werk anzurufen.

Ehedem war das anders. An den Malen, die man für die Toten errichtet hatte, konnte man sie anrufen. Zwar waren sie an dem Orte nicht ständig gegenwärtig, aber sie besaßen doch das Vermögen, dort sich einzustellen und dem Rufenden Hilfe zu leisten. Vor alters wurde vermutlich kein Mal errichtet, keine Malstätte angelegt, ohne daß man die Toten herbeigerufen und auch ihnen dort eine Heimstatt und einen Erscheinungsort zugewiesen hätte. Von all dem gibt es, wie sich versteht, noch Überbleibsel in unserer Zeit, aber nicht in jener allumfassenden Weise, die ehedem das ganze Bild der Kultur bestimmte. Ja, es mag sein, daß man von Kultur allein sprechen darf, wenn die Lebensordnung zugleich eine Einordnung der Toten bedeutet. Darum sollten wir uns dessen bewußt sein, daß die alten Steinpfeiler, die Steintische, die Höhlen und die gehegten Naturfelsen nicht nur Kraftfelder markieren, Quellpunkte der Erdmacht, sondern daß sie immer auch belebt waren und – wer weiß es! – noch sind von der Macht geweihter Toter.

Es waren drei Etappen, untereinander verbunden, in denen der Verlust der Totenwirklichkeit und -wirksamkeit eintrat. Die erste Stufe war die einschneidendste, die Mission. Und das Entscheidende war bei ihr nicht das Verbot des alten Glaubens, sondern das Verbot der alten Bräuche und Heiligtümer. Einen Glauben, der bloß im Glaubensbekenntnis zu bestehen brauchte, gab es ja ehedem nicht. Die alte Religion bestand in der lebendigen Verbindung aller Ereignisse, aller Handlungen, der festlichen Begehungen wie des Tagwerkes, des Herdes in jedem Hause, des Thie in der Dorfmitte und des Heiligtums unter Baum und Menhir draußen im Walde und auf dem Felde durch einen ererbten, alles vereinenden Sinn. Aus diesem Zusammenhang wurden damals die Steine, die Bäume, die geweihten Stätten, die Texte, die Reigen, die Maskenspiele herausgebrochen, und mit deren Verlust ward auch die Verbindung schütter zu den Toten, die ehedem dort und dabei verehrt, gesprochen und getanzt hatten.

Trotz alledem blieb doch manches lebendig. Die Toten wichen nicht alle von hinnen. An den Gräbern der Heiligen blieben die Hinübergegangenen gegenwärtig und hilfespendend; mancherlei Verbindung bestand zu den Arten von Seelen, die des Beistandes der Lebenden bedurften, der Gebete, der Messen. Daß die Art dieser Beziehung gewandelt war, ist in unserem Zusammenhang von geringerer Bedeutung; entscheidend ist, daß ein Zusammen- und Füreinanderwirken unter Lebenden und Toten noch möglich war. Die zweite Stufe, in der diese Verbindung weiter gelockert wurde, war die Reformation, und damit setzte auch der dritte Vorgang schon ein, mit dem überhaupt all dergleichen verworfen wurde – die Aufklärung, für die in wachsendem Maße nur das Dingliche, Sinnliche, Körperhafte als die Wirklichkeit galt. Es ist bekannt, daß die Aufklärung damit notwendigerweise auch zahlreiche Züge des Kirchenglaubens verwarf und jene Religion stiftete, die den Namen Deismus erhielt. Es gab nur noch den sehr abstrakten Gott, und für zahlreiche Priester und Pfarrer der Zeit war damit auch die Göttlichkeit des Erlösers abgetan. Zwar gewann in der Folge, im Gegenzuge zur Aufklärung, die Geistlichkeit manches Glaubensgut zurück, aber ein aufklärerischer Zug war in das Christentum nun doch eingedrungen.

Diese Wandlungen innerhalb des Kirchenglaubens hatten eine verderbliche Wirkung auch auf dasjenige an ererbter Weltanschauung, was uns hier interessiert. Noch lebte ja, mündlich überliefert, im Volke allerlei alte Tradition, die eben auch das Leben der Toten und den Verkehr mit ihnen betraf, lebten Märchen und Sage und mancherlei Brauchtum aus alter Zeit. All dies erschien nun als ein Aberglaube, der bekämpft werden mußte. Ein Aufzeichner von Sachsenwaldsagen im vorigen Jahrhundert, um 1875, sagt dazu: „Den ‚ohlen Ungeloben‘ nennen die Sachsenwäldler ihre mythologischen Erinnerungen und versichern, die Pastoren arbeiteten sehr eifrig an seiner endlichen Vertilgung. Die jüngere Generation weiß schon fast nichts mehr davon." – Gilt dies für den Norden, so wendet sich um 1850 ein schwäbischer Sammler „gegen die bürokratischen Verwaltungspraktiken, gegen das ‚Polizeiwesen‘, das die überlieferten Bräuche und Spiele empfindlich beschnitten hatte, gegen die kirchlichen – zumal die evangelisch-pietistischen Eiferer, denen alle ‚Volksfreude‘ verdächtig war, gegen die ängstlichen Verbote der

Spinnstuben und ähnlicher Zusammenkünfte", die ja eben der Wurzelboden aller lebendigen Überlieferung waren[1].

Wir machen uns im allgemeinen kein Bild davon, was diese Wandlungen für unser eigenstes Leben, unsern Lebenssinn und Lebensmut bedeuten. Ein wenig davon mag uns bewußt werden, wenn wir ein zweihundert Jahre altes Wort hören, nämlich die Klage Jean Pauls, „daß uns feindliche Taucher das in das Totenmeer fallende Ankertau zerschneiden wollen"[2] – oder ein Wort dieses Jahrhunderts, jetzt nämlich den Vorwurf, daß die materialistische Vergangenheit die Schuld trage an der „Verödung des Jenseits". Es handelt sich dabei nicht um schöne bildhafte Redensarten, sondern um klare Erkenntnisse über wirkliche Verluste, und will man diese abstrakter, im Begriffe unserer Zeit, psychologisch, ausdrücken, so könnte man sagen, daß uns die Nabelschnur zum Reich der Archetypen abgeschnitten sei. Bedenken wir, daß das Todeserlebnis von jugendauf das einschneidendste ist, dann verstehen wir, welche ungeheuren Verluste an seelischer Gesundheit in dieser Beziehung seit zweihundert Jahren eingetreten sind und daß ein Millionenheer von diesseits-geschulten Psychotherapeuten die „Verödung des Jenseits" nicht aufheben kann für die daran krankende Zeitgenossenschaft.

Unter diesen Mängeln und ihnen entsprechend sind wir im allgemeinen erwachsen und aufgezogen worden und wissen deswegen nichts vom Leben der Toten und von ihrer Welt. Davon eine notwendige Folge ist, daß uns die Bereiche des Todes als düster erscheinen, und zwar ganz unabhängig von der alten Höllenvorstellung: Licht der Welt, Licht des Himmels, Finsternis hinter dem Tode. Aber es gibt zahlreiche Berichte, nach denen gerade die Toten eines wunderbaren inneren Lichtes mächtig sind, das sie sogar den Lebenden aufleuchten lassen können. So bei der wohlbezeugten Erscheinung einer soeben Verstorbenen. Die Verwandte, der sie sich zeigt, weiß nichts von ihrem Tode, betet aber auf den Wunsch der Erscheinenden einen Gesangbuchvers ab, dem die Geistin still zuhört. Dann sagt diese: ‚,Nun muß ich wieder fort, ich will dir aber zuvor noch ein Licht machen.' Alsbald leuchtete das ganze Zimmer von einem wunderbar klaren und regenbogenfarbigen Licht auf, das alle Räume erfüllte, ohne daß eine besondere Lichtquelle erkennbar gewesen wäre ... Während dieses Lichtspiels ging die Gestalt wieder ... hinaus und

---

[1]   J. Wedde in „Jb. d. Vereins f. niederd. Sprachforschung", Jg. 1. Bremen 1875, S. 104. – Hermann Bausinger nach: Ernst Meier:, „Deutsche Sagen, Sitten und Gebräuche aus Schwaben", Stuttgart 1852, Nachdruck Jürgen Schweier Verlag, Kirchheim/Teck 1983.
[2]   Jean Paul, „Das Kampaner Thal", Einleitung.

verschwand …"[3] Dieses von innen her aufleuchtende Licht ist gewiß von derselben Art wie das, was an Steinmalen und anderen Heiligtümern geschaut und sogar fotografiert worden ist.

Wenn wir diese wohlbezeugte Lichtesmächtigkeit einer einzelnen Toten in unserem Jahrhundert einmal gelten lassen – und ich sehe keine Möglichkeit, sie logisch oder faktisch zu bestreiten –, dann leuchtet manche uns wunderbare dünkende Überlieferung aus dem Altertum um so eher ein, und wir sind weniger geneigt, sie für ein Werk von Täuschung und Aberglauben zu halten. In der altisländischen Eyrbyggjasaga findet sich die bekannte Vision vom Einzug eines soeben dem Tode Anheimgefallenen in den Ahnenhügel. Thorolf Mostrarbart hatte in der Gegend als erster Land genommen und dem Gebiet nach seinem Gott den Namen Thórsness gegeben. Dort lag auch ein Berg, dem er mit starkem Glauben zugewandt war und den er Helgafell, Heiligenberg nannte. Der Berg war eine Stätte des Friedens, weder Mensch noch Tier durfte dort getötet werden, und nur mit gewaschenem Angesicht durfte man dort hinschauen. „Es war der Glaube der Gesippen Thorolfs, daß sie alle in den Berg verstürben." Dem entspricht die Vision, die ein Schafhirt in der nächsten Generation hat. Der Sohn Thorolf Morstrarbarts, Thorstein Dorschbeißer, ist zum Fischen hinausgefahren und ertrinkt auf der Fahrt. Noch bevor man davon Kunde hat, bemerkt der Hirte, wie die ganze, dem Meere zugewandte Nordseite des Heiligenberges offensteht, daß große Feuer darin brennen und der Lärm eines Festes und des Biertrinkens herausschallt. Wie er sich bemühte, einzelne Worte zu verstehen, da vernahm er, wie Thorstein Dorschbeißer und seine Mannschaft im Berge willkommen geheißen wurden und daß dem Thorstein der Ehrensitz, seinem Vater gegenüber, angeboten wurde.[4]

Hätte nun der Hirt mit seinem Stabe nach dem offenen Berge getappt, dann wäre er sicherlich damit auf Fels und Sode gestoßen, und wir sind gewohnt, danach auf die Unwirklichkeit des Geschauten zu schließen. Es gab aber eine Zeit, deren Gewahrwerden gerade auf das Schaubare gerichtet war und nicht auf das, was wie bei uns ertappt und als Ertapptes an die allgemeine Bücherweisheit angeschlossen werden muß. Hier glimmt nur ein fahles Licht, nicht das von Helgafell. „Aus dem verschlossenen Ahnenhügel", sagt Wolfgang Giegerich in seinem Buch über die Atombombe, „aus den in der Pyramide vergrabenen Schätzen leuchtete offenbar ein Licht herein in das

---

[3] Emil Mattiesen, „Das persönliche Überleben des Todes", Berlin 1987, Bd. I, S. 141f.
[4] „Eyrbyggjasaga" Kap. 4, S. 11. „Landnámabók", Thule XXIII, S. 84f. Zum Vergleich die "Krossholar Auds", Thule XXIII, S. 90, Kaldbakshorn und Gunnars Grabhügel in der „Njálssaga", Thule IV, S. 56, 170ff.

Leben derjenigen, deren ganzes Sein um solche Orte der verborgenen Wahrheit geordnet war. Aus den Buchweisheiten der modernen Wissenschaft, sowohl denen der Naturwissenschaft als auch der historischen Wissenschaften, leuchtet das Licht der Wahrheit nicht mehr. Alles ist furchtbar richtig, aber in sich selbst verdunkelt, es gibt (s)ein eigenes Licht nicht mehr her."[5]

Mit solchen metapsychischen Einsichten wird, meine ich, die Distanz zu den alten Isländern und verwandten Bevölkerungen aufgehoben. Wir müssen nicht mehr von deren mehr oder weniger fremden oder gar abwegigen „Vorstellungen" sprechen, sondern können ihre Erlebnisse erkennen als in wahrer Wirklichkeit gegründet. Ganz dementsprechend werden wir dann auch zahlreiche sagenhafte Traditionen als von Wirklichkeit durchdrungen erkennen. Das Garn der Spinnstuben kann dann nicht mehr als abergläubische Spinnerei abgetan werden, sondern es hat als Zeugnis zu gelten für das eigentliche Gespinst des Lebens.

In einer besonders eigenartigen Weise sind Leben und Tod verwoben in der Erscheinung des Wilden Heeres, das in den deutschen Landen und in Skandinavien vielfach bezeugt ist und, landschaftlich verschieden, Namen trägt wie: das wilde Gfar, die sälig Lüt, das Nachtvolk, das wütende Heer, Muotesheer, wilde Jagd, Totenprozession. Der Anführer ist Wode, der Wilde Jäger, der Helljäger, der Schimmelreiter, Hackelbernt. Der Zusammenhang mit Odin – Wodan ist wohl nicht zu bezweifeln. Otto Höfler hat die Wilde Jagd in den dreißiger Jahren mit kultischen Geheimbünden aus germanischem Erbe zusammengebracht.[6] Er hat aber allzusehr an Maskenbräuche gedacht und damit manchmal das Entscheidende an dem Zusammentreffen von Toten und Lebenden verfehlt. Sicherlich sind in alter Zeit die Toten wirklich am Maskenfest zugegen. Aber für die Sagen liegt nicht das Fest der Lebenden im Angelpunkt, sondern der festliche Umzug der Totenseelen.

Meistens wird erzählt, daß das Wilde Heer mit großem Lärm daherzieht, mit Hundegebell, Jagdgeschrei oder reitermäßigen Rufen, aber auch mit Gesang und überaus wohlklingender Musik. Als seine Zeit werden meist Tage des Festkalenders genannt, die Zwölften, die Fronfasten, zur Fasnacht. Hören wir das Zeugnis des Johann Agricola, der ein Freund und Gesinnungsgenosse Luthers war. „Ich habe neben andern gehöret / von dem Wirdigen herrn Johann Kennerer Pfarrherr zu Mannsfeld / seines alters vber achzig jar / das zu

---

5   Wolfgang Giegerich, „Drachenkampf oder Initiation ins Nuklearzeitalter", Zweiter Band der „Psychoanalyse der Atombombe", Zürich 1989, S. 106.
6   Otto Höfler, „Kultische Geheimbünde der Germanen", Frankfurt am Main 1934.

Eisleben / vnd im gantzen land zu Mannsfeld / das wütend heere (also haben sie es genennet) fürüber gezogen sey / alle jar auff den Fasnacht Donnerstag / vnd die Leut sind zugelauffen / vnd haben darauff gewartet / nit anders / als solt ein grosser mechtiger Keyser oder König fürüber ziehen. Vor dem hauffen ist ein alter Mann hergegangen / mit einem weissen Stabe / der hat sich selbs den trewen Eckhart geheissen / Dieser alter Mann hat die Leute heissen aus dem wege weichen / hat auch etliche leute heissen gar heim gehen / sie würden sonst schaden nemen / Nach diesem man haben etliche geritten / etliche gegangen / vnd sind Leute gesehen worden / die newlich an den orten gestorben waren / auch der eins teils noch lebten. Einer hat geritten auff einem Pferde mit zwein füssen. Der ander ist auff einem Rade gebunden gelegen / vnd das radt ist von jm selbs vmbgelauffen. Der dritte hat einen schenckel vber die achsel genommen / vnd hat gleich sehr gelauffen. Ein ander hat kein Kopff gehabt / vnd der stück on massen. In Francken ist noch newlich geschehen / Zu Heidelberg am Nekar / hat mans offt im jar gesehen / wie man mich berichtet hat."[7]

Mir scheint, daß man einen solchen Bericht als Nachricht von einer wirklichen Erscheinung hinnehmen muß, vor allem auch deswegen, weil die Schilderung des Agricola nicht für sich steht, sondern weil ganz ähnliche vorliegen auch von anderen, so von dem Straßburger Domprediger Geiler von Kaisersberg um 1500, von dem Luzerner Stadtschreiber Renwart Cysat anfangs des 17. Jahrhunderts, von dem Leipziger Magister Johannes Prätorius aus dem Jahre 1668, und alle vier waren gelehrte Akademiker. Uns beschäftigt hier vor allem das Miteinander Lebendiger und Toter: „auch der eins teils noch lebten", wie Agricola sagt. Cysat schreibt: „Vnd hettend ouch lebende Lütt vss sonderer Andacht Gsellschaft vnd Fründtschaft zuo jnen; ettwan wandletend sy mit jnen, ettwan wurdent sy von jnen jn jren Hüsern besuocht." So geschehen in der Stadt Luzern im 16. Jahrhundert. Prätorius spricht in dem Zusammenhang von einer Menge Gespenster, „unter welchen so wohl lebendiger als todter Leute Gesichter in grosser Anzahl offte erkandt werden." Nach der ausführlichen Schilderung setzt er noch hinzu, „dass dieser Gespenster Kriegs-Heer nicht allein bey uns oben in Thüringen solche Possen machen / sondern auch in der Graffschafft Mansfeld beym Hartz-Walde / in Francken / Schwaben / ja auch andere Oerter herumb schweiffen sollen."[8]

---

[7]   Otto Höfler, „Kultische Geheimbünde der Germanen", Frankfurt am Main 1934, S. 39.
[8]   Ebenda S. 315, 73f.

Ein solches Miteinander von Lebenden und Toten, wie es uns aus dem 16. und 17. Jahrhundert bezeugt ist und das uns heute ganz fremd erscheint, so daß wir die Schilderungen womöglich als täuschenden Aberglauben verwerfen, leuchtet uns vielleicht etwas eher ein, wenn wir den Titel eines Buches, das ein Psychologe und Therapeut geschrieben hat, ernst nehmen: „Die Toten leben unter uns".[9] In jener aufdringlichen Weise zeigte sich das Zusammenleben freilich nur bis in die Zeit des Prätorius; in der Folge schwächt sich die Erscheinung ab, sicherlich bedingt durch seelische Wandlungen in der europäischen Menschheit.

Ziehen wir aber noch einen Bericht aus dem Anfang des letzten Jahrhunderts heran. Da ist uns aus der Lausitz die Nachricht von einem Baron von Reibnitz überliefert, der seit seiner frühen Jugend gehört hatte, daß in der Gegend der wilde Nachtjäger sein Wesen habe. Gleich, nachdem er selbst in den Besitz des väterlichen Gutes gekommen war, gab er die strengsten Befehle, ihm zu jeder Stunde, wenn die Begebenheit sich ereignen würde, Meldung zu machen. Als dies nun geschah, ist er sofort mit seinem Jäger ausgeritten. Sie hören Rüdengebell und den Klang des Hifthornes, reiten immer darauf zu, schließlich kommt die Jagd gerade auf sie zu, die beiden reiten ihr noch entgegen. „Wie eine Windsbraut rauschte es mit Sang und Klang in einer Entfernung von kaum vierzig Schritt bei uns vorüber, die Rosse schnoben und scheuten, das Pferd meines Jägers überschlug sich." Glücklicherweise blieben Mann und Roß unverletzt, und die beiden unerschrockenen Männer jagten noch einmal hinter der Jagd her, aber nun entfernte sie sich mit Rüdengebell, Hifthornklang und Hufschlag „in den entlegenen Haiden". So weit der Baron von Reibnitz, der aber, im Gegensatz zu den älteren Berichten, nichts gesehen, nur gehört hat.[10]

Ich nehme noch einen entfernt verwandten Bericht aus unserem Jahrhundert hinzu, nach dem ebenfalls nur gehört und nur bedingt gesehen wurde. Er stammt von Carl Gustav Jung, der nicht nur bedeutend ist als Psychotherapeut und psychologischer Schriftsteller, als Verfechter des kollektiven Unbewußten und der Archetypen, sondern zumal auch wegen der Voraussetzung zu solchen wissenschaftlichen Anschauungen: ihm ist auch eine Reihe von Erlebnissen zuteil geworden, die in diesem Jahrhundert außerordentlich sind. Eines davon trug sich im Vorfrühling 1924 zu, als er, damals

---

[9] Friedrich W. Doucet, „Die Toten leben unter uns. Forschungsobjekt Jenseits", Genf 1987.
[10] Karl Haupt, „Sagenbuch der Lausitz", Nachdruck Hildesheim 1977, Bd. I, S. 124f.

etwa fünfzigjährig, einsam in seinem Turm am oberen Zürichsee nächtigte.[11] Da erwacht er von leisen Schritten, die das Haus umkreisen. Zugleich ertönt auch eine ferne Musik, die näher und näher kommt, und dann lassen sich Stimmen hören, Lachen und Reden. Jung, nun hellwach, besinnt sich darauf, daß auf dem einsamen Pfade am Haus gar niemals solch ein Verkehr im Gange gewesen ist, öffnet die Fensterläden und schaut hinaus – in eine lautlose Welt. Er legt sich wieder hin, verfällt in leichten Schlaf, und sogleich beginnen Schritte, Sprechen, Lachen und Musik aufs neue. Er sieht nun auch, offenbar in einem trancehaften Schlummer, daß ein paar hundert dunkel gekleidete Gestalten, vielleicht Bauernburschen in ihrer Sonntagstracht, beiderseits den Turm umströmen – mit viel Getrappel, Gelächter, Gesang und Akkordeonspiel. Verärgert durch den Lärm und erwacht, springt er abermals auf, öffnet Fenster und Läden, „aber alles war gleich wie zuvor, eine totenstille Mondnacht. Da dachte ich: das ist ja einfach Spuk."

Jung sagt, daß seine Phantasie sich noch lange mit diesem sonderbaren Traumerlebnis beschäftigt habe. Es war insofern eigenartig, als dieser Traum, im Gegensatz zu allen anderen, nachdrücklich auf Wirklichkeit und Wachsein bestand. Einen Sinn habe er erst später erkannt, als er von einem Erlebnis des Rennward Cysat las. Dieser wurde „bei einer Pilatusbesteigung nachts gestört durch einen Zug von Leuten, die mit Musik und Singen an beiden Seiten der Hütte vorbeiströmten – genauso, wie ich es im Turm erlebt hatte. Am nächsten Tag fragte er den Senn, bei dem er übernachtet hatte, was das zu bedeuten hätte. Dieser wußte ohne weiteres Bescheid: das müßten die ‚sälig Lüt' gewesen sein, nämlich das Wotansheer abgeschiedener Seelen. Die pflegten in dieser Weise ‚umzugehen' und sich bemerkbar zu machen." – Jung bezieht sich hier also auf ein eigenes Erlebnis des Cysat, draußen am Berge, während ich oben eine Kunde Cysats aus der Stadt Luzern angeführt habe, die ihm durch Erzählungen vermittelt wurde.

Von einer merkwürdigen Parallele aus einem anderen Erdteil berichtet Hans Dieter Klingelheller in der Spille II, 1986: „In einer südamerikanischen Indianersiedlung erlebte ich ein eigenartiges Jaulen aller Hunde in der Nacht. ‚Das ist der alljährliche Durchzug der Ahnenseelen', erklärte der Dolmetscher. ‚Sie können von Hunden wahrgenommen werden.'"

Es ist klar, daß solche menschheitsweiten Geschehnisse an den untersten Boden unserer Existenz rühren. Worin bestehen Leben und Tod, wenn die

---

[11] Carl Gustav Jung, „Erinnerungen Träume Gedanken", Zürich 1967, S. 233ff.

Tiere, ebenso die Hunde des Indianerdorfes wie die Pferde des Barons von Reibnitz, von einer solchen Erscheinung dermaßen aufgeregt werden? – Die Lebendigkeit des Tieres ist stärker als die unsere im Leiblichen verwurzelt. Darum werden sie auch um so stärker erschüttert und außer Fassung gebracht, durch eine Manifestation abgeschiedener Seelen. – Was aber bewirkte ehedem diese Manifestation im Menschen? Besinnen wir uns noch einmal darauf, daß nach den alten Schilderungen des Muotesheeres Tote sowohl wie Lebende im Zuge beobachtet werden, so können wir uns die Frage vorlegen, worauf eigentlich jenes Erlebnis Jungs abzielte. Die Antwort möchte dann lauten: noch vor 300 Jahren wurden die Seelen Träumender vom Zuge des Nachtvolkes hingerissen, so daß sie ausfuhren und sich den Toten anschlossen. Im 20. Jahrhundert fahren wir auf aus dem Schlaf, besinnen uns darauf, daß wir geträumt haben, und der Ruf der Toten: Fahr auch du mit! – verhallt ungehört.

In alter Zeit hätten die Sälig Lüt den Jung nicht aus der leichten Trance geweckt, sondern hätten sie vertieft und verwandelt in eine Exkursion, eine Seelenausfahrt. Wir sind uns im allgemeinen geistiger Wandlungen in unserer Weltauffassung bewußt. Daß es aber seelische Veränderungen gibt, die unser Weltverhältnis grundlegend wandeln, das müssen wir noch zu begreifen und auszuwerten lernen.

Otto Höfler hat in seinem Werk über kultische Geheimbünde der Germanen die Auffassung vertreten, daß die alten geschichtlichen und sagenhaften Nachrichten sich auf Maskenspiele der Lebenden bezogen hätten. Das trifft gewiß auf eine weit ältere Zeit zu, die Zeit des Heidentumes, und in den Masken wären da auch die Toten anwesend gewesen. Aber die späteren Mitteilungen über die Wilde Jagd handeln doch gewiß nicht mehr von leibhaft durchgeführten Riten, sondern von Erscheinungen des Totenheeres, an denen dann aber die der Ekstasis fähigen Lebenden noch immer sichtbarlich teilgenommen hätten. In beiden aber, im Maskenaufzuge wie in der Prozession der Sälig Lüt hätte sich ein wunderbar wechselseitiges Verhältnis der Lebenden und der Toten abgespielt – auf Seiten der Lebenden dann eine Form des Totendienstes.

Mit dem Augenblick des Hinscheidens beginnt der Totendienst. Der Leib, jählings von der ihn bewegenden Kraft verlassen, bedarf noch mancher Handreichungen Lebender. Aber frühzeitig wird auch an die Bedürfnisse der Seele gedacht. Als Beispiel führe ich einen sonderbaren Brauch an, von dem Friedrich Ranke erfuhr, als er in München seine Sammlung deutscher

Volkssagen diktierte.[12] Da berichtete ihm nämlich die Schreibkraft vom Tode ihres Mannes, daß ihr Schwiegervater dabei war, „und der hats doch nicht anders getan, er ist gleich, so wie er tot war, hinübergelaufen zum Krämer und hat sich da ein Glas ausgesucht, ein ganz bestimmtes mußte es sein. Da hat er Wasser hineingegossen und hats auf einen Tisch ganz nah ans Fenster gestellt, daß die Seele sich waschen kann. Und dann hat er daneben so ein Nägele in die Wand geschlagen und hat ein Stückle weißes Leinen dran gehängt, daß die Seele sich abtrocknen kann. Bei all meinen Schmerz hab ich doch lachen müssen; aber ich hab nix sagen dürfen, weil er so fest dran geglaubt hat. – Die erste Zeit nachher hab ich das Glas so gern gehabt, daß ichs alleweil auf meinem Waschtisch stehn gehabt hab. Aber das ist jetzt schon vorbei. Jetzt trink ich halt meine Limonade draus, und ich nenns noch immer das Seelenglas. – Na so ein spaßiger Glaube, daß die Seele sich wascht und abtrocknet! aber so fest wie ers geglaubt hat!"

An dieser etwas spaßhaften Geschichte ist doch zweierlei merkwürdig. Zum einen, daß die Witwe trotz allem das Seelenglas eine Weile gern hat, daß es für sie zunächst aus der Vielzahl der Gebrauchsgegenstände herausgehoben ist und erst später wieder dahinüber wechselt, – und zum andern die Überlegung, daß sich der Schwiegervater nicht so ganz lächerlich verhalten hat, nämlich dann nicht, wenn die Totenseele noch wahrnimmt, wofür es viele Zeugnisse gibt, und natürlich die Befolgung des ihr vertrauten Brauches erwartet. Freilich gibt es im Totenbrauchtum Züge, die uns sinnlos dünken, so beispielsweise in einem Bericht, den auch Friedrich Ranke zitiert: danach brachte noch am 4. September 1912 „ein Witwer bei Erlangen seiner verstorbenen Frau Fleisch ins Leichenhaus und warf ihr bei der Beerdigung Würste ins offene Grab, ‚damit die Resl nicht zu hungern braucht.'" Es ist leicht, heutzutage über dergleichen abzuurteilen oder gar zu lachen; doch letzten Endes ist es schwer zu entscheiden, ob denn das Speiseopfer und die Trankspende, die weltweit und seit Jahrtausenden brauchtümlich waren, wirklich im September 1912 sinnlos geworden sind.

Welchen Sinn hatten Schuhe und Pilgerstab im Grabe, die dem Toten für seine Reise ins Jenseits mitgegeben wurden? Genügt es zu sagen, daß sie symbolische Bedeutung hätten, lediglich Zeichen seien? Oder bedeuten sie für den Toten mehr, ist für ihn Symbol eine besondere Art von Wirklichkeit, seine neue gewandelte Art von Wirklichkeit? Ein wenig kann uns zu

---

[12] Friedrich Ranke, „Die deutschen Volkssagen", 2. Aufl. München 1924, S. 52, 279.

einer Antwort eine Aussage der Hopi-Indianer verhelfen, die beim Speise-opfer sagen – denn sie sehen ja auch, daß die Speisen stofflich nicht ver-zehrt werden –: daß die Toten nur den Hauch davon nehmen, also etwas wie die Seele der Stoffe, – ein logischer Zusammenhang, daß Seelen nur vom seelischen Bestandteil leben. So wären denn Stab, Gewandung und Schuhe auch eine seelische Kraftspende an den Toten, der die Wanderung antritt in das Reich eines verwandelten Daseins. Von den Toten würden wir lernen, daß Symbole nicht bloße Zeichen sind, sondern lebendige Mächte, „Ach-sen", wie Ludwig Klages sagt, „um die zu unabsehbaren Wirbeln Seelenstoff zusammenschießt."

Für manchen Verstorbenen, auch wenn er die Todesreise mit Zuversicht antritt, wird sie doch eine Fahrt ins Ungewisse sein. Die alten Bilder von den Engeln, die den Verstorbenen geleiten, sind entfärbt. Es gab Kulturen, die im einzelnen Ratschläge für jenen Weg vermittelten, so in Tibet und im alten Ägypten durch die Totenbücher. Auch bei den Azteken gab es schriftliche Unterweisungen für den Totenweg. In allen diesen Schriften war ein farbiges, gestaltenreiches Bild vom Jenseits niedergelegt. Bei uns gab es in früheren Jahrhunderten die „Artes moriendi", Bücher über die Kunst des Sterbens. Die Griechen kannten den jenseitigen, den göttlichen Geleiter der Toten, Hermes Psychopompos, der bei Homer auch die Seelen der von Odysseus getöteten Freier geleitet bis auf die Asphodeloswiese, wo sie den Seelen des Achill, des Patroklos und anderer begegnen. In den alten schamanischen Kulturen aber gab es für die Verstorbenen einen menschlichen Totengeleiter, den Schama-nen, der vermöge seiner Hilfsgeister den Toten bis an seinen Ort führte und der von dort die Kunde von seiner guten Aufnahme und Grüße von den früher Hingeschiedenen mitbrachte.

Es mag auch in diesen Kulturen Tote gegeben haben, die sich trotz aller Fürsorge verirrten, die an den Umkreis der Lebenden gefesselt blieben, die den Weg der Wandlung nicht zu gehen vermochten. In unserem eigenen Um-kreis gibt es zahllose Berichte von derartigen Verirrungen, und seherische Menschen sind gelegentlich belagert und bedrängt worden von solchen „Ar-men Seelen" und zum Geleit und Gebet für sie gezwungen worden – so die durch Justinus Kerner berühmt gewordene „Seherin von Prevorst", Friederi-ke Hauffe, so in unseren Tagen Eugenie von der Leyen. Auch Maria Silbert, ein hochbegabtes Medium der Zeit nach dem Ersten Weltkrieg, ist einmal zu einer solchen Erlösung gezwungen worden, zur Befreiung von Seelen der napoleonischen Zeit, der Seelen selbst und des Hauses, in dem sie bis dahin gespukt hatten. Mit einem solchen Ereignis, das von kritischen gebildeten Zeugen geschildert worden ist,[13] erlangen vielerlei als Sagen bezeichnete Überlieferungen mit eins den Charakter der Wirklichkeit.

Es erscheint bemerkenswert, daß solche irrenden Seelen, Menschen, die sich im Leben vergangen hatten, oder solche, deren Leben nicht zum rechten Abschluß gekommen war, im „Wilden Heer" eine Zuflucht fanden. Dort liefen Kriegstote mit, Verunglückte, Hingerichtete, – und es scheint in den Berichten so, als sei ihnen diese Art des Umgehens gerade recht. Doch war dies Heer nicht etwa nur eine Rotte wilden, ungebundenen Tobens, sondern ihr lag eine Ordnung zugrunde, kenntlich zumal an dem mehrfach bezeugten „ansehnlichen alten und grauen Mann",[14] der den Namen „getreuer Eckhard" trägt, der vorausgeht und die Neugierigen vom Wege weist.

Ein Beispiel für einen Verunglückten, der einer Hilfe bedarf, gibt eine Sage aus dem Ultental in Südtirol. „Ein Ultner, – ein gar fröhlicher Mann, welcher bei keinem Heimsitz fehlte und immer da war, wo sich ein paar Leute fanden, kam auf seinem Wege bei Weißbrunnen unter die Lawine und ging zugrunde. Auf dem Bauerngute, wo er früher als Knecht gedient hatte, wurde er bald vergessen, und die frühere Fröhlichkeit kehrte wieder. An einem Winterabende aber, da die Ehhalten gerade beim Kartenspiel saßen und sich aufs beste unterhielten, wurde auf einmal hinter dem Ofen ein Weinen laut. Man ging gleich hin, um nach dem Weinenden zu sehen, und fand zu aller nicht geringem Erschrecken den Knecht, der unter die Lawine geraten war. Darauf entschloß man sich, ihn anzureden und fragte, warum er denn noch auf der Welt umgehe? Der Tote antwortete: Ihr lacht und scherzt und könnt beisammen sein; ich aber muß armselig auf der Welt umgehen, bis meine Lebenszeit aus ist. Denn als ich von der Lawine erwischt wurde, waren meine Tage noch nicht zu Ende, und ich muß jetzt, obwohl mein Leib schon hin ist, noch auf der Erde wandeln und erwarten, was für ein Gericht über mich ergehen wird. Oft komme ich beim Weißbrunnen vorbei, – dort, wo mein Leib verlahnt ist und verfault. – Dann sagte er: Die Nacht ist lang. Und es ist schwer, im Finstern draußen sein zu müssen. Seid doch so gut und laßt mir manchmal ein Licht brennen, weil ich sonst gar so traurig sitzen muß. – So sagte der Geist, und in dem Augenblicke, da er die Rede geendet hatte, schwand er hin. Die auf dem Hofe aber haben ihm immer eine Lampe angezündet."[15]

---

[13]   Rudolf Sekanek, „Mutter Silbert. Ein Opfergang", Remagen o. J. S. 209–215.
[14]   So Prätorius bei Otto Höfler, „Kultische Geheimbünde der Germanen", Frankfurt am Main 1934, S. 74.
[15]   Will-Erich Peuckert, „Kleines deutsches Sagenbuch", Potsdam 1939 u.ö., S. 63f.

Uns ist es schwer vorstellbar, wie die Lampe im Hause hineinscheinen könne in die Nacht eines vereinsamten Toten. Aber diese Lampe leuchtet nicht allein im Körperraume, sondern mit dem Wunsch und Opferwillen der Nachlebenden hinüber in den Bannkreis der Totenseele.

Wie etwas Ähnliches geschehen könne vermöge eines Steines, erzählt eine pommersche Sage: „Es liegt im Dorfe Kerzig, eine halbe Meile von Naugard, ein großer Stein, von dem die Leute sagen, daß es ein Schäfer gewesen sei. Der wurde verwünscht, niemand weiß recht warum. Doch eines Tages kam er auf den Hof getrieben, lang eh es Zeit war, und er ließ die Herde gehen und trat zum Herrn. Was willst du? frug ihn der. – Ach, Herr, antwortete er und sagte ihm, was kommen würde, und wenn das ist, und ich komme einmal nicht mehr heim, und ihr seht draußen vor dem Dorfe einen Stein, dann bitte ich euch bei Gottes großer Barmherzigkeit, laßt ihn nicht draußen liegen, sondern nehmt ihn heim ins Dorf. Denn, Herr, mir graut, allein im Felde stehen zu müssen! Es graut mir vor der großen steinernen Einsamkeit. – Seid Ihr sie nicht gewohnt? Ihr treibt doch immer draußen? – Der Schäfer schüttelte nur den Kopf und sprach: Weil ich am Abend wieder unter Menschen sitzen darf. – Da sagte er's ihm zu und hat ihn eingeholt.“[16] Der Schäfer verliert sich in der Einsamkeit des Todes draußen, aber mit dem Stein gelangt er zurück in die Mitte, unter die Lebenden.

Die Totenlampe und der Malstein sind Bestandteile des Totenkultes. Dessen Hauptanliegen war die Bestattung, ein Wort, das deutlich zeigt, worauf es ankommt: dem Toten eine Statt, eine Stätte zu geben. Dabei ist zu bedenken, daß es auf zweierlei ankommt: den Leib zu bergen und der Seele eine Heimstatt zu bieten.

Wenn wir an den Brauch des Kenotaphes denken, des Leergrabes, dann muß uns der Dienst für die Seele der wichtigere dünken. Das Verbrennen des Leibes, seine Hingabe an Wind und Wetter, an Geier, Raben und Adler, das Versenken im Meer mag uns darüber belehren, daß es bei diesem Teil der Bestattung oft nur darum ging, des Leichnames ledig zu gehen, ihn der Auflösung anheimzugeben, um den Blick auf das wahre Nachleben freizubekommen. Von dorther wird auch das zunächst hart und pietätlos anmutende Wort des Herakleitos verständlich: Eher noch als Mist verdienen Leichen, daß man sie fortwirft. – Aber auch ein deutscher Denker und Dichter, dessen Sinnen ein Leben lang um Tod und Unsterblichkeit kreiste, Jean Paul, hat vor

---

[16] Will-Erich Peuckert, „Kleines deutsches Sagenbuch“, Potsdam 1939 u.ö., S. 65.

der Art Leid gewarnt, die er die Körpertrauer nannte; er rief dazu auf, den Blick auf die fortlebende Seele zu lenken. Merkwürdig ist, daß in einer Reihe altisländischer Sagen die allzu große Fürsorge für den Leichnam geradezu Gefahren heraufbeschwor: der Tote im Grabe erhielt damit eine verderbliche vampyrische Macht, und dann bedurfte es noch besonderer Maßnahmen, um den Toten zu töten, der Verbrennung, Enthauptung, Pfählung der Leiche.

Verkennen wir also die Bestattung nicht als Maßnahme der Körpertrauer, sondern sehen wir in ihr, wie es die pommersche Sage zeigt, die Ausrichtung einer Heimstatt für die Seele. Von einem solchen Grundgedanken her sind ja auch die Totentafeln und die Puppen verständlich, durch die man in manchen Kulturen mit den Ahnen verkehrt. Verständlich werden auch dann erst die gewaltigen Bauten, die an vielen Orten für Tote errichtet worden sind, und deren Sinn weit über den einer Leichenfürsorge hinausgeht. Ehrfurcht gebietend großartig ist schon der älteste Steinbau in der Geschichte des menschlichen Bauens, das Ganggrab Newgrange – in dem irischen Gräberfeld um den Fluß Boyne. Kultisch gilt das Gebiet als die Mitte des Landes, in der Nähe lag die alte Hauptstadt Tara. Die Gegend ist für ihr geheimnisvolles Leben, als Rückzugsgebiet der alten Götter, die in den Grabhügeln wohnen, bis in unsere Zeit berühmt geblieben.

In dem Hügel von Newgrange führt ein fast zwanzig Meter langer Gang, beiderseits flankiert von aufgerichteten Steinplanken, in die hohe Grabkammer, die noch drei kleinere Seitenkammern hat. Besonders eigenartig in diesem Bauwerk von mehr als fünftausend Jahren Alter sind die zahlreichen Verzierungen, die an den Steinblöcken angebracht sind, die vielfältigen konzentrischen Kreise, Rillen, Vertiefungen und vor allem die Spiralen. Am bedeutungsvollsten erscheint uns, daß über der Oberschwelle am Eingang sich noch eine Art Fenster befindet und daß zur Zeit der Wintersonnenwende bei Sonnenaufgang das Licht dort einfällt, durch den langen Gang bis in die Kammer dringt und die Vorderkante eines Steinbeckens in der Endkammer bestrahlt. Das wird so nicht um der Zeitmessung willen eingerichtet sein, es setzt vielmehr die Beobachtung der Gestirne an anderen Stätten voraus. Hier im Grabe hat der Sonneneinfall sicher eine totenkultliche Bedeutung. Beim tiefsten Sonnenstande, im Aufgange und wenn die Sonne sich wendet zum jährlichen Aufstiege – erreicht sie das Innere des Grabes: eine Sonnenbahn, die nun auch für den Toten eröffnet ist.[17]

---

[17]   Jean McMann, „Rätsel der Steinzeit", Augsburg 1989, S. 23ff.

Bedenken wir, daß alles im Leben der damaligen Menschen rituell geordnet war, und das bedeutet auch: kosmisch geortet war, dann sehen wir in dem Sonnenblick, der am ausgezeichneten Tage in die Totenkammer fällt, daß die kosmische Ordnung den Toten nicht etwa aus sich entlassen hat, sondern ihm zur rechten Stunde eine lichte Bahn eröffnet zum Aufstieg im Geleite der Sonne. Daß dies wirklich so gemeint gewesen sein kann, vermag uns vielleicht eine indische Überlieferung zu bestätigen. Der Halbgott Bhīṣma, in der Schlacht tödlich verwundet, vermag doch seine Sterbestunde selbst zu bestimmen, und er verschiebt sie auf die Jahreszeit, da die Sonne im Steigen ist.[18]

Kosmisch geortet und eingeordnet waren zumeist auch sonst die Gräber jener Zeit. Die gewaltigsten Zeugnisse dafür sind jene Bauwerke, die einmal als die ältesten Grabmäler galten, die Pyramiden, von denen wir heute wissen, daß sie um einige Jahrhunderte jünger sind als Newgrange und seine Zeitgenossen. Wir wissen ferner, daß auch aus ihnen der tote ägyptische Herrscher seine kosmische Wanderung antrat an seinen Ewigkeitsort. Ja, ich erinnere mich an einen Vortrag von Wilhelm Kollmar aus Blankenese, der die Ansicht vertrat, daß der steinernen Pyramide noch eine ideelle oder virtuelle Pyramide, schräg gekippt, eingelagert war, diese vielleicht die eigentliche Pyramide. Denn sie wurde an einem bestimmten Zeitpunkt der Totenfeiern zeremoniell umgeklappt zum Ebenmaß mit der, die wir sehen, und damit verlieh sie dem Toten den Impuls zu seiner Himmelfahrt. Eine schwer zu beweisende Vorstellung, aber merkwürdig genug, um sie zu erwähnen, und jedenfalls von fern verwandt mit dem Sonnenwendstrahl in der Totenkammer von Newgrange.

Noch ein anderes gewaltiges Totenmal will ich erwähnen, weit jünger als die Gräber am Boynefluß in Irland oder die Pyramiden am Nil, doch immerhin 2200 Jahre alt, kosmisch geortet und unter ungeheurem Arbeitsaufwand geschaffen. Ich meine die Grabanlage des Ch'in Shih Huang-Ti, des ersten Kaisers von China, wie er sich selber bezeichnete. Diesen höchst fähigen, aber auch sehr despotischen Herrscher hat von Anfang an der Gedanke an den Tod, den er einst sterben mußte, bedrängt, und er hat ihm auszuweichen gesucht bis zum letzten Augenblick. Noch am Ende hat er gehofft, daß ein rettendes Schiff ihm die Unsterblichkeitsdroge übers Meer brächte. Gleich zu Anfang seiner Herrschaft aber hat er damit begonnen, seine ungeheure

---

[18] Heino Gehrts, „Mahābhārata. Das Geschehen und seine Bedeutung", Bonn 1975, S. 64f., 118f.

Grabanlage zu schaffen, schließlich, als das Reich befriedet war, unter Einsatz von 700.000 Soldaten als Arbeitern.

In China ist die Ortung der Gräber seit alter Zeit bindende Vorschrift, und daher ist auch Shih Huang-Tis Nekropole nach den Kardinalpunkten ausgerichtet. Im Zentrum liegt der gewaltige, fast 50 Meter hohe Hügel, der das eigentliche Mausoleum birgt. Er ist von einem Mauerrechteck umgeben, das nach Westen, Norden und Osten je ein Tor hat. Dies wird nochmals von einer Mauer umschlossen, etwa 1 x 2 Kilometer im Umfang, mit nur einem Tor nach Osten. In mehr als einem Kilometer Entfernung von dieser östlichen Mauer liegt die Stelle, an der durch Zufall vor sechzehn Jahren die außerordentlichen Funde angerührt wurden, Funde, die man seitdem systematisch ausgräbt: ein ganzes Heer lebensgroßer, gebrannter und bemalter Tonfiguren, – Fußsoldaten, Reiter, Offiziere, Pferde, Kriegswagen, eine ganze Brigade von Tausenden von Einzelfiguren, die mit echten Waffen ausgerüstet waren.

Inmitten dieser Fülle hat der zentrale Tumulus den Sinn der Weltmitte, die Weltachse verläuft durch das Grab des Huang-Ti. Von seinem Innern besitzen wir eine Schilderung des Ssu-ma Ch'ien, des chinesischen Vaters der Geschichte, der etwa 65 Jahre nach des Kaisers Tode geboren wurde. Der Bericht vergegenwärtigt für uns abermals und besonders deutlich die Weltbedeutung des Grabes. Die Erde wurde bis zu den drei Quellen hin aufgegraben, was bis ans Grundwasser bedeuten kann, eher aber einen mythologischen Sinn hat, nämlich: bis zum Ursprung hinab. Dort wurde ein festes Fundament geschaffen, vielleicht aus Bronze, und darauf der Sarkophag niedergesetzt. Ringsum wurden Kunstschätze und Edelsteine aufgehäuft. Mechaniker mußten Armbrüste konstruieren, deren Schüsse durch Eindringlinge ausgelöst würden. Die Decke des Raumes zeigte den Himmel mit den Sternbildern, der Boden die Einteilung der Erde. Auch die Hauptströme des Landes, der Jangtsekiang und der Hoangho, wurden dort nachgebildet, ebenso wie der Ozean, und das Wasser in ihnen wurde mit Quecksilber dargestellt, das von Maschinen umgetrieben wurde. Man hält es für möglich, daß der Sarg mit dem Kaiser noch heute auf dem Quecksilber schwimmt, und die Bedeutung wäre dann vermutlich, daß das Totenschiff des Kaisers noch immer über das Weltmeer treibt.[19]

---

[19] „Kunstschätze aus China", Ausstellungskatalog von Helmut Brinker und Roger Goepper, Zürich usw. 1980, S. 101ff. – Gisela Gottschalk, „Chinas große Kaiser", Bern 1982, S. 58ff. Ssu-ma Ch'iens Nachricht S. 65. Diese auch bei Henry Giles, „History of Chinese Literature", New York 1933, S. 107.

Schauen wir von diesen monumentalen Gebilden zurück in das westliche Europa vor 5000 Jahren und auf das Deutschland vor 400 Jahren, dann erscheint Shih Huang-Tis Grabstätte wie eine auf unser Zeitalter gemünzte Prognose. Was ehedem wirkliches kosmisches Leben war, ist hier mechanische, stoffliche Nachbildung. Ganz besonders fällt uns das auf, wenn wir die Terracotta-Armee des Kaisers, die dort seit über 2000 Jahren, bewegungslos, ausgerichtet, unter der Erde steht, vergleichen mit dem „Wilden Heer" Wodans. Dort ist alles tot und abgeschieden von den Lebenden, hier lebt das Nachtvolk und mischt sich lebendig unter das lebende Volk. Das gilt sogar dann noch, wenn wir die Berichte als reine Sage auffassen. Besonders bezeichnend erscheint Shih Huang-Tis Grabanlage dann, wenn wir dies ganze große Werk bedingt sehen durch die Todesfurcht, von der sich der Herrscher sein Leben lang nicht zu lösen vermochte. Welch ein unauslotbarer Zwiespalt überdies zwischen dem noch so gewaltigen menschlichen Wirken und dem unausweichlichen Verhängnis des Sterbenmüssens.

Wir verfolgen die Aufgaben des Totendienstes, die zunächst in der Bestattung gipfeln, nicht weiter, sondern wenden uns dem zu, was ihm auf der Seite der Toten entspricht, der Hilfe, die der Tote dem Lebenden spendet. Man kann sich an die Toten wenden wie an Götter, von denen man Beistand erbittet. In den schamanischen Kulturen, die im engsten Kontakt mit den Jenseitigen lebten, war Ahnenhilfe eine Selbstverständlichkeit. So folgten bei den Mongolen die Ahnengeister und die Ortsgottheiten, zumal die der Berge, „gleich auf die an der Spitze stehenden Himmelsgötter."[20] Die Geister der Berge und der Ahnen sind es auch, die den Schamanen auf seinem Einweihungswege geleiten und an sie wendet sich der Geweihte später, wenn er ihrer Hilfe bedarf.

Dergleichen liegt uns nicht so fern, wie die Raumesweiten bis zu den Mongolen es uns einbilden wollen. Unsere Märchen sprechen von demselben Verhältnis. Besonders deutlich stellt es der Märchentypus dar, von dem Andersens Märchen „Der Reisekamerad" das bekannteste Beispiel ist. Der Lebende erwirbt des Toten Beistand dadurch, daß er ihm zur Bestattung verhilft. In einer norwegischen Fassung ist der unbestattete Leichnam in einen Eisklumpen vor der Kirchentüre eingefroren, ein besonders klares Symbol für ein stockendes Totenschicksal, das der Dienste eines Lebenden bedarf. Der junge Wanderer, der dort vorüberkommt, wird vom Mitleid angerührt, er

---

[20] Ausstellungskatalog „Mongolen", Bd. II, S. 217.

zahlt die Schulden des Toten und sorgt für sein Begräbnis. Als er sich wieder auf den Weg macht, bietet sich ihm ein Mann als Begleiter an, und im norwegischen Märchen sagt er sogar zu dem Burschen, als der zögert, er brauche jemanden, auf den er sich in Leben und Tod verlassen könne.[21]

Die Lage, in die der Jungmann gerät, ist dann auch eine entsprechende. Er muß ja unter Todesdrohung die Aufgaben einer Königstochter lösen, die mit einem bösen Geist verbündet ist, Aufgaben, die ein Lebender nicht zu lösen vermöchte, wenn er nicht den Beistand eines guten Geistes hätte, nämlich den des Toten. Wenn wir das Geisterbündnis der Prinzessin richtig verstehen, begreifen wir, daß sie von dem bösen Wesen besessen ist, und um eine echte Besessenheit zu heilen, dazu bedarf es nach vieltausendjähriger Erfahrung der Mitwirkung guter Mächte von drüben, und die leistet eben der Tote.

Totendienst leistet auch in einem anderen sehr bekannten Märchen ein Mensch, nämlich das Aschenputtel, das jeden Tag zum Grabe der Mutter geht. Als das Mädchen schließlich noch das Haselreis darauf gepflanzt hat, erwächst ein schöner Baum daraus, und nun kommt allemal, wenn die Tochter dort betet, ein weißes Vöglein und erfüllt ihre Wünsche. Voralters hätte man es gewiß als den Seelenvogel der Mutter aufgefaßt. Von dem Grab, dem Baum und dem Vöglein nimmt das Mädchen dann auch jene Gaben entgegen, die ihr den Weg aus dem Elend in die Schicksalserfüllung eröffnen.[22]

In den beiden Märchentypen spricht sich noch jene alte Weltanschauung aus, die einmal allgemeine Geltung hatte und die in einem japanischen Haiku mit den Worten ausgedrückt wird:

„Dien' du den Toten,
denn wahrlich, Lebende sind's
und dienen auch dir."

---

[21]   „Nordische Volksmärchen", II. Teil. Norwegen, Übersetzt von Klara Stroebe, Jena 1919, S. 25ff.
[22]   Brüder Grimm, „Kinder- und Hausmärchen", Nr. 21. Die tote Mutter als helfendes Tier in dem verwandten Märchen „Móirin". „Irische Volksmärchen", Hrsg. von Käte Müller-Lisowski, Düsseldorf 1957, Nr. 20.

HELFENDE TOTE

in Märchen, Sage und Alltag

Mit dem Wort Totenhilfe schneiden wir ein Thema an, das am Rande aller möglichen Lebenslagen auf Beachtung drängt, aber gewöhnlich ausgeklammert wird: Wie steht es um die Toten? – Wo es in der Forschung um Heiligtümer geht, da stehen die kosmologischen und die theologischen Zusammenhänge im Vordergrund; denn damit glaubt man sich auf ein ständig Gegenwärtiges zu besinnen: Theos und Kosmos. Wie und wann aber sind die Toten? – Ehedem war man den Altvorderen als Wesen zugewandt, die immer noch an der Wirklichkeit teilhatten. Ja, sie waren dem leibhaften Dasein so nahe, daß sie in Lebensnöten und selbst im banalsten Alltag um Hilfe angerufen werden konnten.

Dieses Bewußtsein vom Dasein der Hingeschiedenen hat sich seit der Aufklärung in der einschneidendsten Weise gewandelt. Es ist so tief verschüttet, daß es nicht einmal verwissenschaftlicht worden ist, – jedenfalls nicht in der Weise, daß eine Thanatologie auf der Universität rezipiert und damit in akademischen Rang versetzt worden wäre. Die Parapsychologie, die noch am ehesten einen derartigen Wissenszweig vertreten könnte, muß selbst um ihren Rang kämpfen und sich mit Besorgnis vor einer Verquickung mit dem Spiritismus oder gar dem Occultismus hüten.

In den Kirchen hat es, wie sich versteht, offiziell kaum eine Änderung gegeben in den Anschauungen vom Wesen der Toten. Für viele Katholiken waren auch die Heiligen immer hilfsbereite Dahingeschiedene geblieben, und an der Kirchenreligion haben auch die mehr volkstümlichen Anschauungen von den „Armen Seelen" eine Stütze gefunden. Die Armen Seelen sind ja Verstorbene, die ihren Totenweg verfehlt haben, des öfteren wegen einer unaufgelösten Verschuldung im Leben, und die für seherische Menschen noch merkbar umhergeistern. Ihnen kann der Lebende durch Gebete und die Stiftung von Messen noch helfen, ihr jenseitiges Ziel zu erreichen.

Allerdings war die Anwesenheit der „Armen Seelen" kein Dauerzustand, sondern etwas Vorübergehendes, nur eine Stufe auf dem Weg in den Himmel und erfüllt vom Streben nach endgültiger Erlösung. Doch blieb der unerlöste Tote auch in nicht-katholischen Gebieten noch lange ein Gegenbild des Erlebens und die Art seiner Befreiung ganz ähnlich, – wenn auch die Messe als Bedingung entfallen war und das Totenschicksal sich nur wandeln konnte durch ein persönliches Einwirken der Lebenden. Derlei war freilich keine Kirchenlehre, und es ist eigenartig, daß auch in evangelischen Gegenden die Überzeugung zu finden war, daß mit den Toten, zumal den spukenden, der katholische Geistliche besser umzugehen verstände als der eigene. – All dergleichen gehörte freilich nicht zu den allgemeinen Anschauungen, war abseitig, wurde als Sage überliefert und abgestellt auf dem Regal für die Dokumente des Aberglaubens. Die Öffentlichkeit existiert ohne Tote.

Allerdings gab es seit etwa zweihundert Jahren einen Bereich, in dem das Dasein der Toten sich auch wissenschaftlichen Kreisen aufdrängte. Das war das Gebiet des animalischen Magnetismus, eine Entdeckung des Arztes Franz Anton Mesmer, daher auch Mesmerismus genannt, – später als Hypnose bezeichnet und als solche im Wirkungs- und Erlebensbereich stark eingeschränkt. Aber der magnetistische Arzt erlebte durch seine magnetisierte Kranke – oder durch die Kranke, die spontan in magnetische Schlafzustände verfiel – in beiden Fällen Somnambule genannt – eine wunderbare Welt, einen Ausblick in die andere Welt, in der die Toten ihr Dasein hatten. Es ist bemerkenswert, daß die Somnambule in jener Welt von einer Toten oder einem Toten geführt und beraten wurde. Obwohl sich für die Wirklichkeit solcher Erlebnisse namhafte Männer eingesetzt haben, blieben diese Entdeckungen dennoch außerhalb des öffentlichen Lebens, außerhalb der allgemein geltenden Vorstellungen. Auch der vor knapp anderthalb Jahrhunderten in Amerika erwachsene Spiritismus blieb ohne Folgen für das öffentlich gehegte Weltbild.

Im Zusammenhang dieser historischen Übersicht scheint es nicht abwegig und weit genug abseits, denke ich, von der politischen Geschichte dieses Jahrhunderts, zu fragen, wie man innerhalb des Nationalsozialismus zum Thema des Totendaseins eingestellt war. Das Weltbild enthielt ja ohne Zweifel sehr rationalistisch-aufklärerische Züge – wie überhaupt damals viele Ansichten und Antriebe sich durchkreuzten und um Beachtung und Wirksamkeit rangen. Auch war in den kurzen Friedens- und den Kriegsjahren vieles überhaupt nicht bis zu irgendeiner Klärung gediehen. Um die gestellte Frage vom Grunde her zu klären, bedürfte es daher einer Fülle von Studien und Belegen. Diese stehen mir nicht zur Verfügung; nur einige wenige Hinweise kann ich beibringen.

Die Zeile des Horst-Wessel-Liedes von den im Geiste mitmarschierenden Toten ist doppeldeutig; denn sie entscheidet nicht, ob die Toten nur im Geiste der Marschierenden gegenwärtig sind oder als Totengeister wirklich anwesend. Der Wortlaut deutet vielleicht eher auf die erstgenannte Meinung. – Wer alt genug ist, daß er 1934 über das Radio an der Beisetzung Hindenburgs im Tannenberger Denkmal teilgenommen hat, der mag sich noch an die abschließenden Worte Hitlers erinnern: Toter Feldherr, gehe ein nach Walhall! – Nach einem halben Jahrhundert fiel mir dieser Satz unter den hergehörigen Überlegungen wieder ein und dazu die Kritik im Freundeskreise, daß man doch durch Aufgreifen einer solchen altüberlieferten Vokabel das Entschwundene nicht wiedergewinnen könne.

Klärend ist dazu jedoch der folgende Satz, der mir ebenso fragmentarisch wieder ins Gedächtnis kam und der in einer Rede Hitlers sich sicherlich wieder auffinden läßt: daß die materialistische Vergangenheit schuld sei an einer „Verödung des Jenseits". Dieser Satz wäre wohl so aufzufassen, daß ein ausschließlich materialistisches Denken den Blick verstellt in eine in sich selber wirklich lebendige Totenwelt, eine Welt, der mit dem alten Worte „Walhalla" ein treffender Name verliehen würde. Zu erinnern ist auch an die alljährlich wiederholte Totenehrung für die Gefallenen der Feldherrnhalle in München. Es muß dahinter doch eine entsprechende Vorstellung gestanden haben, die gegen die Entbilderung der Totenwelt gerichtet war.

Ein ganz außerordentliches Zeugnis für Hitlers persönliche Überzeugung findet sich in seinem Buche „Mein Kampf", ein Absatz, auf den mich aus Anlaß des Themas eine Historikerin dankenswerterweise hinwies. „Wenn Menschenherzen brechen und Menschenseelen verzweifeln, dann blicken aus dem Dämmerlicht der Vergangenheit die großen Überwinder von Not und Sorge, von Schmach und Elend, von geistiger Unfreiheit und körperlichem Zwange auf sie hernieder und reichen den verzagenden Sterblichen ihre ewigen Hände! – Wehe dem Volke, das sich schämt, sie zu erfassen!" – Es ist nicht überflüssig zu vermerken, daß diese Sätze während der Landsberger Haft geschrieben wurden.

Wenden wir uns von der Historie der sachlichen Erörterung zu, dann sei zunächst ein Dokument aus dem alltäglichsten Alltag zitiert, aus dem mit Arbeit überladenen Werktag einer alten einsamen Bäuerin. Der Bericht steht im Salzburger Bauernkalender 1993 als Einleitung zu der realistischen Schilderung aus dem schweren Leben, das noch bis in dieses Jahrhundert hinein die Altenteiler zu bestehen hatten.

Das Stadlmoos-Loisei, eine Nachbarin der Berichterstatterin, „war ein altes Weibl, über dessen enorme Arbeitsleistung jedermann nur den Kopf schüttelte. Ihr Bruder, der selbst einen Hof bei Kaltenhausen führte, kam wohl im Sommer zur Heueinbringung herauf und auch zum Reparieren der Zäune, sonst aber war sie mit ihren sechs Stück Vieh und all der anderen Arbeit auf sich allein gestellt. Außer der Milchzentrifuge gab es da keine maschinelle Hilfe. Ein junger Verwandter aus der Werfener Gegend, der sie einmal beerben sollte, weilte zur Hilfe ein Jahr lang bei ihr – er empfahl sich danach aber und verzichtete dankend auf das Erbe.

Das dürre, zahnlose Weiblein schleppte im Buckelkorb die gewichtigsten Grünfuttermengen zum Stall und brachte den schweren Mist aus. In der großen Stube sah es allerdings chaotisch aus, denn zum Aufräumen blieb keine Zeit mehr. Nur immer das Nächstdringende konnte erledigt werden. Im Herd mußte immer nachgelegt und der Häcksel geschnitten werden. Daher lag und stand das Küchen- und das Stallgeschirr überall herum, Haufen von ungeflickter Arbeitskleidung türmten sich um ihre Liegestatt, die ebenfalls in der Stube stand, und es fehlten auch die sonst üblichen Blumenstöcke an den Fenstern denn wann hätte sie Zeit gehabt, sie zu gießen?

Immer wieder wurde sie gefragt, wie sie denn das alles schaffen könne. Und immer kam die Antwort, daß ihr eben die ‚armen Seelen‘ dabei helfen. Nur sie seien es, die ihr vom Morgengrauen bis zum Abend mit ihren Kräften beistünden. Dafür betete sie für deren Erlösung – wodurch sie sich auch nie einsam fühlte, sondern stets von einer Schar Helfender umgeben war, denen sie ihrerseits Gutes tun konnte. Sie standen ihr beim Melken, beim Tragen der schweren Stallhäfen, beim Butterrühren (noch im Holzschaffl), beim Waschen der Zentrifuge, beim Wassern des Viehs, beim Mähen, kurzum bei aller Männerarbeit hilfreich zur Seite.

Natürlich gab es da keinen Zeitverlust durch Kleiderwechsel am Morgen und am Abend. Mit dem, was sie am Leibe trug, fiel sie auf ihre Liegestatt, und die ‚armen Seelen‘ behüteten ihren tiefen Schlaf. Was aber, wenn sie einmal krank würde und nicht aufstehen könne und das Vieh im Stall zu brüllen anfange? Schwer zu sagen – denn auch das hatten die guten Hilfsgeister zu verhindern gewußt.“

Man kann, wie sich versteht, nicht einen Nachweis erwarten, daß da auf dem Hofe bei der alten Frau tatsächlich „Arme Seelen“ anwesend waren. Tatsachen sind hier nur die außerordentliche Leistungskraft einer einsamen Alten und ihre eigene Überzeugung von der Totenhilfe. Insofern haben wir hier einen typischen Fall für die volkskundlichen Sammlungen in Karteien und Aktenordnern und deren wissenschaftliche Verwertung in Zeitschriften und Dissertationen. Das ist ja der Ausweg in unserer Zivilisation, mit dem man des Wunderbaren ledig geht. In fünfzig Jahren ist das bloß noch die Sage vom Stadlmoos-Loisei.

Wenden wir uns zunächst dem unbekümmert Wunderbaren zu, also der Totenhilfe im Märchen. Die Gesamtheit der Märchen läßt sich ordnen in eine Typenfolge, die durchnumeriert ist, und jeder Typus ist ausgezeichnet durch einen ganz bestimmten Verlauf. In vielen Märchen spielen wunderbare Helfer eine entscheidende Rolle; in einigen wenigen Typen treten diese Helfer ausdrücklich als Tote auf. Ein Typus mit diesem Motiv ist weithin bekannt, der Reisekamerad nämlich aus den Märchen von Andersen. Doch ist dieses Märchen nicht von ihm erdichtet worden, sondern es wurde als Volksmärchen überliefert. Es beginnt überall mit einem Totendienst; einem Verstorbenen wird die Bestattung verweigert, und die Hauptperson des Märchens, immer ein junger Mann, läßt ihn auf ihre Kosten begraben, meist unter Hingabe ihrer gesamten Barschaft. Indem der Bursche weiterwandert, wird er von einem Manne eingeholt, der ihm seine Dienste oder die Wanderkameradschaft anbietet. Er gibt sich, je nach der Variante, entweder sogleich – oder im Verlauf – oder erst am Ende als die aus stockendem Totenschicksal erlöste Seele zu erkennen.

Im Hauptteil leistet er dem Helden einen lebenentscheidenden Dienst. Der Wanderer fühlt sich nämlich verlockt, eine Prinzessin zu erlösen, die allnächtlich, was niemand weiß, zu einem Dämon entrückt wird. Der Versuch der Erlösung ist, wie auch in anderen Märchen, todbedroht; wer versagt, wird getötet. Eine unsentimentale Welt; man setzt sein Leben aufs Spiel und nimmt die tödliche Folge auf sich. Dem Dämon ist nur ein guter Geist gewachsen, kein eingeleibter Mensch. Alle Freier der Königstochter, die keinen solchen Hilfsgeist besitzen, sind dem Tode verfallen. In einem norwegischen Märchen dieses Typs bietet sich der Herankommende dem Burschen als Diener an; der aber meint, er käme ohne einen solchen aus, auch könne er ihn nicht entlohnen. Der andere aber verzichtet auf allen Entgelt und versichert dem Wanderer, daß er einen Diener nötig habe, das wisse er besser, „und zwar brauchst du einen, auf den du dich im Leben und Tod verlassen kannst." Die Enthüllung erfolgt hier erst am Ende.

In einer bretonischen Variante erscheint der erlöste Tote dem Helden als schimmernder Heiliger im Traum, eröffnet ihm den Zusammenhang mit seinem Geldopfer, weist ihn hin auf seine Aufgabe, die notwendige Erlösung der Edelfrau, und nennt ihm die Formel, mit der er ihn als den dazu nötigen Helfer berufen könne: „Toter Bettler, eile zu mir, denn ich bedarf deiner Hilfe hier!" – Diese Begegnung im Traum ist nicht märchentypisch; normalerweise erscheint der Erlöste als leibhafter Mensch und offenbart seine Totennatur erst später.

Der Tote sorgt dafür, daß der junge Mann eine Frau bekommt. Bisweilen, nach ihrer Befreiung von dem Dämon, ist noch eine weitere heilende Handlung vonnöten, mehrere Bäder oder das Auspeitschen mit Ruten. Durch sie wird die Frau von den inneren Wurzelgründen ihrer dämonischen Besessenheit befreit. Es scheint diesem Ziel zu entsprechen, wenn in einigen Varianten der Tote die Frau mit dem Schwerte entzweiteilt, Schlangen aus ihr entweichen läßt und sie dann wieder zusammenfügt. Bisweilen wird diese Hälftung der Frau anfänglich begründet mit dem Versprechen des Helden, alles Erworbene mit dem Kameraden zu teilen; den eigentlich heilerischen Sinn des Zweiteilens offenbart der Tote dann erst nachträglich.

Bisweilen verlangt der Tote die Hälftung aber auch bei dem erstgeborenen Kinde, und da wäre eine Erklärung durch das innewohnende Ungeziefer ganz abwegig. Ein schwedischer Forscher, Sven Liljeblad, hat das Motiv „zur Hälfte teilen" als entscheidend für diesen Märchentyp bezeichnet, erklärt hat er es jedoch nicht. Indessen erscheint der eigentliche Sinn auch keineswegs in der blutigen Teilung, sondern in einer angedeuteten, wie sie in einigen Fassungen auch in aller Deutlichkeit ausgespielt wird, so auch in dem angeführten norwegischen Märchen. Dort ist der Held und nunmehrige Vater bereit, der Forderung seines helfenden Gesellen, dem er alles, auch sein Leben verdankt, Genüge zu tun, und holt aus mit seinem Schwert. Aber nun packt der Kamerad die Schwertspitze und verhindert so den Hieb. Wer sich diese Situation bildhaft vergegenwärtigt und Sinn für Symbole besitzt, erkennt sofort: das Schwert über dem Kinde, beiderseits von zwei auf Leben und Tod verbundenen Gefährten gehalten, bedeutet die lebenswirkliche Teilung so klar, wie sie das blutige Entzweischlagen niemals auszudrücken vermöchte. – Wozu das Schwertritual überm neugeborenen Kinde? – Der Unbestattete war unbestattet liegengeblieben, weil er keine Verwandten, keine Kinder hatte, die der Bestattungspflicht nachgekommen wären. Mit dem Teilungsritual, gleichgültig, ob an dem Kinde oder der gemeinsam erworbenen Frau vollzogen, erlangt der Tote Anteil an der Nachkommenschaft des Freundes. Das ist in einem Zeitalter des Totendienstes für jeden Toten ebenso wichtig wie später die sogenannte Erlösung von der Erdenschuld, – nur mit dem Unterschied, daß es die „Armen Seelen" verlangt nach dem einmaligen Fortschreiten in ein weit jenseitiges Himmelsdasein, während im Märchen als Hintergrund noch der alte Totendienst wirksam ist, durch den die Lebenden die Verbindung bewahren mit den ins Totenland Hinübergegangenen.

Ein weiterer Märchentypus mit Totenhilfe ist ebenfalls allbekannt, es ist das Aschenputtelmärchen – AT 510. Das von Mutterseite verwaiste und von der Stiefmutter und deren Töchtern mißhandelte Mädchen erlangt auf dem Grabe der toten Mutter die wunderbaren Mittel, die es zur königlichen Vermählung führen. Das Einzigartige in diesem Typus ist, daß die Totenhilfe sich in vielen Fassungen über Bäume oder Tiere verwirklicht. Im Erstdruck der Grimmschen Märchen rät die sterbende Mutter der Tochter, ein Bäumchen auf ihr Grab zu pflanzen. Wenn sie dann etwas wünsche oder in Not sei, solle sie das Bäumchen schütteln. Die Mutter, die vom Himmel herabschaue, werde ihr die Gabe oder Hilfe zusenden.

In einer litauischen Fassung ist das Mädchen Vollwaise; auf seinem Sterbebett rät der Vater ihr, drei Nächte an seinem Grabe zu beten. Die Gaben, die der Erscheinende ihr dort reicht, muß sie in einer großen Eiche an der Landstraße bergen, und sie kann sie dort, wenn sie ihrer bedarf, wieder entnehmen. Die Gaben sind von seelischer Art; auch Pferde, Kutsche und Fahrer nämlich sind im Baume magisch geborgen. – In einem anderen litauischen Märchen fleht das Mädchen am Muttergrabe weinend um Hilfe, und die Mutter versichert ihr, sie habe viele, die ihr dienen und die sie nun um Hilfe für die Tochter bitten werde; hier sind es Schwäne, Enten und Mäuse, die ihr helfen. Schließlich, als die Stiefmutter das Mädchen bis auf den Friedhof verfolgt, da entfacht die Mutter den Sturm: „Steht auf, ihr Winde aus Norden! So beugt euch, ragende Bäume, reißt ab den Kopf dem Hexenweibe!" Und das geschieht.

In einer holsteinischen Variante leistet eine kleine Taube die entscheidende Hilfe. Nachdem sie für das Waisenmädchen Erbsen und Gerste auseinandergesucht hat, schickt sie es in den Garten, wo die „verstorbene Mutter einen Schatz für ihr Kind verwahrt" habe. Die Tochter erhält das wunderbare Kleid von einem Baum; wenn die Stiefmutter den einen Baum abhacken läßt, spendet der nächste das zweite Kleid. – Die enge Verbindung, die hier die Taube mit der Toten hat, weist darauf hin, daß auch die Tauben der Grimmschen Fassung, die das Blut im Schuh kundmachen, nicht bloß weissagende Vögel sind, sondern entweder selbst die Seele der Mutter verkörpern oder sie doch vertreten.

Es gibt auch Fassungen, in denen die Mutter der am Grabe klagenden Tochter selbst erscheint, so in einem dänischen Märchen, wo das Mädchen sich auf dem Grabe niederwirft, seine Not klagt und dreimal an das Grab klopft. Die Mutter tröstet sie, rät ihr, in Not immer wiederzukommen, und dann fliegen vom Altar der Kirche zwei weiße Tauben herbei, ihr auf die Schultern, und speisen sie. Da sie bei dieser Muttertröstung einmal beobachtet wird, schließt die Stiefmutter sie fortan immer ein. Doch eines Tages kommt sie trotzdem wieder auf den Kirchhof, und da gibt die Mutter ihr ein rotes Kälbchen, auf dem sie in ein anderes Land fortreiten kann, und ein Schächtelchen, das sie auf der Brust tragen und drauf klopfen solle, wenn sie Hilfe brauche, also ein Amulett. Als sie später, als Köchin am Königshof der Anweisung folgt, kommt ein Hündchen hervor, das ihr nicht nur das jeweilige Prachtkleid gibt samt Wagen und Pferden, sondern während ihrer Abwesenheit auch das Sonntagsessen für den Hof bereitet.

In einem irischen Märchen, Moirin, ist der Eingang etwas anders. Von drei Schwestern ermorden die beiden älteren die Mutter aus Neid und Eifersucht; die Jüngste aber sucht nach den Gebeinen der Mutter, hüllt sie in ihre Schürze und weint manchen Tag über ihnen. Einmal aber, als sie die Knochen wieder in das Versteck zurücklegen will, regt sich in der Schürze eine kleine Katze. Die spricht mit ihr, rät ihr, weit fortzugehen, und führt sie zum Hause eines Edelmannes. Bei dessen Kirchgängen ergeben sich dann die dreimaligen Begegnungen in den Prachtgewändern, die das Kätzchen hergibt. Bei der Schuhprobe ist es die kleine Katze, die verrät, daß die Frau mit den passenden Füßen in einer Truhe verborgen ist. Zum Schluß sagt die Katze: „Ich bin deine Mutter … und vom heutigen Tage an wirst du mich nicht mehr sehen. Aber vielleicht kann ich dir beistehen, ohne daß du es weißt."

Die Tiere und die Pflanzen in diesem Märchentypus deuten zum mindesten darauf hin, daß die in anderen Märchen so zahlreich vorkommenden helfenden Tiere ebenfalls entweder selbst als helfende Tote aufgefaßt werden konnten – oder daß sie, wie besonders in dem litauischen Märchen, von hilfreichen Toten zu ihren Diensten angeregt werden.

Es ist bemerkenswert, daß es in diesem Märchentyp fast immer die verlassene Tochter ist, die eine Hilfe von der toten Mutter empfängt. Doch in einem Zigeunermärchen aus Siebenbürgen ist es auch einmal der Sohn. Blutarm sind die beiden, die alte Mutter und der einzige Sohn. Aber vor ihrem Tode verheißt sie ihm, daß er nach der Bestattung um Mitternacht zum Grabe kommen und die Blume pflücken solle, die dann über ihr wachsen werde: die würde ihm den Weg zu seinem Glücke weisen. – Auf dem frischen Grabe blüht eine wunderschöne blaue Blume, die nun auf seinen Wegen von einer

Schicksalsstation zur anderen vor ihm herschwebt. Am Ende hat er ein schönes Mädchen gefunden und besitzt das Wasser, das Steine in Gold verwandelt. Da kommt noch einmal die blaue Blume hervor und nimmt Abschied: „Ich bin die Seele deiner verstorbenen Mutter; nun muß ich zurück in den Himmel, woher ich gekommen bin!"

Erwähnt sei noch die Totenhilfe in zwei Märchentypen, in denen sie sonst nicht ausdrücklich vorkommt oder doch verhüllt bleibt. Das eine Beispiel stammt aus einem Märchen, das typmäßig zu dem Grimmschen Märchen „De beiden Künigeskinner" gehört, einem besonders schönen plattdeutschen Märchen, das eben wegen seiner „Fremdsprache" in den Auswahlbänden, auf die sich die meisten Leser beschränken, nicht vertreten ist. Der Typus erzählt von der Bewährung eines jungen Mannes, der in die Unterwelt entrückt ist und dem der Unterweltsherrscher unter Todesdrohung unmöglich zu erfüllende Aufgaben stellt. Der Jungmann hat aber die Freundschaft einer Tochter des Unholds gewonnen, und sie erfüllt die Aufgaben für ihn. Wie macht sie das, wie kann sie das? – Sie beschwört dazu noch tiefer beheimatete Wesen, die oft aus dem Boden der Unterwelt hervorkommen und die bei Grimm Eerdmännekens genannt werden. In einer wolhynischen Fassung heißt es: „Und die älteste Tochter hat zaubern gekonnt. Und gekonnt mit die ganze Tote regieren; wenn sie hat gewollt, sind die ganze Tote aufgestanden und bei ihr gekommen." Um Mitternacht pfeift und trompetet sie, und dann kommen die toten Helfer zu ihr. In den mehr als halbhundert mir bekannten Fassungen dieses Märchens ist diese die einzige, die so ausdrücklich von den Toten spricht. Wer aber mögen die Eerdmännekens sein bei Grimm oder die Helfer in den anderen Fassungen, Wesen, die aus noch tieferen Welten aufsteigen als die Unterwelt ist? –

Zum Abschluß der Märchenmotive ein Beleg aus Sizilien. Eine Deutsche, Laura Gonzenbach, hat vor knapp anderthalb Jahrhunderten dort eine vortreffliche Sammlung von Märchen zusammengetragen, und darin findet sich auch eine Variante des Märchens vom Lustmörder, das bei Grimm „Fitchers Vogel" heißt. In der sizilischen Fassung, als dort die dritte Schwester den Tod vor Augen sieht, ruft sie in ihrer Verzweiflung: „,O heilige Seele meiner Mutter, gebt mir einen guten Rat und helft mir!' Auf einmal hörte sie eine Stimme, die rief: ,Maruzza, weine nicht, denn ich will dir helfen.'"

Wollte man nun dies für rein märchenhaft halten, fremd dem alltäglichen Leben, dann sei aus dem Alltag ein Vorfall danebengestellt, der aus einer sehr guten Quelle stammt. Joseph Banks Rhine ist der amerikanische

Parapsychologe, der die Karten erfunden hat zum statistischen Nachweis der sogenannten außersinnlichen Wahrnehmung (amerikanisch ESP). Seine Frau, Louisa E. Rhine, hat ein sehr lesenswertes Buch geschrieben, weitab von aller Statistik, mit dem Titel „Verborgene Wege des Gemüts". Darin teilt sie das folgende Erlebnis eines Mannes mit, der nach dem Tode seiner Mutter entdeckt, daß er nicht nur ihre Besitztümer geerbt hat, sondern auch ihre menschenfreundlichen Verpflichtungen. Zu diesen gehörte auch die Sorge für eine Alkoholikerin. Er selbst hatte sie längst als unheilbar und unrettbar betrachtet. Doch nun war sie von einer begüterten Familie, wo sie bedienstet war, wegen ihrer Trunksucht entlassen worden, war verschwunden und stand in höchster Gefahr, sich das Leben zu nehmen. Die städtische Polizei, wo er den Fall meldet, zeigt sich wenig interessiert. Da steht der Mann nun ratlos vor dem Rathaus und sagt so vor sich hin, laut: „Well, Mom, I've done my best to find her and now I don't know where else to look." – Also, Mama, ich hab' getan, was ich konnte, sie zu finden, und nun weiß ich nicht mehr, wo noch suchen. Ich fürchte, sie bringt sich um, weil sie denkt, daß sie, wo du nicht mehr bist, überhaupt niemanden mehr hat. – Und da hört er unmittelbar und deutlich, wie seine Mutter sagt: „Why, Dick, she is right over there in that little old hotel" – Ja, Richard, sie ist grad da drüben in dem kleinen alten Hotel. – Wirklich findet er die Frau dort, bleich, in Tränen aufgelöst und höchst verwundert, daß er sie da entdeckt hat. Als er ihr aber das Wie mitteilt, da lächelt sie und nickt, als hätte sie sich das denken können.

Dieses Erlebnis und das der Maruzza, nah miteinander verwandt, leuchten beide in den Alltag hinein. Das Märchen der Maruzza enthält in dem Typus sonst die Totenhilfe nicht; sie muß aus dem alltäglichen Wissen und Handeln dort eingewandert sein. Denn volkstümlich vertraut ist diese Art der Hilfe gewiß. Sehen wir uns zunächst in der Sage danach um – mit dem Bewußtsein, daß die Sage von heute der Alltag von gestern gewesen sein kann. – Ein Müller fährt des öfteren mit einem Wagen voller Korn nach Miltenberg am Main, und immer begegnet ihm dabei ein feuriger Mann. Als ihm einmal ein Rad von der Achse springt, sagt er: „Heute nacht, wo ich ihn brauchen könnte, ist der Feurige nicht da!" Aber da steht er schon vor ihm, fragt, was er wolle, hilft mit, das Rad hineinzuheben und verschwindet wieder.

Nach einer Walliser Sage scheut einem Fuhrmann das Pferd und stürzt unter den Weg. Er kann es nicht wieder auf die Straße bringen, ist ganz verzweifelt und bittet die „Armen Seelen" um Hilfe. Er hört ein starkes Geräusch und sieht die Totenprozession (in anderen Gegenden das „Wilde Heer" genannt) auf der Straße entlangziehen. Er spricht die Toten um Hilfe an, aber die Vorüberwandelnden können ihm nicht helfen, erst die letzten, außen in der Kehre, vermöchten es. „Und richtig, als der Totenzug geendet hatte, stand sein Pferd wieder gesund auf der Straße."

Eine noch unmittelbarere Lebenshilfe schildern Allgäuer Sagen; sachlich für uns von dergleichen Entwöhnte wohl unglaublich, aber doch immer noch sinnvoll. Pest im Schwedenkriege; auf einem Einzelhof ist nur ein Mütterchen von 85 Jahren noch am Leben, gebrechlich, dem Hungertode nahe. Neben dem Hofe liegt „ein kegelförmiger, offenbar von Menschenhand abgerundeter Hügel", Standort ehedem, wie man meinte, eines spurlos verschwundenen Schlosses, ursprünglich also vermutlich eines vorchristlichen Heiligtums. Von dort kommt der Schloßgeist oder Berggeist, drückt seine Hand auf den Tisch, brennt damit eine Vertiefung ein, und diese füllt sich regelmäßig mit einer Suppe für die Uralte. – Ein Wunder, das sich mit Beobachtungen unserer Zeit und parapsychologischen Begriffen leicht zusammenbringen läßt. Die Brandspur von Geisterhand ist eines der bestbezeugten Phänomene. Der Apport am dergestalt ausgezeichneten Ort wäre zu vergleichen mit dem Apport von Vibhuti, der heiligen Asche, an Bildern von Sai Baba, der gegenwärtigen Inkarnation des Weltengottes in Indien.

In einer Variante dieser Sage, auch aus dem Allgäu, wird die durch die Pest Vereinsamte von einer abgeschiedenen Seele so lange gespeist, bis sie, wieder Kraft und Lebensmut schöpfend, das Glöckchen zu läuten und wieder zu Menschen ins Dorf zu ziehen vermag.

Es könnte naheliegen, solche Sagen auf Wunschträume der Lebenden zurückzuführen. Etwas anders verhält es sich mit den Überlieferungen, die vom Betätigungsdrang der Toten selber berichten. Ein Strandvogt auf der Insel Röm geht wegen der Frevel, die er im Leben begangen hat, nach dem Tode wieder und irrt in Sturmnächten am Strande umher, rettet die Schiffbrüchigen, weckt die Strandvögte und treibt sie an. Aus dem Wallis wird das folgende bezeichnende Geschehnis erzählt, zu dessen Angedenken auch ein Kreuz am Wege steht. Da geht einer in aller Frühe, sein Vieh zu versorgen, und es begegnet ihm ein guter Bekannter, der es sehr eilig hat. Er fragt ihn, wohin er zu der Zeit schon eile, und erhält die Antwort, daß bei einem armen Ehepaar, das sehr viel für die „Armen Seelen" bete, zwei Kühe an einer Kette hingen. Nachher erfährt der Frager, daß der Eilige zu eben der Stunde daheim gestorben ist.

Im Allgäu gab es eine Jungfer, die für die Armen die zerschlissene Kleidung flickte. Neun Tage nach ihrem Begräbnis kehrte sie zurück und machte sich ans überbliebene Ungeflickte. Als die Lebenden, Menschen und Tiere, auseinanderstoben, legte sich ein leuchtender Glanz um die Tote. Alles ringsum beruhigt sich, der Hofhund leckt der Erscheinung sogar die Hand. Der Altbauer fragt: „Bist zufrieden, Seel?" und sie antwortet mit silberheller Stimme, für alle vernehmlich: „Ist ein groß Kirchen der Himmel, und ich bin ein Engel drin." Die Erscheinung näht geschwinder und sauberer als eine Lebende; aber nach getaner Arbeit entschwindet sie. Das Totenwerk ist in dieser Geschichte offenbar nicht nur visionär wahrgenommenes Tun, nicht nur geisterhafter Anschein, sondern es hat dingliche Folgen im Unkreis der Lebenden – wie auch in anderen Sagen von helfenden Toten.

In der Walliser Sage sind es Scharen von Toten, die helfen, das Totenheer. Eine allbekannte Sage von zahlreichen Toten, deren Hilfe man erwartet, ist die vom Barbarossa im Kyffhäuser und von anderen Bergen, in denen die Toten auf den Tag der Not warten, an dem sie hervorkommen werden. Vom Wolsberg bei Siegburg wurde erzählt, daß dort ein König in der riesigen Felsenhöhle sitze, lange Reihen von Pferden stehen an ihren Krippen, gewaffnete Krieger und Knappen schlafen dort unten. „Wenn die schwarze Zeit die Oberhand gewonnen hat," dann tritt der König hervor, stößt ins Horn und begründet eine ruhmreiche neue Zeit. – Eine ganz alltagsnahe Fassung solcher Kampfeshilfe wurde von einem Dorf nahe Halberstadt erzählt. Der Ort wurde von fremden Heiden überfallen, und als die Einwohner schon unterlagen, da standen die Toten aus den Gräbern auf, wehrten die Unholde ab und retteten so ihre Kinder.

Daß die alten Könige im Bergesjenseits zu kriegerischer Hilfe bereitstehen, ist eine Einengung des Bereiches, in dem der tote Herrscher ehedem wirkte. Nach den nordischen Zeugnissen glaubte das Volk, daß reiche Ernten Wirkungen eines guten Königs waren. Dies hängt sicherlich zum Teil mit dem göttlichen Ursprung der Königsgeschlechter zusammen; „der König als irdischer Repräsentant des göttlich verehrten Urahns, vermittelt seinem Volk diesen Segen." Diese Einflüsse waren aber mit dem Tode nicht beendet; man glaubte vielmehr, daß vom Grabe eines solchen Königs noch immer heilsame Wirkungen auf das Land ausgingen. So waren sich nach dem Tode des Königs Halfdan des Schwarzen – um 850 – die Lenker der Landesteile uneinig über den Ort der Bestattung. Denn zu seinen Lebzeiten hatte es außergewöhnlich fruchtbare Jahre gegeben, und dasselbe erhoffte man sich noch für den Gau, in dem er beigesetzt sein würde. Man einigte sich dann auf eine Viertelung der Leiche, so daß nur der Kopf am ursprünglich vorgesehenen Orte, die anderen drei Teile in den Landesteilen, jedes in einem Halfdan-Hügel, beigesetzt wurden.

Solche Vorstellungen waren nicht etwa nur in unseren Weltgegenden lebendig; daß der Herrscher hinübergeht, um von drüben Heil zu wirken, war eine weit verbreitete Anschauung vieler Völker. Sie ist auch insofern selbstverständlich, als man in den alten Kulturen überhaupt ein Mitwirken der Toten am Wohl ihrer Nachfahren erwartete. Wie sollte man dann nicht gerade von einer so machtvollen Seele wie der königlichen es erwarten. Als einzelnes Beispiel seien einige Sätze aus dem chinesischen „Li Gi" angeführt, einem Sammelwerk zu den Lehren des Kung Fu Dse. „Der Herr, der dem Himmel opfert, heißt Himmelssohn. Wenn der Himmelssohn aus dem Leben scheidet, so betätigt er sich in den vier Flüssen und wirkt sich aus in den vier Bergen. Wenn er begraben ist, wird er göttlicher Herrscher (Di) genannt." Die vier Flüsse, die vier Berge beruft der Text eben als Symbole der in den vier Richtungen geordneten Allwelt, die vier Ströme als die dorther fließenden, Fruchtbarkeit bringenden Gewässer.

Daß die Toten in Scharen für einen Einzelnen eintreten, erzählt eine weit verbreitete europäische Legende. Ein frommer Mann betet, wenn er am Friedhof vorüberkommt, stets für die dort bestatteten Toten. Als er einmal in der Nähe von Räubern überfallen wird, stehen die Toten aus den Gräbern auf und schlagen auf die Strauchdiebe ein. Die flüchten, und danach liegt der Totenacker wieder friedsam wie zuvor. Der Überfallene vollendet seine Gebete und erreicht sicher seine Heimstatt.

Diese Erzählung ist vielleicht als Predigtmärlein entstanden. Urtümlicher erscheint eine norwegische Sage; denn dort hat der Überfallene sich die Totenhilfe nicht durch Fürbitten verdient, und die Gegner sind keine menschlichen Bösewichter. Ein Bursche nämlich, der in der Nacht aus einem am Meer gelegenen Schuppen etwas holen soll, begegnet dort einem Draug, also einem Meeresunhold, der nicht aus dem Wege weichen will, und stößt ihn ins Meer. Doch nun kommen unzählige Drauge aus dem Fjord herauf und verfolgen den Flüchtenden. Der nimmt seinen Weg über den Kirchhof – und ruft aus vollem Halse: „Op, op, alle kristne sjaele, og frels mig!" [„Auf, auf, alle christlichen Seelen, und helft mir!" – Anmerkung des Herausgebers] – Hier wird erzählt, daß man am Morgen auf dem Kirchhof die Spuren des Kampfes sieht – als Anzeichen also eines nächtlichen Spuks.

Ein Mensch, der sich nach dem Tode besonders gedrängt fühlen muß, die Hilfe weiterhin zu spenden, die er bis zuletzt geleistet hat, ist die Kindbetterin, die von der Pflege ihres Säuglings abberufen worden ist. Eine schlichte schöne Fassung der Sage ist aus Hessen überliefert und lautet folgendermaßen: „Ein Kind, dem die Mutter im Wochenbette gestorben war, fing an zu schwinden. Da kam in der Nacht die tote Mutter zu ihm, legte es gar zärtlich an ihre Brust und ließ es trinken, und so neun Nächte lang. Die Leute ließen sie anfangs aus Furcht ungestört, bald aber merkten sie auf, wie das Kind sich zusehends besserte, und nach wenigen Wochen war es wieder ganz gesund."

In den Sagen ist die Art, wie sich die Leute der Erscheinung gegenüber verhalten, sehr verschieden – in unserer Fassung zunächst schwankend. Wo der Zusammenhang mit dem Vorzeitglauben noch erhalten geblieben ist, unterstützt man sogar diese Totenwiederkehr. Einer ebenfalls aus Hessen stammenden Aufzeichnung zufolge, wurde das Bett einer verstorbenen Wöchnerin jeden Morgen frisch gemacht, und man ließ die Wiege des Kindes davor stehen. Es herrschte nämlich, offenbar noch zur Zeit der Aufzeichnung, um 1865, „der Glaube, die Verstorbene komme vier Wochen lang jede Nacht zwischen 11 und 12 Uhr zu ihrem Bett, um von da ihr Kind zu betrachten."

Geschichten aus einer schön und sinnvoll empfindenden Zeit. Eine 1879 gedruckte Fassung aus Mecklenburg dagegen lautet folgendermaßen: „Eine Frau war gestorben, und alle Sonnabend Abends kommt sie und wäscht und kämmt ihre Kinder; aber sie können sie nicht sehen. Die Kinder sind dann immer glatt und sauber. Da merken die Leute, daß sie nicht durch die Tür hereinkommt, sondern durch eine Ritze bei einem Ständer. Sie schlugen die Ritze zu, und die Frau kam nicht wieder."

Die Vision der Toten erfolgt nicht nur an der Wiege des Kindes. In Niedersachsen begegnet einem zu Holze fahrenden Bauern der Leichenzug einer Mutter, die von sieben, auch schon von Vaterseite verwaisten Kindern weggestorben war, darunter als jüngstem einem Säugling. Auf dem Rückweg werden dem Bauern die Pferde scheu, und er sieht, wie die Verstorbene ihm entgegenkommt. Das Jüngste „soll ... die verstorbene Mutter noch so lange ernährt haben, bis es selbst essen konnte."

Als im vorigen Jahrhundert und bis in das unsrige hinein diese Sagen aufgezeichnet wurden, lagen die örtlichen Vorstellungen und Bewertungen im Wandel – von der Begünstigung der wiederkehrenden Mutter bis hin zu ihrer Vertreibung. So war in Oberschlesien eine junge Bäuerin bald nach der Entbindung gestorben. Eine Muhme, die sich des Kindes annahm, sah sie des öfteren um Mitternacht eintreten und das Kindchen wickeln, und danach lag es immer verkehrt in der Wiege. „Dem Bauern und den Mägden wurden die nächtlichen Besuche mit der Zeit doch unheimlich. Der Bauer bat den Pfarrer, das Haus einzusegnen. Das geschah, und von da an ließ sich die Tote nicht mehr sehen."

Anders verfuhr man in Württemberg. Dort war es vor 150 Jahren in Tübingen und Reutlingen Sitte, der verstorbenen Wöchnerin Tuch oder Leinwand und Nähzeug mitzugeben ins Grab; die Hebammen und die Leichenfrauen bestanden darauf mit aller Strenge. Sonst mußte die Tote umgehen.

Daß die Muttersorge sich auch auf ältere Kinder erstreckte, ist fast selbstverständlich. Wie versöhnlich klingt es, angesichts harter Kinderschicksale, wenn eine Witwe in einem Orte des Jagsttales ihren vier Kindern allabendlich aus einem Buche vorlas, aber sterben mußte, eh sie es ausgelesen hatte, und daß sie deswegen nach ihrem Tode kam und mit den Kindern das Buch zu Ende las. – Aus demselben Orte kommt die Kunde, daß eine fleißige Witwe für ihre beiden Töchter spann und manches Mal dabei wehmütig fragte, wer nach ihrem Tode für sie spinnen würde. Aber in der Nacht nach ihrem Hinscheiden hörte man auf dem Hausboden Geklapper, die Töchter fanden die Mutter dort am Spinnen und setzten sich mit dem eigenen Spinnrade dazu. Die Mutter erzählte ihnen dabei vom Himmel. Doch sehen die Mädchen in ihrem Munde schwarze Zähne, fragen verwundert nach dem Grunde und erhalten die Antwort: „Ich bin doch gestorben!" Damit verschwand die Mutter und kam nie mehr. – In einer solchen Sage ist die herbe Trennung, die der Tod des nächsten Anverwandten bedeutet, um eine kurze Zeitspanne übers Sterben hinausverlegt – in einen allerletzten, wohl doch ein wenig tröstlichen Abschied.

Wollten wir annehmen, und das ist eine sehr verbreitete Annahme, daß all diese Geschichten von Totenerscheinungen dem Aberglauben entsprungen sind, dann bezeugen sie trotzdem etwas sehr Konkretes, – dies nämlich, daß sich das Gefühlsverhältnis zu den Abgeschiedenen bis in den Grund hinein gewandelt hat. Das ist gewiß für die Gegenwart, ob es nun ehedem Aberglaube war oder nicht, ein schwerer Verlust an Lebenssinn und -sicherheit.

An dem Gehalt der Erscheinungen haben indessen auch weit zurückliegende Zeiten schon gebastelt und Änderungen eingeführt. Das Märchen vom hilfreichen Toten erscheint in der Tobiaslegende schon vor 2000 Jahren so verändert, daß nicht ein Toter die Lebenshilfe leistet, sondern ein Engel. Auch der Theologe Hermann Gunkel hält in seinem Buch über „Das Märchen im

Alten Testament" die Hilfe durch den Toten für das ältere Motiv und für das Vorbild der Engelhilfe. – Im Mittelalter gab es eine Versnovelle mit dem Titel „Rittertreue", die auf dem Märchen von dem unter Vermögensaufopferung bestatteten Toten beruht. In der schwedischen Fassung aber ist dort ebenfalls ein Engel an die Stelle des hilfreichen Toten getreten.

In den Erzählungen von der Kindbetterin bezeichnet schon das einen gelinden Wandel, wenn die Mutter vom Himmel herab ihre Hilfe sendet und nicht in einer lebensnahen Totensphäre gegenwärtig bleibt zur allnächtlichen Pflege des kleinen Kindes. In einer elsässischen Überlieferung ist diese Fürsorge sogar auf die Gottesmutter übergegangen. Dort steht nämlich „auf irgendeiner Wiese ein schöner steinerner Brunnen, woraus Milch statt Wasser fließt. Ringsum blühen große Blumen, die bergen Honig in den Kelchen. Dahin trägt die Gottesmutter die mutterlosen Kindlein und letzt und tränkt sie. Sie lächeln dann in der Wiege und am Morgen haben sie ein ‚Milchschnäuzchen' am Munde."

In einer sehr anmutigen Weise hat im vorigen Jahrhundert eine irische Dichterin, Ellen O'Leary, die beiden religionsgeschichtlich verschiedenen Anschauungen – Totenhilfe, Engelhilfe – in einem Gedicht über die Sage von der Kindbetterin vereint. Dort wird die Lage der vereinsamten Kinder noch härter geschildert; denn da ist der Vater ein Trunkenbold und verbringt seine Nächte außerhalb des Hauses. Am Ende heißt es da von der Mutter und den Kindern –

> „Sie legt sie ins Bettchen, das Hemdlein geflickt,
> nun schlafen sie sanft, doch die Mutter erschrickt:
> laut kräht der Hahn, die Seele entweicht,
> während der Vater, der Säufer, zur Tür hereinschleicht.

> Doch immer, sobald die Nacht über die Erde sich legt,
> ist eine tote Mutter da, die ihre Kindelein pflegt.
> Oder lindert ein Engel der Kinder Beschwerden? –
> Ein Engel im Himmel, eine Mutter auf Erden."

Von den zahlreichen Sagenmotiven zum helfenden Toten sei eine Art der Hilfe noch angeführt, nämlich der Schutz gegen Diebstahl und das Mitwirken an dem Wiedergewinnen des Verlorenen. Ein Schweizer Bauer, dessen Obstgarten nicht selten bestohlen wurde, ließ eine Messe für die „Armen Seelen" lesen. Als die Diebe wiederkamen, sahen sie auf dem Baume ein Licht und wagten sich nicht an die Kirschen. Aber sie fragten den Bauern, warum er seine Bäume beleuchte, und da wußte er gleich, wer die Fragenden waren. „Das haben sie früher oft gemacht", heißt es, daß sie etwas für die „Armen Seelen" taten und ihnen die Bewachung der Obstgewächse übergaben. – In einem Ort gab es ein Haus, wo man die Türe sichern konnte, wie man wollte, sie stand immer offen, wenn man heimkam. Da haben sie am Ende nicht mehr versucht, sie zu verschließen, sondern gesagt: Wollt ihr sie offen haben, dann paßt auch drauf auf! – und es ist ihnen nie etwas weggekommen.

Wir sind mit diesen Motiven schon nah an die Alltagshilfe der Toten herangekommen; es ist am Ende nur die Frage der Bezeugung, nach der man zu entscheiden hätte, ob es sich um Sagenhaftes oder etwas Alltägliches handelt. Sicher in den zweiten Bereich gehört das, was uns an praktischem Zusammenwirken mit den Toten zu einem Zweck der Lebenden geschildert wird. So hat man in Mecklenburg auf die folgende Weise ein gestohlenes Pferd wiederzubekommen gesucht. Um zwölf Uhr des Nachts gräbt man am Kopfende des letzten Toten auf dem Kirchhof ein fußtiefes Loch und ruft, auf dem Bauche liegend, des Toten Namen dort hinein. Nach einigen Minuten fragt der Tote, was man wolle. Man gibt ihm die Auskunft, daß man ein bestimmtes entwendetes Pferd wiederhaben möchte, und fragt, ob er das bringen könne. Antwortet er mit Ja, dann legt man vom Geschirr des Pferdes etwas in das Loch, wiederholt die Bitte und spricht dazu die drei Namen. Das Loch wird geschlossen, und der Dieb führt einem das Pferd wieder zu, oder er stirbt am Schlage.

Aufzeichnungen aus dem Jagsttale beleuchten noch weitere Züge solcher Maßnahmen. Auch dort rief man im Friedhof ein Totes auf; bevorzugt war hier entweder das Letztverstorbene, das jeweils, wie man glaubte, den Friedhof hütet, meist aber eine Kindbetterin, „denn nach dem Volksglauben stirbt eine solche als Märtyrerin." Allerdings soll man sich hüten, die Toten wegen einer Geringfügigkeit zu belästigen, da sie zu der Auskunft über einen weiten Weg durch Disteln und Dornen kommen müssen. Ganz schlecht geht es dem, der einen Verdammten aufruft, denn dessen Geist könnte ihm den Kragen umdrehen.

Wo die Toten den Lebenden noch näher sind, bedarf es des Weges auf den Friedhof nicht. Es scheint so, als seien im Baskenlande die Toten früher beim Hause, im Hausgarten bestattet worden. Ein Volkskundler des Landes meint, daß der Garten, die unmittelbare Umgebung des Hauses und das Haus selber die Eigenart eines häuslichen Heiligtumes hätten. Diesem Lebenssinn entsprechend, hat man ungetaufte Kinder an vielen Orten innerhalb der Dachtraufe begraben, und zwar stellenweise noch bis in dieses Jahrhundert hinein. In vielen Ortschaften von Niedernavarra zum Beispiel wird ein kleiner Bereich des Gartens unmittelbar am Hause nicht bepflanzt; man nennt dieses Stück den „Garten der Hausherrin" (le jardin de la dame de la maison). Unter einem Dachziegel werden dort die ungetauften Kinder beigesetzt. Auch Menschen, deren Verhalten nicht den christlichen Vorschriften entsprach, wurden innerhalb der Traufe bestattet, – eine bemerkenswerte Art vorchristlicher Beisetzung für Nichtchristen. In den Fenstern, die sich zu jenem Garten hin öffneten, hat man auch Opfer gebracht, Kerzen angezündet und Münzen und Speisen niedergelegt – „mit dem Ziel, von den Ahnen eine Gegengabe zu erhalten, wie beispielsweise etwas Verlorenes oder Verschwundenes wiederzufinden."

Mit solchen Gebräuchen sind wir schon tief in den Alltag hineingekommen. Zum Abschluß möchte ich aber noch einige unmittelbar bezeugte Geschehnisse bringen. Zu den hilfreichen Toten gehören auch die christlichen Heiligen, die ich hier nicht übergehen will, obwohl ein gläubiger Katholik ihr Eingreifen sicher nicht zum Alltäglichen zählen wird. Alltäglich ist ja überhaupt nicht die Hilfe der Toten, sondern die Situation, in der sie eintritt. Der Heilige, der hier vorkommt, ist der Heilige Nepomuk. Wer ihn nicht als Heiligen kennt, dem ist er vielleicht in einem fröhlichen Liede begegnet, dem der Prager Musikanten, das aus einer noch weit glücklicheren Zeit stammt. Die Musici berufen sich darin auf ihren Schutzpatron im Himmel, den heiligen Nepomuk, „steht mit seinem Sternenkränzel mitten auf der Prager Bruck." Bezeugt ist sein helfendes Eingreifen im folgenden Falle. Ein Ehepaar kommt zur Faschingszeit abends von einem Besuch zurück; das siebenjährige Töchterchen stürzt in einen Nebenfluß der Moldau, bricht ins Eis ein und verschwindet. Die Mutter fällt mit dem Schrei: „Heiliger Johann von Nepomuk, hilf meinem Kinde!" in Ohnmacht. An einer flußabwärts stehenden Mühle stockt das Rad, der Müller erblickt etwas Dunkles und zieht ein anscheinend totes Mädchen zu sich heran. Als die Mutter zur Stelle ist, schlägt das Kind die Augen auf und erzählt: „Als ich ins Wasser fiel, kam ein Mann zu mir und hielt mich bei der Hand mit den Worten ‚Kind, fürchte dich nicht, du wirst nicht ertrinken!' Dieser Mann sah so aus wie der Mann auf unserer Brücke."

Als nächstes folge ein Ereignis aus der Zeit zwischen den Kriegen. Ein Schweizer Bergführer übernachtet mit zwei Engländern, Kriegskameraden und eng Befreundeten, in einer Hütte am Oberlauf des Aletschgletschers. Sehr früh am Morgen bemerkt der Führer, daß die Hüttentür offensteht, daß es draußen schneit und schon eine Schicht Neuschnee liegt. Der eine der Freunde aber ist verschwunden; der andere und der Bergführer suchen nach ihm, doch alle Spuren sind verschneit und verweht, auch eine Rettungskolonne bleibt ohne Erfolg. Der überlebende Freund reist ab and verspricht, im nächsten Sommer wiederzukommen; indes vergeht der Sommer, ohne daß er wiederkehrt. Doch im September wandert der Bergführer am Gletscher entlang auf jene Hütte zu – mit den Gedanken bei jenen beiden Freunden. Da bemerkt er plötzlich, etwa 100 Meter entfernt, nicht sehr weit von der Hütte, eine Gestalt auf dem Gletscher. Durch den Feldstecher sieht er, wie die Gestalt sich langsam zu ihm umdreht und mit müder Bewegung ihm winkt. Er erkennt den englischen Freund, befremdlicherweise im Straßenkleid, ohne Bergausrüstung, aber er weist nach einer bestimmten Stelle im Gletscher. Der Mann läßt das Glas sinken, – der Standort der Gestalt ist leer. Doch geht er dahin und findet eine große, sehr tiefe Gletscherspalte dort. Am andern Tage kehrt er mit einigen starken Männern aus dem Tal an die Stelle zurück. Einen von ihnen läßt man am Seil hinunter; in 35 Metern Tiefe findet er den Toten des vorigen Jahres. Die Leiche wird heimgesandt zu den Angehörigen. Der Freund aber war einige Tage, bevor er dem Bergführer an jener Gletscherspalte erschien, nach langer schwerer Krankheit an einer Blutvergiftung gestorben. – Ein bemerkenswerter Bericht: der Tote weiß, wo der tote Freund tief im Eise liegt, und er vermag sogar den Zeitpunkt zu treffen, zu dem er sich am rechten Orte dem Einen, der ihn verstehen wird, bemerkbar machen kann. Für die Theorie ist es von hoher Bedeutung, daß der Tote auch im Feldstecher sichtbar ist; das würde auf eine wirkliche optisch wahrzunehmende Gestalt hinweisen; es wäre nicht nur die von der lebenden Seele geschaute Vision von einer Totenseele.

Das folgende Erlebnis stammt von einer Frau, die den Bombenkrieg in Berlin und Würzburg überstanden hat – dank der wiederholt ihr zuteilgewordenen Hilfe eines toten Vetters, der wegen Fahnenflucht hingerichtet worden war. Der Tote, der ihr im Leben sehr zugetan war, erscheint ihr des öfteren – immer heiter, mit glänzenden Augen, nie gespenstisch, meist in seiner Uniform. In Berlin, Anfang 1944, als sie den Luftschutzkoffer schon in der Hand hat, veranlaßt der Tote ihre sofortige Flucht ins Nebenzimmer. Eine Bombe schlägt ein, die Zimmerwand, neben der die Frau gestanden hatte, stürzt zusammen. – Im März 44 muß sie aus dem Geschäft, in dem sie tätig war, in den Keller. Sie sitzt mit einem jungen Mädchen auf einer Bank, da winkt ihr der Vetter, zu kommen; sie erschrickt furchtbar, geht mit dem Mädchen zusammen durch den langen Keller auf ihn zu, und drei Minuten später drückt eine Bombe die Mauer hinter der Bank ein. – Im März 45, in Würzburg, Vollalarm. Dort ging die Frau nie in den Keller; nun aber steht der Vetter plötzlich neben ihr und sagt energisch, sozusagen befehlsmäßig: „Mach dich schnell fertig, es wird heute schlimm!" Sie hilft noch einer kranken Dame, da stößt der Tote sie fühlbar an, treibt sie zur Eile: „Schnell, bald ist es zu spät!" Sie erreicht den Keller, die Bomben fallen, in 16 Minuten lag Würzburg zu 93% in Schutt und Asche. Auch der Keller ward getroffen. Sie selbst, nach ihr nur noch drei Personen, konnten sich retten. – Der Tote hat in diesen Erlebnissen Einsichten in die Situation des Lebenden und in unmittelbar bevorstehende, für uns zufallsbedingte Geschehnisse.

Von diesem schlimmen Kriegserleben der Frauen daheim wende ich mich dem Erlebnis eines Mannes weit im Osten zu. Dort besitzt der Tote ein überraschend klares Wissen vom Raum und, wie es scheint, auch körperlich wirkende Kraft. „Ein inzwischen verstorbener Freund, Jakob Z., war im Krieg Leutnant bei den Panzern. Ich kannte ihn … seit meiner Jugend … Nach dem Krieg erzählte er mir Folgendes: seine Panzerdivision war nordwestlich von Moskau eingesetzt, als im Dezember 1941 der Rückzug begann. Auf einer Waldlichtung östlich von Volokolamsk wurde sein Panzer seitlich von russischer Pak abgeschossen. Er konnte ‚ausbooten' und auch den Fahrer vorn-seitlich herauszerren; die andere Besatzung war verwundet und konnte den Panzer nicht mehr verlassen. Er trug den schwerverwundeten Fahrer abseits in eine gedeckte Mulde; dort verstarb er. Bei Einbruch der Dämmerung machte sich der Leutnant auf den Weg in Richtung Westen, durch tiefen Schnee und einen dichten Wald. Dort muß er sich verlaufen haben und im Kreis gegangen sein, denn er kam wieder auf die Lichtung heraus, auf der sein abgeschossener Panzer stand. Er ging dorthin und sah mit einiger Verwunderung, daß sein Fahrer oben auf dem Panzer saß. Er nahm an, der sei wohl doch nicht gestorben, sondern nur ohnmächtig gewesen. Der Fahrer fragte: ‚Herr Leutnant, haben Sie sich verlaufen? Warten Sie, ich weiß den Weg.' Er stieg ab und ging vor dem Leutnant her in anderer Richtung in den nahen Wald. Der Marsch war wegen des tiefen Schnees anstrengend, man mußte immer wieder Rast machen. Der Fahrer weckte den Leutnant auf, wenn dieser beim Sitzen einzuschlafen drohte und bot ihm an, sich bei ihm einzuhängen. Beim Morgengrauen erkannte der Leutnant eine deutsche Vorpostenlinie und stolperte erleichtert darauf zu. Nachdem er mit dem Posten einige Worte gewechselt hatte, wandte er sich um, seinen Fahrer mitzunehmen: aber es war niemand zu sehen. Er fragte den Posten: ‚Wo ist denn der Andere geblieben, der mit mir gekommen ist?‘ – Der Posten antwortete: ‚Herr Leutnant, Sie sind ganz allein hierher gewankt; da war sonst keiner mehr.‘“ – „Es wäre billig zu sagen: ‚Fieberwahn‘. (Der Leutnant war auch leicht verwundet.) – Mein Freund, der stets ein ideales Verhältnis zu seinen Leuten hatte, war jedenfalls überzeugt, der Tote habe ihn gerettet und zurückgeleitet. – Relata refero. F.K.“

Zum Abschluß wenden wir den Blick in eine freundlichere Zeit zurück, auf eine heitere Begebenheit, die sich vor etwas mehr als hundert Jahren zugetragen hat. Damals lebte auf der Elbinsel Wilhelmsburg, heute zu Hamburg gehörig, ein Schiffszimmermann namens Tambke, dessen Tochter ein hervorragendes Medium war. Der Bericht stammt von einem Hamburger Kaufmann, Hinrich Ohlhaver, einem Geschäftsmann großen Zuschnitts, mit einem scharfen Blick für die äußeren Dinge, wie er in einem Buch aus den dreißiger Jahren charakterisiert wird. Er war mit der Überzeugung nach Wilhelmsburg gekommen, daß die Phänomene, die dort nach Mitteilung anderer zu erwarten wären, mit Leichtigkeit als Täuschung und Betrug zu entlarven sein würden. Das Gegenteil trat ein; er selbst setzte sich von da an in Wort und Schrift für die Echtheit der Phänomene ein. Es gelang ihm sogar, das Fräulein Tambke zu völligem Verschwinden zu bringen, – er machte nämlich eine Frau Ohlhaver daraus. Das hat aber der Objektivität seiner Schilderungen nicht geschadet.

Einleitend zu dem besonderen Ereignis sagt Ohlhaver, daß zu derlei Geschehnissen das Medium nicht in Trance fallen müsse. Auch ohne Sitzung und ohne Trance gäbe es ungewöhnliche Vorfälle. „Dafür ein ebenso drolliges wie wunderbares Beispiel. Fräulein Tambke hatte Herrn Wilhelm Cordes, einem Landwirt aus Wilhelmsburg, einen Besuch gemacht, und bei dem prachtvollen Sommerwetter spazierten wir im Garten umher. Herr Cordes wollte dem Medium Pflaumen anbieten, weil er wußte, daß es diese Frucht gern aß. Er konnte aber keine Pflaumen mehr auftreiben, denn diese Ernte war vorüber. Nur an einem seiner Pflaumenbäume saßen hoch oben wohl noch ein Dutzend dieser Früchte. Aber sie waren nicht zu erlangen, weil der Baum an einem breiten Wassergraben stand und nicht gerade emporgewachsen war, sondern sich schräg über den Wassergraben neigte. Die Früchte waren des Wassergrabens wegen auch unter Anwendung einer Leiter nicht erreichbar, und deshalb hatte man sie sitzen lassen. Herr Cordes hätte dem Medium die Pflaumen nur zu gern verschafft. Die ohnehin überreifen Früchte hätten leicht abgeschüttelt werden können, würden dann aber in den Wassergraben, der ein Schmutzgraben war, gefallen sein und wären damit verloren gewesen.

Während Herr Cordes noch auf Mittel sann, wie er die Pflaumen doch noch bekommen könne, sagte Fräulein Tambke lachend, daß ihr verstorbener Onkel ihr soeben gesagt habe, wie sie hellhörend vernommen hätte, daß er ihr die Pflaumen herunterholen wolle. Das war bedeutsam. Wir stellten uns deshalb neben Fräulein Tambke hin. Diese hielt ihre leere Schürze auf, und gleich nachher lag plötzlich eine Pflaume darin, dann noch eine, und so gesellte sich eine Pflaume zur anderen, bis die Schürze mit einer Anzahl Pflaumen gefüllt war. In dem gleichen Umfange, wie sich die Schürze mit Pflaumen füllte, waren die Pflaumen am Baume verschwunden, bis sich schließlich alle in der Schürze befanden. Dabei stand Fräulein Tambke nicht etwa gerade unterhalb der am Baume befindlichen Pflaumen. Das ging nicht, weil sich dort der Wassergraben befand. Das Medium stand vielmehr mehrere Meter seitlich davon. Dieser wundersame Apport ereignete sich am lichten Tage bei hellem Sonnenschein."

VON TOD UND TOTEN IN DEN URKULTUREN

[Erschienen in „Tod und Wandel im Märchen. Veröffentlichungen der Europäischen Märchengesellschaft – Band 16", Erich Röth Verlag, Regensburg 1991, S. 115–133]

– ein weit gespanntes Thema, ein riesiger Bereich, in den wir mit diesem Beitrag nur einige begrenzte Einsichten gewinnen können. Aber ein wichtiger Bereich, denn ist das Märchen alt, so speist es sich aus den Lebensformen der Vorzeit, – und es ist alt und gehört mit seinen Wesenszügen der Vorzeit an; darum müssen wir, um es zu verstehen, uns den alten Kulturformen zuwenden.

Dabei begreife ich unter „Urkulturen" nichts nebelhaft Urtümliches, Unbekanntes, nur durch Voraussetzungen zu Erschließendes, sondern schlicht und einfach jene beiden Ausgestaltungen des menschlichen In-der-Welt-Seins, die der technokratischen Zivilisation und der religiösen Kulturstufe vorangegangen sind, die zum Teil bis in unsere Tage fortgelebt haben und die wir hier in äußerster Kürze charakterisieren müssen: die schamanische und die rituelle Kultur.[1] Sie sind dadurch ausgezeichnet, daß sie beide in ungleich höherem Grade als die Stufe der Offenbarungsreligionen vom unvermittelten Erleben und nicht von der Lehre bestimmt sind.

Der Mensch der Religion ist in höchstem Maße vom Erlebnis seines Religionsstifters abhängig, und darauf beruht die Belehrung, die ihm zuteil wird. Jeder Schamane dagegen begegnet den Göttern und den Geistern selbst in seinen Einweihungserlebnissen, und für seine Gesippen und Stammesgenossen wiederholt er diese Begegnungen in den Séancen, an denen ein jeder teilnehmen kann. Die rituelle Kultur verallgemeinert dieses Erleben für alle, indem sie es in Riten und Zeremonie ausgestaltet, – in festlichen Begehungen, die ursprünglich allesamt einen bestimmten Sinn haben: sie entfalten die wesentlichen Züge des zeitlichen Daseins, indem sie die schöpferischen Urzeitereignisse dramatisch gegenwärtig darstellen. Eine solche Darstellung ist aber nicht etwa eine bloße Erinnerungsfeier, sondern sie macht die Urzeit selbst wirklich gegenwärtig, und sie ähnelt daher in diesem Zuge der schamanischen Séance, in der ebenfalls die schöpferischen Genien des

---

[1] Zur Unterscheidung der Kulturformen siehe Verfasser, „Initiation". In „Gorgo", Heft 8, Zeitschrift für archetypische Psychologie und bildhaftes Denken, Fellbach-Oeffingen 1985. – „Schamanenweihe in einem niedersächsischen Volksmärchen", In „Vom Menschenbild im Märchen", Veröffentlichungen der EMG, Bd. 1, Kassel 1980, S. 72–90.

Weltgeschehens anwesend sind. In der Séance sind sie es unmittelbar, in der Zeremonie in Gestalt der beseelten Maske. Aus diesen beiden Kulturbereichen wird die Bilderwelt der alten Märchen gespeist, was immer eine forscherisch steril gehaltene Erzählwissenschaft dagegen einzuwenden findet.[2] Mithin, wer das Märchen in seinem ursprünglichen Sinne verstehen will, wendet sich mit Fug den beiden Urkulturen zu.

Ist nun für die beiden älteren Kulturstufen das Erleben grundlegend, so hätten wir uns zunächst die wirklich erlebte Erscheinung von Toten zu vergegenwärtigen, – nicht etwa, um irgendeinen „Beweis" für das dort Grundlegende zu erbringen, sondern allein um des Ursprungs aller Totenkulte unmittelbar ansichtig zu werden. Der Wirklichkeitscharakter einer Totenerscheinung drängt sich um so mehr auf, je entschiedener sie sich für mehrere Personen und raumgebunden, sozusagen perspektivisch, darstellt; darum habe ich die folgenden beiden Beispiele aus der übergroßen Fülle ausgewählt.

Das erste zeigt eine Art akustischer Perspektive. Eine Mutter sitzt mit ihren schon herangewachsenen Kindern beim Mittagessen, als es im übernächsten Raum, im Zimmer des verstorbenen Großvaters hart und stark klopft. Die Mutter geht durch die Küche dorthin, und nun vernehmen die Zurückgebliebenen die Stimmen des Großvaters und der Mutter im Wechselgespräch. Dann kommt die Mutter zurück, läßt ein Gebet für die „Armen Seelen" sprechen und berichtet später, in jenem Zimmer habe der Großvater gestanden und ihr vorgeworfen, daß sein Seelenlämpchen, das ihrem Versprechen gemäß ein Jahr lang brennen sollte, erloschen sei. Sie hatte sich nicht rechtzeitig mit Öl versorgt und ließ nun schleunigst einen Liter davon einkaufen.[3] – Eine ganz entsprechende optische Perspektive zeigt das folgende Erlebnis. Eine Arztfrau nimmt in der Nacht wahr, daß zwar ihr Zimmer dunkel ist, aber das Nebenzimmer, in dem ihr Mann schläft, von einem sanften gelben Licht durchflutet wird. Als sie hinübergeht ist das Licht schon im Schwinden, aber ihr Mann war von einem starken Licht geweckt worden, das von einer weiblichen Gestalt ausging. Nachträglich faßte er diese als die Erscheinung einer Patientin auf, die etwa zu dieser Zeit gestorben war und die in ihren letzten Augenblicken nach ihm gerufen hatte.[4]

---

[2]   Bezeichnend für den Forschungsstand ist es, daß es vierzig Jahre gedauert hat, bis das grundlegende Werk von Vl. Jak. Propp, „Die geschichtlichen Wurzeln des Zaubermärchens", in deutscher Sprache erschienen ist.

[3]   Aniela Jaffé, „Geistererscheinungen und Vorzeichen", Zürich 1958, S. 177f.

[4]   Emil Mattiesen, „Das persönliche Überleben des Todes", 3. Bd., Berlin 1987, S. 24.

Erscheinungen von Totengeistern, die als Licht und mit einem Lichtschein auftreten, gibt es unzählige und in aller Welt; dieses sehr verbreitete Erlebnis hat schon früh zu vielerlei Vorstellungen vom Lichtreich der Seelen geführt. Doch nicht dies ist im Augenblick für uns wichtig, sondern nur die Tatsache, daß derlei Phänomene nicht rein visionären Charakter haben, nicht nur in einem inneren Licht aufleuchten, sondern daß sie mit den Sinnen, in räumlicher Perspektive, also objektiv wahrgenommen werden. Wie dies ontologisch zu verstehen sein könnte, was sich daraus für die Frage nach dem Wesen der fortlebenden Substanz ergeben könnte, nach dem Wesen der Seele, kümmert uns hier nicht. Wir haben es lediglich mit dem Erlebnis zu tun und halten dieses für die Quelle aller in der Menschheit verbreiteten Vorstellungen vom Fortleben der Toten. Für irrig sind demnach alle jene Theorien zu halten, die deren Ursprung in Sinnestäuschungen und Wunschvorstellungen, im Wahn und im Aberglauben suchen. Bestattungsgebräuche, Ahnendienst und Totenkult sind nicht ins Leere gerichtet, sondern bauen am Erlebnisgefüge der Wirklichkeit. Denn dies ist freilich wahr: der Mensch überall beschränkt sich nicht auf das pure Erleben, sondern er gibt ihm schöpferisch ein Gehäuse, in dem es zu überdauerndem Ausdruck gelangt. Solches Bauen nennen wir Kultur.

Auf allem Totendienst liegt nun freilich, anders als auf dem Götterdienst, eine schwere Bürde. Diese Last ist der Leichnam. Das Leben, das Selbst des Verstorbenen ist aus ihm entwichen, aber das Trauergefühl haftet an ihm wie an einem Denkmal des Entwichenen. An ihm entwickelt sich daher ein Zwiespalt: er ist es und er ist es nicht. In einigen wenigen urvölkerlichen Kulturen flohen die Überlebenden vor ihm: die Wohnstatt ward aufgegeben, man suchte das Weite und dort eine neue Bleibstätte. Im Gegensatz dazu legte man in anderen alten Kulturen den Toten nirgendwo anders nieder als grade im Wohnhaus, in der Erde unter dem Boden des alltäglichen Daseins. In einem samojedischen Märchen[5] kommt von zwei einsamen Schwestern die jüngere zu Tode; die ältere lädt sich die Tote auf, um sie zu begraben, trägt sie in einen Fichtenwald und „fragt ihre Schwester vermittelst der Zaubertrommel: ‚Wo soll ich dich begraben, Schwester, etwa hier?' Die Schwester antwortet: ‚Begrabe mich nicht im Fichtenwalde, dort gehen Leute und erschrecken mich.'" Weiter trägt die Ältere die Tote, fragt im Birken-, fragt im Tannenwald, ob sie dort sie begraben soll, erhält immer ein Nein zur Antwort und legt sie

5   „M. Alexander Castrén's Ethnologische Vorlesungen", Hrsg. von Anton Schiefner, St. Petersburg 1857, Neudruck Leipzig 1969, S. 167f.

schließlich, ermüdet vom Tragen der Leiche, in einem Wolfsloch nieder unter einem Busch.

Wo das Seelenleben überwiegt, die Anschauung dessen, was über den Leichnam hinaus einzig wertvoll ist, erscheint der entseelte Leib als ein lästiges Nichts: „Eher noch als Mist sind Leichen wegzuwerfen." – dieser Satz ist von einem Prediger der unablässigen Wandlung überliefert, von Herakleitos; – ein Wort aus einer Epoche, da in Griechenland die Überlieferung ins Wanken geraten war. Wo aber die Gemeinde unzerstört ist und gemäß dem Herkommen lebt, da weiß man auch, welches Maß an Fürsorge dem Leichnam gebührt, – daß er in der Welt seine bestimmte Statt finden muß, denn das ist ja der Sinn unseres Wortes Bestattung. In China und in anderen Ländern war es ein Berufsstand, der Geomant, der den rechten Ort für den Toten bestimmte. An vielen Stellen der Erde sind die Behausungen der Götter und der Menschen verschwunden, die Gräber der Toten aber haben die Jahrtausende überdauert.

Wenn man die Toten hinausbrachte an ihren Ort, so erscheint auch an diesem Verfahren ein Zwiespalt, und die Spätzeit ist oft nicht mehr imstande, die beiden Seiten sicher zu unterscheiden: was an den Begehungen zur Trennung, was zur weiteren Verbundenheit mit dem Toten gehört. Gewiß verwirrt auch viel spätzeitlicher Aberglaube das Bild. Ohne Zweifel diente ein Teil der Totenbräuche dem Aufbauen einer Schranke; bringen wir aber zuerst ein Beispiel für die andere Absicht. Aus Flandern, und zwar aus der Gegend um Kortryk, wird die folgende Sitte überliefert:[6] „Wenn man einen Toten zum Kirchhofe trägt, dann betet man auf jedem Kreuzwege ein Vaterunser, und zwar zu dem Zwecke, daß der Tote, wenn er einmal wieder nach Hause kommen wollte, den Weg wiederfinden könne."

Andererseits wird aus Ostpreußen der Brauch überliefert[7], daß man das zum Waschen der Leiche gebrauchte Wasser vor der Tür hinter der Bahre ausgoß, „und das sollte bedeuten: wenn der Tote zurückkommen will, so ist da für ihn ein See, und er kommt nicht hinüber." Ähnliche Bräuche werden auch aus anderen Teilen Deutschlands berichtet, und sie sind auch sonst in der Welt bekannt und werden schon aus dem indischen Altertum überliefert. Dort wurde bei der Heimfahrt vom Leichenbegängnis ein Stein zwischen Totenort und Heimstatt gesetzt – mit den Worten, daß der Stein dem Tode als

---

[6] „Niederländische Sagen", Hrsg. von Johann Wilhelm Wolf, Leipzig 1843, Nr. 317.
[7] Julius von Negelein, „Die Reise der Seele ins Jenseits", Zs. d. Vereins für Vde., 11. Jg., Berlin 1901, S. 266f.

ein Berg erscheinen solle, der den Weg versperrt.[8] In Sibirien wurden die verschiedensten Zeichen dieser Art gesetzt, Striche im Schnee, die zu Schluchten werden, ein Gefäß, das sich in einen See, ein Grasbüschel, das sich in ein Dickicht verwandelt. Bogoras sah bei den Tschuktschen einen alten Mann, nun freilich auch zum Erstaunen seiner Verwandten, nah dem Kopfe der Leiche sein Wasser abschlagen – in der Absicht, zwischen der Leiche und sich selbst einen Fluß zu erzeugen.[9]

Es erhebt sich die Frage, welchen Sinn die magischen Hindernisse wirklich ursprünglich hatten: Abgrenzung gegen den Tod oder gegen die Toten. Die älteste Überlieferung, die des vedischen Indien, spricht für die erste Antwort, und wenn wir unser Märchen befragen, dann scheint es sie zu bestätigen. Zaubrische Hindernisse werden ja auch im Typus 314 gesetzt, in dem Märchen vom Jüngling, der bei einem toddrohenden Wesen das Goldhaar und das Zauberroß erlangt, also die Initiation, der dann vor dem Todesunhold fliehen muß und auf der Flucht mit Holzspan, Stein und Wasserguß Schranken erzeugt, deren letzte für den Dämon unüberwindlich ist. Oftmals verwendet er auch noch andere mächtige Gegenstände, vor allem den Kamm, der ein Initiationsinstrument par excellence ist und auch mit dem eben gewonnenen Goldhaar in sinnvollem Zusammenhang steht. Entscheidend ist, daß der Verfolger niemals ein Toter ist, sondern stets ein mächtiges Wesen aus der Ferne, jenseits des Stromes, zu dem man durch Entrückung gelangt, also durch eine nichträumliche Seelenpassage, ein Wesen also, in dem die jenseitige Macht des Todes erscheint.

Der Zwiespalt in der Bewertung der Bestattungsmaßnahmen tritt auch in Bezug auf einen anderen Brauch hervor. Was ist der Sinn der oft gewaltigen Steine oder Steinmassen, die man dem Toten aufs Grab legt? Manch ein Forscher erprobt da die Antwort, ob sie nicht dazu dienten, den Toten festzuklemmen. Man bedenkt dabei nicht, daß Tote nach soundsoviel Zeugnissen die feste Materie zu durchdringen vermögen, daß es daher niemals die Last des Felsens sein kann, die den Toten bannt, sondern nur das Ritual, mit dem der Steinblock gesetzt wird. Dann aber bedarf es zur Bannung gar nicht der Tonnengewichte, sondern nur irgendeines sichtbaren Zeichens. Der Stein, rituell errichtet, hat einen ganz anderen Sinn. Die Totenseele, aus dem Leibe entwichen, ist ortlos, und sie bedarf, um anwesend zu sein, eines ihr

---

[8]   Hermann Lommel, „Gedichte des Rig-Veda", München-Planegg 1955, S.110. W. Caland, „Die Altindischen Todten- und Bestattungsgebräuche", Amsterdam 1896, S. 122.
[9]   Waldemar Bogoras, „The Chukchee", Memoirs of the Am. Mus. of Nat. Hist. Vol. VII, New York 1904/9, S. 528–531.

geweihten Anhaltes in der Leiberwelt. Diesem rituell erzeugten Gegenstand, wenn er in der Landschaft aufgepflanzt ist, sei es nun ein Baum, ein Pfahl oder ein Menhir, geben wir den Namen „Mal". Ein Mal ist ein zeichenhaftes Ding, das sowohl hier auf der Erde wie dort in der Welt der Toten steht und das daher Stätte der Begegnung ist. Einerseits schenkt das Mal dem Toten die Möglichkeit, an einem hiesigen Ort zu erscheinen, und andererseits schränkt es den Erscheinungsbereich ein und verhindert das ungeordnete Eindringen der Totenseele in das Dasein der Lebenden, es unterbindet den Spuk. Wie an der Grabstele die Totenseele und der Lebende zusammentreffen, zeigen manche der Bilder auf den altgriechischen Lekythen, den Kännchen für die Ölspende an die Toten.

Spuken zeigt ein unvollendetes Totenschicksal an. In gebührlicher Weise vollendet der Tote sich offenbar, wenn er einerseits den eigenen, uns unbekannten Totenweg beschreiten, andererseits aber zuzeiten am Male zu einem geliebten Ort und zu den ihm verbundenen Lebenden heimkehren kann. In einem Gedicht von C. F. Meyer wird in einer Zeile gesagt: „Ihr suchet noch immer die menschlichen Ziele." – Ich halte diesen Satz nicht für allgemeingültig. In sinnvoller und schöner Weise verhält sich allerdings dementsprechend eine Mutterseele, die allnächtlich zurückkehrt, um das zurückgelassene Kleinkind zu säugen. Dies wird häufig in Sagen erzählt,[10] ist aber auch ein bekanntes Märchenmotiv, zum Beispiel in „Brüderchen und Schwesterchen" und seinen Verwandten, den „Drei Männlein im Walde" und anderen (AT 450, 403). Oftmals aber bedeutet das Hangen und Festhalten an diesem Leben, zumeist an einer seiner Einzelheiten, eine schwere Störung im Totenschicksal, eine Störung, die von zahlreichen Sagen bezeugt wird, aber auch in den Erlebnissen von zeitgenössischen Sensitiven, die bisweilen belagert werden von Toten, die auf ihrem Wege nicht weiterzukommen vermögen, ja, die sich wohl gar noch für lebend halten. Es war daher sehr sinnvoll, daß der Schamane in seiner Kultur den Toten über das Grab hinaus geleitete bis an seinen jenseitigen Ort, – oder er unternahm den Versuch, ihn wieder heimzuholen in die Welt der Lebenden.[11] Dies letztere erscheint gar nicht mehr so abwegig, vielmehr ganz konkret, wenn man an die in unserer

---

[10] „Niederländische Sagen", Hrsg. von Johann Wilhelm Wolf, Leipzig 1843, Nr. 175, 326. Ders., „Hessische Sagen", Leipzig 1853, Neudruck Hildesheim 1982, Nr. 153. Schambach-Müller, „Niedersächsische Sagen", Göttingen 1855, Nr. 235. Josef Müller, „Sagen aus Uri", Basel 1978, Nr. 1121.

[11] Diese schamanische Heimholung spiegelt sich noch in dem Märchen vom todlosen Koschtschej.

Zeit gesammelten Nahtodeserlebnisse denkt, wo die freigewordene Seele oftmals schwankt zwischen verlockender Weiterfahrt und beschwerlicher Wiederkehr. Ich nehme an, daß in diesem Bereich wirklichen menschlichen Erlebens auch manche der märchenhaften Erlösungen wurzeln.

Um einen deutlicheren Begriff zu geben von stockenden Totenschicksalen und ihrer Lösung, sei hier kurz das Erlebnis einer Schweizerin geschildert, Blanche Merz, die vor wenigen Jahren mit mehreren anderen Sensitiven, darunter einem katholischen Geistlichen, an einem Ort in Frankreich weilte, in St. Jean de Luz.[12] Unter zwei Grabplatten im Gehsteig, außerhalb des Bereiches der alten Ortskirche, verspürten sie eine eigenartige Vibration – wie einen Dunst, der aus dem Boden stieg. „Und plötzlich sahen wir, wie sich vier Arme aus dem Boden erhoben und wie vier Hände mit Inbrunst flehten; es war wie eine Art Hilferuf, der aus den Gräbern stieg." Die Todesdaten, im Jahre 1789, lagen nur 12 Tage auseinander. Es handelte sich um ein Liebespaar, das damals wegen zu naher Verwandtschaft nicht heiraten durfte und offenbar auch nicht in geweihter Erde bestattet worden war. Der Mann war einem Unfall erlegen, die Frau nach kurzen Tagen an gebrochenem Herzen gestorben, und das Paar blieb, durch sein unerfülltes Liebes- und Todesschicksal und die nicht rituelle Bestattung an den Ort gefesselt. Die kleine Gesellschaft, auch sie unerfahren in solchen Dingen, stellte sich die Frage, was zu tun wäre, und stimmte schließlich dem Vorschlag des Geistlichen zu, die beiden Seelen am nächsten Morgen durch eine exorzistische Zeremonie zu befreien. Nach ihrem Vollzuge stellte Frau Merz fest, daß die Vibration „nicht mehr vorhanden war. Ich hatte richtig Mühe, es zu glauben."

Das Ereignis blieb nicht bloße Erinnerung innerhalb der kleinen Forschergemeinde. Der Priester erhielt einen Anruf von einer hellseherischen Freundin, die von dem Geschehen in St. Jean de Luz nichts wußte, und sie teilte ihm mit: „ein freudiges junges Paar sei ihr erschienen, um ihr von seinem großen Glück zu berichten, und habe sie gebeten, dem Priester zu danken. Ihre nun freigewordenen ... (Seelen) ... würden sich gemeinsam in der Atmosphäre in einer lichtvollen Liebe entwickeln." – Frau Merz und ihre Freunde haben dies erlebt; als Märchenforscher sind wir nicht verpflichtet und es wäre für uns auch methodisch verfehlt, hier auf Tatsachen zu forschen, um sie mit Reißzwecken festzusetzen. Märchen gehen auf Erlebtes

---

[12] Blanche Merz, „Die Seele des Ortes", München 1988, S. 202–204

zurück, und märchenhafte Erlebnisse machen, was im Märchen geschieht, uns verständlich.

Der Totenordnung in der Landschaft, die mit dem Mal und seinem Umkreis gegeben ist, entspricht eine Totenordnung im Zeitverlauf, entsprechen besondere Totengedenktage, die mit der Gestalt der Zeit, die wir den Jahreskreis nennen, gegeben sind. In der Moderne ist die Sinngestalt der Zeit weitgehend zerstört, wenn auch die Namen der ehedem geweihten Tage oft noch erhalten sind. Indes brauchen wir nur daran zu denken, daß die flachste, äußerlichste Festlichkeit abgezogen wird just zum Wechsel des Jahres und daß die ehedem schicksalsschweren Orakel dieser Wendezeit zum Gesellschaftsspiel abgesunken sind. Die Störung hob schon an mit dem Versuch, die altererbte Jahresordnung mit dem Kirchenjahr in Einklang zu bringen; immerhin wurden christliche Feste und Heiligentage zu zeitlichen Trägern des alten Totenbrauchtums. Die Zerstörung verschärft sich erst mit der Abschaffung der Heiligentage durch die Reformation und der Verpönung vieler Bräuche durch die Aufklärung und zumal durch eine aufklärerisch gesonnene Geistlichkeit. Auf diese Weise hat sich vielerorts die brückenlose Scheidung verwirklicht zwischen der Totenwelt und der der Lebenden, eine Gefahr, die Jean Paul vor 200 Jahren mit den Worten ankündigte, daß „in unseren Tagen … uns feindliche Taucher das in das Totenmeer fallende Ankertau zerschneiden wollen."[13] Inzwischen ist die Verwahrlosung der Zeit weit fortgeschritten, und für die wenigsten Zeitgenossen weist das Jahr noch naturnotwendig die Bahn zu den Toten, – und ganz und gar nicht mehr den Toten an den Tisch der Lebenden.

Richten wir zunächst den Blick auf eine typisch rituelle Kultur, die der Hopi-Indianer in Arizona.[14] Bei ihnen ist das ganze Jahr kultisch geordnet, und auch die Toten feiern alle Feste wie die Lebenden, nur allerdings um ein halbes Jahr verschoben: die Totenwelt ist in vielen Kulturen, wie man sagt, verkehrte Welt, besser: umgekehrte Welt. Man überläßt aber auch bei diesen um ein Halbjahr unterschiedenen Festen die Toten nicht sich selbst, sondern die hiesigen Amtsträger der Rituale, fälschlich oft Priester genannt, feiern in abgekürzter Form die Feste der Toten mit: Ausdruck einer echten Polarität zwischen beiden Welten, zwischen Lebenden und Toten.

Die Hauptgestalten des Kultes sind die Kachinas, Urzeitgötter, die nicht mehr selbst als solche gegenwärtig sind, die vielmehr einerseits mittelbar in

---

[13]   Jean Paul, „Das Kampaner Thal", Einleitung.
[14]   Mischa Titiev, „Old Oraibi", Cambridge, Mass., S. 107f., 135, 145. Frank Waters, „Das Buch der Hopi", Düsseldorf 1980, S. 152f.

Gestalt ihres jeweiligen Schöpfungsbeitrages leben und die andererseits unmittelbar zu den Festen in ihren Masken dargestellt werden. In diese Masken gehen aber stets auch die Totenseelen ein, die als Lebende ehedem die Masken getragen haben. Eigentliche Allerseelenfeste aber finden in der dunklen Jahreshälfte statt, zu den Hauptfesten des Jahres, zum „Wowochim", zur Jugendinitiation, und, damit verbunden, zum „Soyal", zum Mittwinterfest. Bei dem einen Fest werden die Toten bewirtet; alle Straßen sind rituell verschlossen bis auf die eine aus dem Nordwesten, wo das Totenland liegt. Das Dorf ist geteilt; in der einen Hälfte sind alle Türen geöffnet und die Frauen haben Speisen für die Toten bereitgestellt. Aber kein Lebender bleibt über Nacht in diesem Bereich, alle begeben sich zu den Freunden in der anderen Hälfte, wo Türen und Fenster fest verschlossen sind. Die Straßen sind ausgestorben, nur Patrouillen zweier Ritualbünde sind unterwegs und wachen darüber, daß weder lebende Menschen noch dämonische Wesen sich umtreiben.

Die Toten kommen über den höchsten Punkt des Tafelberges im Westen herbei, durch einen unsichtbaren Torbogen, wo ein Posten, der ein Geist ist, Wache steht. Von den Speisen nehmen die Totengeister nur die Essenz, den Duft zu sich; das, was übrig bleibt und was auch die Tiere verschmähen, wird vergraben. – Später, bei einer Zeremonie am Ende der Wintersonnwendrituale erhalten die Toten ein anderes wesentliches Geschenk, ein Paho. Pahos werden unter meditativer Versenkung aus Federn, Stäbchen und Baumwollschnur hergestellt; man kann sie den Leib eines Gebetes nennen oder ein dinglich fixiertes Totengedenken. Der Lebende macht für jeden ihm verbundenen Toten solch ein Paho, und wen er dabei vergäße, der würde traurig gestimmt. – Zwischen diesen beiden Geschenkfesten für die Toten aber nehmen sie an den Zeremonien teil, sowohl an den initiatischen wie den Sonnwendriten; am Ende werden sie feierlich entlassen.

Dem unmittelbaren Mitwirken der Toten bei den Kachinatänzen wie bei den Zeremonien überhaupt entspricht ein anderes lebenswichtiges Mitwirken der Toten in der Natur. Im Hopiland, wo der Mais das Hauptnahrungsmittel ist, in der ariden Zone, das heißt ja Arizona, hängt alles Menschenleben vom Regen ab, und die regenspendenden Wolken kommen aus dem Westen, wo das Totenland liegt. Daher sind es die Toten, die den Regen bringen, und darum wird jedem Toten zur Bestattung in Gestalt eines Baumwollbausches eine Wolkenmaske angelegt. Jede Zeremonie ist daher auch eine Bitte an die Toten um Regen. Auf die Totenhilfe im allgemeinen ist noch zurückzukommen, zunächst sei das Ritual des Totenempfangs zur Sonnenwende ergänzt durch einen Blick auf Europa.

Von der Julnacht in Skandinavien[15] wird das Folgende berichtet: „Wenn man nach dem Bade das Badhaus verläßt, legt man noch Holz in den Herd, denn nach den Lebenden kommen die Toten zum Baden. Die Hausleute schlafen auf dem Fußboden im Julstroh und richten die Betten für die heimgegangenen Verwandten her, die in der Julnacht ihr altes Heim besuchen. Essen und Trinken bleibt die ganze Julnacht auf dem Tisch stehen, damit die Seelen ihren Hunger stillen können, und das Feuer brennt die ganze Nacht, damit sie sich wärmen können." Dazu ein Bericht aus dem Süden, aus Kärnten:[16] „In Unterkärnten heißt es, die Toten freuen sich auf diesen Abend, an dem sie den Gräbern entsteigen und sich an den von ihren Angehörigen mit weißem Linnen gedeckten Tisch setzen dürfen. Auf den Tisch wird ein Holzkreuz, ein angeschnittener Laib Klatzen- oder Roggenbrot und ein geschärftes Messer gelegt. Auch Getränke (Glantal), Weihwasser und Räucherpfanne (Rosental) finden sich neben dem Kreuz. Oft brennt die ganze Nacht hindurch ein Nachtlichtchen dabei. In manchen Bauernhäusern des oberen Krappfeldes und Metnitztales besteht noch der Brauch, in der Christnacht, wenn sich die Hausbewohner zur Ruhe begeben, einen ganzen Brotlaib und ein Messer auf den gedeckten Tisch zu legen. Ein Holzkreuz und brennende Lichter stehen dabei."

Der Sinn dieser Bräuche als Totengastung sollte sonnenklar sein, aber er ist es nicht für die Wissenschaft. Ausgerechnet Georg Graber, dem die Volkskunde Kärntens so viel zu verdanken hat, setzt zu der Schilderung dieser und ähnlicher Brauchtümer den Satz: „Durch Speisen und Getränke sollen die Geister der Toten beschwichtigt, durch Weihwasser, Rauchwerk, Messer und Licht abgehalten oder verscheucht werden." Jene Generation und nicht allein sie hatte nur zwei Ideen, um Urkulturliches zu begreifen: Fruchtbarkeitsriten oder Abwehrzauber (Apotropaia); diese zwei waren wie auf einem Maßstab als Plus und Minus eingetragen, und damit wurde die Fülle der Überlieferung abgemessen. Wahr ist, daß es, mit Recht und nicht aus Aberglauben, die Gespensterfurcht gibt, noch wahrer aber ist der Eros, der zwischen den Lebenden und den Toten sich spannt. Die urkulturlichen Brauchtümer sind erfüllt von Wirklichkeit, und deswegen sind sie auch weltweit verbreitet. Auch nahm das mit Schaukraft begabte Altertum die zum Fest geladenen Toten

---

[15]   Lily Weiser, „Jul", Stuttgart 1923, S. 15.
[16]   Georg Graber, „Volksleben in Kärnten", Graz 1949, S. 165f.

wirklich wahr. Vom altchinesischen Ahnenopfer sagt die Überlieferung:[17] „… die teilnehmenden Geister waren nicht völlig unsichtbar. Sie waren, so glaubte man jedenfalls, blendende Lichtgebilde oder so in Glanz gehüllt, daß man sie nicht klar erkennen konnte."

Aus diesem Eros, der eben auch auf der Seite der Toten schwingt, ergibt sich mit Selbstverständlichkeit die Bereitschaft der Toten zur Lebenshilfe. Zu denken ist, im Vergleich zur Regenwolke bei den Hopis, an Kamikaze bei den Japanern, an den Ahnenwind, der die Kriegsflotte der Mongolen zerstreute, während der Kaiser im Ahnenheiligtum zu Ise betete. In den schamanischen Kulturen gehört es zum Grundsätzlichen, daß die toten Schamanen den lebenden Neuling in ihre Kunst einführen. In den rituellen Kulturen findet die Einweihung der Jugend jenseits der Grenzen statt, jenseits des Flusses, im Urwald, und dort ist auch Totenland, dort wirken bei der Einweihung ins Leben, in Zeugung und Tod die Toten mit. Zu denken ist dabei auch an die Einweihungen wie in den Märchentypen 313 und 314, Tochter der Unterweltsmacht als Helferin des Helden, und Goldenermärchen mit magischer Flucht; auch hier geschieht die Initiation drüben, teilweise geradezu in der Unterwelt. Weit verbreitet ist die Sage von dem Mann, der am Friedhof stets der Toten betend gedenkt und dem sie zu Hilfe kommen, wenn er dort von Räubern überfallen wird.[18] Die Totenhilfe liegt auch zutage im Aschenputtelzyklus, wo die Mutter als Tier, so der Moirin, oder als Baum der Tochter hilft, die den Totendienst leistet. Geradezu vom helfenden Toten erzählen die Märchen 505 – 508, von denen das bekannteste der Typus Reisekamerad ist. Auch hier hat der Lebende dem Toten geholfen: sein Totenschicksal stockte, weil ihm wegen einer Geldschuld die Bestattung versagt wurde. Höchst symbolisch ist er in der norwegischen Fassung eingefroren in einen Eisblock.[19] Der Lebende aber, voller Mitleid, entrichtet die Schuld und empfängt mit dem toten Helfer die schamanische Gabe, die Königstochter von dem Dämon zu befreien, dem sie verfallen ist.

Zahlreiche der helfenden Wesen im Märchen, deren Wesensart nicht ausdrücklich vermerkt wird, die Alten, zwerghafte oder tiergestaltige Ratgeber, Männlein und Weiblein, sind gewiß ursprünglich als Tote verstanden worden. Aus der lebendigen Kenntnis von möglicher Totenhilfe, denn die Märchen

[17] Werner Eichhorn, „Die Religionen Chinas", Stuttgart 1973, S. 40.
[18] Oloph Odenius, „De taksamma döda", Saga och Sed 1953, Uppsala 1954, S. 37– 53. Beispiel bei „Niederländische Sagen", Hrsg. von Johann Wilhelm Wolf, Leipzig 1843, Nr. 318, dazu Anm. S. 697.
[19] „Nordische Volksmärchen", II. Teil, Übers. von Klara Stroebe, MdW, Jena 1919, Nr. 7.

sind ja nicht vom Leben isolierte bloße Erzählungen, ist es auch zu verstehen, wenn das Motiv in Sizilien in einen Typus eingewandert ist, der die Hilfe von drüben sonst nicht kennt, in die Erzählung vom Lustmörder, Fitchers Vogel bei Grimm, AT 311. Dort schreit das dritte Mädchen, dessen Schwestern, wie sie weiß, schon ermordet sind, in ihrer höchsten Not: „O heilige Seele meiner Mutter, gebt mir einen guten Rat und helft mir!" Auf einmal hörte sie eine Stimme, die rief: „Maruzza, weine nicht, denn ich will dir helfen", und das war die Stimme ihrer Mutter.[20]

Kamikaze wird auch als Götterwind verdeutscht, und das erinnert uns daran, daß in den Urkulturen die Grenzen zwischen Totengeistern und Göttern nicht so eng gezogen sind wie in den sogenannten Hochreligionen. Für Irland ist an die immer noch nachlebende Gemeinschaft von Fairies und Toten zu erinnern; die Hälfte von uns ist ja drüben bei ihnen, ist eine sonderbare Redensart, die man dort hört. Die Hopitoten tanzen als Kachinas auf der Plaza, und so war auch in anderen Volkskulturen der Übergang von der Toten- in die Götterrolle möglich. Aus Schweden liegt ein Bericht des 9. Jahrhunderts vor, nach dem dort der König Erik unter die Götter aufgenommen worden war.[21] Die amtlich-rituelle Vergottung eines Menschen, eine besondere Seltsamkeit für das späteuropäische Denken, läßt sich im einzelnen verfolgen in China.[22] Kuan Chung war im 3. Jahrhundert, zur Zeit der drei Reiche, ein Heerführer, ein Vorkämpfer der nachlebenden Han-Dynastie. Er wurde vom Gegner gefangengenommen und hingerichtet (219), aber 900 Jahre später, unter der Sung-Dynastie, zum Herzog und Fürsten ernannt. Im 14. Jahrhundert erhob ihn just ein Kaiser der mongolischen Fremddynastie zum „Fürsten der Krieger und Kulturbringer", und schließlich verlieh 1594 ein Ming-Kaiser ihm den Titel: „Getreuer und Redlicher Großer Gott (ti), Stütze des Himmels und Beschützer des Reiches". Damit war der Göttername Kuan Ti für den Helden erreicht. In der letzten Epoche, der Mandschu-Zeit, stieg seine Verehrung noch; die Dynastie wählte ihn zu ihrem Schutzgott und ließ überall Heiligtümer einrichten; allerlei Gewerbe und Berufe erwählten ihn zum Schutzpatron. Es gab 1600 offizielle Tempel und unzählige kleinere Weihestätten. Im Kampf gegen die Europäer im Jahre 1856 sah man in ihm eine Himmelserscheinung zur Unterstützung des kaiserlichen Heeres. Anläßlich

[20] „Sicilianische Märchen", Ges. von Laura Gonzenbach, Leipzig 1870, Neudruck Hildesheim 1976, Nr. 23.
[21] „Rimberti Vita Anskarii", cap. 26.
[22] Werner Eichhorn, „Die Religionen Chinas", Stuttgart 1973, S. 349, 380. Anthony Christie, „Chinesische Mythologie", Wiesbaden 1968, S. 104ff.

des Taiping-Aufstandes berichtet der Gouverneur von Kiangsi, „daß es ihm durch den persönlichen Beistand des Kriegsgottes Kuan Ti … gelungen sei, 25 alte Ming-Kanonen aufzufinden, die er sofort gegen die Rebellen einsetzen ließ." Der Referent unserer Zeit gibt dies „nicht ohne belustigtes Erstaunen" wieder. Wir werden darüber weniger erstaunt sein, wenn wir an das samojedische Mädchen denken, das durch die Trommel Zwiesprache mit seiner toten Schwester hält. Zugleich werden wir uns dessen bewußt, daß es unseren Gouverneuren seit langem an solchen Trommeln gebricht.

Wiederholt habe ich von dem Zwiespalt gesprochen, der allem Erleben von Sterben, Tod und Toten innewohnt. Diese Zweiseitigkeit erscheint aber in den alten Gebräuchen oft nicht als Widerstreit, sondern mehr in einer wunderbaren Polarität. Gehen wir auch hier vom Erleben aus, davon, wie eine bekannte Persönlichkeit den Tod ihrer Mutter im Widerstreit erlebt hat.[23] Der Mann träumt von einer heroischen Landschaft, hört dort voller Angst ein gellendes Pfeifen, es kracht, ein riesiger Wolf mit furchtbarem Rachen bricht hervor und schießt an ihm vorbei: „ich wußte, jetzt hat der Wilde Jäger ihm befohlen, einen Menschen zu apportieren. Mit Todesschrecken erwachte ich, und am folgenden Morgen erhielt ich die Nachricht vom Tode meiner Mutter." – „Selten hat mich ein Traum dermaßen erschüttert, denn bei oberflächlicher Betrachtung schien er zu sagen, daß der Teufel meine Mutter geholt habe." Diese brutale Vorstellung löst der symbolverständige Mann nachträglich indes in versöhnlicheren Anschauungen auf, in Bildern von der Entrükkung der Mutterseele in eine umfassendere Ganzheit.

Etwas weit Wunderbareres jedoch, als diese seine Nachgedanken aussprechen, begab sich mit dem Mann, als er nun im Gefühl großer Traurigkeit nach Hause fuhr: „aber in meinem innersten Herzen konnte ich nicht traurig sein, und zwar aus einem seltsamen Grunde: während der ganzen Fahrt hörte ich unausgesetzt Tanzmusik, Lachen und freudigen Lärm, so als ob eine Hochzeit gefeiert würde. Dieses Erlebnis stand in krassem Gegensatz zu dem furchtbaren Eindruck des Traumes. Hier war heitere Tanzmusik, fröhliches Lachen, und es war mir unmöglich, mich ganz der Trauer hinzugeben. Immer wieder wollte sie mich überwältigen, aber im nächsten Augenblick war ich wieder inmitten der fröhlichen Melodien."

Der außergewöhnliche Mensch, der dieses Doppelerlebnis vom Tode seiner nächsten Anverwandten gehabt hat, war Carl Gustav Jung. Aber die alten

---

[23] Carl Gustav Jung, „Erinnerungen Träume Gedanken", Hrsg. von Aniela Jaffé, Zürich 1967, S. 316f.

Bräuche zeigen die gleiche, uns nicht mehr vertraute Doppelheit. Ich gebe Beispiele aus Irland, wo das uralte Brauchtum weder durch eine gewaltsame Christianisierung, noch durch eine Reformation mit darauffolgender Aufklärung zerstört wurde und darum bis nah an unsere Zeit gelebt hat. Für die eine Seite mag das „keening" zeugen (das „keen", irisch „caoine"), die lautstarke rituelle Totenklage,[24] wie sie ähnlich im 19. Jahrhundert auch noch für einige deutsche Landschaften belegt ist.[25] In Irland bildet das Kernstück „eine Lobeshymne auf den Toten, dessen Charakter und Taten in den Himmel gehoben werden, während man seiner eventuellen mangelhaften Qualitäten in keiner Weise Erwähnung tut. Diese individuellen Verse werden von den immer wiederkehrenden Klagetönen ‚Ochó, Ó!' und dem Jammer um die Vorzeitigkeit des Todes und die Schwere des Verlustes unterbrochen, wobei die Frauen sich unter wilden und leidenschaftlich schreitenden Bewegungen im Takt auf- und niederbeugen, in die Hände klatschen und mit donnerndem Getöse auf den Sargdeckel trommeln. Die Klage ist so mächtig, daß einem die Ohren gellen und das Dach einzustürzen droht. Es ist eine erhabene und zugleich schaurige, Mark und Bein erschütternde Bekundung des tiefsten Schmerzes, eine ins Grandiose gesteigerte theatralische Übertreibung des Pathos, mit dem man den Toten von der Unermeßlichkeit des Schmerzes, den sein Scheiden in der Seele der Angehörigen hervorgerufen hat, zu überzeugen hofft." – „Oft wechseln sich die Frauen in der Totenklage ab, um eine Ermüdung und ein Absinken der Leidenschaft, die meist durch reichlichen Genuß von Whisky ins Übernatürliche gesteigert wird, zu verhindern."

Der Ausdruck „übernatürlich" mag dem Berichterstatter nur so herausgeschlüpft sein; aber unzweifelhaft erleben diese klagenden Frauen im Rhythmus von Schwung und Schrei eine Art Trance, so daß für das altertümliche Denken der Ausgriff ihres Gefühlslebens hinüber ins andere Land zutage liegt. Dabei ist nicht zu vergessen, daß der Name „Whisky", gälisch „Usquebaugh", irisch „uisce beatha", auch „beathuisce", etymologisch nichts anderes ist als der weitverbreitete Name des altererbten Kultgetränkes: „Aqua Vitae", „Eau de Vie", „Lebenswasser". Hier ist an die Vedaverse zum Preise des Soma zu erinnern: „Wir haben Soma getrunken, unsterblich sind wir geworden, gekommen sind wir zum Licht, aufgefunden haben wir die Götter." *(VIII,48,3)*

---

[24] Hans Hartmann, „Der Totenkult in Irland", Heidelberg 1952, Besonders: S. 112ff: Spiele bei der Totenwache. S. 151ff.: Die Totenwache.

[25] „Wörterbuch der deutschen Volkskunde", 3. A., bearb. von Richard und Klaus Beitl, Stuttgart 1974, S. 821.

Wir haben damit die eine Seite von dem, was um den Verstorbenen empfunden und ausgedrückt wird, gekennzeichnet. Noch fremder mag uns die andere Seite erscheinen. Bei den irischen Wakes, den Totenwachen, wird durchaus nicht allein geklagt, sondern, so sagt der Berichterstatter: sie waren „früher eine sehr lustige Angelegenheit." Die Leiche wurde dabei wie ein Lebender behandelt. Man steckte ihr eine Tonpfeife in den Mund und rauchte abwechselnd mit ihr daraus. Wenn man sich gegenseitig die Pfeifen im Munde mit Torfwürfen zerschmiß, so geschieht das auch dem Toten; das Zerbrechen ist, wie sich versteht, das Hinüberopfern als Totenvorrat. Beim Versteckspiel mit dem schweren Schuh, the Brogue, wird der Schuh geworfen, aber auch nach dem Toten, auch ihm an den Kopf. Bei alten Leuten trieb man den Spaß noch weiter, führte sie etwa in der Runde umher, zog sie, wenn sie lagen, plötzlich mit einem eigens dazu angebrachten Seil in die Höhe. Dabei „wurde getrunken und gegessen, … erzählt, gesungen und getanzt und eine unerschöpfliche Anzahl von … Wettkämpfen durchgeführt." Ferner gab es Maskenspiele: das weiße Pferd, zweifellos Darstellung des Totenrosses; Stier und Kuh, was wohl ursprünglich auf das Bespringen der Kuh hinauslief; die Fesselung eines Mannes zu der Farce „ship-a-sailing", wobei sein Leib den Schiffrumpf darstellte, sein Glied aber offenbar als Mast ausstaffiert wurde; Zweikämpfe mit Scheintötung und Wiedererweckung durch die Heiltrünke und Zaubersprüche eines „Arztes".

Sehr stark traten Heiratsspiele hervor, Küsse, Scheintrauungen, eifriges Bemühen von Heiratsvermittlern bis zum ernsthaften Verspruch. „Während die Alten sich dem Whisky und dem Dorfklatsch hingaben …, zeigte sich die Jugend äußerst aktiv, und gewöhnlich endete die Totenwache damit, daß die Jugend das Totenhaus, zu Paaren vereinigt, verließ. Solche Ehen wurden als gültig angesehen und galten als besonders glücklich …" Hier trifft also das Brauchtum unmittelbar zusammen mit dem, was Jung nach dem Tode seiner Mutter erlebte, „als ob eine Hochzeit gefeiert würde", und wir mögen wohl annehmen, daß an jenem Hochzeitsbrauchtum der irischen Wakes eben gerade auch die Toten großen Anteil nahmen.

Bei den Wakes wurde auch getanzt, und das Tanzen war auch auf dem Festlande bei den Bestattungsfeiern weithin üblich. So übernahm beispielsweise in Westfalen „ein durchs Los bestimmter Tänzer oder eine Tänzerin … die Rolle der ‚Tanzleiche'. Die Person stellte sich in die Mitte des Saales, die anderen tanzten paarweise jubelnd und jauchzend um sie herum. Plötzlich verstummte alles. Die Person in der Mitte fiel um und stellte sich tot, damit die tanzende Gesellschaft einen auferweckenden Totengesang anhob. War der Tote ein Mann, dann gingen nacheinander alle Frauen zu ihm und küßten ihn. Er durfte sich dabei nicht bewegen. Bei einer Frau mußten die Männer sie küssen. Wenn alle den Kuß gegeben hatten, fiel die Musik in fröhlicher Weise ein. Der Tote stand auf, und die andern führten einen Rundtanz um ihn her aus. Gewöhnlich wurde der Tanz, mit einer anderen Tanzleiche vom anderen Geschlecht, wiederholt. Ein ähnlicher Tanz soll auch in Ungarn und Schlesien vorgekommen sein.[26]

Es ist zum Verwundern, daß trotz der kirchlichen Verbote und der Anfeindungen seitens der Geistlichkeit derlei Bräuche bis in die alles nivellierende Aufklärungszeit am Leben geblieben sind. In Westfalen „versammelten sich abends die Nachbarn zur Leichenwache. Sie wurden bewirtet und verbrachten die Zeit mit allerlei Gesprächen und gruseligen Erzählungen; ab und zu wurde auch gebetet, doch kam es dabei oft zu bedenklichem Unfug, der an manchen Orten ein Verbot der Leichenwache zur Folge hatte. Sogar in dem Zimmer, wo der Tote lag, wurden die tollsten Spiele getrieben. So fest haftete das alte Grundgefühl, das in dem ausgelassenen Treiben einen Gegenzauber gegen die Nächte des Todes in Kraft zu setzen bemüht war", eine Ansicht des Berichterstatters, die der eigentlichen Tiefe der Spiele nicht gerecht wird, weil sie vom Miterleben der Toten absieht und die „Mächte des Todes" nur als feindliche einschätzt. Der Autor des vorigen Jahrhunderts, Adalbert Kuhn, auf den die Notiz zurückgeht, spricht von diesen Brauchtümern schon als vergangen, als „vor alter Zeit" gehalten und benennt eines mit den Worten: „‚Wie gefällt dir dein Nachbar?' wobei die Mädchen den Burschen auf dem Schoße sitzen und beim Wechsel der Plätze von den im Kreise Stehenden Schläge mit dem Klumpsack erhalten."

Ein schweizerisches Überlebsel des sicherlich schon indogermanischen totenkultlichen Tanzbrauchtums, das im vorigen Jahrhundert schon am Erlöschen war, hat Gottfried Keller in seinem „Grünen Heinrich" gerade noch aufgefangen.[27] In seinem Roman folgt auf die Bestattung der Großmutter das Leichenmahl, bei dem es zunächst feierlich und mit zurückhaltendem Genuß der einfachen Speisen zugeht. Nach zwei Stunden werden die Speisen feiner, das Essen und Trinken genußfroher, ungeheuer und heftig, wie Keller sagt, und die Unterhaltung geht in eine gedämpfte Fröhlichkeit über. Darauf folgt

---

[26] Adalbert Kuhn, „Sagen, Gebräuche und Märchen aus Westfalen", Leipzig 1859, 2. Theil, S. 149ff. Ralf Cunz, „Deutsches Volkstanzbuch", Dresden 1938, S. 64f.
[27] Erstfassung 2. Band, 3. Kap. Etwas verkürzt in der Endfassung 2. Band, 4. Kap.

der zeremonielle Tanz, nach dessen Ende der „Wirt", also der Hauptleid-
tragende und Hausherr, einen feierlichen Umgang antritt, den Trauergästen
dankt und den einen oder anderen jungen Burschen auffordert, von der Trauer
zu lassen und sich wieder des Lebens zu freuen. Er selbst steigt gesenkten
Hauptes die Treppe hinab, „als ob er direkt in den Tartarus ginge", hierin,
meine ich, in der Rolle der grad Bestatteten. Die Musik aber geht in einen
lustigen Hopser über, und die Jugend beginnt, frohgemut zu tanzen.

In Kellers Dichtung folgt nun darauf, ganz dem alten Sinne der Totenfeiern gemäß, eine erotische Szene, der erste Kuß zwischen Anna und Heinrich
auf dem Grabe der Großmutter. Ich halte es für wahrscheinlich, daß Keller
dies Geschehnis nach einem Dichter gestaltet hat, der ihm in gewisser Weise
Vorbild war, nach Jean Paul. Bei diesem gibt es nämlich in seinem gesamten
Werk keine Seelenhochzeit, jedenfalls keine unter den von ihm so benannten höheren Menschen, kein Finden zweier Liebender, das nicht auf Gräbern
oder unter Mitwirkung von Toten stattfände.[28]

Im „Grünen Heinrich" ist der Schulmeister gegen das Tanzen bei Lei-
chenbegängnissen, rät aber den beiden Kindern doch, zuzuschauen, damit
sie später, wenn der Brauch erloschen sein würde, davon sagen könnten. Der
fragliche Tanz heißt allgemein der Siebensprung,[29] und nach Keller und anderen wird er auch von sieben Paaren getanzt – unter Musik und Händeklat-
schen, also dem ältesten Trommelschlag. Ich gebe hier gegenüber Kellers
kurzen Worten eine ausführlichere Beschreibung. Zunächst bewegen sich
alle im Kreise, dann beginnen die Figuren. Es sind sieben, und innerhalb
jeder Figur steigert sich die Zahl der Sprünge zunächst von einem auf sieben
und wird dann wieder bis auf einen vermindert. Die Sprünge werden von den
Männern ausgeführt, während ihre Partnerinnen rechtsherum sie umtanzen.
Die Burschen stampfen einmal links auf den Boden, einmal rechts, gehen
einmal auf das linke Knie, einmal aufs rechte nieder, pochen kniend mit
dem linken, dann mit dem rechten Ellbogen auf und schlagen siebtens mit der
Stirn auf den Boden. – In einzelnen Landschaften gibt es am Boden stattdessen auch den Purzelbaum oder das Links- und Rechtsherumwälzen.

In einzelnen Fassungen wird der Tanz unter Jubelrufen abgeschlossen mit
einem schnellen Rundtanz aller Paare. Während die aufgezeichneten Fassungen des Tanzliedes spätzeitliche oberflächliche Texte sind, wohl eingewandert

[28] „Loge" 33. Sektor. „Hesperus" 34. Hundsposttag. „Fixlein" 9. Zettelkasten. „Siebenkäs" 2.,
14., 25. Kapitel. „Titan" 51., 66., 95., 98. Zykel. „Flegeljahre" Nr. 13. (Auswahl!).
[29] „Wörterbuch der deutschen Volkskunde", 3. A., bearb. von Richard und Klaus Beitl, Stuttgart
1974, S. 738.

aus anderen Tanzliedern, sind die Rufe bedeutungsvoll, so wie sie zum Beispiel Pröhle aus dem Harz überliefert; zunächst: Der Siebenspringer is hier! – Dann: Use Siebenspringer, use Hochtiet! – Schließlich: Use Siebenspringer is noch an Leben! – Ich meine mich auch an den Ruf: Hei levet noch, hei levet noch! – zu erinnern. Daß der Siebensprung auch auf Hochzeiten getanzt wurde, ist nach dem Gesagten einleuchtend. Er stellt eben gerade als Hochzeitstanz auch eine Verbindung zu den unter dem Boden lebenden und miterlebenden Toten her.

Gottfried Keller hat sein Kapitel mit „Totentanz" überschrieben, ein Wort, das hier indes, wie ersichtlich, etwas völlig anderes bedeutet als der Name der ebenso benannten spätmittelalterlichen Reigen und Bildwerke. Der Dichter unterstreicht dies auch durch die Szene, mit der er das Kapitel abschließt, hierin, wie ich vermute, gestalterisch von Jean Paul abhängig, jedenfalls aber uralt-ererbter Hochzeitssymbolik verpflichtet. Heinrich und Anna, das kindliche Liebespaar, gehen nämlich nach dem Tanz in die Nacht hinaus auf den Kirchhof zu dem frischen Grabe der Großmutter und halten einander vor dem braunen, nach feuchter Erde duftenden Hügel umfangen. Dann schürzt Anna das schwarze Kleid auf, sammelt es voll mit weißen und roten Rosen, bietet Heinrich den Mund zum ersten Kuß, und endlich laufen beide wieder zum Grabe, und Anna wirft die ganze Blumenlast darauf hin, – worauf die zwei einander nochmals um den Hals fallen. Mit Recht sagt Ludwig Klages, daß in dieser Szene „das erotische Mysterium zeitferner Totenkulte aufschauert".[30]

Das junge Leben in seinem Blütenreichtum über dem Grabe erinnert uns an ein bedeutungsvolles Bild des Märchens. Wir hatten die Hindernisflucht des goldhaarigen Jünglings erwähnt, der Sperren setzt vor dem Todesunhold. Hier nun, angesichts des Liebespaares haben wir an die andere Form der magischen Flucht zu denken, eben des „Paares", das, wenn der toddrohende Verfolger ihm nahekommt, nicht weiterrast, sondern innehält und sich versenkt und verwandelt in ein Bild des leuchtenden Lebens, den Strauch mit der blühenden Rose inmitten, unzugänglich, ja unverständlich dem Sendling des Todes, der sich angesichts des Gebildes zur Umkehr gedrängt findet.

---

[30] „Alfred Schuler. Fragmente und Vorträge. Mit Einleitung von Ludwig Klages", S. 117. Klages zitiert die Endfassung.

VON DER LICHTUNG IM TODE

Mit dem Thema „Von der Lichtung im Tode" nehmen wir Einblick in ein Gebiet, das zur Religionswissenschaft zu gehören scheint oder zur Philosophie, das hier aber ausschließlich vom Bereich des Erlebens her eröffnet werden soll. Es ist ja auch anzunehmen, daß alle späteren Meinungen vom Tode, von den Toten und vom Totenlande sich ursprünglich aus Erlebnissen entwickelt haben und daß manche späteren Überzeugungen weit entfernt von den erlebnismäßigen Anlässen angesiedelt sind. Dorthin wenden wir uns also zurück, gleichgültig, ob das Erlebte rein biographisch bezeugt ist oder aus magnetistischen oder spiritistischen Erfahrungen stammt oder in Sagenbüchern niedergelegt ist. Den Begriff Aberglauben lassen wir ganz beiseite – in der Überzeugung, daß er seine Prägung derjenigen Art von Aberglauben verdankt, die da meint, daß nur das fest Hinstellbare, das experimentell Erschließbare, das Wiederholbare, das jederzeit Nachprüfbare, wohl gar allein das Meßbare zur Wahrheit führe. Wir fragen dagegen nach dem wirklich Erlebten, mag es noch so individuell und flüchtig sein, und bauen auf die Verläßlichkeit unserer Berichte darum, weil das Berichtete in vielen Zonen und Zeiten in gleicher Weise erlebt worden ist.

Wir beginnen unsere Ausschau nach dem Lichte mit einem Blink ins Dunkel. Unzweifelhaft gibt es Menschen, für die auf Grund ihrer religiösen Überzeugungen Tod und Totenwelt im Lichte liegen. Für viele andere aber hüllt sich jener Landstrich in Dunkelheit und überschattet von daher unser Leben auf der Erde. „Tal der Finsternis" nennt Andreas Gryphius die Welt. „Diu Welt ist ûzen schœne, wîz grüen unde rôt, und innan swarzer varwe, vinster sam der tôt", – so klagt Walther von der Vogelweide in einem seiner letzten Gedichte. Sehr eindrucksvoll ist ein Vierzeiler von Matthias Claudius:

> „Ach, es ist so dunkel in des Todes Kammer,
> tönt so traurig, wenn er sich bewegt
> und nun aufhebt seinen schweren Hammer
> und die Stunde schlägt."

Diese Dichterworte geben Gefühle, Urteile, Meinungen wieder. Wenden wir uns nun dem Erlebnis zu, zunächst dem der Finsternis auf den untersten Böden der Totenwelt. Eine junge Somnambule hat vor 160 Jahren Seelenfahrten durch die Welten des Todes gemacht, und sie sagt von dem Aufenthaltsort der auf Befreiung hoffenden Geister, er „sey ein unübersehbares finsteres Thal, wo es den abgestorbenen Geistern weder wohl noch wehe sey …" Die nächsttiefere Stufe bezeichnet sie „wieder als ein Thal, größer, finsterer und kälter als das vorige: die Gestalten häßlicher." Von dem tiefsten Grund sagt sie: „Der Ort ist gleichsam dick und finster, es sey hier oft unausstehlich kalt und oft wieder unerträglich heiß."

Solche Schauungen sind nicht allein bei uns, unter christlichem Einfluß möglich. Auch das alte Ägypten kannte außerhalb des Sonnenbereiches eine Zone der Urfinsternis, wo der Sonnenfeind Apophis herrscht. Die „verdammten Toten müssen in ewiger Finsternis weilen; ‚sie sehen nicht die Strahlen des Sonnengottes und hören seine Stimme nicht; sie sind in der Finsternis'" – so steht es in dem etwa 3300 Jahre alten „Höhlenbuch", einem der zur Führung im Jenseits bestimmten Texte. Aber nicht nur mythisch und für die Verurteilten, auch individuell und ganz allgemein wird die Düsternis des Totenschicksales beklagt – so in einem ramessidischen Grab, etwa anderthalb Jahrhunderte später: „Abgeschieden sind die im Westland, und elend ist ihr Dasein. Man zögert, zu ihnen hinzugehen! Einer kann nicht von seinem (Ergehen) erzählen, sondern er ruht an seinem Platze ewiglich in Finsternis."

Der Beschaffenheit dieser allgemeinen untersten Stufen entsprechen die spukenden einzelnen Toten der niederen Erscheinungsstufe. Zu ihrer Kennzeichnung seien die Erlebnisse zweier Frauen angeführt. Die erste ist Friederike Hauffe, die Seherin von Prevorst, wie der Berichterstatter, Justinus Kerner, sie genannt hat. Ihr drängte sich zu einer Zeit ein Geist auf, der ihr hell erschien und der seine Fortentwicklung durch ihr Gebet anstrebte. Er war belastet mit der Gesellschaft eines dunklen Wesens, das die Erlösung des ersten zu hintertreiben suchte, zuzeiten aber auch ein Verlangen nach Aufhellung seines eigenen Zustandes zeigte. Er wird gewöhnlich der schwarze Geist genannt, erscheint wiederholt als eine schwarze Säule, auch als dunkle Wolkensäule mit einem schwarzen scheußlichen Kopf, einmal mit feurigen Augen, die Zähne bleckend, als Skorpion, als großes Tier mit langer Schnauze und rollenden Augen, als Bär mit fürchterlichen starr blickenden Augen. Eine Person, an deren Bett er nachts lange gestanden hat, beklagt sich den ganzen folgenden Tag über starke Schmerzen auf der Seite, die dem Geist zugewandt war. Diese Beeinträchtigung des Lebenden durch einen niederen Totengeist entspricht einer Vielzahl von Beobachtungen, von denen auch die Volkssage erzählt.

Noch fürchterlichere Erscheinungen hatte in unserem Jahrhundert eine Frau aus einem rheinischen Fürstengeschlecht, die Prinzessin Eugenie von der Leyen. Da ist beispielsweise ein Wesen, das sie zunächst das Greuel nennt, übergroß, struppig und schwarz, fellbedeckt, mit blutigen Beulen, mit stierem Blick; es lärmt, hockt sich in eine Ecke, starrt sie an. Als sie zu beten anfängt, stürzt es sich mit Gewalt auf sie. Dabei empfindet sie keinen Schmerz, aber etwas so Gräßliches, daß sie das Bewußtsein verliert. Es brüllt, läuft auf und ab, schnauft, wirft sich zu Boden, heult wie ein Tier. Durch Berührungen, Gebete, Weihwassergüsse, Aufopferung von sakralen Handlungen vermittelt Eugenie solchen Wesen allmählich das Licht, dessen sie für ihren Seelenweg bedürfen. Zum Schluß, schon zu menschlicher Gestalt gelangt, fordert der Totengeist einen langdauernden Handschlag mit beiden Händen: „so standen wir eine Weile. Es war mir, wie wenn meine ganze Kraft von mir ginge, wie ein Auslöschen des eigenen Willens." Schließlich, als er losläßt, zeigt das Gesicht zum erstenmal ein Lächeln, und er sagt: „Ich danke dir, ich bin im Licht!" und entschwindet. – Man muß nicht Katholik sein, um dergleichen für wirklich zu halten. Man muß allerdings wissen, daß auch die Toten noch ihr Schicksal austragen gemäß den Glaubensüberzeugungen, die sie bei Lebzeiten wertgehalten oder auch verdrängt haben.

Ich nehme an, daß die Schwärze solcher Gestalten nicht etwa nur dem Fehlen des inneren Lichtes zuzuschreiben ist, sondern vielmehr einer eigentlichen Absorption des Lichtes aus der Umgebung. Mit einem solchen Vorgang wären zugleich auch die schweren Schädigungen zu erklären, die Lebende durch derartige Tote erleiden können – bis zum Verlust der Lebenskraft, des Lebens überhaupt.

Wenden wir uns von den umdüsterten Toten nun entschiedener den leuchtenden zu! Zunächst sei die Schilderung eines weiblichen Geistes wiedergegeben, der nach 400 Jahren eines mittleren Zustandes durch ein lebendes Mädchen endlich die Lösung aus dem stockenden Seelenschicksal erlangt hat, durch Magdalena Gronbach in Orlach. „Am Montag, … , morgens ein Viertel auf sieben Uhr erschien der Weiße Geist in der Schlafkammer der Magdlene. Ihre (des Geistes) Gestalt war strahlend, so daß die Magdlene (sie) nicht lange ansehen konnte. Gesicht und Kopf waren mit einem glänzenden weißen Schleier überdeckt. Die Kleidung war ein langes, weißglänzendes Kleid mit Faltenwurf, das selbst die Füße bedeckte. Den Leib umschloß ein in der Mitte roth, auf den Seiten blauer Bund mit einem himmelblauen Aussehen." Die Geistin berichtet ausführlich ihre Lebensgeschichte und verabschiedet sich mit Handschlag. Das Mädchen hat dazu die eigene Hand mit einem Tuch bedeckt, und dies glimmt unter der Geistesberührung auf, ein Vorgang, von dem auch in zahlreichen anderen Fällen berichtet wird. Das Tuch mit den Brandspuren kann man noch heute in Orlach, im Kreis Schwäbisch Hall, anschauen.

Die Brandspur ist ein Zeugnis für eine objektive Seite am Geschehenen. Der folgende Bericht scheint subjektiv zu sein, so als handle es sich um ein innerliches Erlebnis, das nach außen projiziert wurde, wie Aniela Jaffé meint. Wir würden eher von einer auf Objektives gerichteten seherischen Begabung sprechen. „Eines Nachts erwachte ich, und im Zimmer war es ganz blendend hell, wie eine Sonne. Ich konnte fast nicht hinsehen. Ich weckte sofort meinen Mann, und er sagte, er sehe gar nichts, und das kann ich heute noch nicht verstehen; das Licht blieb doch ziemlich lange und war sehr hell. Mein Mann hat gesagt: Du hast Fieber! aber es war sicher nicht so. Am Morgen kam die traurige Nachricht, meine Freundin sei gestorben und ungefähr um die gleiche Zeit, wo ich die ‚Helle‘ im Schlafzimmer hatte.".

Daß das Totenlicht Gegenstände beleuchtet, die nur dadurch in der Nacht sichtbar werden, wird oftmals berichtet. Das folgende Beispiel, von Louisa H. Rhine veröffentlicht, erzählt sogar von der Reflexion im Spiegel. „Meine Mutter starb am 17. Februar, etwas nach Mitternacht. Sie befand sich in Californien, und ich war in Wichita, Kansas. An diesem 17. Februar saß ich um 9.40 Uhr in meinem Schlafzimmer vor dem Spiegel und frisierte mich. Plötzlich wurde der Raum ganz hell, wie durch ein höchst seltsames Licht erleuchtet. Ich kann es nicht beschreiben. Ich spürte einen Windhauch an meinen Schultern und vernahm ein schwaches Geräusch wie von Vogelschwingen. Dann schaute ich in den Spiegel und sah meine Mutter hinter meinem Stuhle stehen, so schön wie ein Engel. Sie stand einfach da und lächelte mir zu, während ungefähr 30 Sekunden. Ich rief ‚Mutter‘ und stürzte auf sie zu, aber da war sie schon verschwunden und das Licht erlosch." Kurz darauf erfährt die Frau durch einen Anruf den Tod ihrer Mutter.

Fragen wir nach dem Erleben lichter Toter in unseren Volkssagen, so finden wir dafür zahllose Beispiele. Am bekanntesten sind die Irrlichter, eine Erscheinung von weltweiter Bezeugung. Ihre Erklärung durch Sumpfgas gehört in das Gebiet des rationalistischen Wahnglaubens. Denn in den Sagen steht das Irrlicht äußerst selten in Zusammenhang mit Sümpfen. Auch kommen sagenhafte Geschehnisse, in denen der Lebende vom Irrwisch in die Irre und in den Sumpf gelockt wird, kaum vor. Die Irrlichter wandern selber unstet außerhalb der menschlichen Geleise, daher ihr Name, und wer hinter ihnen hertrottet, geht selber in die Irre. Dagegen gibt es zahlreiche Sagen, nach denen Irrlichter in der Finsternis dem Wanderer geleuchtet haben – auf seinem Wege oder für ein notwendiges Werk. So erzählt eine schleswig-holsteinische Sage aus Marne von einem reichen Marschbauern, der bannig hochmütig war und der, wenn ihm die Armen für eine Gabe dankten und „Vęl dusent Gottsloon" wünschten, zu sagen pflegte: „Ik bruuk din Gottsloon ni; ik heff all noog", und sie dazu noch auslachte. Darum mußte er, als er tot war, zwischen Himmel und Hölle schweben und so lange auf Erden wandeln, bis er sich einen Gotteslohn verdient hatte. Nachts ließ er sich als ein Feuer sehen wie ein brennendes Bund Stroh und versetzte anfangs die Leute, wenn sie noch spät unterwegs waren, in Furcht. Aber dann gewöhnten sie sich daran und riefen nach ihm, wenn es dunkel war: „Kumm, lüch mi ins!" – oder, wenn sich einer verlaufen hatte und sich wünschte: „Wenn dat lütj' Tümmeldink doch man hier weer!" – dann war es gleich zur Stelle. Denn so hatten sie die Erscheinung benannt: lütj' Tümmeldink. So ging das viele, viele Jahre, schon vielen hatte es geholfen, sich aber noch keinen Gotteslohn verdient. Einmal aber, in einer düsteren Herbstnacht, als die Gräben hoch voll Wasser waren, fiel ein Mann in einen Graben, fand nicht wieder heraus und wäre bald ertrunken. Da rief er in seiner Angst: „Och, weer doch man dat lütj' Tümmeldink hier!" Gleich war es ganz hell um ihn herum, dat lütj' Tümmeldink war bei ihm, half ihm heraus und brachte ihn nach Haus. Wie der Mann aber die Tür aufmachte, konnte er vor Kälte und Erschöpfung nicht mehr: dot „sack he daal un sä: ‚Du schast vęl dusent Gottsloon hebben!' Do sprung dat lütj' Tümmeldink hoch op un reep: ‚Gottlof! nu bin ik frie!' un siet de tied hett et sik ni wedder seen laten."

In einer Sage aus dem Aargau dient ein Irrlicht jahrelang einem bestimmten Manne als Wegleuchte. Ein Knecht aus Wohlen, der jeden Herbst ins Elsaß fuhr, um Wein zu holen, hat in den Matten einen Irrwisch angerufen, und gegen das Versprechen, ihm eine Messe lesen zu lassen, hat er ihn als Leuchte für seine Fahrten gewonnen. Die erste „ging glücklich vonstatten; vierundzwanzig Herbste machte so der Fuhrmann seinen Weg ins Elsaß, der Irrwisch leuchtete ihm, und der Wohlener besorgte ihm dafür jedesmal seine Messe. Im fünfundzwanzigsten Jahre aber, als es wieder auf die Fahrt ging, bat der Irrwisch, man möchte ihm nun sechs Messen auf einmal lesen lassen; dann sei er erlöst und der Knecht werde ein Kind der Seligkeit. Auch dies geschah sogleich nach der Rückkehr nach Wohlen. Seitdem blieb der Irrwisch aus, der Knecht aber hat noch lange glücklich gelebt."

Sagen von dergleichen hilfreichen Irrlichtern gibt es viele in weiter Verbreitung, und sie legen zugleich Zeugnis ab für die Totennatur dieser nächtlich schweifenden Lichter. Ein einzelner Bericht von nächtlicher Wegehilfe mag hier noch folgen, obwohl es sich nicht um ein Irrlicht handelt, sondern um einen leuchtenden Toten; dafür hat er den Wert namentlicher Bezeugung. Ein frommer katholischer Pfarrer namens Weber, so überliefert Gotthilf Heinrich von Schubert, war in seiner Jugend Kaplan auf einem Dorfe im Allgäu. Zu ihm kommt an einem stürmischen Novemberabend, elend bekleidet, ein hungernder Knabe. Der Geistliche nimmt sich seiner an, will ihm wenigstens einige Tage Unterkunft und Pflege gewähren, weil er sonst gewiß draußen umkäme. Indes, der Knabe wird bettlägerig, der Kaplan pflegt ihn mit großer Treue, doch gegen das Ende des Winters stirbt der arme Bube. Im darauffolgenden Winter wird der Kaplan auf ein Filialdorf gerufen, verspätet sich, verfehlt den Weg in der Finsternis und im Schneegestöber „und geräth über eine Wiese in einen Teich hinein, der noch nicht fest zugefroren war. Er bemerkt das erst, da das Eis unter ihm zusammenbricht und nun gar keine Rettung mehr möglich scheint. Da glänzt auf einmal etwas vor seinen Augen; er sieht klar und deutlich vor sich die Gestalt des armen, seligen Knaben, den er im vorigen Winter … bis zu seinem letzten Augenblicke verpflegt hatte. Der glänzende Knabe reicht ihm die Hand, und auf einmal fühlt er sich ganz leicht; er kommt wieder heraus aufs Eis und auf seinen Weg. Die Gestalt verschwindet; der Kaplan geht mit lautem Dank für Gottes Hülfe nach Hause."

In einigen der eingangs angeführten Berichte handelte es sich um lichtbedürftige Tote und Lichtgaben derer, die sich besonders der Verdunkelten annahmen. Dagegen leuchtet in den zuletzt gebrachten Beispielen das Licht von der Totenwelt herein zu den Lebenden. Doch hat die Lichtspende an die Toten überhaupt, von der Lebensseite her, seit alters zu den Totenritualen gehört. Freilich ward diese Gabe nicht aus der inneren Kraft der Opferer gezollt – oder doch nur ausnahmsweise –, sondern in Gestalt solcher Urstoffe, denen eine besondere Leuchtkraft innewohnt und über die gerade der Lebende verfügt. Nennen wir zuerst diejenige Liebesgabe, die auch wir noch ohne weiteres als ein lichtes Geschenk verstehen und noch immer unseren Totem darbringen: Blüten. Blumen, zum Strauß gebunden, eine Fackel des Lebens; Blumen, zum Kranze gewunden, in ihrer Wirkungsmacht noch einmal erhöht als ein strahlender Feuerkreis.

Die unscheinbare Blüte des Getreides, der wir das lebenspendende Korn verdanken, erscheint doch auch als goldene Wolke, wenn der Wind den Blütenstaub überm Ährenfelde umhertreibt, ein Bild der zwischen Himmel und Erde webenden lichten Urkraft. Erfüllt mit hellem Licht ist daher das Samenkorn. In ihm ruht und drängt die Potenz zum Wachsen und Blühen, und daher speisen Korn und Brot so die Lebenden wie die Toten. Noch unmittelbarer als im Korn empfinden wir den lichten Gehalt im Honig, der aus der Blüte stammt, eine stoffliche Verdichtung blühenden Lebens und daher auch er Opferspeise für die Toten. Daß der vergorene Honig im Met zu einem Kultgetränk wird, ergibt sich dann aus inneren Gründen von selbst und nicht nur aus der berauschenden Wirkung.

Nennen wir dazu auch den Wein, und niemand wird daran zweifeln, daß im Weinglas den Lebenden und im Trankopfer den Toten die lichte Kraft der Sonne selbst zuteil werden kann. Zum Wein berufen wir uns auf den Weingeist, der mit Fug so genannt wird, der Geist nämlich hier in Sinne einer berauschenden Kraft des Lebens, und durch seine Brennbarkeit bezeugt er unmittelbar sein Wesen als Lichtessenz. Nicht von ungefähr heißt der gebrannte Wein darum Aquavit, Lebenswasser.

Das Korn wie der Wein entstammen dem Himmelslicht. Vergessen wir nicht, daß aus ihm, aus Sonne, Himmelstau und Regen, auch das Gras erwächst, daß durch das Rind es sich in Milch verwandelt, – und aus ihr wird, eine wahre Alchemie des Lebens, die Butter gewonnen. Milch und Butter, beide nicht nur „Lebensmittel" für Lebende, sondern auch Opferspeise für die Toten, und wenn im indischen Ritual die Butter ins Feuer hinein geopfert wird, dann erblickt in der aufsprühenden Flamme der Opferer unmittelbar den sich verschenkenden Lichtgehalt der Butter.

Wir verstehen nun auch die noch engere Zusammengehörigkeit von Brot und Wein im christlichen Ritual des Abendmahles. In beiden wird dem Gespeisten die lichte Substanz des Gottessohnes zuteil. Zugleich erinnert uns aber die Symbolik dieses Weines an die, unter gewissen Bedingungen, vornehmste Opfersubstanz überhaupt, an das Blut. Dessen lichter Gehalt wurde in vielen Kulturen als Tieropfer den Toten, den Göttern dargebracht. Doch heller als das Blut des Tieres leuchtet das des Menschen, und der leuchtendste Mensch und darum Gefäß der kostbarsten Opfersubstanz ist nach Auffassung vieler Kulturen die Jungfrau. Diese bedeutendste Gestalt des Menschenopfers ist daher auch bei uns bis in unsere Tage allbekannt geblieben, im Märchen vom Drachenkampf nämlich. Dort muß stets eine Jungfrau, und noch leuchtender, eine königliche Jungfrau dem Drachen dargebracht werden. Daß im Märchen der Held die Darbringung verhindert, daß er die lichte Jungfrau freikämpft, bedeutet nicht etwa die Ablösung solcher Opferungen überhaupt, sondern im Sieg über den Drachen wird das Opferlicht soundsovieler Jungfrauen zurückgewonnen – als gebündeltes Ruhmeslicht nämlich, das den Sieger zum Königtum befähigt.

Wir haben die Reihe der lichten Urstoffe, die zum Totenopfer dienen, vor unseren Augen vorüberziehen lassen, müssen zum Abschluß aber noch der leibhaften Lichter gedenken, die der Mensch selber entzündet, also der Lampen und Kerzen. Zu Allerseelen brennt das Opferlicht auf den Gräbern, in der Jul- und der Weihnacht im Haus auf dem Tisch bei den Speisen für die Toten. Vor 2000 und mehr Jahren wurde in das indische Epos „Mahābhārata" eine Belehrung aufgenommen, die der Totengott Yama selbst einem Brahmanen erteilt. Es heißt da: „Wie die Gabe von Wasser lobt Yama, wenn man den Ahnen Gutes erweisen will, die Darbringung von Lampen, die dunkle Orte erhellen. Daher, wer eine Lampe spendet, die einen düsteren Fleck bescheint, gilt als ein Wohltäter der Ahnen. Immer, o Bester deines Stammes, sollte man daher Lampen schenken, die an finsteren Stätten leuchten. Die Gabe von Lampen erhöht die Schaukraft der Götter, der Ahnen und deiner selbst." – Wir mögen wohl annehmen, daß sich auch der Ursprung des Lichterbaumes in jenen frühen Zeiten aufsuchen läßt, da man in der Mittwinterzeit Lichter entzündete für die Toten.

So weit von den Lichtopfern. Nun gibt es aber auch Menschen, die von Licht erfüllt sind und die mit diesem lebenden Licht Strahlen hinüberwerfen können in die Welt der Toten. Fragen wir zunächst nach Menschen, die hierzulande sich als von Licht erhellt erleben, so mögen wir etwa an die ältere Frau denken, die Goethe in den „Wanderjahren" erwähnt, die Makarie. „Sie erinnert sich von klein auf ihr inneres Selbst als von leuchtenden Wesen durchdrungen, von einem Licht erhellt, welchem sogar das hellste Sonnenlicht nichts anhaben konnte. Oft sah sie zwei Sonnen, eine innere nämlich, und eine außen am Himmel, zwei Monde, wovon der äußere in seiner Größe bei allen Phasen sich gleichblieb, der innere sich immer mehr und mehr verminderte."

Es wäre durchaus ein Fehler, dergleichen als dichterische Phantasie abzutun. Aus dem Umkreise von Justinus Kerner ist eine Weingärtnerstochter bekannt geworden, Christiane Kipplinger, die von jugendauf eine Sonne als zeitweilige Begleiterin und Beraterin hatte, und an ihr hing das Mädchen mehr als an den Eltern. Die Sonne nahm schon am kindlichen Puppenspiel teil und leitete später die junge Frau, als sie in einem fremden Hause bedienstet war, bei den ihr unbekannten Verrichtungen an. Schließlich, nach Jahrzehnten, drängte die Sonne sie, ein Buch zu schreiben, ja, sie hat es ihr, zumindest teilweise, sogar diktiert. Das Werk ist 1843 zu Heilbronn im Druck erschienen. Es leitet seine Gedanken aus einer erst und gerade heute beachtenswerten gnostischen Grunderkenntnis ab: es handelt von der Einheit des Lichtkreises und des Feuerkreises im Urborn Gottes – und vom späteren Auseinanderfallen dieser Urleuchte, – wodurch das Licht ohnmächtig wird, die Kraft des Feuers aber den Zwecken der Finsternis anheimfällt. Dies wahrhaftig ist unsere Situation unter dem Gesichtspunkt einer Philosophie des Lichtes.

Das Licht solcher Lichtbegabten mag den wenigsten unter den Lebenden sichtbar sein. Für Tote kann es von ferne wie ein Leuchtturm scheinen. Der Eugenie von der Leyen antwortete eine in Nebel irrende Seele auf die Frage, wie sie zu ihr gefunden habe: „Die Helle hat mich angezogen." Ein grauer Schatten sagte: „… der Weg zu dir ist klar, sonst könnten wir nicht kommen." Eine noch nach dem Tode vom Neide geschüttelte haßerfüllte Seele begründet die Qualen, die sie der Eugenie bereitet, mit den Worten: „Du blendest mich!" In dieser Beziehung gleicht die Prinzessin ganz den großen Medien, deren Leuchtkraft die Toten bezeugen, die sich in ihnen äußern: daß sie wie eine Lichtkugel erscheinen, „als wenn am Ende einer Flucht von Zimmern Kerzen brennten." Ein andermal heißt es: Wenn ein Geist bemerke, „daß da ein Medium ist, das ist ein Licht, so wird jeder, dem es möglich ist, jenem Lichte folgen, um zu sehen, ob er es nicht benützen kann." Den Toten werde das Wissen um einen Zugang zu den Lebenden zuteil, so heißt es in einem anderen Falle, „durch den Eindruck von Licht – nicht durch Klang – nur durch einen meist eiförmigen leuchtenden Fleck." Noch stärker lautet eine andere Äußerung: „Ich sah ein Weib in Flammen eingehüllt."

Solche Nachrichten, so fremdartig sie für unseren Alltagsverstand sein mögen, kann man nicht abtun, als entstammten sie einem bestimmten Vorstellungskreis, dem der Spiritisten, und hätten nur dort Geltung; denn solche lichten Begabungen finden sich in aller Welt. Der Schamane des australischen Stammes der Unambel empfängt seine Kraft von einer Schlange in einer lichten Höhle in den Abgrundtiefen der Erde, wohin er entrückt wird. Diese Kraft „hat ihren Sitz im Unterleib des Mannes. Ein Mensch, dessen

Seele von der Schlange mit der besonderen Kraft ausgestattet wurde, fühlt von da an ein strahlendes Licht und eine große Helligkeit in seinem Innern."

Nach einem 2500 Jahre alten chinesischen Text ist ein Schamane ein Mensch, in den ein Lichtgeist herabgestiegen ist, der sich von ihm angezogen fand, „weil er besonders stark und lebensvoll ist, beständig in seiner Haltung, ehrfürchtig und gerecht; so weise, daß er in allen Angelegenheiten, ob bedeutsam oder geringfügig, immer die richtige Entscheidung trifft, so heilig (shêng), daß er rings um sich einen Strahlenschein verbreitet, der bis in weite Fernen leuchtet."

Besonders ausführliche Berichte von der lichten Begabung der Schamanen stammen von den Eskimos. Dort heißt es, daß „gewöhnliche Menschen, verglichen mit den leuchtenden Schamanen, wie Häuser sind mit ausgelöschten Lampen: sie sind innen dunkel und lenken nicht die Aufmerksamkeit der Geister auf sich." Der Iglulik-Eskimo Aua berichtet von sich, daß er in einer urplötzlichen Wandlung zum Schamanen wurde. „Ich konnte auf eine ganz neue Weise sehen und hören. Ich hatte mein „quamaneq" erhalten, meine Erleuchtung, das Schamanenlicht des Hirns und des Leibes, und zwar in solcher Weise, daß nicht nur ich durch die Dunkelheit des Lebens schauen konnte, sondern eben dies Licht strahlte auch aus mir heraus, nicht für Menschen wahrnehmbar, aber sichtbar für alle Geister der Erde und des Himmels und des Meeres, und diese kamen nun zu mir und wurden meine Hilfsgeister."

Bei den Medien unserer Entwicklungsstufe leuchtet das innere Licht für die Totengeister; bei den Schamanen wird überdies von der Anziehungskraft berichtet, die das Licht auch für Naturgeister, Naturwesen besitzt. Zu diesem Vermögen kommt noch ein weiteres hinzu: das Licht erleuchtet für seinen Träger auch die Welt. Der eskimoische Schamane ist imstande, auch „im Dunkeln zu sehen, und zwar im wörtlichen und im übertragenen Sinn; denn fortan ist es ihn möglich, sogar mit geschlossenen Augen durch die Finsternisse zu gehen und künftige Dinge und Ereignisse wahrzunehmen, die den anderen Menschen verborgen sind …;" sogar „die Geheimnisse der Mitmenschen" durchschaut er. Wie aus der Höhe sieht er „sehr weit, durch die Berge hindurch, gerade, wie wenn die Erde eine große Ebene wäre, und seine Augen berühren die Grenzen der Erde. Nichts ist mehr vor ihm verborgen." Auch die entwichenen Seelen entdeckt er, wohin immer sie entführt worden sind.

Es ist von großer Bedeutung, daß eine entsprechende Steigerung der Wahrnehmungsfähigkeit auch bei uns geschildert wird, und zwar von Menschen, die ein Nahtoderlebnis hatten. „Ein Mann sagt, daß während er ‚tot' war, sein Sehvermögen unglaublich viel stärker war …: ‚Ich kann einfach nicht begreifen, wie ich so weit sehen konnte.'" Eine Frau erklärte: „‚Es schien, als ob diese spirituelle Wahrnehmung keine Grenzen hätte, als ob ich überall und an jeden Ort hinsehen konnte'" Eine andere Frau berichtet, daß sie die Gedanken der um ihren verlassenen Körper Beschäftigten wahrnehmen konnte – wie aus unmittelbarer Nähe. Wollte sie jemanden sehen, der in einiger Entfernung von ihr war, so schien es ihr, als ob ein Teil von ihr, wie ein Spurensucher, sich dort hinbegab. „Damals hatte ich die Empfindung, daß wenn irgendwo irgendetwas in der Welt sich zutrüge, ich ganz einfach dort sein könnte."

All dies sind Zeugnisse für eine ganz andere Wirklichkeit als unsere gemeinhin als einzige wahre Wirklichkeit geltende, nämlich als die Wirklichkeit der Körper, der Dinge, der Stoffe und damit der Naturwissenschaft. Europa ist auf diese zweite Wirklichkeit wiederholt aufmerksam geworden, zumal durch die ärztliche Wissenschaft, und hier wäre vor allem der Name Paracelsus zu nennen. Er spricht von dem Licht, in dem wir erst das wahre Wesen zu schauen vermögen, den Werker jenseits der Werke. „Der Mond ist eins, aber ein finster Licht; die Sonne erklärt es gründlicher. Nun müssen wir uns nicht genügen lassen an dem Lichte, das zu den Werken leuchtet und solche sichtbar macht, sondern wir müssen weiter suchen und denken, daß das, so die Werke macht, mehr ist als das Werk, darum muß auch sein Licht mehr sein, – denn ein jeglich Ding hat sein Licht, in dem es gesehen wird, und ein jeglich Licht machet sichtbar das seinige, das im andern Licht unsichtbar bleibt."

An Christus war das allschöpferische Licht gemeinhin unsichtbar, da er als Mensch erschien; nur ausnahmsweise, bei seiner Verklärung auf dem hohen Berge (Matth. 17,1ff.), wurde dieses Licht sichtbar, durch das auch er selbst nun erst in seinem eigentlichen Wesen erschien. Paracelsus nennt dieses Licht, in dem das göttliche Wesen aufleuchtet, das aber auch natürlich ist, das Hauptlicht, und dies läßt den, der es erfahren hat, klarer sehen, als es durch alle Sterne des Firmamentes möglich ist. „So hat ein jeglich Ding sein Licht, und der bei dem Hauptlicht nicht sehen will, dem sind die unsichtbaren Leiber vor den Augen, gleich wie bei finsterer Nacht ein großer Berg. Also finden wir in der Natur ein Licht, das uns das sichtbar macht, was Sonne und Mond nicht vermag."

Die Offenbarung Gottes im Lichte und als Licht war eine seit alters überkommene Anschauung. Sie beginnt in den letzten Jahrhunderten sich teilweise zu wandeln, indem nun die Vorstellungen der Macht und der Kraft zu überwiegen beginnen, zugleich mit der Wendung von dem persönlich Mächtigen zur unpersönlichen Kraft. In dieser Linie liegt nun auch das Wirken des Mannes, von dem vor über 200 Jahren ein entscheidender Anstoß ausging, des Arztes Franz Anton Mesmer. Seine Lehre war der „animalische Magnetismus", die nach ihm auch „Mesmerismus" genannt wurde. Ihre Grundvorstellung, die uns hier vornehmlich angeht, ist die, daß alle Körper, die des Himmels, die Erde, die Lebewesen zusammenhangen und Einfluß aufeinander ausüben, und zwar, so mit Mesmers eigenen Worten, „vermöge einer allgemein verbreiteten stätigen, äußerst feinen Flüssigkeit, welche ihrer Natur nach die Fähigkeit hat, alle Arten von Bewegung anzunehmen, dieselbe mitzutheilen und fortzupflanzen." Vorzüglich aber wirkt sie auf das Nervensystem. – Die Benennung Flüssigkeit, auch Fluid genannt, mag anstößig erscheinen. Uns kommt es hier hauptsächlich auf die Vorstellung eines allverbindenden Elementes an. Sie war es eben auch, die medizinisch die größte Bedeutung erlangte.

Einen allgemeineren Namen hat Karl von Reichenbach diesem alldurchwesenden Urelement gegeben: „Od", – ein Wort, das er geprägt hat im Anklang an den vieles bedeutenden Gottesnamen „Odin" und an Wörter, die wehen, gehen und strömen bedeuten. Er faßt das Wort „Od" auf als ein bloßes Lautzeichen ohne Bezug auf eine sonst bekannte Sache; es bezeichnet „ein alles in der gesamten Natur mit unaufhaltsamer Kraft rasch durchdringendes und durchströmendes Dynamid." Unter dem Wort Dynamid, also auch einem Kraft ausdrückenden Wort, faßt Reichenbach die bekannten Energieformen wie Wärme, Schall, Schwere, Magnetismus usw. zusammen. Entscheidend für unsere Thematik ist, daß jenes „Od", wenn es vom Menschen geschaut wird, als Licht erscheint: als Nimbus, als Aura, als Schimmer, als ausströmendes Lichtbüschel. Zu solcher Schau ist nicht jedermann befähigt; die Menschen, deren Schauvermögen von Reichenbach bei seinen Forschungen ausgewertet hat, nannte er Sensitive. Das Ergebnis war der Satz: „Alles also leuchtet, alles, alles! Wir sind in einer Welt voll leuchtender Materie."

Aus diesem letzten Satz folgt nun freilich nicht, daß auch jenes alldurchströmende Licht selbst in seinem Wesen materieller Natur sei. Vielmehr haben wir Mesmers „Fluid" und Reichenbachs „Od" hier lediglich als Zeugnisse angeführt für die Überzeugung der beiden Männer, daß es ein allverbindendes Element gibt, das Reichenbach eben auch als lichtartig angesehen hat und das insofern auch dem Hauptlicht des Paracelsus entspricht. Denn nur eine derartige Vorstellung läßt es zu, die wunderbaren schamanischen und die Nahtoderlebnisse von einem unbehinderten Hinausschauen in die Welt auch gedanklich zu erfassen. Allein auf Grund der allgemeinen Lehre von der Wahrnehmung durch die Sinnesorgane ließe sich dergleichen gar nicht folgern.

Wenden wir uns von den theoretischen Vorstellungen wieder dem Erleben zu – und nun dem wirklichen Anschauen jenes Alls von Licht, das in Reichenbachs Hauptsatz anklingt, so tun wir einen Blick, wie Justinus Kerner sagt, „in ein unendliches Lichtmeer durch die Spalte des menschlichen Sargdeckels". Eine Somnambule Bende Bendsens, eines tüchtigen schleswigschen Arztes zu Anfang des vorigen Jahrhunderts, schildert den Augenblick, da das Innerste erleuchtet wird. Es löse sich in ihm „alles in ein grenzenloses Lichtmeer auf, in welchem ich vor lauter Wonne gleichsam zu zerfließen wähne. Alle Bilder kommen mir in diesem Lichte, welches das reinste Sonnenlicht an Klarheit weit übertrifft, zur bestimmteren Anschauung, ich erkenne dann alles weit leichter und schneller, die Tiefen der Natur erschließen sich mir, und das Vor- und Zurückschauen im Raum und in der Zeit gleicht dem Anschauen des Gegenwärtigen – und ist um so bestimmter, je vollkommener sich dieser Zustand entwickelt hat."

Zu jener Zeit, als Erlebnisse dieser Art in den Forschungen vieler magnetischer Ärzte im Vordergrund standen, hat man aus ihnen weitgehende Schlüsse gezogen über das Wesen des Menschen und seine uranfängliche Artung. So sagt Justinus Kerner, daß man den magnetischen Zustand zwar einen Schlaf nenne, das treffe jedoch nicht seinen wahren Gehalt: „denn er ist vielmehr das hellste Wachen, das Aufgehen einer innern, viel hellern Sonne als die ist, die deinem Aug' von außen leuchtet, ein helleres Licht, als das ist, das dir durch deine Begriffe, Schlüsse, Definitionen und Systeme im wachen Leben werden kann, ein Zustand, der mit dem ursprünglichen des Menschen Ähnlichkeit hat, wo der Mensch wieder in alte innige Verbindung mit der Natur tritt und ihre Gesetze und Urtypen zu erschauen fähig werden kann."

Ohne eine solche Auffassung zur Grundlage zu nehmen, lassen sich die Leistungen mancher begabten Menschen gar nicht beurteilen, auch die Gesamtleistung Walter Machaletts nicht.

Hat nun wirklich der ursprungsnähere Mensch in einer Weise erlebt, die dem Welterlebnis der Somnambulen entspricht, wie Bendsens Bericht es schildert, dann wäre in seiner Welt keine Sperre aufgemauert gewesen zwischen dem Land des Lebens und dem des Todes. Denn lichtüberflutet erscheint das Totenland in mancherlei Überlieferungen und ebenso auch in vielen Nahtodeserlebnissen unserer Zeit. Hinter einer Dunkelheit, die von manchen Sterbenden durchfahren wird, leuchtet die andere Welt in ihrem Glanz und oftmals auch ohne eine solche Dunkelzone. Ein Arzt, der die Erlebnisse der „Zurückgekehrten" untersucht hat, stellt fest, daß 80% von ihnen das Licht gesehen haben, ganz unabhängig von ihrer persönlichen Artung und Überzeugung.

Ein Mann kommt auf seinem Todesweg „zu einem gewaltigen Felsen – mehr ein Tor –, hinter dem ich einen hellen Schein erkennen konnte." – Zwei siebzigjährige Frauen berichten, – die eine: „Es sah wie ein großartiger Sonnenuntergang aus; sehr weit und wunderschön. Die Wolken schienen plötzlich Tore zu sein. Jemand rief mich, und ich glaubte, daß ich dort hindurchschreiten müßte." – Die andere: „Ich fühlte, daß ich starb und im Begriff war, zu den Toren zu gehen. Sie begannen sich für mich zu öffnen. Sie waren leuchtend und wunderschön." – Ein sterbender Mann mittleren Alters: „Ich habe jenseits des Flusses ein goldenes Licht gesehen." Und zu den Angehörigen an seinem Bett sagt er: „Ich sehe euch jetzt auf der anderen Seite."

Es ist bemerkenswert, daß nach diesen Schilderungen der Sterbende nicht etwa in einem Meer von Licht versinkt oder sich aufschwingt in lichte Höhen oder dorthin entrückt wird, sondern daß er einer inneren Nötigung folgt oder einer Aufforderung, einen Weg zu begehen. Das Sterben ist fast immer eine Todesreise.

In den mythischen Aussagen vieler Kulturen wird die Welt, in die der Tote am Ende gelangt, als licht beschrieben, als eine Welt, die weit strahlender erscheint als die Erde unter der Mittagssonne. Man könnte annehmen, daß sich hierin lediglich die Angst vor der Finsternis des Todes offenbare, daß eine phantastische helle Totenwelt nur die „wirkliche" Düsternis der ins Grab führenden Lebensbahn kompensiere. Doch die geschilderten spontanen Lichterlebnisse: zuvorderst die Auren schon des Existierenden, dann die leuchtende Schönheit von Totenerscheinungen, ferner die als Ziel des Totenweges geschauten Visionen eines strahlend hellen Landes und schließlich die allgemeinen Schauungen von einer unbeschreiblichen Strahlenfülle des jenseitigen Bereiches überhaupt – scheinen mir zu beweisen, daß jene mythischen Welten des Lichtes ganz und gar nicht psychologisch zu verstehen sind als Verdrängung der Finsternis, als Überkompensation, als ein nothaft erzwungener Ausweg aus der vernichtenden Dunkelheit der Existenz. Vielmehr sind sie als entwickelte symbolische Bilder aufzufassen, die auf jenen wirklichen Erlebnissen beruhen, – nicht ohne Anleihe bei den Erscheinungen des Leibeslebens und nicht ohne weiterführende Spekulation, im Kern aber echte Kunde vom Licht jenseits des Todes.

Das Bild des Christentums von einer himmlisch-lichten Stätte für die erlösten Toten ist allbekannt und daher hier nicht zu belegen. Deswegen möchte ich abschließen mit einem germanischen und einem ägyptischen Zeugnis. Nennen wir zuerst den Saal Odins, der „Glaðsheimr" genannt wird, Frohheim, und den das Grimnislied als fünften aufzählt: golden schimmert Walhalls weiter Bau, und alle Tage erwählt dort Odin die im Waffenkampf erlegenen Männer. Bei den Götterhallen werden noch weitere leuchtende Bauten aufgezählt. Unter ihnen sei die strahlendste erwähnt, „Gimlé", ein sprachlich schwer zu deutender Name. Die Stätte ist im höchsten südlichen Himmel gelegen, unerreichbar für die feurige Lohe von Ragnarǫk; an jenem Ort steht eine Halle, die schöner ist als die Sonne, mit Golde gedeckt. Bis in fernste Zeiten werden dort in Freuden brave Männer weilen – so in der Vǫluspé – oder nach der Gylfaginning: alle Menschen, die die rechte Sitte haben, werden leben und bei ihm, bei Allfǫdr, selber sein, dort wo es Gimlé heißt oder Vingólf.

In Ägypten bewältigt der in Totengericht Bewährte in der Unterwelt die Fahrt gen Osten wie der Sonnengott, und oft vergleicht und verselbigt er sich mit den lichten Göttern: „Ich bin der leuchtende Gürtel, erstrahlend auf der Göttin Nut Busen. Seht, wie er das Nachtdunkel verdrängt! … Schauet mich an! Wahrlich, die Nut-Göttin bin ich, unter euch tret' ich: eure Jammerrufe habe ich erhört! Ich öffne den Weg euch zum Lichte! Nut bin ich, die das böse Dunkel verdrängt!" – „… die Sonnenscheibe verehrend, gesell ich mich zu den Geistern, die im Morgengrauen das Tageslicht anbeten. Wahrlich, ich bin jenen Geistern nicht unterlegen! Denn wie sie bin ich ein Wesen, geschaffen vom strömenden Isislicht und von der Göttin magischer Kraft!"

VON DEN LICHTERN ÜBER DEM ERDBODEN

Es geht um Lichter, die etwas zu tun haben mit dem Erdboden, mit dem, was darunter verborgen liegt oder was doch dort vermutet wird. Das Material, auf das ich mich dabei stütze, ist in weit überwiegendem Maße die Volkssage. Mit dieser Feststellung wäre mein Vortrag als wissenschaftlich beachtenswerte Kundgabe schon beendet, dann nämlich, wenn wir die Definition der Volkssage als richtig betrachteten, die vor 70 Jahren ein tüchtiger Kenner, Friedrich Ranke, hat drucken lassen: „Volkssagen sind volksläufige Erzählungen, deren objektiv unwahrer Inhalt in der Form des schlichten Berichtes als tatsächlich geschehenes Ereignis überliefert wird."

Ich möchte trotzdem zu erheblichen Ergebnissen kommen auf Grund der von der Volkssage gebotenen Materialien, und das ist darum möglich, weil die Volkssagen, was Rankes Definition nicht berücksichtigt, in Wirklichkeit aus zwei ganz verschiedenen Bestandteilen zusammengesetzt sind. Sie berichten nämlich einerseits von Erlebnissen, und sie tun das andererseits häufig unter Anleitung oder Einschaltung von Theorien, die durch das pure Erleben nicht unbedingt gefordert werden. Wir werden nachher auf krasse Beispiele für diese Doppelseitigkeit stoßen, so daß an ihr gar nicht zu zweifeln ist, wenngleich, so weit ich sehe, diese Unterscheidung so entschieden bei Betrachtungen zur Volkssage im allgemeinen nicht gemacht wird. Als objektiv wirklich ist mithin das zugrunde liegende Erlebnis anzusehen; ob der im Erzählen mitverwendete theoretische Bestandteil objektiv wahr ist oder unwahr, steht von vornherein gar nicht fest; dazu bedarf es einer sorgsamen Prüfung. Und wenn ich sage, daß man dazu unter anderem auch die Ergebnisse der Parapsychologie heranziehen muß, dann weiß der Einsichtsvolle, daß wir damit ein weites Feld betreten, auf dem die sichere Entscheidung zwischen echt und unecht noch lange nicht mit Friedrich Rankes flotter Fertigkeit gefällt werden kann.

Soweit vorläufig zu dem, was rechter Hand von uns liegt, zum theoretischen Bestandteil der Sage. Wenden wir uns linker Hand, zum Erlebnis, das die Sage schildert, dann stoßen wir dort allerdings auf die eigentliche Schwierigkeit, aus der wohl auch Rankes Mißtrauen zum Teil herrührt. Es handelt sich bei dem Bericht um mündliche Überlieferung, und es ist gar nicht abzusehen, wieviele verfälschende Einflüsse in die Traditionskette eingegangen sind. Beginnen wir mit dem krassesten Fall: es ist durchaus möglich, daß sich einer die Geschichte ausgedacht hat. Ferner ist mit Gedächtnisfehlern zu rechnen; mit irrtümlichen oder absichtlichen Ergänzungen; mit Abänderungen auf Grund von personbezogenen Überlegungen, aus weltanschaulichen Erwägungen oder religiösen Vorurteilen, auch seitens der Herausgeber; mit der Scheu, einzelne Züge überhaupt wiederzugeben; mit der Verfälschung aus Vorurteil oder der Lust an bestimmten Einzelzügen; mit der Übernahme von Teilen oder Schematen anderer vertrauterer Ereignisse, – kurz, hier ist im Einzelfalle niemals mit voller Gewißheit zu behaupten, daß sich das Geschilderte auch wirklich in dieser Weise oder gar überhaupt zugetragen hat.

Wollten wir uns um deswillen aber gegen diesen ganzen Erscheinungsbereich verschließen, weil er als Grundlage für ein sicheres Ergebnis nicht taugen möchte, dann würde das, meine ich, einen ungerechtfertigten Verzicht bedeuten. Es handelt sich nun einmal um einen riesigen Bezirk menschlichen Erlebens, und nur unter möglicherweise bedeutenden Verlusten würde man ihn beiseiteschieben. Darum müssen wir uns fragen, ob Sicherheit nicht doch zu erreichen ist und auf welche Weise. Die erwünschte Gewißheit ergibt sich in der Tat aus mancherlei Beobachtungen und Erwägungen. Nennen wir zuerst die sageneigene Berufung auf den Zeugen, der als zuverlässig genannt wird, ein Verwandter etwa aus der älteren Generation, der sich mit dem Gewicht seiner Autorität für die Wahrheit des Geschilderten verbürgt und den man mit eins als einen Schurken ansehen müßte, wenn er dem Enkelkind in so krasser Weise eine Lüge aufgebürdet hätte.

Von dieser Zeugenbenennung an gibt es nun viele Stationen hin bis zu dem völlig unverbürgten Bericht, der dennoch nicht „unwahr" sein muß. Ja, es kann sich auch da um ein vorzügliches Zeugnis handeln, und kundtun könnte sich das dadurch, daß sich zwanglos zu ihm ähnliche, verwandte, besser verbürgte Überlieferungen stellen. Und daraus ergibt sich überhaupt ein wichtiges Kriterium: der Vergleich. Wer Dutzende oder Hunderte von Sagen gelesen hat, der sieht unmittelbar ein, was von vielen Menschen an vielen Orten erlebt worden ist, und selbst ganz extreme Geschehnisse gliedern sich bisweilen sinnvoll dem an, was auch sonst den Kern der Erzählungen ausmacht. Wir werden den Vergleich bis nach Island einerseits und bis nach China und Indien andererseits ausdehnen, um Sinn und Zusammenhang der Erscheinungen, um die es uns geht, auszumachen. – Zusammenfassend stellen wir fest: Die einzelne Sage überliefert nicht unbedingt Faktisches, wohl aber zumeist höchst Charakteristisches.

Mit dem Sagenthema „Lichter überm Erdboden" betreten wir den Bereich der Schatzsage; denn das ist die weitverbreitete Theorie, daß die an einer

Stelle haftenden Lichter über einem Schatz brennen. Diese ortsgebundenen Hellen sind also von ganz anderer Natur als die Irrlichter, die sich entweder unstet oder auf bestimmten Bahnen durch die Landschaft bewegen. Daß das an einem Orte leuchtende Licht von einem Schatz herrühre oder ihn künde, ist eine Theorie, die hartnäckig behauptet und bewahrt wird – trotz unzähliger Mißerfolge beim Graben nach dem vermeintlichen Reichtum. Diese Diskrepanz zwischen dem Beobachteten und der Erklärung ist übrigens ein starker Beweis für den Wahrheitsgehalt der Überlieferung. Die Vorstellung vom Schatz unter der Leuchte ist ein theoretischer Irrtum und könnte Aberglaube genannt werden. Die Wirklichkeit der Lichter, die einzelne Stätten auszeichnen, wird dadurch nicht berührt, und für die Vermittler wurde der Traditionswert der Erzählung durch die Fehlschläge nicht ausgelöscht. Sie wußten es: da war doch etwas gewesen, und wenn die Hebung des Schatzes mißglückt war, dann hatte das Gründe, die in der Theorie benannt und wohlbekannt waren.

Die Erscheinungsweise der Lichter, um die es hier geht, und die Erlebnisse mit ihnen sind von verschiedenster Art. Ihre Benennungen stammen aus der angeführten Theorie. So wird etwa vom Geldfeuer gesprochen, auch vom Goldfeuer und davon, daß ein Schatz brennt, daß er bei solchem Brennen sich reinigt, daß er sich sonnt. In Tirol liegt in einem Schloßhof ein großer Schatz verborgen: „Wenn der Schatz blüht, hüpfen blaue Lichtlein im Gemäuer herum." In einer Gegend Schlesiens, wenn man dort nachts „das Geld im Feuer auflodern und herumziehen" sah, nannte man dies das Geldwittern.

Nicht zu allen Zeiten sah man solche Lichter, solche Feuer leuchten. Von einem Kreuzweg in Thüringen erzählte man sich, daß dort alle sieben Jahre ein helles Feuer brenne, und das „lodre über einem unter ihm ruhenden Schatz, der aber nicht ruhen mag, sondern gehoben sein will." – In Niedersachsen brennt „auf der großen Burgbreite bei Brunstein, unter dem Burggarten, … alle sieben Jahre nachts ein Feuer, wohl zwei Fuß hoch. Da wo das Feuer brennt, liegt ein Schatz vergraben." – Bei Eutin hat ein Räuber zu seinem Schatze den Teufel als Wächter bestellt. „Der hält treulich Wache und glüht alle sieben Jahre den Schatz aus." Der Schatz ist nie gehoben worden, aber „im Jahre 1787 hat man zum letzten Male gesehen, daß er ausgeglüht ward."

Daß solche Feuer nicht heiße Brände sind, sondern Erscheinungen, geht aus der Vorschrift hervor, daß man auch allerlei brennbare Gegenstände darauf werfen dürfe, um den Schatz festzulegen, also etwa den Rosenkranz, aber auch einen Handschuh, die Schürze, den Mantel, den Rock. Allerdings muß man gewiß sein, daß da auch wirklich ein Schatz brennt. Ein Mädchen sieht seitwärts vom Wege ein Feuer glimmen; rasch zieht es das Kleid aus und wirft es darauf, „um das Gold zu gewinnen. Aber das Kleid verbrannte, und kein Schatz war zu entdecken; denn das Feuer hatten sich Knaben beim Kuhhüten angezündet."

Das echte Schatzfeuer kann daher selbst auch auf brennbaren Stoffen lodern, ohne sie zu verzehren. Auf Rügen ist von einem Dorngebüsch die Rede, in dem man häufig Schätze brennen sah. Eine andere Rügener Sage erzählt, daß ein Mann im Walde „in einem Baum ein helles Licht brennen" sah, und da „warf er seine Axt, die er zufällig bei sich hatte, in die Flamme." Das war nun ausnahmsweise einmal ein erfolgreicher Wurf; denn „an der Stelle, wo die Flamme gebrannt hatte, fand der Mann eine goldene Wiege". Die nahm er „mit nach Hause und wurde durch den Verkauf derselben ein steinreicher Mann."

Nicht auf einen engen Raum sind diese Lichter beschränkt. Bei Wertheim wurde ein solches Feuer „einmal so groß, daß es den ganzen Berg erhellte, gleich nachher aber wieder klein." – Oder es zeigen sich ganze Lichterscharen. Auf der Henneburg bei Stadtprozelten wollte die letzte Hennebergerin nicht mehr hausen, „weil sie jenseits des Maines auf Mondfelder Markung nachts so viele Flammen und Lichter brennen sah, daß es ihr davon unheimlich wurde. Die Flämmchen leuchten über Schätzen", so lautet der übliche theoretische Schluß, die „hier und in der ganzen Burg versteckt liegen."

Aus der Tiefe des Bodens strahlt das Licht in einer Alpensage. Dort fordert eine Bergfeine den Hüterbuben auf, seine Hutkrempe aufzustülpen, und als er so emporschaut, da „war der ganze Berg ein klarer Kristall, schöner als alle gläsernen Berge, von denen die Kindermärchen erzählen, und durch die durchsichtige Klarheit strahlte der Goldhort in Form hellschimmernder Bäume und Gesträuche." Aber die Krempe sinkt von selbst wieder herab; alles ist wieder ein dem Durchblick verschlossenes Gestein, und verschwunden ist die schöne Bergfeine. Auch hier läuft die Sage auf die gewohnte Folgerung hinaus: „Das Fräulein mochte wohl eine Schatzhüterin gewesen sein."

Eine ganz besondere Gestalt nimmt das Licht in einer Allgäuer Sage an; dort ist es an seinem Orte auch hörbar und beweglich. „Einmal hörten zwei ,laubende‘ Mädchen von Hinterstein auf den Eggwiesen ein gewaltiges unterirdisches Gerassel und Tosen, gerade als wollte der ganze Berg einfallen. Auf einmal sahen sie keine zwanzig Schritte entfernt etwas aus dem

Boden herauskommen, das so hell glänzte wie die Sonne. Lang und dick wie ein Sägbaum, fuhr dieser Glanz im Bogen durch die Luft und dann wieder zurück zum Boden. Diese wundervolle Erscheinung wiederholte sich noch ein paarmal. Dann war mit einemmal alles verschwunden. Als die Mädchen zu dem Platz hingingen, fanden sie da nichts Auffallendes. Zu Hause erzählten sie natürlich, was sie gesehen hatten. Da erklärte ihnen der alte Urchar, das sei ein Schatz gewesen, der sich gesonnt habe. Wenn sie schnell etwas Geweihtes oder im Notfalle auch einige Brosamen darauf geworfen hätten, wäre der Schatz dageblieben." – In dieser Sage sind Erlebnis und Theorie sogar auf verschiedene Personen verteilt, und es ist ganz klar, wie sich die Anschauung als etwas Wirkliches von der hinzugetragenen Meinung abhebt.

Wenden wir uns von den Lichtern dem zu, was man darunter zu finden erwartete. Die Benennungen Geldfeuer und Goldfeuer bezeichnen das Hauptanliegen der Beobachter und der Schatzgräber deutlich genug. Sprechen wir es hier schon aus, daß in den Zeitläufen, aus denen die Volkssagen stammen, das Licht, die Lichter nicht mehr verstanden wurden, daß der Sinn für das Wesen der Leuchten und der überstrahlten Erdenorte erloschen und der Habgier gewichen war. Daß das Wesen der leuchtenden Stätten völlig verkannt wurde, das geht in vielen Sagen aus dem hervor, was die Schatzgräber, wenn sie mit allerlei Zurüstung sich ans Werk machten, an den Orten erlebten – bis hin zum Verlust des Lebens.

Nun geben die Sagen allerdings auch Hinweise auf andere Schätze als auf gemünztes Gold, – auf zumeist goldene Gegenstände, deren Anziehungskraft aber eben vornehmlich in ihrem Geldeswert gesehen wurde – wie in dem Rügener Wiegenfund, den ich angeführt habe und der den Finder steinreich gemacht hat – durch Verkauf. – Was aber ist eine goldene Wiege an und für sich? – Was sind die anderen potentiellen Fundstücke, die aus Golde gemacht sind? – Der goldene Becher, der goldene Tisch, das goldene Spinnrad, die goldene Haspel, der goldene Pflug, der goldene Wagen, die goldene Ente oder die goldene Gans auf goldenen Eiern, die goldene Henne mit goldenen Küken, schließlich das goldene Kegelspiel? –

Das Beiwort golden erhebt alle diese Dinge in den Rang der Bedeutsamkeit. Es sind keine Gebrauchsgegenstände, sondern Wahrzeichen, und wenn sie gebraucht worden sind, dann in weihevoller Weise. Und wenn sie, wie wahrscheinlich, niemals gebraucht worden sind, dann bedeutet die Aussage über ihr Dasein im Untergrund, daß sie dem Wesen, der Möglichkeit nach da sind. Das geschaute Bild der goldenen Dinge in der Erde ist das lichte Feuer über dem Boden zum anderen Male, aber als eine Vision von dem, was werden kann, was werden könnte, wenn der Mensch den Sinn des Lichtes, des Goldes in der Tiefe verstände und dieses Gold in der Fülle seines Sinnes aus dem dunklen Grunde emporhöbe, als Menschenwerk, als Erfüllung von Gestaltungsantrieben im Heimatboden. Für ein solches Verständnis könnten wir das Sagenwort selbst anführen, das sich gelegentlich findet: daß der Schatz unter der Leuchte „nicht ruhen mag, sondern gehoben sein will …"

Daß sich der Sinn und die Bestimmung aller jener goldenen Gegenstände in einem Heiligtum vollenden würden, erlaubt keinen Zweifel. Von einem goldenen Tisch wird in Niedersachsen ausdrücklich gesagt, daß er ein heidnischer Altar gewesen sei. Ein anderer goldener Tisch, in einem Schlosse aus der Heidenzeit, soll dort mit einem Götzenbild aus Gold versenkt sein, wäre also ebenfalls ein Altar. So mag auch der goldene Wagen das Kultgefährt einer Gottheit gewesen sein. – Unter einem Opferstein des litauischen Gottes Perkunos auf einem Berge an der Memel waren, so ging die Sage, eine goldene Schüssel und eine silberne Egge vergraben, Symbole, wie sich versteht, der Fülle und der Fruchtbarkeit. Die alten Geräte haben ja überhaupt nicht nur einen Gebrauchszweck, sondern immer zugleich auch einen Sinn, der demgemäß ins Leben hineinwirkt. Das gilt ebenso für die Gerätschaften zur Garnbereitung wie für die zur Feldarbeit. Für den Becher braucht man nur auf den Gral hinzuweisen, auf den altnordischen Gelübdebecher, auf den deutschen Minnebecher, der ja keinen Liebestrank enthielt, sondern den Weihetrunk zum Totengedächtnis. Daß die goldenen Hausvögel, Ente, Gans, Henne mit goldenen Eiern oder Küken Lebensfülle anzeigen, das sehen auch wir noch unmittelbar.

Sehr oft wird unter den möglichen Schatzfunden, zumal in norddeutschen Sagen, die goldene Wiege genannt. Würde auch sie zum Bestande eines Heiligtumes gehören, so fände sich ihr Sinn religionspsychologisch in derselben Richtung wie andere Darstellungen von der Hege des göttlichen Kindes. Zu erinnern wäre an den Korb „in Form einer Getreideschwinge, das liknon, den ‚mystischen Korb‘, die ursprüngliche Wiege des Dionysoskindes." Zu vergleichen sind ferner der Horusknabe und vor allem Christus, der selber auch Liknites genannt wurde, also das Wiegenkind, und um den sich, mit seiner Mutter Maria zusammen, im Mittelalter vielerlei Wiegenspiele bildeten. Die goldene Wiege wird nicht nur als Schatz vermutet, sondern man erblickt sie auch, wenn sich der Untergrund zur rechten Stunde einmal auftut, in ihrer alten Verwendung. So stößt man nach einer mecklenburgischen Sage am

Johannistage, an der Stätte eines verschwundenen Schlosses, mittags zwischen zwölf und ein Uhr, auf eine Öffnung in der Erde und betritt, dem Gange folgend, einen Raum, wo man die ehemaligen Bewohner im Schlafe erblickt und bei ihnen „ein Kindlein in einer goldenen Wiege liegend." –

Beiläufig ist anzumerken, daß es sich, wo in der Sage von Schlössern die Rede ist, oftmals um alte Weihestätten handelt, sehr deutlich unter anderem bei der Gralsburg, – und daß andererseits die Behausungen der Adligen in alter Zeit gerade auf den Stätten der Heiligtümer erbaut wurden, deren Hüter sie vor der Bekehrung waren, also an Orten von besonderer tellurischer Macht.

Zum Abschluß dieser Reihe bedeutsamer goldener Schatzfunde sei noch das goldene Kegelspiel erwähnt, das in den Sagen ebenfalls in weiter Verbreitung vorkommt. Ich halte es für möglich, daß es vor alters zur Bestimmung von Entscheidungen, also zur Schicksalserkundung gespielt wurde, daß es aber schon früh zum Gesellschaftsspiel „verweltlichte". In zahlreichen Sagen sind es die Geister, die Kegel spielen, die Toten, die Zwerge, weiße Jungfern, der Teufel, der Burggeist mit den toten Rittern. In einem Graubündener Beleg hat eine Burgfrau zum Lohn für ihre Hilfe bei der Entbindung der Elfenkönigin ein solches Spiel erhalten, „mit dem sie die guten Berggeister zu ihren Diensten heraufbeschwören konnte."

Berichten wir nun zunächst einmal von erfolgreich verlaufenen Grabungen am gelichteten Orte. Zunächst ein Beispiel aus der altskandinavischen Literatur, wo uns ein noch nicht erwähnter Schatzort begegnet, das Grab. Daß dies wegen seiner Beigaben ein verheißungsvoller Fundort war, versteht sich von vornherein. Immer schon haben räuberische Zeitgenossen und habgierige Spätlinge dort nach Reichtümern geschürft. In der Wikingerzeit gehörte das haugbrot, das abenteuerliche Aufbrechen eines Grabhügels, zu den Erzählmotiven der Saga. In der Saga von Grettir wird ausführlich erzählt, wie er die Magie eines Grabbewohners mit dem Schwert überwindet. Spät am Abend sieht er auf einer Halbinsel in Norwegen ein „großes Feuer auflodern". „„Das würde man sagen'", meint er, „„wenn man so etwas sähe in unserem Land, daß es dort von einem Schatz brenne.'" Er erfährt, daß des Inselherrn Vater dort bestattet ist, ein spukender Toter, der alle Bauern der Umgegend von ihren Höfen verjagt habe.

Grettir bricht nun am frühen Morgen in den Hügel ein und beginnt im Halbdunkel das Innere zu durchforschen. Er findet Pferdeknochen, einen Mann, der auf einem Stuhle sitzt und unter seinen Füßen eine kleine silbergefüllte

Truhe hat. Auch war dort „ein großer Schatz von Gold und Silber zusammengetragen". Als er aber das alles hinausbringen will, da greift ihn der tote Hügelbewohner an, sie ringen miteinander, bis der Gegner rücklings hinfällt, „und das gab ein großes Getöse." Grettir schlägt dem Gefallenen den Kopf ab und legt ihm den an die Hinterbacken, ein Kunstgriff, der das Wiederaufleben verhindert. – Der Sohn des Toten nimmt den Schatz entgegen, ohne dem Grettir den Einbruch in des Vaters Grab übelzunehmen; vielmehr meint er, Geld im Hügel oder in der Erde sei schlecht angewendet.

Für unsere Zusammenhänge ist eine Vermutung von Bedeutung: daß nämlich die kleine silbergefüllte Truhe unter den Füßen des Toten zum Grabzauber gehört, daß sie daran mitwirkt, dem Hügelbewohner ein spukhaftes Leben zu bewahren. Denn die Schatzlichter und die Goldfeuer bezeichnen allerdings auch eine Quellstelle der Lebenskraft, und mit abstrakten Gründen läßt sich von vornherein nicht in Abrede stellen, daß diese Quelle auch einen Toten noch mit Lebensfeuer versorgen könne.

Daß man grad um deswillen sich vornähme, ein Grab aufzubrechen, ist für uns nun freilich eine sehr fremdartige Vorstellung. Wenden wir uns aber anderen Kulturen zu, in denen der Zusammenhang zwischen den Erscheinungen des Lebens und der Lebensweisheit nicht so gestört ist wie bei uns, so finden wir eine Art des Grabraubes bezeugt, bei der es um die innere Essenz des Lichtes selber geht. In Indien und zumal im Iran war die eigentlich herrscherliche Substanz das Himmelslicht, das sich auch in den goldbestickten Königsmänteln und im Golde der Kronen und der Tiaren darstellte. Im Golde, auf goldener Bahre wurden die Herrscher auch beigesetzt. All dies mag Anreiz genug gewesen sein, die Königsgräber aufzubrechen, aber grade dies nur für die Unwissenden. Ein der wirklichen Gründe der Königsmacht Kundiger weiß, daß im königlichen Grabdenkmal nach dem Tode des Herrschers jenes Licht noch anwesend ist, in dem seine Königlichkeit gründete, das Chvarənah, wie es seit alter Zeit heißt. Dies Wort gehört zum avestischen hvarə = Sonne, Licht und Himmel, zu indisch Sūrya, Sonne und Sonnengott, und zu anderen indogermanischen Sonnennamen wie Helios, Sol, bretonisch heol, gotisch sauil, altnordisch sól. Eben um dieses Herrscherlichtes, um des Chvarənah willen, so wissen wir aus Dio Cassius und armenischen Chroniken, „versucht der Feind immer wieder, diese Königsgräber zu entweihen und zu plündern."

Für die Leben spendende Kraft des Goldes und der Schätze überhaupt sei hier noch das Zeugnis aus einer ganz anderen Kultur herangezogen. Nach

einer chinesischen Sage im Liao-dschai-dschi-yi soll nämlich der Toten-
schatz einen bemerkenswerten Einfluß auf die „Lebenskraft" des Toten haben. In Europa wie in der chinesischen Alchemie begegnet die Vorstellung,
daß das Gold der Trink- und Eßgeschirre das Leben verlängern könne. Aber
jene Sage erzählt von einer jungen Magd, die tot ist, die dennoch dem Jungmann erscheinen, ihn bedienen und seine Liebespartnerin sein kann, während sie für andere unsichtbar bleibt. Als er sich anschickt, ihren Leichnam
umzubetten, weil er ihn in seiner Heimat bestatten will, findet er das Gesicht
wie lebend, den Körper unverwest, aber die Kleider zu Staub verfallen. Der
Jadeschmuck am Kopf und das silberne Armband glänzen wie eben angefer-
tigt. Zwischen den Schenkeln findet er ein Bündel mit einigen Barren Gold.
Daheim, nach der Wiedervereinigung der schweifenden Seele mit dem Leibe,
erzählt ihm die junge Frau, sie habe im Sterben Gold, das aus dem Reichtum
des Hauses stammte, so an sich verstecken können, daß es mit ihr beerdigt
wurde. Ihre Herrin sei über den Tod ihrer Lieblingsmagd betrübt gewesen
und habe ihr noch wertvollen Schmuck mitgegeben in den Sarg. „Daß mein
Körper nicht verwest ist, verdanke ich nur dem starken Einfluß dieser Juwelen. Wie hätte er von Dauer sein können, wenn es nach den Gesetzen der
Menschenwelt zugegangen wäre?" – Unerheblich ist hier für uns der, sagen
wir, spiritistische Gesamtzusammenhang der Novelle; entscheidend nur die
Vorstellung von der Lebenskraft im Grabe, die von Gold und Kleinoden ge-
fristet wird. Denn es ist wahrscheinlich, daß in altnordischer Zeit das gespen-
stische Nachleben des Hügelbewohners – haug-búi – gleichfalls mit seinen
im Grabe angehäuften Schätzen begründet wurde.

Wir wenden uns von den Toten wieder den Lebenden zu, und zwar den
habgierigen Schatzgräbern. Was unternehmen sie, was begegnet ihnen? – Die
Sage erzählt fast nie vom einfachen Ansetzen des Spatens; fast immer ist
Schatzgräberei ein, sagen wir, zeremoniell unterstütztes Unternehmen. Im
allgemeinen liegt schon der Weg an den Schatzort unter einer Bedingung:
man muß unbeschrien, unberufen, unberafelt dort hingelangen. Meist kann
der Versuch, den Schatz zu heben, wenn er einmal in dieser Weise vereitelt
worden ist, nicht wiederholt werden, so etwa, wenn er überhaupt nur zu gewissen Zeiten zugänglich ist. Aber der Schatzgräber hat oftmals den Weg erst
nach inneren Vorbereitungen betreten, hat unablässig daran gedacht, gefastet,
sich vom Schlaf enthalten, Rutungen vorgenommen, einen bestimmten Tag
gewählt, kommt bei Nacht, zieht magische Kreise, macht bedeutende Zeichen, spricht Gebete, murmelt Sprüche. Er weiß von vornherein, daß er es

nicht nur mit Geld und Geldeswert zu tun hat, sondern mit den Geistern als Schatzhütern, weiß, daß er nicht sprechen, nicht lachen, sich nicht schrecken lassen darf.

Ein Beispiel von zwei standhaften Männern aus der Hildesheimer Gegend. Sie haben drei Tage lang gefastet, nehmen sich fest vor, schweigend zu verharren und beginnen ihr Werk um Mitternacht „an der Stelle, wo sie den Schatz hatten brennen sehen." Es rührt sie nicht, daß ein Mann kommt, mit dem Kopf unter dem Arm, und „Gun Abend ook!" sagt. Sie antworten auch nicht, als sie auf die eiserne Kiste stoßen und aus ihr gefragt wird: „Wollt ihr Silber oder Gold?" Sie lüften die schwere Kiste höher und höher, und es stört sie nicht, daß es wie ein Regiment Mohren mit Geschrei daher gerannt kommt: „Platz da, Platz, wenn euch euer Leben lieb ist!" – und wie ein Nebel geht das Heer über sie weg. Aber was die Angst nicht tut, das bringen Erleichterung und Freude zuwege: „Sau, Düwel, nu kannst du dek wat braen laten!" ruft der eine Mann, und der Schatz versinkt in eine bodenlose Tiefe. „Hätte der Mann" so schließt der Erzähler, „nur noch ein paar Minuten geschwiegen und es Eins schlagen lassen, so wäre der Schatz gewonnen gewesen."

Es ist klar, daß die geschilderten Vorbereitungen das Einsetzen von Visionen begünstigen. Es wäre aber ein Irrtum, wollte man annehmen, daß solche Visionen bloße Halluzinationen im Sinne von reiner Täuschung sind. Es ist durchaus anzunehmen, daß vom Gehalt der Stätte in diesen Visionen etwas zur Anschauung kommt, – nur dürfte es so sein, daß die Vision sozusagen verdorben ist durch die Geldgier der Grabenden. Sie verkennen von vornherein den Genius des Ortes, indem sie ihn als den Hüter eines ausmünzbaren Reichtums betrachten. Sagen wir es noch stärker: die Schatzgräber, unkundig des wahren Wesens, des eigentlichen Kernes dieser irdischen Wirklichkeit, entbinden oft eine Energie, der sie nicht gewachsen sind, ein Mißgeschick, das nicht allein beim Schatzgraben eintritt.

Diese Energie kommt in mannigfaltigen Gestalten zur Anschauung; eine Form, die schon bei Saxo Grammaticus, also vor 800 Jahren in Dänemark belegt ist, dort bei einem versuchten Grabraub, ist die Überflutung. Im Erzgebirge, in der Joachimsthaler Gegend, wurde im vorigen Jahrhundert darüber folgendermaßen berichtet. Dort verbanden sich Bruder und Schwester, um einen großen Schatz zu heben, entschlossen, sich kein Wort entschlüpfen zu lassen. Als sie bis zum Deckel der Geldkiste gelangt sind, beginnen die Erscheinungen: ein Soldat – ein Reiter auf feuersprühendem Roß – eine Schwadron von Kriegern. Noch schweigen die beiden trotz eisigen Grauens;

erst als eine Totenbahre sich zeigt mit langem Gefolge, schreit die Schwester auf: „Jesus, Maria! Da tragen sie unsere Mutter!" Nun bricht im Grunde der ausgehobenen Grube „ein mächtig sprudelnder Quell hervor". In wenigen Augenblicken ist der Weg überflutet, bald reicht das Wasser den Geschwistern bis an die Brust. Sie flüchten, – sind aber, als sie nach Hause kommen, ganz trocken. – Mit dem letzten Vermerk bezeichnet die Sage, ganz objektiv, das Erlebte als eine Vision.

Noch einige Beispiele für die Energie-Ausbrüche als Folge irregehenden Schatzgrabens. Auf dem Zangenberge in der Lausitz haben zwei arme Häusler durch Rutungen den Schatzort ausfindig gemacht. Die schreckenden Erscheinungen gipfeln im Anblick des Teufels mit flammenden Augen und ausgestreckten Krallen. Die beiden Männer werfen das Werkzeug weg und fliehen: „Ein mächtiger Sturm hatte sich erhoben, die Tannen auf dem Berge rauschten wild durcheinander, und in dem allgemeinen Getöse hörten sie von Zeit zu Zeit ein gellendes Hohngelächter."

Eine bemerkenswerte Ergänzung zu diesem Bericht bietet eine zweite Sage von demselben Berge. Da haben andere Männer den ausgemachten Grabungsort im Kreis mit einem Seidenfaden umspannt, haben ein Licht in die Mitte gestellt und beginnen zu graben. Doch „da erhob sich ein gräßlicher Sturmwind in den Fichten des Berges. Nur dem Zauberkreise ging kein Lüftchen." Indessen zeigen sich nun schauderhafte Gestalten, und entmutigt laufen die Schatzgräber davon.

In eine ähnlich heftige Bewegung geraten die Bäume in einer holsteinischen Sage. Ein Teil des Danewerkes, der alten Befestigung quer durch die Cimbrische Halbinsel, ist die Thyraburg, die nach einer dänischen Königin so heißt. In Sommernächten, besonders in der Mittsommernacht, hat man sie auf einem goldenen Stuhle dort sitzen sehen, wie sie ihr langes Haar mit goldenem Kamme kämmt, neben sich eine goldene Wiege, die mit einem Schleier bedeckt war. – Sei es nun um diese Kostbarkeiten gegangen, oder ging es um andere, jedenfalls haben dort drei Leute einstmals am Johannisabend angefangen, nach Schätzen zu graben; „sie wurden aber beständig so mit Ruten über das Gesicht geschlagen, daß sie bald gezwungen waren, umzukehren. Das folgende Jahr faßten sie neuen Mut; aber es ging noch schlimmer. Denn nun wurden sie nicht mit Ruten gestrichen, sondern die hohen Waldbäume fingen an zu wanken und zu schwanken und drohten", über sie herzufallen.

Wenn die Überflutungen und Sturmüberfälle auch, wie die Zangenberger Nachricht besonders deutlich aussagt, visionäre Geschehnisse sind, so heißt das doch keineswegs, daß die Leute sich nur zu besinnen brauchten und sich dann unbedroht fänden. Im Gegenteil, die Vision gibt eben die auf die Seele eindrängende Gewalt zu erkennen, eine Gewalt, deren Energie sich auch steigern kann bis zu physischer Unerträglichkeit. In der Lausitz, auf dem Kirschauer Berge, soll in einer Burgruine, einem ehemaligen Räubernest, ein Schatz liegen. Heben kann man ihn nur, wenn einem die dazu nötigen Zauberformeln im Traume eingegeben worden sind. Im Jahre 1602 wagt sich ein Bauer mit seinem Sohne an das Unternehmen. Sie beginnen mit der Beschwörung, schon öffnet sich der Berg, der Schatzkessel wird sichtbar, – da stockt der Vater mit seinen Sprüchen. Ein furchtbarer Ritter taucht auf, in schwarzer Rüstung mit blutrotem Helmbusch, Feuer flackert aus der Erde, ein schauerlicher Ruf ertönt: Weh dir und deinen Taten! – Ein Donnerschlag dröhnt, der Schatz verschwindet, der Sohn flieht, – der Vater wird am Morgen mit umgedrehtem Hals und geschwärztem Gesicht tot aufgefunden in der Ruine. – – Aberglaube, objektiv unwahr? – oder visionäres Geschehen als Folge unwissender Entbindung undurchschauter Erdenergien? –

Wie in dieser Lausitzer, in der Joachimsthaler und der Hildesheimer Sage laufen die Schatzgräbergeschichten am Ende auf eine Spukschilderung hinaus. Das ist um so weniger zu verwundern, als die Unternehmung der Grabenden mit einer Beschwörung beginnt, die geradeswegs auf die Ortsgeister bezogen ist, nur eben unter der zumeist irrigen Voraussetzung, daß es den Geistern einen Schatz abzuzwingen gilt.

Unter den Maßnahmen der Schatzgräber müssen wir noch das Opfer erwähnen. Es ist zum Erstaunen, daß in diesem einen Bereich, dem der Schatzsage, das blutige Opfer aus der Vorzeit bewahrt ist, und zwar sowohl das Tieropfer wie das Menschenopfer. Schon wer einen Schatz vergräbt, kann ihn mit einem Opfer versetzen, wie der Ausdruck lautet, und er legt damit dem späteren Schatzgräber ein Opfer völlig gleicher Art auf. Im allgemeinen ist dabei die Rede von Tieren, zumal von Henne, Hahn und Ziege, meist schwarz, weil es ja ein Opfer an die chthonische Macht ist, die den Schatz hüten soll und die oft Teufel genannt wird. Auch von Teufelserscheinungen ist häufig die Rede, eine Verfälschung der eigentlich zugehörigen Theorie durch Vermengung mit kirchlichen Vorstellungen.

Das Menschenopfer erscheint in den Sagen auf der Seite der Schatzgräber.

Es versteht sich, daß in keiner neuzeitlichen Sage vom geglückten Menschenopfer die Rede sein kann. Wenn es erzählbar sein soll, muß es mißglückt sein; aber der Bericht von dem Vorhaben und wie es mißglückt, ist oft realistisch genug. Angeführt sei ein Beispiel von dem geplanten Opfer in einer thüringischen Sage. Zwölf Männer, die zumeist aus einer Ortschaft stammen, haben sich zusammengetan, um einen Schatz zu heben. Einen Ortsfremden, einen rothaarigen Schneider, haben sie zum Opfer ausersehen. Doch einer der zwölf warnte ihn, und der Gewarnte machte sich beizeiten aus dem Staube. Als nun am Orte des Schatzes der Leibhaftige erschien, auf der Braupfanne mit dem Golde stehend, bereit des Schneiders Seele zu empfangen, da fehlte dieser, und es „sank alles unter furchtbarem Gekrache in den Abgrund zurück." – Von den zwölfen starben innerhalb eines Jahres elf. Nur der Warner starb hochbetagt erst 1852. Weil aber dieser „sich niemals über die Sache äußerte, sondern so oft die Rede darauf kam, immer wegging, so hat keiner recht erfahren können, was eigentlich damals geschehen ist."

Abschließend noch drei glückhafte Schatzsagen, zwei aus der indischen Literatur, eine aus dem deutschen Südosten aus Kärnten. Die erste der indischen Sagen hat vor 900 Jahren Somadeva in seiner Sammlung „Meer der Märchenströme" aus älteren Quellen nacherzählt. – Hier erhebt bei dem König Udáyana ein Brahmane Klage, daß sein Sohn von Waldhirten ohne Grund verstümmelt, daß ihm ein Fuß abgehauen worden sei. Die Hirten verteidigen sich damit, daß einer unter ihnen sich zum König erhoben habe; er throne im Walde auf einem Steinsitz, verlange von ihnen Gehorsam, und er habe ihnen befohlen, dem Brahmanensohn den Fuß abzuschlagen, weil er trotz ihrer Ermahnungen ihrem Herrscher den ehrerbietigen Gruß verweigert habe. Als ihrem König aber hätten sie ihm den Gehorsam nicht versagen können.

Der Fortgang der Sage besteht nun nicht etwa in strafrechtlichen Folgerungen, sondern beruht auf den Erwägungen eines weisen Ministers. Er sagt nämlich insgeheim zu seinem König: „Sicherlich ist an diesem Ort ein Schatz, und durch dessen Kraft hat der einfache Hirte eine solche Macht. Laß uns hingehen!" Nun wird „nach genauer Untersuchung des Bodens" am rechten Orte gegraben, und es fehlt auch dort nicht an einer Erscheinung. Aus der Grube steigt nämlich ein Yakṣa auf. Die Yakṣas sind in Indien die typischen Schatzhütegeister; sie gehören in die Gefolgschaft des Gottes Kubera, der einen Palast im Himalaja bewohnt. Er ist der göttliche Verwalter des Reichtums, des Wohlergehens und hütet selbst die Schätze der Erde. In seinem Dienste bewachen die Yakṣas die Schätze; sie werden aber auch zornig, „wenn sie bemerken, daß zu viele Schätze angehäuft werden. Ihnen mußten deshalb regelmäßig Opfer dargebracht werden." – Hier haben wir also in

Indien in lebensfreundlicherer Gestalt die Wesen, die bei uns eher bösartig, ja verteufelt erscheinen, – Verfälschungen einer spätzeitlichen Theorie.

Vor Udáyana und den Seinen steigt also ein Yakṣa auf und sagt: „Dieser Schatz, o König, den ich so lange gehütet habe, gehört, da ihn deine Vorfahren vergraben haben, dir; darum ergreife Besitz von ihm!" Der König verehrt den Yakṣa, und dieser entschwindet. Aus der Grube aber wird „ein herrlicher, mit Juwelen besetzter Thron hervorgezogen." – Indes nimmt der König diesen Thron nicht etwa gleich in Besitz, er besteigt ihn nicht, sondern er und seine Minister betrachten ihn zunächst nur als eine „Vorbedeutung" zur siegreichen Durchführung der königlichen Unternehmungen. Auch das Volk, als der Thron in die Königsstadt getragen wird, erlebt daran nicht die Kostbarkeit, nicht eine Bereicherung des Königsschatzes, sondern es schaut in der weißen und roten Strahlenglut der Perlen, der Silberspitzen und der Rubine den Glanz künftigen Ruhmes und das Licht herrscherlicher Weisheit.

In ähnlicher Weise erzählt eine andere Sagensammlung, das Vikramacarita, vom Auffinden eines Thrones. Auch hier geht es nicht um den materiellen Wert, sondern noch deutlicher, mit dem iranischen Wort, um das Chvaranah. Ein Brahmane besitzt ein sehr fruchtbares Feld, über dem sich ein kleiner Hügel erhebt. Auf dem hat sich der Mann eine Plattform eingerichtet, um von dort die Vögel zu verscheuchen. Nun kommt auf einem Jagdzuge dorthin einmal der König Bhoja, und ihn und sein Gefolge lädt von jenem Hügel herab der Brahmane ein, von den Früchten seines Feldes zu kosten. Die Gäste folgen der Aufforderung, doch sowie der Besitzer von dem Hügel herabgestiegen ist, beginnt er den König zu schelten und hält ihm vor, daß er seine Ernte zerstöre. Der König zieht sich zurück, der Brahmane steigt wieder auf den Hügel und erneuert seine Einladung mit Worten von höchster Freigebigkeit, – worauf, nach dem Abstieg, eine neue Schelte folgt. Auf diesen seltsamen Wechsel im Verhalten des Brahmanen, je nach seinem Standort, wird König Bhoja aufmerksam, besteigt selbst den Hügel und fühlt sich sogleich erfüllt von den edelmütigsten Vorsätzen eines Herrschers. – Er kauft nun dem Brahmanen das Feld ab und läßt in dem Hügel nachgraben. In Mannestiefe kommt ein „einzelner, sehr schöner Stein ans Tageslicht. Und unter diesem Stein" zeigt sich ein äußerst prachtvoller, mit vielerlei Edelsteinen verzierter Thron, ursprünglich ein Geschenk Indras an einen Vorfahren Bhojas, den ruhmreichen König Vikramāditya. Doch als der König es unternimmt, den Thron zu heben und in die Stadt zu bringen, weicht er nicht von der Stelle. Erst als die Brahmanen ein vollständiges Ritual mit Spenden,

Opfern und Ehrungen für den Thron durchgeführt haben, wird er leicht und bewegt sich sogar von selber.

Zum Abschluß sei aus unseren Landen, gegenüber den zahllosen Geschichten von fehlgeschlagenen Schatzgrabungen, eine Kärntner Sage wiedergegeben, in der das Licht über dem Erdboden aufleuchtet und erzählt wird von seiner Umsetzung in ein glückhaftes Sippengeschick. Die Sage hängt zusammen mit dem Schloß Tanzenberg, das von den westlichen Höhen hinausschaut über das Zollfeld, eine Ebene nördlich von Klagenfurt, eine seit Jahrtausenden geschichtsträchtige Landschaft. In jener Gegend gab es einen Hügel, über dem in mondhellen Nächten Irrlichter tanzten. Ein Bauer namens Keutschacher kam um Mitternacht dort vorüber, sah lichte Gestalten im Mondschein um den Hügel schweben und warf das geweihte Amulett, das er am Halse trug, unter sie. Sogleich lösten sich die Gestalten in eine Lichtwolke auf, und diese zerfloß in der Luft. Am anderen Tage suchte Keutschacher mit Schaufel und Hacke den Ort auf, fand das Amulett, begann zu graben und stieß auf einen unermeßlichen Schatz von Gold und Silber, den er kaum zu tragen vermochte. Damit ward der gewaltige Reichtum des Geschlechtes der Keutschacher begründet. Es kam freilich noch hinzu, daß der Bauer von Kriegszügen im Norden Rübensaat mit heimbrachte und durch reichliche Ernten sein Vermögen vermehrte. Am Orte des Schatzfundes hatte er zunächst ein Hüttchen bauen dürfen. Doch in der Folge brachte er es durch Tapferkeit in allerlei Kriegszügen und Fehden dahin, daß er zum Ritter geschlagen wurde. Später erbaute er das Schloß Tanzenberg, und es wird erzählt, daß es darin so viele Fenster gab wie das Jahr Tage, und so viele Türen, wie es Wochen hat.

Dies alles stände dann in sinnvollem Einklang, wenn jener Hügel, den die lichten Geister umtanzt haben, eine gedeihliche, mit Erdkräften gesegnete, wohl gar seit Heidenzeiten schon geweihte Stätte gewesen wäre und das Schloß mit seiner Jahressymbolik einen Nachklang bewahrt hätte von der alten Bedeutung des Ortes. Das wäre dann auch eine sinnvolle Gründung für das Glück des Geschlechtes der Keutschacher gewesen. Zum schicksalsbegünstigten Aufstieg der Familie über jenem lichtgesegneten Erdenfleck hätte es des ergrabenen Goldschatzes gar nicht bedurft, und der Metallfund wäre nur die sinnvolle Ergänzung nach dem Schema der Schatzsage.

AUS DER GEHEIMEN GESCHICHTE DES LICHTERBAUMES

Vorbemerkung

Wer denkt nicht an den Weihnachtsbaum, wenn er das Wort Lichterbaum hört? Heino Gehrts (1913–1998) läßt uns in dieser kleinen Schrift Bilder von dem leuchtenden Baum erkennen, die sich nicht in Beleuchtung und Dekoration des weihnachtlichen Festbaumes, wie es heute üblich ist, erschöpfen. Er zeigt uns in den Geschichten vom Lichterbaum einen Sinn auf, der mit Leben und Tod zu tun hat und uns Heutigen auch noch etwas sagen kann.

Vor ungefähr fünf Jahrzehnten wurde diese kleine Arbeit begonnen, aber nicht vollständig beendet – die Quellenangaben fehlten noch. Der lieben Freundin Sabine Schleiermacher aber war es ein Herzensanliegen, diese Lichterbaumarbeit fertiggestellt zu sehen. Mit großer Beharrlichkeit ist es ihr gelungen, mich mit ihrem unermüdlichen Eifer so anzufeuern, daß jetzt fast alle Quellen vorliegen und die Geschichte einem Leserkreis vorgestellt werden kann.

Ich danke Sabine Schleiermacher für ihre vielen Anregungen und für ihren großen Einsatz beim Schreiben des Textes und beim Einrichten. Ebenso bin ich meiner Tochter Maja für ihre Hilfen bei der Quellensuche dankbar.

November 2003   *Christine Gehrts*

Unter den Brauchtümern, die unsere technokratische Zivilisation noch bewahrt hat, gibt es keines, das merkwürdiger, ja, rätselvoller wäre als der Lichterbaum. Vor 200 Jahren war der Brauch noch beschränkt, wie es den Anschein hat, auf einen schmalen Bereich beiderseits des Oberrheins – mit verstreuten Vorkommen an einigen anderen Orten – und in größeren Gebieten in verwandt-verschiedenen Formen: getriebene Blüten- oder Laubbäume, Pyramiden, Putzäpfel, Zweige – und dann setzte eine rasche Ausbreitung und Vereinheitlichung ein – zunächst über protestantische Gebiete, dann auch in katholischen, darauf über die Grenzen Mitteleuropas, Europas, über die Schranken der Religionen hinaus. Als ich 1943 in den Ostalpen unter Turkestanern, also islamischen Zentralasiaten, den Weihnachtsbaum aufstellte, versicherten sie mir, daß sie daheim um diese Zeit das auch täten, und ein mir wohlbekannter Indianer in Arizona, der von tiefem Haß gegen

Mission und Christentum erfüllt war, schmückte gleichwohl um 1935 seinen Weihnachtsbaum.

Die ungehemmte Wanderung hat unter anderem ihren Grund darin, daß es ein Brauch ohne Mythos, ohne Lehre, ohne ausgesprochenen Sinn war. Wie die Musik alle äußeren und inneren Grenzen überflutet, so überschritt auch die Schönheit des Lichterbaumes alle Sperren – und zumal auch deswegen, weil er überall sozusagen herbeigerufen wurde von den Undogmatischen, den Überkonfessionellen, nämlich den Kindern. Es war das Auge des Kindes, das allenthalben die lichte Erscheinung aus der Winternacht hervorrief – vermöge der wunscherfüllenden Eltern. Aber am Anfang und im Ursprung konnte dies Verhältnis geradezu umgekehrt sein: Ende des 18. Jahrhunderts schmückten in Ratzeburg die Kinder für die Eltern einen Eibenast mit Buntpapier und Kerzen.[1]

Ein Ritus ohne Mythos wandernd – aber nicht überall ohne Sinn und Hintersinn bleibend. Allerlei Menschen, grüblerische, nachdenkliche, tiefsinnige Geister haben für sich und andere den aus Vorzeiten und Fremde überkommenen Brauch mit Sinn erfüllt – gelegentlich Trügerisches findend, gelegentlich Treffliches und meistens sicherlich untereinander Verwandtes. Denn der Lichterbaum ist gewiß so etwas wie ein eingeborenes Urbild der Menschen, ein Archetypus – in einem Indianermythos steht der leuchtende Baum, dessen Blüten das Licht der Welt ausstrahlen, in der Urwelt, in der Himmelswelt, bevor noch die irdische, die Körperwelt, entsteht.[2] Ein solches Urbild kann daher nicht verlorengehen, und wenn es leibhaft in einer Außenwelt auftaucht, der es bis dahin fremd war, so kann es auch seinem ursprünglich-inneren Sinne gemäß verstanden werden. Und sollte es in einer Außenwelt ausgebeutet und entleert werden, so wird es sich zwar auch für die Innenwelt verdunkeln – aber es ist von dorther auch seine Erneuerung immer wieder möglich.

So ist der Weihnachtsbaum auch von Anfang an mit den Anschauungsbildern der Religion Christi in Verbindung gebracht worden. Der Baum überhaupt, wie bekannt, mit dem Kreuzesstamm – der Weihnachtsbaum geradezu mit der Erscheinung Christi selbst – so in einem der bekannten frühen Zeugnisse des Straßburger Festbaumes, das wir im übrigen gerade der geistlichen Polemik gegen den Brauch verdanken. Der um 1650 berühmte Prediger Dannhauer äußert sich so: Unter anderen Lappalien, damit man die

---

[1] „Collected letters of Samuel Taylor Coleridge", edited by Earl Leslie Griggs, Vol. I, 1785–1800, Oxford 1956.
[2] „Indianermärchen aus Nordamerika", Diederichs 1924, S. 96.

alte Weihnachtszeit oft mehr als mit Gottes Wort begeht, ist auch der Weihnachts- oder Tannenbaum, den man zuhause aufrichtet, denselben mit Puppen und Zucker behängt und ihn hiernach schüttelt und abblümen läßt. Wo die Gewohnheit herkommt, weiß ich nicht; ist ein Kinderspiel ... viel besser wäre es, man weihte die Kinder auf den geistlichen Cedernbaum Christum Jesum."[3]

Für das wunderbare urbildhafte Zusammenklingen einfacher Erlebnisse dagegen möchte ich wenigstens ein Beispiel geben, das uns hinwegführt von der geschichtlichen Auffassung und ein wenig an das erinnert, was der Mensch immer ist und was er immer wieder sein und erleben wird. Das Beispiel geht aus von einem der frühen geschichtlichen Belege des weihnachtlichen Lichterbaumes. Matthias Claudius, der Wandsbeker Bote, hatte gegen Ende des 18. Jahrhunderts den kerzengeschmückten Tannenbaum bei sich eingeführt, und ein solcher Baum stand auch 1796 bei seinen Freunden im Wandsbeker Schloß, als dort bekannte Männer aus dem norddeutschen Geistesleben Weihnachten feierten: Fr. H. Jacobi, damals dort Hausherr, die Grafen Stollberg, der alte Klopstock, Claudius und seine Familie und der junge, damals noch unberühmte Buchhändler Perthes. Dieser, verliebt in Caroline Claudius, sah hoch oben im Baume einen Apfel, „so schön, so kunstreich vergoldet wie kein anderer; den holte er plötzlich mit halsbrechender Kunst herab und dunkel errötend gab er ihn zur nicht geringen Verwunderung der Anwesenden dem ahnenden Mädchen."[4]

Perthes' Sohn stellt in der Biographie seines Vaters das Ereignis als einen plötzlichen Einfall seines verliebten Vaters dar – es könnte aber auch sein, daß der mit seinem Einfall eine uralte Erinnerung verleiblichte. Die gebildete Gesellschaft, in der er sich befand – und Bildung bedeutete ja dazumal klassische Bildung – mußte sich eigentlich auf eine sehr ähnliche Szene des Altertums besinnen als auf den Hintergrund seines Handelns. In des Longos' Liebesgeschichte von Daphnis und Chloe hängt nämlich oben im Wipfel eines sonst schon abgeernteten Baumes ein letzter goldenschimmernder Apfel, den der Gärtner vermutlich nicht hatte erreichen können. Um dieses Apfels willen erklettert nun Daphnis, der just mit Chloe verlobt worden ist, den Baum – gegen den Proteste der Braut, die ihn der Gefahr nicht ausgesetzt sehen mag. Der Liebende aber erreicht ihn doch – ebenfalls, dürfen wir

---

3 Paulus Cassel, „Weihnachten – Ursprünge, Bräuche und Aberglauben", Seite LXXI. Dannhauers Polemik in: „Catechismus-Milch", 1657, S. 649.
4 Clemens Theodor Perthes, „Friedrich Perthes Leben", Gotha 1861, Bd. I, S. 73f.

sagen, mit halsbrechender Kunst, und legt ihn seinem Mädchen als Schönheitspreis in den Schoß. „Sie aber umfing ihn, als er sich niederbeugte, und küßte ihn. Da reute Daphnis das Wagnis nicht, auf solche Höhe gestiegen zu sein; denn er nahm zum Lohn einen Kuß, beglückender als Aphrodites goldener Apfel."[5] – Man sieht, wie hinter der Szene im Wandsbeker Schloß die Schleier der Vorzeit aufwehen und wie der Blick in eine tiefe Vorgeschichte goldener Äpfel fällt – bis zu Paris' Apfel und bis zu den Äpfeln der Hesperiden hin. – Das Erklettern des Baumes, das Erlangen der letzten höchsten Frucht ist selbstredend ein Symbol vielfältiger Deutbarkeit. Im alten Indien gab es Riten des Baumerkletterns und ganz oben im Wipfel eine besondere Feige – nicht für den besten Klettersportler, sondern für den, der die umfassendste Einsicht besaß![6]

Wir haben es indes heute kaum mit dem Archetyp des Lichterbaumes zu tun, sondern mit seiner Historie. Wir wollen versuchen – trotz aller Schwierigkeiten und Mißlichkeiten – etwas von der verschollenen Vorgeschichte des Lichterbaumes noch an den Tag zu bringen. Dazu beschreiten wir einen Weg, der wohl kaum je begangen worden ist: wir befragen die Sagen und Geschichten von leuchtenden Bäumen, die in älterer Zeit und seit alter Zeit erzählt worden sind. Natürlich geht es uns nur um das, was *erzählt* worden ist, und um *seinen* Zusammenhang. Berichtet die Volkssage Wunderbares, so wollen wir versuchen, dies Wunderbare in sinnvollem Zusammenhang mit anderen Wundern zu sehen. Erzählt die Sage von Hexen, so sprechen auch wir von Hexen, erzählt sie von Totengeistern, so sprechen auch wir von Totengeistern. Wir wollen innerhalb der Erscheinungswelt der Sage bleiben und uns nicht darum kümmern, was etwa außerhalb dieser Welt den Wundern an Sachen entsprechen könnte.

Dazu ist es erforderlich, eine vielfältig verschlungene Bahn zu gehen, und vielleicht wird man gelegentlich den Überblick verlieren. Zwar werden wir ein bestimmtes Ergebnis ansteuern; aber geradeaus können wir nicht darauf zugehen. Denn so wie unser Denken in diesem Jahrhundert nun einmal beschaffen ist, müssen wir erst die Voraussetzungen gewinnen, um überhaupt etwas Altertümliches und nun gar erst das Geheimnis des festlichen Lichtes, wie es dem Altertum erschien, verstehen zu können. Da es aber seit je die dunkle Zeit des Jahres gewesen ist, in der man sich an das mündlich

---

[5]   Longos, „Daphnis und Chloe", übersetzt von E.R. Lehmann, Wiesbaden 1959, S. 78f.
[6]   Coomaraswamy, Ananda K., „The Inverted Tree", The Quarterly Journal of the Mythic Society, Vol. XXIX Nr.2, 1938, p. 111–149.

Überlieferte erinnert hat, so mag manche der kleinen Geschichten auch an und für sich bedeutsam werden – selbst ohne das Ziel der ganzen Erörterung.

Zuvor gebührt es sich indes, auch der realen Geschichte des Weihnachtsbaumes mit wenigen Worten zu gedenken, so wie sie bisher ausgemacht worden ist. Der weihnachtliche Lichterbaum wird zuerst in Briefen der Lieselotte von der Pfalz erwähnt, und zwar kurz im Jahre 1701 und ausführlicher 1708. Es handelt sich da um Jugenderinnerungen aus der Zeit von 1659–63, die sie in Hannover verbrachte. Nach allgemeiner Meinung hat man dort ihr zur Freude ihren heimatlichen Heidelberger Brauch nachgeahmt und zu Weihnachten Buchsbäume geschmückt und mit Kerzen besteckt.[7] Weiter zurück reichen Straßburger Belege, nämlich bis etwa in das Jahr 1600. Aber sie reden nur von geschmückten und mit Früchten und Zuckerwerk behängten Bäumen, nicht von Kerzen.[8] So jung ist, stellt jedes Mal die Sachgeschichte mit Befriedigung fest, unser weihnachtlicher Lichterbaum.

Die Nachweise für den grünen Baum gehen im Elsaß allerdings noch um Jahrhunderte weiter zurück – Gebote und Verbote wegen des Schlagens der Weihnachtsmaien nämlich bis in das 13. Jahrhundert. Nur wissen wir nicht, wie und ob diese Maien geputzt und beleuchtet wurden. Aber Bäume waren es gewiß, denn es wird gelegentlich auch die Länge angegeben: 7 oder 8 Schuh. Noch weiter zurück lassen sich die schmückenden Zweige verfolgen: bei den Alemannen bis ins 8., bei den spanischen Sueben bis ins 6. Jahrhundert.[9] Auf Grund dieser und anderer Nachrichten hat der Volkskundler Otto Lauffer eine Geschichte des weihnachtlichen Lichterbaumes konstruiert. Sie läuft darauf hinaus, daß in alter Zeit in den Zwölften der grüne Zweig einerseits und die Kerze andererseits gebraucht worden seien, um die mittwinterlichen Dämonen abzuwehren. Diese beiden ursprünglich durchaus getrennt gebrauchten Abwehrmittel hätten sich dann später im weihnachtlichen Lichterbaum zusammengefunden.[10] – Schon Otto Huth hat Anfang der vierziger Jahre der Konstruktion Lauffers aus Gründen widersprochen und ein weit höheres Alter und die ursprüngliche Einheit des leuchtenden Baumes erwiesen.[11] Der Wiener Volkskundler Leopold Schmidt hat den von Lauffer historisch zusammengebastelten Weihnachtsbaum ironisch

[7]   Lieselotte von der Pfalz, „Briefe", Ausgabe Helmoldt, Insel 1908.
[8]   Alexander Tille, „Die Geschichte des deutschen Weihnacht", Saarbrücken 1893.
[9]   Otto Lauffer, „Der Weihnachtsbaum in Glauben und Brauch", de Gruyter, Leipzig 1924, S. 23 und E.H. Meyer, „Mythologie der Germanen", 1903. S. 329.
[10] Otto Lauffer, „Der Weihnachtsbaum und sein Ursprung", Festschrift Werner Melle 1933.
[11] Otto Huth, „Der Lichterbaum", 1943, S. 11f.

als Gespensterscheuche bezeichnet und damit ausgedrückt, wie einseitig und unsinnig, angesichts des weiten und lebendigen Feldes dieses Brauchtums, derlei vermeintlich streng wissenschaftliche Deutungen sind.[12] Geschmückte und auch zum Teil kerzenbesteckte Bäume gibt es zum Paradiesspiel, am Neujahrstag, zur Fastnacht, im Sommer-und-Winter-Streit, als Maibaum und zum Johannistag, als Hochzeits- und als Totenbaum. Dazu kommen die mannigfaltigen Sagen von leuchtenden Bäumen, die wir uns heute vornehmen wollen. Sie kann man, wegen ihrer scheinbaren Abseitigkeit, nicht einfach auslassen.

Wir beginnen mit dem frühesten Zeugnis für den Lichterbaum im europäisch-christlichen Zeitalter – aufbewahrt in der französischen Gralssage um 1200. Es handelt sich nicht um einen Weihnachtsbaum und auch nicht um einen Baum in der Stube, sondern um den Baum in der Landschaft zur Zeit der Sommersonnenwende. Perceval, kurz bevor er zum zweitenmal auf die Gralsburg gelangt, reitet durchs Land dahin. Da erblickt er vor sich in einiger Entfernung einen dichtbelaubten Baum, der von tausend Kerzen, heller als die Sterne, zu strahlen scheint. Und wie er auf den Baum zureitet, da dünkt es ihn, als stünde der ganze Baum durch die Kerzen in hellen Flammen entbrannt. Je näher er jedoch dem Baum kommt, desto fahler wird der Schein, und als er ihn erreicht hat, findet er dort nichts mehr von Helle, Kerzen oder irgendeinem Wesen. – Später deutet ihm der Gralskönig das Erlebnis: „Es ist der Baum des Zaubers. Dort versammeln sich die Feen. Die Kerzen …, die von ferne hell brennend erscheinen, sind die Feen, die alle diejenigen auf Irrwege ablenken, die keinen Glauben an Gott haben. Und als Ihr in die Nähe des Baumes kamet und nichts mehr erblicktet, so war dies deshalb, … weil *Ihr* die Wunder dieser Welt vollenden sollt. Und … niemals mehr wird ein Mensch etwas von dem Baum und den Kerzen erfahren, denn Ihr habt die Zauberfrauen verjagt."[13]

Dieser früheste Lichterbaum in der europäischen Literatur ist also ein Kultbaum in der Landschaft. Er ist mit einzelnen Lichtern besteckt, die dem ganzen Baum einen hellen Schein verleihen, ja, er erscheint wie durchflammt – und es wird gesagt, daß die Kerzen Feen *seien* – eine merkwürdige Aussage, die wir im Gedächtnis behalten wollen. – Es gibt in der altfranzösischen

---

12 Leopold Schmidt, „Lebendiges Licht – Volksbrauch und Volksglauben Mitteleuropas", Studium Generale, Berlin 1960, S. 606–628.

13 „Irrfahrt und Prüfung des Ritters Perceval", übersetzt von Konrad Sandkühler, Stuttgart 1960, S. 140. „Perceval der Gralskönig", übersetzt von Konrad Sandkühler, Stuttgart 1964, S. 44f., 55f., 62f., 72f.

Literatur nur noch ein weiteres unabhängiges Zeugnis für den Lichterbaum, in einem kurzen Versepos, das von der Minnefahrt eines Ritters erzählt, des Joufrois. Der veranstaltet nämlich unter der Burg seiner Geliebten ein Turnier, wählt aber als Herberge (hostĕl im Altfranzösischen) nicht ein Haus, sondern einen Birnbaum unter ihren Fenstern. Seine Zweige läßt er dicht an dicht mit Kerzen bestecken, so daß seit Anbeginn der Welt, wie es heißt, kein so schöner Baum gesehen und keine so prächtigen Gastmähler gegeben worden seien, wie dort unter dem Baume. Der Baum gilt dem Grafen indes nicht nur als Herberge, hostĕl, sondern auch als hoste, als Wirt, und wie der reiche Turnierer wohl seinem Herbergswirt zum Lohne den Turnierpreis überläßt, so läßt der Graf die neun gewonnenen Pferde an dem Birnbaum, als er aufbricht, zum Dank anbinden.[14]

Auch dieses Zeugnis steht, wie wir nachher noch sehen werden, mit spätaufgezeichneten deutschen Volkssagen im Zusammenhang: auch dort ist nämlich der leuchtende Kultbaum zugleich Festsaal. – Um 1800 und später macht mithin die mündliche Überlieferung noch dieselbe Aussage wie die altfranzösische Epik 600 Jahre früher.

Zunächst fragen wir weiter nach dem kerzenbesteckten Baum in der Landschaft und beginnen mit einem Zeugnis aus Island. Dort gibt es von der Eberesche viele Sagen. „Sie wird heiliger Baum genannt, und die Sage erzählt, daß vor alters, wenn man in der Julnacht auf eine Eberesche stieß, auf allen ihren Zweigen Lichter brannten und daß sie nicht erloschen, wie stark der Wind auch blasen mochte.[15] Diese im 18. Jahrhundert aufgezeichnete Kunde ist um so merkwürdiger, als sie sogar den Lichterbaum in die Julnacht verweist. – Danach geben wir eine schlesische Sage wieder, die der Herausgeber vor 150 Jahren auf das 15. Jahrhundert datiert hat – eine Datierung, die freilich nicht mehr nachprüfbar ist.

Vor langen Zeiten, wohl gar vor einem halben Jahrtausend, wie man sagt, kam einmal an einem Weihnachtsabend ein blutarmer Strumpfwirker die Straße von Görlitz nach Budissin daher. Er hatte noch spät eine Arbeit in der Stadt abgeliefert und gehofft, seinen Erlös davonzutragen, um doch etwas gegen den Hunger und zur Freude seiner Kinder kaufen zu können. Seine Hoffnung hatte ihn indes getrogen, und so schritt er tiefbekümmert und in sorgenvollem Gebet daher. Wie er nun in die Nähe des Krischaer Wäldchens

---

[14] „Joufrois", Roman français du XIII' siècle, publié etc. par Walter O. Streng-Renkonen – Annales Universitatis Aboensis Series B. Tom.XII, Turku 1930.

[15] Konrad Maurer, „Isländische Volkssagen der Gegenwart", Leipzig 1860, S. 177.

kam, bemerkte er dort eine Fülle von Lichtern. Obwohl ihn eine Furcht ankam, trat er beherzt auf die Hölzung zu. An ihrem Eingang begrüßte ihn ein uraltes bärtiges Männlein, das forderte ihn mit heller Stimme auf, näherzutreten, und wie der Mann ihm folgte, sah er, daß an den Fichten überall bunte Lämpchen hingen und dazu Äpfel, Nüsse und Pfefferkuchen in Menge. Das Männlein sprach ihm zu, von all dem reichlich abzupflücken. Der Strumpfwirker füllte den Sack, den er bei sich trug, zur Hälfte, nahm auch, obwohl das Männlein ihm zuredete, nicht mehr und warf das Säcklein unter vielen Dankesworten auf die Schulter. Die Lämpchen erloschen, das Männlein verschwand, und der Mann wandte sich froh seinem Wege zu. Daheim trat ihm seine Frau mit Sorgen, die Kinder voller Erwartung entgegen. Da öffnete der Mann den Sack und ließ das Eingesammelte herausgleiten. Wie groß war aber sein Erstaunen, als es zu klirren und von Gold und Silber zu glitzern begann: alle die Weihnachtsgaben des Männleins hatten sich in schöne Münzen verwandelt. Das Männlein sah der Handwerker niemals wieder; aber seine Not hatte von da ein Ende.[16]

Bäume, die leuchten, ohne daß die Sage berichtet, warum oder in wessen Obhut sie stehen, vermögen freilich das Geheimnis des in der Landschaft strahlenden Baumes nicht aufzudecken. Dazu müssen wir uns nach Verwandten jenes Baumes umsehen, der dem Perceval erschien. Und deren gibt es nun in der Tat mancherlei. Viele Sagen erzählen von Menschen, die eine Lichterscheinung gewahr werden, darauf zugehen, in sie eingehen, den Zauber zerstören und sich dann ohne Licht wiederfinden. Des öfteren stellt sich die Erscheinung zuerst als ein Schloß dar mit hell erleuchteten Sälen und hernach als der stumme, dunkel wachsende Baum.

Eine typische Sage der Art, aus dem südlichen Elsaß, läßt einen jungen Burschen spät in der Winternacht über die Kalmiser Waide wandern. Schon von weitem hörte er eine schöne Musik und „sah Lichter um eine große Eiche glänzen; es war eine helle Pracht. Männer und Weibsbilder tanzten um die Eiche herum und schienen buntlustig. – Nun glaubte Durs nicht anders, als er wäre in einem großen schönen Saal; Tische standen darin und darauf Essen und Trinken, Herz, was begehrst!"[17] In der Folge soll der Bursch in die Festgesellschaft aufgenommen werden und sich dazu mit seinem Blut in ein Buch einschreiben. Aber er schreibt mit seinem Blut die drei heiligen Namen hinein: „Da war plötzlich alles verschwunden. Das Buch hielt er noch

---

[16] K. Haupt, „Sagenbuch der Lausitz", 1977, S. 230.
[17] Stöber-Mündel, „Sagen des Elsasses", 1892. S. 15f.

in den Händen; allein er war in einer schneebedeckten Dornhecke so verwickelt, daß er sich nicht heraushelfen konnte und nicht mehr wußte, wo er
war." – An dieser Sage ist, im Gegensatz zu den meisten anderen, zweierlei
bemerkenswert. Einmal nämlich, daß die Vision mit der lichterumglänzten
Eiche beginnt und sich dann erst traumartig in das Gesicht der hellen Festhal-
le verwandelt, und zum anderen, daß mit dem Erlöschen der Vision zugleich
auch eine Entrückung stattfindet.

Weit ausführlicher und unterrichtender als Episoden dieser Art sind die
Überlieferungen von der Sinzenmatt, einer ausgedehnten, von Wäldern um-
gebenen Wiesenfläche, die zur Landschaft des Fricktales gehört, eines Tales,
das in der Nordschweiz gelegen ist und sich gegen den Rhein hin öffnet. Die
Sagen dieses Tales wurden um die Mitte des vorigen Jahrhunderts gesammelt
und herausgegeben. Sie sind aber dadurch besonders merkwürdig, daß die
erzählten Baumwunder bis an datierbaren Zeiten heranreichen, nämlich bis
in den zweiten schlesischen Krieg, also bis 1744.

Die Sinzenmatt war schon dadurch ausgezeichnet, daß in der Bewirt-
schaftung besondere Rechtsverhältnisse herrschten. Für alle Anteilhaber war
die Wiese Gemeinweide. Aber keiner durfte grünes Gras mit nach Hause nehmen; er konnte es nur zu Heu und Öhmd verwenden. Dies wieder durfte er
nicht auf Nebenplätzen oder Nebenstraßen verfüttern. Wurde aber geheut, so
geschah das nur an den seit alters festgesetzten Tagen, nur gemeinschaftlich
und allein in einer bestimmten Tracht. Solches Herkommen deutet oft darauf hin, daß es sich an diesen Stellen um alte Kultbezirke handelt, die seit
vorgeschichtlichen Zeiten Allmende waren und nach kultbegründetem Recht
bewirtschaftet wurden."[18]

Von einem besonderen Flurstück in der Sinzenmatt heißt es nun, daß dort
die Hexen am 3., 15. und 25. jedes Monats ihre nächtlichen Zusammenkünfte
hatten, ihre Tänze und Schmausereien. „Die ganze Gegend war erleuchtet,
Paläste traten wie aus dem Nebel hervor, und eine wunderbare Musik spielte zum Tanze auf." Wie von anderen spukhaften Orten wird auch von der
Sinzenmatt erzählt, daß selbst der Ortskundige sich dort zu gewissen Zeiten
unfehlbar verirrt. So wird von einem Richter erzählt, daß er, von einem Spuk
im Walde geängstet, zu entfliehen sucht. „Als er aber auf die Sinzenmatt kam,
sah er die Hexeneiche schloßähnlich erleuchtet, und in der zu schimmernden
Sälen verwandelten Krone rauschte eine wahre Zaubermusik."

---

[18] Traugott Fricker, Albin Müller, „Sagen aus dem Fricktal", S. 60f., auch Anm. S. 79.

Nun wird von einem namentlich genannten Mädchen des 18. Jahrhunderts erzählt, daß es sich mit einem Zigeuner verheiratete und durch dessen Familie in das Hexentreiben eingeweiht ward. Später wurde eine ihrer Genossinnen der Hexerei überführt und hingerichtet. Sie selbst verlegte darauf, wie es heißt, „den Hexentanz auf ihres Vaters Eigenthum in die obere Ecke der Langmatt auf (!) eine schöne Eiche. Bei Nacht war diese wunderbar erleuchtet und glich einem Zauberschloß mit tausend kristallenen Fenstern, und durch viele hundert Säle rauschte eine wahre Zaubermusik." Es wird nun weiter erzählt, daß im 2. Schlesischen Kriege Panduren in der Gegend lagen und daß an einem Abend ein Feldscher und ein Feldwebel zwei Näherinnen von der Arbeit heimbegleiteten. „Bei der Langmatt angekommen, sahen sie das Schloß erleuchtet und hörten die verlockende Geistermusik. Die Mädchen fürchteten sich weiterzugehen," aber der Feldscher feuert seine beiden Pistolen auf die Eiche ab: „die Beleuchtung verschwand, die Musik hörte auf, und stockfinstre Nacht bedeckte die Wege." Natürlich müssen die Frevler nun die ganze Nacht umherirren; aber am Morgen suchen sie den Platz unter der Eiche auf und finden dort Blutspuren, Schürzen, Brustlatze, Pantoffeln und eine wunderbare Kopfbedeckung mit einem Eichhörnchen als Verzierung. Diese Funde wurden den Gemeinderäten vorgelegt, und es drohte eine Untersuchung – „allein sie wurde durch den Pandurenhandel, welcher wegen der Pfarrersköchin Helena Heim entstund und das ganze Dorf in Aufruhr brachte, verzögert, und da keine Hexentänze mehr gehalten wurden, allmählig vergessen."[19] – Da diese Händel wegen der Pfarrersköchin unzweifelhaft historisch sind, so schließt sich hier tatsächlich der Hexenkultbaum, der sich zu den Festen in ein erleuchtetes Schloß verwandelt, an die leibhafte Geschichte an.

Erinnern wir uns noch einmal an das Unternehmen des Grafen Joufrois, der den Birnbaum in eine festlich erleuchtete Herberge verwandelt. In der Geschichte von der Sinzenmatt ist nun besonders bemerkenswert der Satz, daß die Marei den Hexentanz auf die Eiche ihres Vaters verlegt. Das aber ist wirklich das Gewöhnliche, wie zahlreiche und verbreitete Sagen es belegen.

Eine bayerische Sage: „Nahe bei der Wallfahrtskirche an der Wies liegt ein kleiner Wald. Einst ging eine Frau auf die Wies wallfahrten und wollte im Wirtshaus einkehren; denn es war Nacht. Sie sah viele Lichter, reichlich wurden Speisen aufgetragen, aber alle Gäste waren ihr … fremd. Vom

---

[19]   Traugott Fricker, Albin Müller, „Sagen aus dem Fricktal", S. 60f.

Schrecken ergriffen rief sie: ‚Jesus! Maria! Wo bin ich?‘ Da saß sie hoch auf einem Tannenbaum, und vor ihr lagen Roßballen statt Speisen. Das war das Nachtjaid.“[20] – also hier die Wilde Jagd oder das Totenheer. Wir kommen darauf zurück.

Und eine rheinische Sage: „Zwei Knechte von einem Hof bei Metternich kamen in der Nacht auf den ersten Mai durch den Wald. Sie hörten Musik und standen zu ihrer Verwunderung vor einem erleuchteten Saal mit den schönsten Tänzerinnen. Jeder mußte eine Runde tanzen. Als das Fest aus war, wurde ihnen ein herrliches Schlafgemach angewiesen. Wie sie bei Sonnenaufgang erwachten, saßen sie in der Krone einer mächtigen Eiche.“[21]

An diese höchst merkwürdigen Zeugnisse für das Fest auf dem Baum schließt sich selbstredend die Frage an, ob wir denn auch brauchtümliche Zeugnisse für solche Feste haben. Das ist nun in der Tat der Fall, und wir kommen mit diesen Überlieferungen tatsächlich den Kulten einer uraltfernen Vorzeit nahe. In manchen deutschen Gegenden gibt es auch heute noch Dorfbäume, deren Äste in Stufen gezogen sind. Meist sind es zwei Ästkränze und dazu der freie Wipfel; der ganze Baum ist also dreistufig. Zu den Festen wurden auf den Ästen Bretterböden ausgelegt, auf denen getanzt und musiziert wurde. So ward es zum Beispiel mit der mächtigen Linde von Villingen gehalten, die erst anfangs dieses Jahrhunderts umgehauen wurde. Zur Kirmes legte man eine Treppe zum ersten Stock hinauf und zwei Fußböden in die Stufen. Dann wurde auf der unteren getanzt und auf der oberen musiziert. – Noch gewaltiger muß die Linde im Schloßhof von Puchheim gewesen sein, einem Ort zwischen Linz und Salzburg. Diese hatte vier Absätze, die mit Bretterböden ausgelegt waren. Deren Rand bildeten Balkenlagen, die wieder von Ständern getragen wurden. Die oberste Plattform hatte etwa den halben Durchmesser der untersten, über ihr ragte die Linde noch als ein stattlicher Baum in die Lüfte. Die vier Plattformen wurden als Fest- und Tanzplatz benutzt, und es fanden auf ihnen samt Tischen und Stühlen leicht 150 Menschen Platz.[22]

---

[20] Fr. Pauser, „Bayerische Sagen und Bräuche“, 1848, N. 48.
[21] P. Zaunert, „Rheinlandsagen“, Jena 1924, Bd. II, S. 144.
[22] In Sachsenbrunn im Kreise Hildburghausen steht so eine Tanzlinde noch, und es gibt dort in der Gegend mehrere. Hier liegt auf dem unteren Astkranz ein Bretterboden, der zusätzlich abgesichert ist; eine Bankreihe steht rundum am Rande. Hinauf führt eine ordentliche Treppe mit Handlauf. Diese ganze Einrichtung befindet sich das gesamte Jahr an Ort und Stelle, nicht nur zu Festen. Der Verfasser konnte im Oktober 1992 hinaufsteigen und alles in Augenschein nehmen. Bis 1989 wurde alljährlich zur Kirmes dort in luftiger Höhe musiziert. Danach hat man den Baum, zumindest bis 1992, nicht mehr beschnitten. (Chr. Gehrts)

Angesichts solcher Brauchtümer, von denen unsere Zeit gerade noch die letzten Spuren bewahrt, wünscht man natürlich tiefer in ihren Sinn einzudringen und in die längstverschollenen Zeiten, für die der Sinn noch von einem ganzen, mythisch begründeten Weltbild getragen wurde. In dieser Richtung möchte ich wenigstens einige Andeutungen machen. Daß der Kultbaum den Weltbaum darstellt, ist wohl gewiß – wenn unsere Stufenbäume eben überhaupt so alt sind wie der Mythos vom Weltenbaum. Immerhin reicht ein solcher Baum wie der von Puchheim selbst bis in sehr alte Zeiten zurück. Dazu wäre hier in der Kürze noch folgendes zu erwägen. Der Weltbaum selbst wird oft stufenförmig dargestellt, und seine Stufen bedeuten dann die Heime der verschiedenen göttlichen und elbischen Wesen. Besonders altertümlich ist die Vorstellung des indischen Altertums von der Dreiwelt – Himmel, Luftraum und Erde. Ob der Dreistufenbaum ein Bild der Dreiwelt ist? – Darauf könnte es hinweisen, daß die Wörter Laub, Laube und Luft etymologisch zusammengehören – und dann vermutlich deswegen, weil der mythische Luftraum der Welt kultisch als Laube des Dreistufenbaumes erscheint.

Noch bemerkenswerter ist es, daß das germanische Wort „Luft" auch einen hochgelegenen Raum des Hauses bezeichnen kann. Das altnordische Wort „lopt" bedeutet Luft und Obergemach – meist als Schlafkammer – und Oberboden. In dieser Bedeutung ist das Wort ins Englische übergegangen und kommt dort vor als „cornloft", „hayloft", „organloft" (Orgelempore). Das Erbwort „lyft" dagegen, noch angelsächsisch vorhanden, ist ausgestorben und ersetzt durch das romanische „air". Im älteren Englischen konnten aber „lyft" und „loft" auch die höheren Luftschichten und den natürlichen Himmel – also „sky", nicht „heaven" – bezeichnen. – Rein sprachlich und psychologisch ließen sich diese merkwürdigen Zusammenhänge gar nicht erklären – sobald wir aber unseren Dreistufenbaum anschauen, sehen wir dort Laub, Laube, Obergeschoß, Luft und Himmel in einerlei Gestalt und dürften es wenigstens für möglich halten, daß angesichts dieses Vorbildes die fünf sehr verschiedenen Dinge mit Worten aus einer Wurzel benannt wurden.

Es scheint so, als hätten wir uns mit diesen Überlegungen ziemlich weit von unserem Lichterbaum und seinen Sagen entfernt. Aber wenn die Lichter auf dem landschaftlichen Festbaum erscheinen und wenn der Festbaum Dreistufenbaum ist, dann hätten wir doch nun für diese Gestalt des Festbaumes eine wichtige Erkenntnis gewonnen: sie reicht zurück bis in Zeiten, in denen wichtige Grundworte des Germanischen geprägt wurden. Eine solche Erkenntnis bleibt freilich etwas hypothetisch, denn die Tragfähigkeit von Etymologien – von Worterklärungen – für geschichtswissenschaftliche Schlüsse ist nicht besonders groß.

Aber es gibt noch einen anderen merkwürdigen Hinweis auf das hohe Alter unserer dreistufigen Festbäume. In den Veden, der altindischen Ritualdichtung, der wir ein Alter von wenigstens 3000 Jahren zuschreiben dürfen, ist es eine der wichtigsten Taten des Gottes Indra, daß er Himmel und Erde auseinandergestemmt und dergestalt den Raum für Licht und Luft geschaffen hat, vermöge deren der Mensch lebt. Für diese Tat Indras wird gelegentlich das Bild verwandt, daß er Himmel und Erde auseinandergestemmt habe, so wie zwei Wagenräder durch die Achse auseinandergehalten werden – ein auch für uns einleuchtendes Bild.[23] Es kommt aber, in einer etwas späteren Ritualschrift, auch der Ausdruck vor, er habe sie wie zwei palāśas auseinandergestemmt, und dies Bild ist zunächst ganz unbegreiflich, denn palāśas ist einerseits eine bestimmte Baumart: was soll es aber dann heißen, er habe zwei Bäume dieser Art auseinandergesperrt, und wie können sie Himmel und Erde bedeuten? Andererseits heißt palāśas Baumkrone, und da gibt uns nun der deutsche Dreistufenbaum die Deutung an die Hand. Der Dreistufenbaum muß in das indogermanische Altertum zurückreichen, und die wie Himmel und Erde auseinandergestemmten Laubkronen sind die Stufenkronen des Kultbaumes – ja, diese Stufenkronen sind kultisch Himmel und Erde. –

Der Veda enthält eine mythische Aussage dazu; aber den Stufenbaum kannte schon das frühbuddhistische indische Altertum nicht mehr. Denn erst aus buddhistischer Zeit sind uns Abbildungen indischer Baumheiligtümer erhalten, und sie zeigen nicht die in Stufen gezogene Baumkrone. Das deutsche Brauchtum hingegen hätte die Erklärung für eine jahrtausendalte vedische Aussage bewahrt.

Daß bei den Indern der Kultbaum seine Stufen verlor, mag verschiedene Gründe gehabt haben – unter anderem wohl auch den, daß dort das Bild des Weltberges höhere Bedeutung gegenüber dem des Baumes gewann. Die heiligen Bäume standen und stehen noch bis in unsere Tage in einem Sockel aus Erde oder Mauersteinen, und dort sitzen die Gemeinderäte, rauchen und verhandeln und entscheiden über wichtige Angelegenheiten. Auch bei uns hat es diesen Weltberg am Fuße des Kultbaumes gegeben. Wir erkennen ihn auf manchen Bildern, und zumindest von einem Dreistufenbaum in der Rhön wissen wir, daß noch vor einem halben Jahrhundert die Erdaufschüttung von

---

23 Coomaraswamy, Ananda K., „The Inverted Tree", The Quarterly Journal of the Mythic Society, Vol. XXIX Nr.2, 1938, p. 111–149.

einem Flechtwerk aus langen zähen Buchenästen zusammengehalten wurde, und daß dies alle sechs bis acht Jahre von den jungen Burschen erneuert wurde. Noch früher war diese Anschüttung zweistufig: den Weltberg auch bei uns darstellend mit dem Weltbaum oben darauf.[24]

Dieser sprach- und kultgeschichtliche Rückblick mag etwas mühselig und wohl gar abwegig erscheinen. Er hat uns aber nicht nur des hohen Altertums versichert, in das der Festbaum zurückreicht, sondern er hat dahinter auch etwas von seinem Sinn erscheinen lassen. Wir werden nun um so zuversichtlicher annehmen dürfen, daß die Lichter, die dort oben im Himmel des Baumes aufleuchten, wirklich von Wesen der oberen Welt herrühren – gemäß den Vorstellungen, die die ältesten Sagen tragen – auch für die Feststellung der Perceval-Sage, daß die Lichter Feen seien.

Um uns einer solchen Vorstellung noch besser zu versichern, ist es indes nötig zu fragen, wie denn eigentlich, jenen Ansichten nach, der Baum zu leuchten vermöge, mit Lichtern, die auch Stürme nicht ausblasen – wie es besonders die isländische Nachricht betont – mit Lichtern, die doch unter anderen Einwirkungen, wie wir gesehen haben, plötzlich erlöschen. Hier müssen wir allerdings erst einmal innehalten und uns darauf besinnen, daß das Licht der Vorzeit offenbar ein anderes war als das, was wir mit unseren Scheinwerfern, Lampen und Kerzen meinen. So empfand man im Altertum der ganzen Welt und bei uns noch in archaischen Gemütszuständen die strahlende Schönheit nicht nur als ein gleichnishaftes Licht. Bei Wolfram von Eschenbach ist das Zelt Gahmurets taghell mit gebündelten Kerzen erleuchtet, aber „vrou Herzeloyde gap den schîn, wærn erloschen gar die kerzen sîn, dâ wær doch lieht von ir genuoc.[25]

Oder in einem jakutischen Märchen läßt man den jungen Gast auf einer Pritsche niedersitzen: „Als er aber nach der benachbarten Pritsche sah, glaubte er, daß dort die neunstrahlige Sonne, aus dem Himmel entrückt, verweile. Das leuchtende Antlitz war es einer Frau.“[26]

Oder in einem koryakischen Märchen ruft eine Frau in tiefster Dunkelheit ihrer Tochter zu, die Hand aus der Hütte zu strecken. Und da erhellt sich die Nacht infolge der strahlenden Schönheit des Mädchens.

Gewiß – dies ist ein visionäres Licht – aber das visionäre Licht erhellt auch den Baum. Als man vor 150 Jahren im animalischen Magnetismus, also

---

[24] F. Moßinger, „Die Dorflinde als Weltbaum“, 1938, S. 388–396.
[25] Karl Lachmann, „Wolfram von Eschenbach, Parzival“, 1947, S. 50 und 84.
[26] „Märchen aus Sibirien“, Diederichs Verlag 1940, S. 226f.

zur Zeit erster hypnotischer Versuche, den Baumkult wiederentdeckte, stellte sich heraus, daß die Somnambulen den magnetisierten Baum „während ihres Schlafes transparent und farbige Strahlen verbreitend wahrgenommen haben."

Oder ein Indianer schaut einen wunderbaren Baum, den die Dorfgenossenschaft später heimholen wird. Auf dem lassen sich die Donnervögel nieder, und dann „bricht er in Flammen aus, und das Feuer steigt bis zum Wipfel. Der Baum brennt, aber niemand kann das Feuer sehen, ausgenommen in der Nacht.[27] – Ausgenommen in der Nacht, sagt der indianische Bericht – eine bedeutsame Bedingung. (Auch den brennenden Dornbusch am Sinai würden wir in diesem Zusammenhang verstehen.) – Wir stehen heute, aus Mangel an Nacht, in Gefahr, den Lichterbaum zu verlieren, indem er erlischt. Auch der gegenwärtige Mißbrauch des Lichterbaumes hat einen Sinn, einen schlimmen freilich. Wer an einem Mangel an Nacht krankt, der leidet auch Mangel an innerem Licht.

Wir wissen nicht, woher der lichte Nimbus aus den eben mitgeteilten Baumvisionen stammt. Aber daß dem Baume selber eine lichte Macht innewohnt, haben wir alle oft und oft gesehen, wenn die Blüten wie Lampen oder wie Kerzen an den Bäumen aufleuchten oder wenn der Blütenstaub den Wind vergoldet. Ein altes polnisches Krippenlied macht daraus ein weihnachtliches Erlebnis: In des Hofes Mitten stand ein Ahornbaum, auf dem Ahornbaume goldner Blütenflaum. Paradiesvögel kommen hingeflogen, beutelnd goldnen Blütenflaum. –[28]

Vom inneren Lichte des Baumes erzählen auch die folgenden Sagen. Da berichtet ein alter Mann aus Schiers im Prätigau, daß er als Hütejunge einst zur Mittagszeit unter einer Weißhaselstaude schlief: „Als ich erwachte, sah ich eine Masse Goldes neben mir sich im Sonnenscheine spiegeln. Ich eilte nach den nächsten Wohnungen um einen Sack" – aber er fand das Gold nicht mehr, als er zurückkehrte.[29] Oder es kommt ein Voralberger Jäger lange Stunden nicht wieder heim. Wie sie ihn aber suchen gehen, da hören sie ihn am Hange seufzen und klagen. Er ist aber nicht gestürzt; vielmehr sitzt er gesund unter einer Tanne und erzählt nun weinend, daß er in der Dämmerung an der Tanne, auf Schnüre gereiht, eine Unzahl Taler in den Ästen hangen sah. „Freudebebend löste ich die Schnüre aus dem Geäste und ließ

[27] Schwarzer Hirsch, „Die heilige Pfeife", Lamuv Verlag 1982, Anm. 57.
[28] Lily Weiser, „Jul, Weihnachtsgeschenke und Weihnachtsbaum", Stuttgart 1923, S. 72.
[29] Franz Josef Vonbun, „Beiträge zur deutschen Mythologie", gesammelt in Churraetien, Chur 1862, S. 30 und 127.

sie nacheinander zu Boden gleiten. Aber oweh! wie ich die einzelnen Silberstücke von der Schnur löse und vom Boden aufheben will, entgleitet eines um das andere meinen Händen auf Nimmerwiedersehen!"[30] – Wie sehr dieser Glanz, dessen man nicht habhaft werden kann, vom innern Gold des Baumes ein Widerschein ist, das erzählt in anderer Weise eine Sage aus der Steiermark. Dort stand bei dem Dorfe Laurentzi ein Baum, bei dem es spukte, „so daß niemand ohne Scheu bei ihm vorüberging. Einmal sah jemand den Baum lichterloh brennen. Er eilte hin, doch als er am Fuße der Buche anlangte, stürzte diese mit fürchterlichem Getose um. Der Brand erlosch von alleine, und neben dem Baum lagen lauter Goldstücke.[31]

Mit diesem Licht des beseelten Baumwesens selbst haben wir aber den leuchtenden Kultbaum noch nicht erklärt; denn alle Überlieferungen stimmen darin zusammen, daß zu seinen Lichtern Wesen von Menschenart oder -ähnlichkeit beitragen. Diese Anschauung ist außerordentlich weit verbreitet. So sind zum Beispiel die Ibo aus Nigeria überzeugt, daß die Hexen zu ihren nächtlichen Versammlungen als Nachtvögel oder als Feuerkugeln fliegen, daß sie als solche Feuerkugeln in den Baumwipfeln erscheinen und daß man sie mit einem geeigneten Zaubermittel auslöschen könne.[32] Ich erinnere an die Feen der Gralssage und an ihr Erlöschen vor dem Zauber Percevals und an die Schüsse des Panduren auf der Sinzenmatt.

Totenseelen sind es in der bayerischen Sage, die vor den Namen Jesus, Maria erlöschen. – Und dies ist nun auch der Schluß, den wir im allgemeinen ziehen müssen: daß es die Lichter der Totenseelen sind, die den Kultbaum der lebenden Festteilnehmer erleuchten. Mit diesem fremdgewordenen, lange verschollenen Gedanken wollen wir uns nun abermals durch allerlei Überlieferungen vertraut machen.

Zunächst der Gedanke, daß am urtümlichen Fest immer auch die Toten Anteil haben. Bei den Marind auf Neu-Guinea tanzten die Toten zu jedem Fest im Busch hinterm Dorf. Nach oberbayrischer Legende feierten die Toten im Himmel die Michaelis-Kirchweih zugleich mit den auf ihr Gedächtnis trinkenden Freunden auf Erden. In den rituellen Kulturen führt die Teilnahme der Totenseelen zu einem ausgebauten Zeremoniell. So wurden bei den Hopi in Arizona kurz vor der Wintersonnenwende alle Wege und Pfade rituell geschlossen – bis auf einen, den nach Nordwesten, wo das Totenheim liegt. In

---

[30] Sander-Vonbun, „Die Sagen Vorarlbergs", Innsbruck 1889, S. 30f. und 125.
[31] Th. Vernaleken, „Mythen und Bräuche des Volkes in Österreich", Wien 1859, S. 137.
[32] Parrinder, „Geoffrey", Witchcraft, 1958(?), S. 140.

dieser Nacht bleiben alle Leute im Hause – bis auf die Angehörigen zweier Bünde, die als Wächter draußen bleiben, die einen gewaltigen Lärm machen (wie bei uns zum Maskentreiben der Mittwinternächte), und die allein imstande sind, die Toten auch zu sehen. – Während des Tages haben die Frauen große Mengen von Speisen bereitet für die erwarteten Gäste; die werden in den Häusern auf der westlichen Dorfseite aufgetischt, die Türen läßt man offen, und alle Lebenden ziehen sich über eine Grenzlinie in die östliche Dorfhälfte zurück, wohin die Toten nicht folgen dürfen. Niemand erwartet, daß die Speisen am nächsten Tage verschwunden sind; denn die Toten genießen nur den Hauch der Speise; aber Hunde und Katzen wagen die Totenspeise nicht zu berühren.[33]

Die Spuren ähnlicher Bräuche lassen sich durch ganz Europa verfolgen. In Skandinavien schliefen zur Weihnacht alle Hausleute im Julstroh. Die festlich hergerichteten Betten standen für die unsichtbaren Gäste, die Toten, bereit. Auf dem Langtisch wurden für sie die Jullichter aufgestellt, die die ganze Nacht brennen mußten. Es wurde Brot dazu gelegt – oft ein besonders großes, mit Figuren verziertes Julbrot, und das Julbier aufgetischt. Dafür wurden Lichte, Brot, Bier und Stroh von den nächtlichen Gästen gesegnet.[34] An der Grenze des Ermlandes in Ostpreußen war es üblich, „für die Toten in der Neujahrsnacht den Ofen einzuheizen, die Ofenbank zu scheuern und auf den Tisch ein Licht zu stellen, das man nachtsüber brennen ließ." – „In Unterkärnten heißt es, die Toten freuten sich auf diesen" heiligen „Abend, an dem sie den Gräbern entsteigen und sich an den von ihren Angehörigen mit weißem Linnen gedeckten Tisch setzen dürfen. Auf den Tisch wird ein Holzkreuz, ein angeschnittener Laib Klatzen- oder Roggenbrot und ein geschärftes Messer gelegt. Auch Getränke …, Weihwasser und Räucherpfanne … finden sich neben dem Kreuz. Oft brennt die ganze Nacht ein Nachtlichtchen dabei."[35] Auch in anderen Gegenden Kärntens besteht „noch der Brauch, in der Christnacht, wenn sich die Hausbewohner zur Ruhe begeben, einen ganzen Roggenlaib und ein Messer auf den gedeckten Tisch zu legen. Ein Holzkreuz und brennende Lichter stehen dabei."

In der Volkskunde besteht oft das Vorurteil, das aufgestellte Licht solle den Schutz der Lebenden verbürgen. Hören wir aber, was einer Tiroler Sage nach die Tote selbst dazu zu sagen hat. Da wird einmal, wie die Knechte an

[33] Mischa Titiev, „Old Oraibi", Cambridge, Massachusetts, USA, 1944, S. 135.
[34] Lily Weiser-Aall, „Weihnachtssitten in Skandinavien", Hochwächter-Bücherei Bd. 43, Bern 1960, S. 11f.
[35] Georg Graber, „Volksleben in Kärnten, 1949, S. 165f.

einem Winterabend beim Kartenspiel in der Stube sitzen, ein Weinen hinter dem Ofen laut, und wie sie nachschauen, finden sie dort einen früheren Mitknecht, der vor Jahren unter einer Lawine zugrunde ging. Und wie sie ihn fragen, warum er umgehe, antwortet er, daß er noch so lange wandeln müsse, bis seine Lebenszeit um sei. Dann sagte er: „Die Nacht ist lang. Und es ist schwer, im Finstern draußen zu sein. Seid doch so gut und laßt mir manchmal ein Licht brennen, weil ich sonst gar so traurig sitzen muß."[36]

Aber nicht allein im Hause hegte man in den Weihnachtsnächten die Toten, man feierte auch draußen mit ihnen wie sonst zu Allerseelen. „In der Freiburger Gegend (Baden) erstrahlen die Gräber im Lichterschmuck und Musik ertönt auf den Friedhöfen."[37]

Aus älteren Zeiten werden noch weit urtümlichere Bräuche berichtet. „So wurden noch 1555 in Dresden Leute ins Gefängnis gebracht, die nackt oder nur mit Hemden bekleidet in der Christnacht Schwerttänze auf Gräbern aufgeführt hatten."[38]

In unseren Sagen tauchen nun aber noch ältere Ansichten solcher Feste auf, und da scheint es dann, als hätten die Lebenden auch an den Festen der Toten teilgenommen. Ich habe vorhin eine Winterfestnacht der Hopi-Indianer angeführt, in der die Toten ins Dorf eingelassen werden. Bei ihren Toten ist sonst aber, wie man das oft im urtümlichen Glauben findet, „alles umgekehrt", auch der Jahreslauf, und daher sind bei ihnen die großen Feste alle um ein halbes Jahr gegen die der Lebenden verschoben. Diese Feste der Toten ehren nun die Amtsträger der Hopi, indem sie die Feste der Lebenden, jeweils nach einem halben Jahr, das heißt *dann*, wenn das betreffende Totenfest – drüben, jenseits – stattfindet, in kleinerer Form wiederholen. *Allein* das winterliche Sonnwendfest feiern Tote und Lebende, wie wir gehört haben, wirklich am Erdenort vereint, wenn auch nach Ost und West polarisiert, im heimatlichen Dorf zusammen. Eine höchst merkwürdige kultische Auszeichnung des Mittwinterfestes – die auch uns hinsichtlich der Weihnachten, des alten Julfestes, zu denken gibt.[39]

In einer Vorarlberger Sage besteht ausdrücklich der Glaube, daß die Hexen an den Fahrten des Nachtvolkes teilnehmen, also, wenn wir es kurz deuten wollen: lebende Ekstatiker an den Flügen der Totenseelen.[40] Ebenso wird

---

[36] Will-Erich Peuckert, „Kleines deutsches Sagenbuch", Potsdam 1939, S. 63f.
[37] Hans Strobel, „Bauernbrauch im Jahreslauf", Koehler und Amelang, 1936, S. 72.
[38] Adolf Spamer, „Weihnachten in alter und neuer Zeit", 1937, S. 24.
[39] Mischa Titiev, „Old Oraibi", Cambridge, Massachusetts, USA, 1944.
[40] Sander-Vonbun, „Die Sagen Vorarlbergs", Innsbruck 1889.

auch andrerorten häufig berichtet, daß Lebende im Zuge der Wilden Jagd beobachtet worden sind. In der folgenden Geschichte erscheinen die Hexen – wie oft – in Katzengestalt. Es habe also einmal ein Jäger hoch im Gebirge die Nacht unter einem dürren, struppigen Baume verbracht. Um Mitternacht sei er aus dem Schlaf erwacht, und da sieht er das Nachtvolk auf sich zukommen. Er denkt sich, mit derlei Volk ist man am besten manierlich und geht ein wenig auf die Seite. Das Nachtvolk aber kommt näher und näher und stellt sich schließlich unter dem Bäumle auf. Da hat das Bäumle auf einmal von selbst zu spielen angefangen; das eine Ästle bläst die Flöte, das andere die Klarinette und das Zweigle die kleine Pfeife. Das Nachtvolk aber, nicht faul, beginnt ums Bäumle herum zu tanzen, Paar um Paar, daß der Staub davonfliegt. Wie nun der Jäger so kurzweilig dem Nachtvolk beim Tanzen zuluget, hört es auf einmal jenseits des Bergkammes miauen, und wie er sich ein wenig hinüberbeugt und über den Bühel hinweglugt, so sieht er einen ganzen Trupp Katzen mit greusligem Geschrei heraufkrabbeln, und eine jede zieht ein Lägele Wein am Schwanze hinter sich her. Wie nun die Fuhre zum Tännele gekommen ist, da hat der Tanz ein Ende genommen und nun wird angezapft und eingeschenkt, aber bloß in Rindshufen, und einander zugebracht. Beim Tag aber fahren Nachtvolk und Katzen mit den geleerten Lägelen bergab.[41]

Weit über den Tälern und Dörfern und noch über den Alpen und ihren Maisäßen feiert am Bergkamm unter einer zerzausten Wettertanne das Totenvolk sein Fest. Die Lebenden aber bringen dazu, höchst bezeichnender Weise, den Rauschtrank mit. Der Baum spendet nicht Licht in diesem Falle, sondern er trägt das hörbare Licht, die Musik dazu bei. Daß Musik und Tanz ein unablösbarer Bestandteil des Baumfestes sind, haben wir nun schon vielfach erfahren. Im Vogtlande umtanzte man zu Johanni lichterbesteckte Laubpyramiden[42], in Schweden den weihnachtlichen Lichterbaum.[43] Besonders sei noch einmal erinnert an die Musikanten auf der oberen Plattform des Stufenbaumes und daran, daß deren Musik, wenn der Kultbaum der Weltbaum ist, Himmelsmusik ist, Sphärenmusik. Es gibt einen siebenbürgischen Spottreim, der mit zwei Worten abermals den Zusammenhang von

[41] Sander-Vonbun, „Die Sagen Vorarlbergs", Innsbruck 1889.
[42] Leopold Schmidt, „Lebendiges Licht – Volksbrauch und Volksglauben Mitteleuropas", Studium Generale, Berlin 1960.
[43] Lily Weiser-Aall, „Weihnachtssitten in Skandinavien", Hochwächter-Bücherei Bd. 43, Bern 1960.

Zauberwesen, kultischem Baumfest und Musik in der Höhe des Baumes bezeugt: Trudegîger, Boomstîger – Trudegîger, Boomstîger.[44]

Aber wir wollen über der Musik des Baumes nicht unser Hauptanliegen, seine Lichter, vergessen. Wir sagten, diese Lichter seien die Totenseelen, und wir wollen uns fürs erste noch einmal vergewissern, wie allgemein die Überzeugung von der Lichtnatur der Totenseelen ist. Am bekanntesten ist sie bei uns in der Form des Irrlichtes, das in der Sage stets ganz eindeutig eine Totenseele ist. Doch ist der Ort seines Erscheinens durchaus nicht immer der Sumpf – wie es die Sumpfgas-Theorie des vorigen Jahrhunderts will – sondern es leuchtet an allen Spukorten auf. Auch kehrt die Sage an verschiedenen Orten wieder, daß ein Mann ein Irrlicht einfängt, um sich seine Leuchtkraft zunutzezumachen, zu Hause aber, als er seinen Sack ausschüttet, einen Totenkopf oder ein Totenbein erblickt, so daß er nichts Eiligeres zu tun hat, als die Seele wieder an ihren Ort zu bringen.

Die Anschauung ist über die ganze Erde verbreitet: Totenseelen als Irrlichter gibt es in Afrika wie in der Südsee; bei sibirischen Stämmen wie bei den Eskimo wird von den Feuerkugeln erzählt, sie seien Seelen verstorbener Schamanen, die in die neuen Schamanen eindringen. Ein eindrucksvolles Bild von einem ganzen Heer von Totenseelen gibt eine japanische Sage wieder. Es handelt sich da um einen kunstreichen Sänger, der besonders die Geschichte von dem blutigen Wettstreit der Taira und der Minamoto vorzutragen weiß, von jenem geschichtlich bedeutenden Ringen zweier Sippen um die Vorherrschaft, das mit dem Untergang der Taira in der Seeschlacht von Dannoura im Jahre 1185 endete. Dieser Sänger wohnt in einem Kloster auf dem Küstenstrich, vor dem die Schlacht stattfand, in der Nähe des Totenackers, auf dem die Gefallenen beigesetzt sind und die Leergräber ihrer im Meer versunkenen Führer liegen. Einige Nächte hindurch wird nun der blinde Sänger von einem Samurai aufgefordert, ihm zu folgen und in einem Adelshause sein Epos vorzutragen, und noch niemals hat der Blinde, wie er am Wehklagen seiner Zuhörer ermessen kann, solchen Eindruck mit seiner Kunst gemacht. Der Priester indes, der ihn im Kloster betreut, ist besorgt wegen seiner Abwesenheit und schickt Diener aus, ihn in der Nacht zu suchen. Und die nachgesandten Männer entdecken Hoichi-San allein im Regen, wie er vor dem Kenotaph des Antoku Tenno die Biwa schlägt und mit lauter Stimme dazu das Lied der Schlacht von Dannoura singt, „und hinter ihm und

---

44 Friedrich Müller, „Der Hexenglaube in Siebenbürgen", 1854, S. 57.

um ihn herum und überall über den Grabsteinen brannten die Totenfeuer wie Kerzen. Noch niemals hatte sich sterblichen Augen eine solche Vielzahl von Irrlichtern (Oni-bi = demon lights) gezeigt wie hier."[45]

Wir mögen räumlich weit vom heimatlichen Kultbaum abgeschweift sein, aber die Abschweifung läßt uns doch dieses deutlich erkennen, daß die Überzeugung von der Lichtnatur der Totenseele, ihrer einer Kerze vergleichbaren Erscheinung, weltweite Überzeugung eines nachtsichtigen Menschentums ist.

Auch die deutsche Sage kennt solche Schwärme von Totenlichtern. Nah verwandt mit der japanischen scheint eine tirolische Sage zu sein, die auch von einem alten Totenacker erzählt – von einem Heidenfreithof nämlich, „wo es oft gar ‚unrüewig' hergeht. Bald fahren blaue Flammen durch die Luft, bald kreuzen sich im Ringeltanz niedliche Sterne, schweben auf und nieder durch Wald und Busch, andere folgen, und der ganze leuchtende Schwarm fliegt in hellen Glanzstreifen auf und davon. Nach Mitternacht ist alles wieder still. – Der Troiener Bauer saß also in seinem Stüblein und schaute und schaute. Er dachte, was das wohl sein möchte, und meinte, es wären die Metzger, die mit dem Vieh ein hartes Stück Weg hätten, und verwunderte sich. Aber die Lichter huschen kreuz und quer durch das Lichtthalele und kommen schon mit hellem Schimmer über das Wolfsgrubnerbachl herangeschwärmt, so daß sich der Bauer zu fürchten anfing. – ‚Das sind ja Hexen!' schreit er auf einmal entsetzt, und schon schießen sie in mächtigen Schwaden über seinen Acker und reichen vom alten Nußbaum oben bis unten an den Weg, lauter gespenstige blaue Lichter. Jetzt fuchteln sie gegen sein Fenster heran. Der Alte hat nimmer Zeit, das Fenster zu schließen; er reißt in der Angst den Herrgott hinter dem Tisch herab und sprengt Weihbrunn gegen die Hexen. Im Nu stoben die Lichter alle davon."[46] – Auf die wunderliche Doppeldeutigkeit der Lichter, als Totenseelen und als Hexen, wie sie aus der Natur der Örtlichkeit und den Worten des Bauern hervorgeht, kommen wir gleich noch einmal zurück.

Nun zeigen sich aber die Toten nicht nur selbst als Licht, sondern sie sind auch Herr über jenes diffuse Licht, das die Krone des landschaftlichen Kultbaumes schloßartig erhellt. Dazu eine kleine Auswahl aus den zahlreichen Berichten, die sich darüber in der neueren Literatur finden: Eine Frau

---

[45]   Lafcadio Hearn, „Kwaidan, Japanese stories and studies of strange things".
[46]   Johann Adolf Heyl, „Volkssagen, Bräuche und Meinungen aus Tirol", Verlagsanstalt Athesia, Bozen 1897, Nr. 111.

wacht auf in ihrem Schlafzimmer, das neben dem der todkranken Tochter liegt, findet es hell wie von sommerlicher Mittagssonne, ruft die Pflegerin an, das Licht erlischt, sie geht hinüber und findet die Pflegerin entsetzt. Später erzählt sie, der Vater der Sterbenden, selbst vor einem halben Jahre verschieden, habe am Fußende des Bettes gestanden. – 1852 sieht in einem Hause in England eine allbekannte, hochgebildete Persönlichkeit einen Gang von hellem Licht erfüllt – weiß wie Tages- oder elektrisches Licht und heller als Mondlicht – danach erblickt sie am Ende des Ganges einen ihr unbekannten Mann – wie sie nachher erfährt, der längst verstorbene frühere Besitzer des Hauses. – Einer Frau erscheint die soeben verstorbene Schwägerin, um Abschied zu nehmen. Sie beten zusammen, und dann sagt die Sterbende: „,Nun muß ich wieder fort, ich will dir aber zuvor noch ein Licht machen.' Alsbald leuchtete das ganze Zimmer von einem wunderbar klaren und regenbogenfarbigen Lichte auf, das alle Räume erfüllte, ohne daß eine besondere Lichtquelle erkennbar gewesen wäre." Währenddes verschwindet die Erscheinung. – In diesen Geschichten haben wir nun das diffuse Licht, das die Räume erfüllt wie die Säle auf dem Kultbaum. In der ersten Geschichte gibt es den Ruf, der das Licht erlöschen läßt, so wie in den Baumgeschichten das Licht erlischt auf den Schuß hin oder das christliche Stoßgebet. Die letzte Geschichte zeigt in seltener Klarheit, wie das visionäre Licht aufleuchtet zwischen der toten und der mit ihr verbundenen lebenden Seele.

Eben diesen Ursprung des Lichtes, zugleich aber auch das Aufleuchten des Baumes führt uns eine niedersächsische Sage vor. Sie wurde im vorigen Jahrhundert aufgezeichnet, und zwar unmittelbar aus dem Munde der beiden Mädchen, die zwei Jahre früher diese Widerfahrnis gehabt hatten. Sie fuhren, als es schon dunkel wurde, mit einem Wagen, der Holz zur Stadt gebracht hatte, dem heimatlichen Dorfe zu. Den andern Wagen führte ein bejahrter Mann, der Vater des einen Mädchens. „Als sie schon ziemlich nahe bei dem Dorfe sind, bemerkt das eine Mädchen, etwa 2000 Schritte weit, eine glühende Gestalt; schnell macht es seine Gefährtin darauf aufmerksam und ruft aus: ‚Der Teufel, der Teufel!' Ihre Gefährtin sieht auch sogleich die glühende Gestalt und ruft mit ihr: ‚Der Teufel!' Der Teufel kommt nun den beiden Mädchen immer näher. Die eine ruft ihren Vater an, er möge nur einmal hinsehen, da wäre ja der Teufel; allein dieser sieht nichts. Indem die beiden Mädchen nun immer rufen, läßt der Teufel ganz dicke glühende Kugeln fallen, welche aber verschwinden, sowie sie die Erde berühren. Er setzt sich darauf in eine nahe stehende Linde, erhellt diese ganz und speit noch immerfort seine glühenden

Kugeln. Endlich macht er sich auf und entfernt sich, indem er immer kleiner wird und in nichts verschwindet."[47]

Die ganz der Konvention verhaftete Deutung, die die beiden Mädchen der Erscheinung geben, ist für das Verständnis selbstredend belanglos. Für uns ist allein entscheidend, was sie erlebten: daß nämlich ein Zünselgeist – wie man im Schwäbischen sagt – nicht nur einzelne Lichtballen hervorbrachte, sondern auch eine ganze Baumkrone mit dem visionären Lichte erfüllte. Überdies ist der Bericht höchst bezeichnend für die Natur einer solchen Vision: unmittelbar teilhaftig ward ihrer nur das eine Mädchen – dies öffnete seiner Freundin die Augen für das Gesicht; der Vater blieb überhaupt ausgeschlossen.

Wir sind nun vorbereitet, um eine Tiroler Sage in ihrem ganzen Gewicht zu erfassen. Sie führt uns nämlich mit aller Deutlichkeit die beiden Arten der Kultteilnehmer vor, die leibhaften Tänzer und die spielenden Lichter im Baum. „Einmal ist der Oberschlichter Bauer in aller Finster durch den Wald ober Lengstein heimgeritten. Jetzt gelangte er auf den Birchboden, das ist ein alter und weitum gefürchteter Hexenplatz, … Richtig, da waren auch schon die Hexen versammelt. Unter einem alten Lärchbaum, der beinahe in der Mitte stand, lag ein gewaltiger Stein; darauf wurde gesotten und gebraten, … Und um den Stein herum tanzten alte und junge Hexen, daß es klapperte wie von Totenbeinen; dazu ward gesungen und eine feine Musik gemacht. Auf der Lärche" aber „tanzten allerlei Lichter auf und nieder."[48]

Auch hier gehen schon – in der Beschreibung der Tanzenden – Bild und Begriff der Hexe in den der Totenseele über. Ich glaube nicht, daß es sich bei solchen Unklarheiten der Volkssage um Schäden der mündlichen Überlieferung handelt – so als sei dies ein Bericht von einem wirklichen Fest in heidnischer Zeit – sondern um die Fehldeutung von etwas, das noch weit später erlebt worden ist. Auf der anderen Seite aber zeigt gerade diese Unklarheit noch einmal die Doppeldeutigkeit der Festteilnehmer.

In der Mitte unserer Erörterung stand der leuchtende Kultbaum in der Landschaft, wie er zuerst in der Gralssage bezeugt ist. Ich habe es aus allerlei Überlieferungen wahrscheinlich zu machen gesucht, daß zu diesem Baumfest lebende Teilnehmer und tote zusammentrafen und daß die Totenseelen zu dem gemeinsamen Fest das innere Licht entzündeten – und zwar

[47] Schambach-Müller, „Niedersächsische Sagen und Märchen", Göttingen 1855, S. 161 (Nr. 177).
[48] Johann Adolf Heyl, „Volkssagen, Bräuche und Meinungen aus Tirol", Verlagsanstalt Athesia, Bozen 1897, Nr. 117.

deswegen am Baume, weil im Baumwesen selbst eine lichte Macht zu solchen Lichtausbrüchen drängt. Der Baum, ein Bild des Kosmos! Die Toten aber sind die spielenden Lichter, die Kerzen auf den Zweigen, die auch im Sturme nicht erlöschen.

Hat unser kerzenbesteckter Weihnachtsbaum etwas damit zu tun? – *Unmittelbar* wird sich schwerlich ein Zusammenhang herstellen lassen. Nur darauf wollen wir zum Schluß noch hinweisen, daß bei indischen Lichterbaumbräuchen die Lampen oder Kerzen für die Toten entzündet werden; daß bei uns noch der spätmittelalterliche Zunftbrauch für die Bestattung der Mitglieder Lichterbäume bereitstellte, zu denen die Lichte in gewissenhafter Weise aufbewahrt wurden.[49] Beispiele für das weihnachtliche Totenbrauchtum, bei dem ebenfalls Kerzen entzündet wurden, habe ich schon erwähnt. Daß ein solches Fest der Totenbegegnung zur Zeit des tiefsten Sonnenstandes stattfinden mochte, ist nicht unwahrscheinlich, und wenn wir auch nur wenige Spuren davon nachweisen können, so mag es doch sein, daß solche Vorstellungen noch spät zum Hintergrund des weihnachtlichen Lichterbaumes gehört haben. Der Sinn davon wäre dann gewesen, daß zum mittwinterlichen Feste der Lebenden in ihrer Mitte die Lichter der Toten, zu ihrem Gedenken, geleuchtet hätten.

Mehrfach haben wir von der Gegenseitigkeit im Totenland und im Lebensbereich gesprochen. Und da wissen wir auch – seltsamerweise weit besser als das eben erschlossene –, daß im Todesreich die Lichter der Lebenden brennen – aus dem Märchen vom Gevatter Tod nämlich.[50] Während aber das grimmsche Märchen sehr allgemein von dem Wesen *Tod* spricht, das nur zufällig Gevatter des jungen Arztes ist, gibt es von dieser Geschichte eine tirolische Variante, die mir weit ursprünglicher und echter erscheint. Einem Hirtenmädchen von Aichleit im Fersental nämlich begegnet – nicht eine abstrakte Gevatterin Tod – sondern ihre tote Patin selbst, und die führt sie in eine Höhle dort unter dem Berg und weist ihr die Lichter der Lebenden.[51] Aber es sind keine Allerweltslichter, sondern gerade die Lichter von allen, die zu der Zeit in Aichleit leben – Lebenslichter in der Obhut nun hier *nicht* des Todes, sondern der nahverwandten, der heimischen Toten. Übrigens wird aus derselben Ortschaft überliefert, daß in der Heiligen Nacht alle Toten um Zwölfuhr zur heiligen Messe müssen.

[49] Rud. Siemsen, „Germanengut im Zunftbrauch", 1942, S. 147.
[50] Gebrüder Grimm, „Kinder- und Hausmärchen, Nr. 44.
[51] Zingerle, „Sagen aus Tirol", 1976, Nr. 56: Die Lebenslichter, S. 62.

Die Totenlichter in der Fürsorge der Lebenden, die Lebenslichter in der Obhut der Toten – ein besinnlicheres Menschentum als das gegenwärtige konnte selbst in einer Zeit verfallender Tradition nicht umhin, solche Zusammenhänge zu sehen und zu werten. Was wäre dann, fragen wir, der Sinn der winterlichen Begegnung im Lichte des Lebens- und Totenbaumes? – Die Begegnung kann selbstredend – wie jede wirkliche Begegnung – nur einen Austausch bedeuten: ein Einströmen von tagwarmem Blut in die immer von Nacht und Kälte bedrohte Welt der Toten. Für das Leben, das im Treibhaus des Tages wuchert und, im Wachstum winterlich ermattend, abzusterben droht, den Einstrom des Ungelebten und Unvergänglichen – zu erneuernder Geburt.

DIE GEFAHREN DER GEISTERBEGEGNUNG

Verursachung – Vorzeichen

In Hunderten von Sagen, auch in zahlreichen Schatzsagen, wird von schweren gesundheitlichen Schädigungen berichtet, die aus der Geisterbegegnung entstanden sind. Besonders gefährlich ist die unmittelbare Berührung. – Ein Mann hält einen Grenzsteinversetzer für einen Lebenden, packt ihn an, das Gespenst verschwindet, aber der Mann bleibt festgebannt bis zur Morgenglocke. Das Gesicht ist stark geschwollen, der Mann bekommt heftiges Fieber, er muß wochenlang das Bett hüten.

In einer Gegend bei Eger geht ein Grenzsteinverrücker um, der viele Leute erschreckt hat. Ein Mädchen gerät in die berüchtigte Gegend. Da wandelt ihr die Erscheinung entgegen, greift ihr an die Brust und verschwindet. Voller Entsetzen kommt das Mädchen heim und sagt: „Ich hab mein Teil!" Die berührte Brust findet man schwarz; das Mädchen legt sich zu Bett und stirbt am dritten Tage darauf.

Oftmals treten die schlimmen Folgen auch ohne die Berührung ein. Ein Knabe, Meßdiener, hat wiederholt die Vision eines verstorbenen Geistlichen, der ihn auffordert, beim Nachholen einer zu Lebzeiten von ihm versäumten Messe zu dienen. Der Küster rät ihm, der Aufforderung nachzukommen, und der Knabe, obwohl von Angst erfüllt, folgt dem Rat. Der Küster hört eine tiefe Stimme die Meßgebete sprechen und sieht und hört auch den Knaben bei seinem Dienst. Als der aber aus dem Chore zurückkommt, ist er wie gebrochen, geistesabwesend, gibt nur verwirrte Antworten. Er bleibt still und träumerisch, wird zusehends schwächer und ist nach vierzehn Tagen tot.

Für unser Wissen und Bewußtsein liegt es näher, in solchen Geschehnissen die Verursachung umzukehren und anzunehmen, daß sich in Gestalt der vermeintlichen Geisterbegegnung schon die ersten Anzeichen der Krankheit selber gezeigt hätten. In der Tat gibt es Überlieferungen, die eine solche Umkehrung nahelegen. Dem eigentlichen Ausbruch der Störung würden in einem solchen Falle krankhafte Halluzinationen vorauslaufen, vielleicht auch ausgemalt und aufgefüllt durch Bilder aus der lokalen Tradition, und von dem dann ausbrechenden Siechtum würde irrigerweise auf die Vision als Auslöser zurückgeschlossen. In einer hessischen Sage sieht der Erlebende anscheinend selber die Vision nicht als eine Ursache, sondern als ein Vorzeichen an. Ein Wetterauer Bauer war nachts beim Pflügen draußen geblieben, hatte sich „im

Schutz des beim Friedhof stehenden Siechenhauses" hingesetzt und war eingeschlafen. Gegen Mitternacht erwacht er, sieht die Toten aus den Gräbern steigen, auf die Wiese hinausziehen und hört sie einen Choral singen. Mit dem Schlage zwölf aber ist alles vorbei. Morgens, nach dem Öffnen des Tores eilt er heim, erzählt von dem Gesicht, sagt, daß er sterben müsse und legt sich nieder. Nach acht Tagen ist er tot.

Noch entschiedener als Aufeinanderfolge von Vorgesicht und Ereignis stellt sich das Geschehen dar in einer schlesischen Sage. Dort begegnet einem Knaben „in einer langen Reihe, zu zweien nebeneinander, ein Zug wackelnder Ziegengerippe, die große Hörner hatten und Lichtel zwischen den Hörnern trugen." Als der Vater dazutritt, wenden sie sich und verschwinden unter Leichengesängen in einem Tümpel. „Der Knabe starb bald. Ließ sich der Zug später wieder sehen, dann hieß es immer: die holen sich wieder einen."

Als ein traditionelles deutliches Vorzeichen gilt bisweilen die Geisterkutsche. Am hellen Tage kommt einem alten Spaziergänger eine mit schwarzen Pferden bespannte Kutsche außerhalb von Salzungen entgegen. Als sie ihn erreicht, sieht er darin lauter längst Verstorbene sitzen. In einiger Entfernung kehrt sie wieder um, fährt aufs neue an dem Mann vorüber und verschwindet in einer Einfahrt, aus der sie auch anfangs herausgefahren war. Daheim erzählt er von der Begegnung, bleibt anderntags im Bett und stirbt am dritten Tage.

Eine Tiroler Sage enthält das aus dem Märchen vom Gevatter Tod (AT 332) bekannte Motiv von der Höhle mit den Lebenslichtern. Ein Mädchen hütet dort die Schafe und kommt am Johannistage in die Nähe einer Höhle, in der die Lebenslichter aller Einwohner von Aichleit brennen; immer an jenem Tage tut sie sich auf. Das Mädchen findet seine verstorbene Patin dort auf einem Steine sitzen. Die Alte führt ihr Patenkind in die Höhle, zeigt ihr die Lichter und erzählt, daß die Leute, deren Öl ausgebrannt ist, sterben müssen. Die Hirtin möchte nun auch ihr Licht sehen; die Patin will es ihr zunächst nicht zeigen, führt sie dann aber doch zu einem Lämpchen, das mit einem Restchen Öl nur noch trübe brennt. Der Bitte des Mädchens, Öl nachzugießen, darf die Alte nicht nachgeben, und sie führt es darauf wieder ins Freie. Die Hirtin „ging traurig fort und starb kurze Zeit darauf."

Andererseits stellt sich in den sagenhaften Erzählungen von dem durch Geister verursachten Siechtum ein altererbtes, allgemein verbreitetes Ablaufsschema dar, das auch im Schamanentum in beispielhafter Weise das „medizinische Denken" beherrscht hat. Daher lag es auch bei uns noch immer nahe, daß ein Leidender, der ohne erkennbare Ursache erkrankt war, den Verdacht erwog, daß ein Geist seine Krankheit ausgelöst haben könnte. So erblickt in Schlesien ein alter Mann, als er an einem Kirchhof vorübergeht, auf einem Grabhügel zwei weiße Gänse. „Das plauderte er gleich zu Hause aus und wurde schwer krank; daraus erst merkte er, daß es wohl keine natürlichen Gänse gewesen waren, die er erblickt" hatte. Ähnlich theoretisch ist die Zuweisung in einer Sage aus Mecklenburg. Dort ließ sich an einem Orte zuzeiten ein graues Männchen sehen, das eilig durchs Gesträuche kroch. Das soll „auch einmal einen Knaben beim Vogelnestsuchen dermaßen erschreckt haben, daß derselbe davon krank geworden ist und wochenlang das Bett hat hüten müssen."

In diesem Sagenbericht und in manchem anderen ebenso ist als Mittelglied in die Ursachenkette der Schrecken eingesetzt. Auch erscheint nichts verständlicher, als daß eine Geistererscheinung, die sich unversehens durch eigenartige Züge als eine solche offenbart, mit dem Schrecken, den sie erregt, auch körperliche Wirkungen auslöst – bis hin zum jähen Tode. Auf eine Mitteilung Eichendorffs geht ein Bericht über eine derartige Begebenheit zurück. Um zweifelnde junge Leute von der Wirklichkeit des Spuks zu überzeugen, versammelt sie der Besitzer eines Schlosses zur Mitternachtsstunde am Fuße einer Treppe vor einer eisenbeschlagenen verschlossenen Tür. Ein Knabe, erst seit diesem Tage dort bedienstet, steht mit einer brennenden Kerze dabei. Die Tür öffnet sich, heraus tritt „eine schlanke Frauengestalt, Gesicht und Haar mit einem grauen Schleier umhüllt." Sie eilt die Treppe hinauf, mit ihr der Diener, der augenscheinlich einer Lebenden zu leuchten meint. Am Treppenabsatz wendet er sich zunächst nach links, folgt aber dann dem rechtshin weisenden Wink der Dame. Offenbar entziehen sich damit die beiden Gestalten den Augen der Versammelten; doch vernehmen diese nun „einen furchtbaren Schrei, und das Licht erlosch … Endlich faßte sich Eichendorff", holte einen anderen Leuchter mit brennenden Kerzen und stieg mit dem Schloßherrn die Treppe hinauf. Auf der obersten Stufe fanden sie den Diener niedergestürzt, tot, die Züge „durch den Ausdruck des tiefsten Entsetzens völlig entstellt." Vielleicht habe die Frau, meinte Eichendorff „ihren Schleier zurückgeschlagen und dem Knaben ein Totengesicht gezeigt."

Wie sich von selbst versteht und wie es auch die Sage versteht, muß das tödliche Eschrecken nicht von einem wirklichen Gespenst ausgelöst werden, sondern es kann auch von einer frivol nachgespielten Erscheinung erregt werden. So hatte nach einer Böhmerwaldsage ein Besitzer den durch sein

Eigentum führenden Pfad unbegehbar machen wollen, indem er sich als gespensterhaftes Schreckbild verkleidete und so die ehedem friedliche Gegend in Verruf brachte. Man querte das Flurstück nur voller Angst; und ein Schulknabe, der vom Musikunterricht allein etwas später nach Hause ging und dem sich die schauerliche Gestalt zeigte, „entsetzte sich derart, daß er kurz darauf starb." Die ursächliche Verknüpfung war freilich erst möglich, als der Verursacher gestorben war und man in seinem Nachlaß die Geistermaske aufgefunden hatte.

Nach einer Überlieferung in Hamburg führte wirklich der Schrecken über einen Leichnam zu Krankheit und Tod des Erschreckten. Mitte des 17. Jahrhunderts begründete dort der Amtsarzt die anatomische Lehranstalt und erhielt dazu von Amtswegen die Leichen unbekannter Selbstmörder und Hingerichteter. Ende Januar 1653 sandte man ihm den mit Stricken verschnürten Leichnam eines Gehängten. Wie aber der Arzt, nach dem Lösen der Verschnürungen, sich über den Toten beugte, erhielt er plötzlich einen mächtigen Schlag ins Gesicht, weil der froststarre Leichnam, wie man meint, in der Wärme sich entspannt habe. Trotz dieser natürlichen Erklärung „befand sich der arme Herr Physicus durch dies unerwartete Ereigniß so alterirt und übel zu Muthe, daß er nach Hause fahren mußte, woselbst er in ein hitziges Fieber verfiel und in dessen Folge am 20. Februar, kaum 48 Jahre alt, das Zeitliche segnend verschied …" – Es mag bemerkenswert erscheinen, daß in dieser geschichtlichen Überlieferung vom Erschrecken über eine Totenbegegnung die Folgen: Fieber, Krankenlager und Tod – übereinstimmen mit so manchem Sagenbericht.

Verlust der Lebenskraft

Mag nun auch nach manchen Zeugnissen die Geisterbegegnung als Anzeichen oder schon als Ausbruch der Krankheit erscheinen, mag in anderen Fällen ein ursächlicher Zusammenhang fehlerhaft angenommen worden sein, oder mag das bloße Entsetzen angesichts einer wirklich oder vermeintlichen Erscheinung die Lebensstörung bewirkt haben, – erschöpft werden mit diesen Versuchen einer Verknüpfung die Zusammenhänge in unserer Sagengruppe bei weitem nicht. Vielmehr führen viele Sagen Erkrankung und Tod ohne Schwanken auf die unmittelbare Einwirkung des Totengeistes oder der gespenstischen Erscheinung zurück, und eine Umkehrung dieser Ursachen-folge wäre in vielen Fällen nicht ohne willkürliche Annahmen möglich.

Um dies von vornherein einleuchtender und als möglich erscheinen zu lassen, seien zunächst Beobachtungen über Verluste und Gewinne von Le-benskraft angeführt, die aus anderen, aus alten Kulturen stammen oder die von namentlich bekannten Berichterstattern, Forschern und Betroffenen sel-ber herrühren. Dabei ist es unumgänglich, daß wir eine Benennung dessen übernehmen, was als Gewinn und Verlust in den Berichten erscheint, einer le-bendigen Kraft jedenfalls, die den Wesen innewohnt, die ganz oder zum Teil verlorengehen oder gewonnen werden kann, – die zumal in der Geisterbegeg-nung verfügbar wird, aber auch im Wirken der Medien und Magnetopathen und im Umgang mit ihnen sich lockern und mindern kann. Wir nennen diese Potenz entweder Lebenskraft oder auch Od, ohne uns damit einer bestimmten Theorie anschließen zu wollen.

Das Problem der Geisterbegegnung ist auch im Altertum schon zur Spra-che gekommen. Der Neuplatoniker Jamblichos, ein Schüler des Porphyrios, erörtert in einer Schrift die Erscheinungsweisen der verschiedenen Wesen und ihre Wirkungen auf den Menschen, von den Göttern und den Engeln hinunter bis zu den niedersten Totenseelen. Er faßt dabei allerdings nicht die Gesamtheit der Geistersichtigen ins Auge, sondern allein die nach Erleuch-tung Strebenden, die Epopten, die Schauenden in den Mysterien. Die Schä-digungen sind demgemäß vornehmlich solche der Fähigkeit zu Gesichten, Hindernisse vor dem Aufschwung in die Anschauung göttlicher Vollkom-menheit. Die hohen Wesen sind ausgezeichnet durch das stetige reine Licht, die niederen sind unstet, umdunkelnd, schattenartig, befleckt, mit fremd-artigem materiellem Dunst angefüllt. Sie sind schädlich und leidbringend, bedrücken den Leib und züchtigen ihn durch Krankheiten. Die Seele, statt sie der freien Schau göttlicher Lichtwesen entgegenzuführen, schlagen sie in Bande durch die Sorge um das Materielle, fesseln sie ans Leiberdasein, befreien sie nicht von den Banden der Schicksalsbestimmung, nicht aus dem Kreislauf der Wiedergeburt. – Besonders bemerkenswert erscheint mir des Jamblichos Ansicht über täuschende Erscheinungen, Phantome hoher We-sen, die offenbar vorgegaukelt werden durch niedere Geister, und zwar dann, wenn im Ritual der Beschwörung, also bei den Sprüchen und Räucherungen, Fehler unterlaufen. Hierin liegt, aus ferner Zeit, eine bedeutende Einsicht vor in die zahllos mißglückenden Unternehmungen der Schatzsucher, aber auch in die Gefahren spiritistischer Séancen.

Daß im übrigen das Altertum auch in den Anschauungen des Volkes von zehrenden, lebensabträglichen Wesen wußte, versteht sich. In fast märchenhafter Form wird dergleichen in der Biographie des Apollonios von Tyana berichtet. Unter dessen Schülern befand sich ein gescheiter und schöner junger Mann von 25 Jahren, Menippos mit Namen, in den sich eine angebliche Ausländerin verliebt hatte, die reich, schön und zart erschien. Sie hatte ihm bei einer einsamen Begegnung auf der Straße ihre Liebe gestanden und ihn für die Nacht in ihr Haus in einer Vorstadt von Korinth eingeladen. Von da an verbrachte er jede Nacht bei ihr. Apollonios aber betrachtete ihn eines Tages genau und sagte dazu: „Du bist sicherlich ein Schöner, und schöne Frauen stellen dir nach, aber in diesem Fall bist du für eine Schlange entbrannt und eine Schlange für dich! … Diese Frau kannst du nicht heiraten!" Der Jüngling ist darüber aufs höchste erstaunt und lädt den Weisen zu seiner Hochzeit ein, die nicht mehr aufzuschieben sei. Als Apollonios nun beim Festmahl erscheint und nach dem Besitzer all der Kostbarkeiten fragt, mit denen Saal und Tafel ausgestattet sind, erwidert Menippos, daß all dies der Dame gehöre; er selbst besäße nur den Philosophen-Mantel, den er auch bei dieser Gelegenheit nicht abgelegt habe. Apollonios nennt nun dies alles einen bloßen Schein; die liebliche Braut gehöre vielmehr zum Geschlechte der Empusen, Lamien und Kobolde, die zwar auch der Liebesleidenschaft verfallen, mehr aber nach dem Fleische der Menschen gieren, das sie auf ihren Festen verzehren. Die Dame versucht ihn zwar mit einem „Schweig und verschwinde" abzuweisen: doch nun beginnt die ganze Ausstattung mitsamt den Schenken, Köchen und Dienern zu entschwinden. Nur die Hochzeiterin bleibt und bittet, sie zu verschonen. Doch Apollonios besteht darauf, daß sie sich zu ihrem Wesen bekennt, und darauf gesteht sie, daß sie wirklich eine Empuse sei und Menippos in Sinneslüsten gemästet habe, um dann seinen Leib zu vertilgen. Denn sie sei es gewohnt, junge und schöne Leiber zu verspeisen, deren Blut unverdorben und kräftig sei. – Auf diese Weise also rettete Apollonios den Menippos aus der Gewalt der lebenzehrenden Empusa.

Höchst eigenartig erscheint an dieser Geschichte, daß Menippos nicht nur dem Geschlechtsverlangen der Empuse Genüge tut, sondern daß vermöge dieses Sinnengenusses auch, wie sie behauptet, sich die Lebensfülle des Mannes vermehre, den sie zu vertilgen gedenkt. Wir könnten dies auch so verstehen, wenn wir weniger die fleischliche Seite des Verzehrs bedenken, als würde Menippos durch die vermehrte Hinwendung erst für die vampirische Freßbegier geöffnet und zugerichtet. Denn im allgemeinen scheint der

Lebende für Tote und andere Wesen der Zwischenwelt gar nicht unmittelbar zugänglich, gar nicht angreifbar zu sein. Das Maß der Abwehrkraft, der Gefeitheit ist allerdings nach mancherlei Berichten von Mensch zu Mensch durchaus verschieden.

Vom Raub an der Lebenskraft eines Menschen durch bösartigen Zauber berichtet die Tibetforscherin Alexandra David-Néel in einem ihrer Bücher, von dem sie versichert, daß es trotz der Romanform „wirkliche Erlebnisse" wiedergebe. Mit den Worten eines Heiligen (samnyāsins) schildert sie, wie ein Zauberer, der solche Praktiken ausübe, „Lebensatem der Wesen fassen kann, indem er ihn von ihrem Mund atmet, und daß durch einen noch geheimnisvolleren Vorgang die alle Lebensformen antreibende und erhaltende Kraft vom Mann während der sexuellen Beziehungen auf Kosten der Frau abgezogen werden kann." Aber die Frauen, die solchem verbrecherischen Zugriff ausgesetzt sind, sterben nach kurzer Zeit. Derlei Räuber müssen jedoch fähig sein, sich unter dem Beischlaf von aller Sinneslust völlig freizuhalten. Erliegen sie der sinnlichen Begierde, so „sind sie verloren. Die anderwärts geraubte Lebenskraft entweicht aus allen Poren ihres Körpers, und sie gehen in kurzer Zeit zugrunde."

Diese Erklärungen trägt der Heilige einem Manne vor, dessen Vater eben ein solcher Lebensräuber gewesen ist, der aber unter der Zeugung dieses Sohnes den tödlichen Verlust der zusammengestohlenen Lebenskraft erlitten und darüber das Leben verloren hatte. Als Toter hegte er noch immer die Gier nach fremden Leben, und da der Sohn an den Ort seiner Zeugung gekommen ist und seine Gedanken eben darauf gerichtet hielt, hat er den körperlosen Geist seines Vaters angezogen. Der aber hat die Erinnerung an seinen Verlust bewahrt, hat „in dir … sein Blut erkannt und hat sich auf dich gestürzt, um dir das Leben wieder zu nehmen, das er dir auf Kosten des seinen gegeben hat." – Dieser Versuch erneuerten Raubes richtete sich zunächst, wie die Autorin früher geschildert hat, nicht auf den Mann, sondern auf dessen Geliebte, der sein Vater beides entreißen wollte, ihre eigene Lebenskraft und über sie auch die ihres Liebhabers. Bei diesem Unterfangen wurde er von dem Manne überrascht, der den Toten gewahr wurde und der mit ihm – zwecklos bei einem körperlosen Geiste – zu ringen trachtete. Vielmehr beginnt der Tote mit seinen gespenstischen Lippen am Munde des Sohnes zu saugen. Vergeblich sträubt sich der Lebende, versucht er sich freizumachen, „seine Fäuste trafen nur ins Leere, während er das scheußliche Saugen stärker werden fühlte, das seine Lebenskräfte bis in die tiefsten Tiefen seines Seins aussaugte." Diese todesgefährliche Beraubung gelangt nur dadurch ans Ende, daß der Überfallene durch sein Ringen einige Gegenstände zu Fall bringt und daß auf diesen Lärm hin die Reisegefährten ins Zelt kommen. Ihnen zeigt sich zwar nichts, und sie vermögen auch nicht einzuwirken; aber der Überfallene sieht nun doch die Gestalt des Toten sich auflösen, und damit hört auch „die fürchterliche Berührung seiner mörderischen Lippen" auf.

Wenden wir uns nach diesen Zeugnissen aus zeitlicher und räumlicher Ferne den Erlebnissen und Einsichten in näheren Bereichen zu. In seiner „Theorie der Geisterkunde" benennt Heinrich Jung-Stilling den Vorgang, bei dem der Mensch sich gegen die Geisterwelt hin öffnet, als Entwicklung des Ahnungsvermögens, und er warnt wiederholt eindringlich davor. Er zitiert dazu einen Bericht von Geistererscheinungen, die eine Pfarrfrau gehabt hat, und hier ist es der Geist selbst, der diese Warnung ausspricht. Er erscheint ihr als „eine kleine menschliche Figur, gleich einem freundlichen Kinde, mit einem weißen Talar bekleidet" und nennt sich Immanuel. Diesen Geist also bittet sie dringend, „sich doch auch von meinem Mann sehen zu lassen, aber er weigert sich dessen und antwortet: das wäre nicht gut und er – mein Mann – würde darüber die Welt verlassen; ich fragte: warum ich ihn nur sehen könnte und dürfte? Die Antwort war: wenige Menschen sind dazu bestimmt, so etwas zu sehen."

Jung-Stilling meint, die Pfarrerin solle „keinen Wert auf diese Sache legen; denn wenn sie Freude daran hat, so geht die Entwicklung des Ahnungs-Vermögens immer weiter, sie kommt mit mehreren Geistern in Bekanntschaft, und kann dann schrecklich irregeführt werden. Wenn dies aber auch nicht geschieht, so leidet die Gesundheit darunter, und sie kommt früher zur Geister-Gesellschaft hinüber, als außerdem ihre Bestimmung ist." Die Warnung des Geistes Immanuel beweise seine Behauptung, „daß die Entwicklung des Ahnungs-Vermögens eine gefährliche und der physischen Natur schädliche Würkung seye."

Ermessen lassen sich dergleichen Wirkungen freilich nicht, und wenn eine derartige Gefährdung ersichtlich ist, so bleibt es doch außerordentlich schwierig, die Bresche zur Geisterwelt hin wieder zu verschließen, den Geisterssichtigen gleichsam abzudichten. Die fast unüberwindliche Schwierigkeit, die einem solchen Versuch entgegensteht, zeigte sich besonders deutlich in den Bemühungen, die Justinus Kerner anfangs auf Friederike Hauffe verwandte. Aus Familien-Erbe geistersichtig, in seelisch schwierigen Lagen durch magnetische Behandlung noch weiter „nach drüben hin" aufgetan, kam sie, auch leiblich völlig zerrüttet, zu dem Weinsberger Oberamtsarzt, der einige Jahre zuvor in der Behandlung zweier Somnambulen seine Initiation erfahren hatte. Nun war er entschlossen, die Kranke, die man ihm gebracht hatte, wieder zu einem gesunden Menschen umzuwenden. Er weigerte sich, das, was sie im Schlafe sprach, anzuhören. Er eröffnete vielmehr der Wachenden, daß er gewillt sei, „durch eine ernste psychische Behandlung und dadurch auch durch Hervorrufung eines festen Willens in ihr, vom Gehirne aus das vorwiegende Leben ihres Bauchsystems zu unterdrücken." (Bauchsystem: das vegetative System) Es ergab sich indessen nach wenigen Tagen, daß es zu dieser Behandlung bereits zu spät war und daß ihre folgerechte Durchführung die Patientin in kurzer Zeit dem Tode ausgeliefert hätte. Ihr Nervenleben hatte, auch durch die früheren magnetischen Einwirkungen, eine ganz ungewöhnliche entgegengesetzte Richtung angenommen; „sie hatte kein Leben mehr, das aus der Kraft der Organe geschöpft wurde; sie konnte nicht mehr anders als von entlehntem Leben, von der Lebenskraft anderer, von magnetischen Einflüssen leben, wie sie offenbar schon lange nur lebte."

Die psychische, sozusagen überredende Einwirkung, die Kerner anfangs ins Auge gefaßt hatte, erwies sich als nutzlos. Es hätte, wie man meinen könnte, einer „metapsychischen" Verfahrensweise bedurft, entfernt vergleichbar etwa der bei Besessenen angewandten. Freilich wäre dazu ein charismatisch Heilbegabter vonnöten gewesen, wie er, so damals als heute, nicht leicht aufzufinden war und ist. Mittlerweile allerdings, mit der weiteren Eröffnung der abendländisch erstarrten Seelenheilkunde gegen uralt ererbte Verfahrensweisen hin, besteht wieder die Hoffnung, daß auch bei uns derlei heilerische Kräfte eingesetzt werden können.

Der nordamerikanische Ethnologe Michael Harner ist vom Lager der nur beschreibenden Feldforschung hinübergewechselt in das der aufbauenden Vermittler schamanischer Heilkunst. Eine seiner Schülerinnen und Mitarbeiterinnen, Sandra Ingerman, beherrscht das im Altertum entwickelte Vermögen, seelische Verluste, an denen der Patient krankt, wieder hereinzuholen und in dergestalt zu heilen. In einem Falle hatte die Freundin eines jungen Mannes Selbstmord begangen. Er selbst fand sich danach einer Behandlung bedürftig, seine Lebenskraft war geschwächt, der Körper unfähig, einer Infektion zu widerstehen. Die Heilerin sucht die Abgeschiedene auf, deren Totenreise in der mittleren Welt stockt, wo sie die „Gestalt" des Freundes, an einen Baum gebunden, festhält und darauf lauert, daß er ihr nachstirbt. Auch die Heilerin wird von ihr angegriffen, doch, als diese die Angriffe mit Hilfe

ihres Geistertieres vereitelt, beginnt sie, ihre jammervolle Lage einzuge-
stehen. Sandra verspricht ihr das Geleit an einen besseren Ort, doch müsse
sie dazu die Seele des Lebenden freilassen. Dazu ist sie nicht bereit, ihre
Begier ist ja darauf gerichtet, ihn ganz zu sich hinüberzuziehen. Nun über-
reicht ihr die Heilerin einen strahlensprühenden Bergkristall. Die Tote „freut
sich an dem funkelnden Licht, das um sie und durch sie zu wirbeln beginnt.
Ganz offensichtlich saugt sie es auf." Nun verspricht Sandra ihr, sie an einen
lichtreichen Ort zu bringen, sie müsse aber des Freundes Seele zurückgeben.
Die Tote schaut den Kristall, den Gebundenen, die Heilerin an; es dauert
lange, aber schließlich ist sie bereit, den Lebenden loszulassen. Sandra löst
den Gebundenen vom Baum, er sinkt zu Boden, und die Heilerin übergibt ihn
der Hut ihrer Tierhelfer. Dann faßt sie die Hand der Toten und beginnt mit
ihr aufwärts zu schweben – in eine sich lichtende Sternenwelt hinauf, bis in
der Ferne ein blendendes Licht zu sehen ist. Nun darf sie selber nicht mehr
weiter, gibt der Toten noch einen Schwung, ruft: „Hin zum Licht" und sieht
sie noch entschwinden im allumfangenden goldenen Glanz. – Sie selbst geht
zu dem daniederliegenden Seelenteil zurück und gewinnt, um diesen mit zu-
rückzubringen in die Alltagswelt, noch einen starken tierischen Helfer. Heim-
gekehrt bläst sie das Wiedergewonnene in Herz und Haupt des Patienten.
Dessen Lebendigkeit findet sich sogleich erhöht; nach einigen Monaten ist
er vollends geheilt.

Für die Erörterung des Lichtaustausches zwischen Lebenden und Toten
sind die Erlebnisse der Eugenie von der Leyen von großem Gewicht. Hier
seien sie herangezogen unter dem besonderen Gesichtspunkt des Verlustes
von Kraft und ihrer Wiedergewinnung. Sehr eindrucksvoll hat die Prinzessin
den Entzug von Lebensenergie geschildert. So nimmt ein Geist etwa ihre beiden Hände in die seinen: „Es war mir, wie wenn meine ganze Kraft von mir
ginge, wie ein Auslöschen des eigenen Willens." – Bemerkenswert ist, daß
diese Verluste nicht nur über die Berührung laufen, sondern auch durch den
Blick. Ein männlicher Geist steht unbeweglich vor ihr und fixiert sie: „es war
mir, wie wenn man mir eine Kraft entzöge. Ich fühlte mich ganz schwach …"
Einmal spricht die Prinzessin von den dürstenden Augen einer Geistin. Ein
andermal, bei einer anderen weiblichen Erscheinung, spricht sie von deren
ganz merkwürdigen Augen; „es ist, wie wenn eine Kraft davon ausginge, die
einen zwingt, sie anzuschauen. Auch habe ich das Empfinden, wie wenn sie
mir Kraft entziehen würde. Bei keiner Erscheinung empfand ich ähnliches."
Wieder eine andere Geistin kommt einmal bei der Nacht, sie „warf sich auf

mein Bett und umarmte mich. Bei ihr ist mir alles nicht so schrecklich, was ich mir nicht erklären kann; aber sie zieht auch Kraft aus mir, wie die anderen." – Beachtlich ist, daß der Kontakt mit einigen Geistern andere daran hindern kann, sich sichtbar zu machen. Ein männlicher Geist behauptet, schon lange bei der Prinzessin zu sein, und antwortet auf ihre Frage, warum sie ihn nicht gesehen habe: „Die andern hatten deine Kraft."

Ein derartiges Leben, im jahrelangen Hingeben lebendiger Kraft an die Wesen jenseits des Leibeslebens, wäre sicherlich nicht möglich ohne Kraftspenden aus einer ebenfalls außerleiblichen Quelle. Eugenie berichtet wiederholt davon: „Habe etwas ganz Merkwürdiges gesehen. Ich war im Garten, da kam etwas so Schönes auf mich zu, Farben und Lichter, die ich gar nicht erklären kann. Ich war wie in einem Kreis von Licht, ich hörte Musik. Ebenso schön, wie es für die Augen war, ebenso empfand meine Seele etwas noch nie Dagewesenes. Wenn ich mich hin und her erforsche, kann ich nicht sagen, was es denn war, aber wieder erleben möchte ich es. Es war ein Kraftschöpfen, und ich bin so glücklich darüber." Sechs Tage später hat sie das schöne Erlebnis abermals, diesmal im Zimmer. „Ich war wie in einem Lichtballen von unendlicher Farbenpracht für das Auge, für die Seele aber unbeschreibliche Freude, ein Aufgehen in etwas Himmlischem."

Dieses Erlebnis, „das Herrliche, das trostreiche Glück" wiederholt sich. Eugenie hat keine Erklärung dafür, fürchtet auch, anormal zu sein: „Jemand wie ich", schreibt sie in ihrer Bescheidenheit, „kann doch nicht verzückt werden!" Doch eines Tages ist sie „fast eine halbe Stunde weg. Wo? das weiß ich nicht, weg von mir selbst … Es wird hell um mich, und dann weiß ich nichts mehr von mir." – Es versteht sich, daß die Geistersichtigkeit nicht nur metapsychische Kraftansprüche stellt, sondern auch ganz diesseitige an die seelische Belastbarkeit. Einmal, schreibt sie, ist ihr der Zustand, von so vielen Gestalten umgeben, fast unerträglich. „Wo ich hinging; gingen sie mit; ich dachte, ich sei verrückt … Da mitten in meiner halben Verzweiflung riß mich das ‚Andere' an sich – ich war in seelischer Ruhe und sah und hörte nichts mehr."

Das Mangelleiden der Friederike Hauffe und seine Stillung durch magnetische Kraft, ihre „Ernährung" durch magnetische Behandlung könnte man nicht nur mit dem Mangelleiden der „Armen Seelen", der unerlösten Toten und ihrer Versorgung durch begegnende Lebendige vergleichen, sondern auch mit den Kraftspenden der magnetischen Heiler an solche Leidende, die leiblich krank erscheinen, im Grunde, zutiefst aber eines Zustroms an seelischer – odischer – Kraft bedürftig sind. Von manchen solcherart Behandelnden wird daher berichtet, daß sie ebenfalls einen Kraftschwund erleiden. Eine englische Diplomatengattin stellte vor bewährten Ärzten in Paris ihre Begabung unter Beweis und hat jahrelang dort heilerisch gewirkt – mit Handauflegungen und körperweitem Bestreichen. Sie ertrug ohne Ermüdungserscheinungen jedoch nur 15 Behandlungen in der Woche. Die Rückwirkungen dieser Art sind bei verschiedenen Heilern sehr verschieden, sicherlich bedingt einerseits durch das Maß an Kraft, das sie abzugeben vermögen, andererseits durch die Fähigkeit der „Erholung", einer Erquickung, die mitbestimmt wäre durch den Zugang, den sie zu kraftspendenden Quellen haben, und seien das auch nur die Menschen ihrer alltäglichen Umgebung.

Solche Stärkungen einerseits, Schwächungen andererseits werden auch unter ganz anderen Umständen beobachtet, ja sie sind unmittelbar medizinisch ausgewertet worden. Wenn Großmütter mit ihrem Enkelkind zusammentrafen, das haben aufmerksame Beobachter wiederholt festgestellt, wirkten sie ermüdet, schwach, das Kind munter und lebensvoll. Aber im Laufe des Beisammenseins lebte die Alte auf und das Kind ermattete. „Auch junge Mädchen, welche alte Männer ehelichen, altern vorzeitig, während ihre greisen Gatten ‚noch einmal zu sich kommen', regelrecht ‚aufleben'", – Vorgänge, für die man den Ausdruck „Od-Vampyrismus" geprägt hat. Eine uralte Methode, die von Ärzten angewendet wurde, war daher der Sunamitismus. Benannt ist das Verfahren nach dem Ort Sunam, aus dem ein schönes Mädchen mit Namen Abisag stammte, das dem König David beigelegt wurde, um ihn zu wärmen; denn er fror bei hohen Jahren ständig trotz aller Kleiderhüllen. Nachrichten über solche „Behandlungen" gibt es auch aus Westeuropa, von dem römischen Arzte Galenus an bis zu Friedrichs des Großen Thronerben, seinem Neffen Friedrich Wilhelm II, dem eine neunzehnjährige Tänzerin, nicht zum Beischlaf, verschrieben wurde.

Der Od-Schwund wurde an Medien beobachtet, vor allem an denen, die physikalische Erscheinungen hervorbrachten, so an Home, so an Eusapia Paladino. Andererseits versuchen die Medien natürlicherweise, von den Teilnehmern der Sitzungen Kraft zu gewinnen, so daß bei diesen Erschöpfungszustände, ja Erkrankungen auftreten können. Von Home wird berichtet, daß er nach einigen Exprimenten nervlich und körperlich völlig erschöpft war, bleich, sprachlos, fast ohnmächtig am Boden lag. – Eusapia wird nach manchen Sitzungen ebenfalls als unbeweglich, bewußtlos, starren Blickes, schlaftrunken geschildert. Die Erschöpfung dauert gegen eine halbe Stunde, erst dann kommt sie einigermaßen wieder zu sich, ist aber immer noch wie zerschlagen, verwirrt, unfähig zu verstehen oder zu antworten.

Home pflegte die Arme gegen den Kreis auszubreiten, um Kraft an sich zu ziehen. Als Eusapia einmal die Hand eines Experimentators ergriff, war die Wirkung bei diesem ein Magenkrampf und eine Ohnmacht. Allgemein wird von der Ermüdung und Schwächung auch anderer Teilnehmer nach solchen Sitzungen berichtet; der Verlust an physischer Kraft ist häufig auch durch Messung mit dem Dynamometer nachgewiesen worden. „Die Medien liefern somit" vermerkt Fanny Moser, „den … stärksten Beweis, daß der Mensch tatsächlich im Besitz einer besonderen Kraft ist, einerlei wie wir sie nennen."

Besonders ausführlich bringt Frau Moser den Bericht eines ihr bekannten Mannes,[1] der in einer Sitzung von dem Phantom aufgefordert wurde, das Medium kräftig zu umfassen und an sich zu ziehen. Er tut das, und unmittelbar darauf erfolgt der beabsichtigte Apport – von außergewöhnlicher Art, welcher Art wird nicht berichtet. Der Mann hatte in der Tat das Medium energisch an sich gedrückt, dabei im Innersten seines Körpers einen torsionsartigen Krampf verspürt und war gegen Morgen heimgefahren worden. Nach zwei Stunden Schlafes erwacht er, versucht vergeblich, sich aufzurichten, verspürt einen Zustand ähnlich einer schweren Trunkenheit oder Seekrankheit. Er empfindet heftigen Schwindel, hat Erbrechen, 39,9° Temperatur. Die Handrücken sind stark geschwollen, leuchtend rot. Die Schwellungen bleiben etwa vier Wochen. Drei erfahrene Ärzte, die der Kranke zurate zieht, vermögen die Erscheinungen medizinisch nicht zu bestimmen. – Frau Moser vertritt die einleuchtende Erklärung, „die Störung könnte die Folge eines Konsums der Kräfte Müllers durch das Medium gewesen sein, dessen eigene Kräfte zur Hervorbringung eines so außerordentlichen Phänomens nicht ausreichten." – Für uns ist der Fall insofern von Gewicht, als er den Schädigungen nahesteht, die bei Geisterbegegnungen vorkommen: langwierige Erkrankungen, Schwächungen, Schwellungen.

Zu diesen Zeugnissen aus überschaubaren Bereichen – von Schädigungen, die durch den Einfluß von Wesenheiten entstehen, die als „Geister" angesehen werden, sei noch die Schilderung eines zeitgenössischen Schriftstellers angefügt. Werner Helbig berichtet, als Ehemann und Vater, von der gesundheitlichen Einbuße, die seine stark empfindungsfähige Frau und ein seelisch noch nicht gefestigtes Kleinkind durch längeren Aufenthalt in einem

---

[1] Fanny Moser, „Das große Buch des Okkultismus", Walter-Verlag, Olten 1974, S. 895f.

Spukhaus erlitten haben. Im Kriege hatte er mit den Seinen politische Zuflucht im Fürstentum Liechtenstein gesucht und eine Notunterkunft gefunden in einem Hause, das auf den Trümmern eines abgebrannten Gebäudes errichtet worden war. Die Ereignisse begannen „mit scheußlichen Träumen" – von einer „Madame La mort" bei der Frau, von einem klaffenden schwarzen Kater, der unterm Hause gähnte, bei ihm selbst. Die dann einsetzenden spukhaften Geschehnisse sind Mimikrigeräusche, zum Beispiel das Scharren auf dem Tretrost vor der Haustür, Fegen wie mit einem groben Reisigbesen, Klavierspiel, scheinbares Zerspringen von Glas, dazu durchs offene Fenster das Einblasen „von dichtem Gestank ähnlich Schwefelwasserstoff", der doch draußen nicht wahrzunehmen war, – ferner vielerlei andere, dem Spuk gewöhnliche Geräusche: starke Schläge, Pochen, Kratzen. Auch Bewegungen von Gegenständen traten auf, zumal die in vielen solchen Fällen vorkommenden Steinwürfe, – dabei einmal das Auswerfen von drei Kieseln in Gestalt eines Dreiecks, wie man es durch willkürliche Würfe mit denselben Kieseln nicht erreichen konnte, – das Umstürzen eines Wassereimers gegen die Kraft einer mit der Hand gehaltenen Schnur, das Betätigen der Spülung im WC – mit Pendeln der Griffkette bei eiligem Nachschauen.

Am meisten litt unter den Geschehnissen das dreijährige Söhnlein des Berichterstatters – mit nächtelanger Erregung, Schreien, Stehen im Bettchen, Visionen offenbar von einer Wesenheit, die es den „Hacho" nannte und im Herankommen gewahr wurde. Die Wahrnehmung der Störungen wurde auch hier wie so oft von einem Tier geteilt, in diesem Fall von der Hauskatze. Sie stand, wenn Spukhaftes geschah, „zitternd, miauend, mit gesträubten Haaren, hoch aufgerichtetem Schwanz da."

Der erwachsene Mensch ist offenbar gegen die unterschwellige Wirkung solcher auszehrenden Fremdwesen, Schwundstellen der Lebendigkeit entschiedener „abgedichtet" als das Tier und das noch nicht entwickelte Kleinkind. C.G. Jung, den Helbig später über das Widerfahrene befragt hat, war jedenfalls der Meinung, daß der Spuk von den Kräften der Bewohner gezehrt habe – in der Hauptsache von der Ehefrau und dem jungen Sohne. Dieser „sei dann Opfer geblieben, weil seine intellektuelle Entwicklung noch nicht eingesetzt hatte, er also den Spuk ungehemmt aus seiner Substanz her nährte bis zum Selbstverzehr. Damit behielt er recht. Wolfgang ist heute ein lebender Toter." – Mit einem Fragezeichen zu versehen ist dabei nur die Formel „intellektuelle Entwicklung", die, wie sich versteht, so auch nicht ausgesprochen worden sein muß. Entweder wäre das Wort intellektuell hier sehr viel weiter als üblich aufzufassen – oder es wäre zu ersetzen durch ein Wort, das auf die Reifung der vitalen Substanz und die damit wachsende Abgrenzung und Umhegung des lebendigen Selbst hinwiese. –

Es versteht sich, daß angesichts der Gefahren, die von einer Geisterbegegnung ausgehen können, Verfahrensweisen erprobt und überliefert worden sind, die den Lebenden schützen. So galt es als gefahrvoll, einen Geist auch nur anzureden, und wenn man das tat, war es notwendig, sich von vornherein dagegen zu verwahren, daß der Tote in Hin- und Widerrede den Lebenden erschöpfte. Denn in manchen Fällen wird erzählt, daß der Geist von sich aus den Lebenden gar nicht ansprechen konnte, daß er dazu erst der an ihn gerichteten Frage oder Aufforderung bedürfte. Sprach er aber, so tat er das mit der Kraft des Lebenden, mit seinem Atem, wie es auch heißt. Es gab daher die Regel, daß man den Geist anhauchen oder ihm vom eigenen Speichel leihen müsse. Infolgedessen war es unerläßlich, sich selbst das letzte Wort auszubedingen. Sonst besäße man keine Möglichkeit, die Rede zu beenden, und das endlose Gespräch hätte sich zu einem lebensgefährlichen Od-Verlust entwickelt. In einer Nachricht aus Uri wird überliefert, daß ein namentlich genannter Pfarrer Grenzfrevler gebannt hat. „Als er sie ansprach, hat er sich das erste und letzte Wort vorbehalten, sonst hätten sie ihn zu Tode geredet. Aber auch so kostete es ihn viele Schweißtropfen, denn die Toten reden mit dem Atem des Lebenden; er hatte mehrere Stunden mit ihnen zu disputieren, und er war zuletzt ganz erschöpft.“

Aus dem Wallis ist die Formel der Anrede in dieser Weise überliefert: „Arme Seele, daß du weder über mich noch über dich Gewalt hast, sage mir, was fehlt dir?“ – In Uri lautet eine der Anreden so: „Ich rede dich an in den drei höchsten Namen und behalte mir das erste und das letzte Wort vor.“ – Weit verbreitet sind auch die Schutzworte: „Alle guten Geister loben Gott den Herrn!“ Das ist freilich kein sicherer Schutz. Als der niedersächsische Superintendent Bornträger einen Plagegeist bannen wollte und den Spruch vor ihm aufsagte, erwiderte der Geist kurzweg: „Ek nich!“ Daher mißlang auch der Versuch, den Bann wirksam zu machen, und der Geist verabschiedete sich mit den Worten: „Nun, so gehe du zu deinem Gotte; ich will zu meinem gehen“, und verschwand. Aber der Superintendent brachte sein Pferd erst von der Stelle, als die Mitternachtsstunde vorüber war.

Sehr einfach ist die Formel der alten Schmidja, von der im Wallis erzählt wurde. Sie lud allabendlich, wenn sie zu Bette ging, die armen Seelen zu sich ins Haus, Seelen, die in der Eiseskälte auf dem Aletschgletscher ihre

Berufung zur Seligkeit abwarten mußten. Bei der Ladung, wenn sie das Fenster öffnete, sagte sie jedesmal: „Jetzt – aber mir unschädlich!" Als sie indes einmal die Verwahrung vergaß, da kamen so viele der unsichtbaren Abendsitzer herein, daß die Stube gedrängt voll ward von armen Seelen und die Frau in ihrer Angst und der Hitze zu ersticken meinte.

Ohnmacht und seelische Störung

Es versteht sich, daß der bloße Schrecken einer Geisterbegegnung, sei sie nun boshafterweise vorgespielt, sei sie eingebildet oder wirklich, eine Ohnmacht auslösen kann. Aus der schlimmen Wirkung ist nicht ohne weiteres zurückzuschließen auf die Art des Geschehens. Daher können die Sagen, wie sich versteht, nur für das zeugen, was erzählt wurde, nicht für die inneren Zusammenhänge der Begebenheiten. Mithin, wenn die Sage selbst den Schrecken als das die Folgen verursachende Mittelglied bezeichnet, kann trotzdem die außerordentliche Begegnung unvermittelt den Schaden ausgelöst haben.

Ein besonders schauerlicher Überfall durch ein Gespenst wird aus dem Oldenburger Land überliefert. Dort hatte bei dem Streit um ein Grundstück einer der Bauern durch einen Meineid den Boden gewonnen. Doch nach seinem Tode ging er um, und als sein Sohn einmal abends durch jenen Landstrich ging, schrie das Gespenst, daß ihm das Land gehöre. Der junge Bauer ließ sich verleiten mit lauter Stimme sein Besitzrecht zu behaupten. Nun kommt das Gespenst mit seinen Rufen immer näher, der Sohn sucht zu fliehen, aber noch kurz vor seinem Ziel fällt ihm etwas schweres auf die Schulter, und der Geisterruf dröhnt ihm unmittelbar vor dem Ohr. Da stieß er „einen furchtbaren Schrei aus und fiel ohnmächtig zusammen." – Über den weiteren Verlauf, irgendwelche Folgen etwa, macht diese Sage keine Angaben.

Die Geisterbegegnung muß nicht entsetzenerregend sein, und sie kann trotzdem eine Ohnmacht auslösen. Nach einer Sage aus Uri hatte ein junger Lehrer einen Schatz in einem hochgelegenen Berggrat und wollte dort eines Abends zum Stubeten gehen. Er wußte nicht, daß die Leute dort schon zu Tal gefahren waren. Aber ein Licht schien aus dem Fenster, und er bedachte nicht, daß dieses Licht dort oft gesehen wurde, wenn längst niemand mehr im Hause wohnte. Er schaute zum Fenster hinein, sah grad noch zwei Mädchen, aber das Licht ging aus, und er hörte die beiden oben im Stübli lachen. Er stieg hinauf, da kicherten sie unten. Wie er sie aber dort aufsuchen wollte,

„fiel er bewußtlos zu Boden und kam erst am Morgen", unterm Läuten der Betglocke wieder zu sich.

Eine seelische Krise hat nach einer nächtlichen Erscheinung auch der wohlbekannte schwedische Dichter Verner von Heidenstam erlebt. Er wohnte, als er den Roman über Karl XII. schrieb, milieugerecht, in einem Herrensitz, der zur Zeit des Königs errichtet worden war. In seiner Dichtung war er bis zur letzten Stunde seines Helden gekommen, da er bei Frederikshall den Todesschuß erhielt. In nächtlicher Einsamkeit saß ei in seinem Arbeitszimmer mit den Gedanken bei jener Schicksalsstunde. Da wandelte sporenklingend ein Wesen durch den benachbarten Rittersaal, und dann erschien in der Tür des Arbeitszimmers die unverwechselbare Gestalt König Karls. Er ließ sich auf einem Stuhl nieder und sprach mit einer wie Silberglocken klingenden Stimme: „Denke daran, daß ich in der letzten Nacht meines Lebens zu Gott gebetet habe!" – Heidenstam, verwirrt, wie umnebelt, neigte den Kopf, die Hand vor den Augen. Als er aufsah, war die Erscheinung verschwunden. – Der Dichter wurde am Morgen, noch immer verwirrt, von den Hausleuten zu Bett gebracht, blieb aber noch mehrere Tage lang mehr oder weniger umnachtet. – Die Erscheinung nahm er zum Anlaß, in seiner Biographie der religiösen Seite in Karls XII. Leben mehr Beachtung zu schenken. – Es ist leicht, von der wirklichen Erscheinung, von der Heidenstam überzeugt war, auf eine „Halluzination" auszuweichen, auf eine „Projektion" des mit allen Sinnen auf den König gerichteten Dichters. Hier indessen kommt es zumal auf die wohlbezeugte Störung an, die durch das wie immer entstandene königliche Ebenbild ausgelöst wurde.

Von hoher Eigenart ist das die Ohnmacht auslösende Gesicht in einer schlesischen Überlieferung, – und hier reicht seine Wirkung durch den gesamten Lebenslauf hin. Der Bericht stammt aus dem Munde dessen, dem die Begegnung selbst widerfahren ist. Er hatte als zwölfjähriger Knabe dreimal die Erscheinung einer bildschönen Frau, die ihm winkte, ihr zu folgen. Indessen hatte sie zwei Hunde bei sich, einen weißen und einen schwarzen, und vor dem schwarzen hat er sich gefürchtet. Dreimal erschien sie ihm und winkte beim letztenmal noch unter der Tür, ihr zu folgen. Der Vater, der nichts sieht, hält ihn umklammert, er kann sich nicht rühren. „Ich hörte die Dame noch schluchzend unter den Fenstern vorübergehen, dann fiel ich in Ohnmacht, aus der ich erst anderen Tages erwachte. Seit dieser Zeit bin ich nie wieder recht fröhlich gewesen. Wenn andere Leute lustig sind, so kommt mir immer die wunderschöne Dame in den Sinn" – Worte eines alten Mannes. Sie könnten einen Hinweis geben auf das Märchenmotiv vom Bilde der fernen Schönen, das den Jungmann veranlaßt, in die weite Welt zu wandern.

Solche das ganze Leben über bleibenden Verstimmungen und Störungen müssen nicht mit einer Ohnmacht einsetzen. Es begegnen uns mancherlei verschiedene Schilderungen vom sagenhaften Ursprung einer anhaltenden Veränderung der Lebensstimmung. Ein frühes Zeugnis dafür überliefert die Grettissaga. Hier fängt ein Knecht, Glam mit Namen, der durch ein gewalttätiges Gespenst ums Leben gekommen ist, selbst zu spuken an, und den Leuten „brachte das großen Schaden, so daß viele in Ohnmacht fielen, wenn sie ihn sahen, und manche verloren den Verstand." Grettir selbst, als es zum Kampfe mit dem Wiedergänger kommt, ist gezwungen, im Mondlicht ihm in die Augen zu schauen, das einzige Mal, daß ihn Schauder erfüllt. Der Tote verflucht ihn dann, bevor Grettir ihm mit dem Schwert den Kopf abhaut, „daß du immer diese Augen vor dir siehst, … und da wird es dir schwer fallen, allein zu sein, und das wird dich zum Tode ziehen." – In der Tat hatte Grettir von da an „solche Angst … vor der Dunkelheit, daß er sich nirgend allein hinzugehen traute, wenn es anfing, dunkel zu werden; er sah dann allerhand phantastische Wesen, und es gibt seitdem die Redensart, daß Glam denen Augen leihe oder das Glamsgesicht gebe, die etwas ganz anders sehen, als es ist."

Während in der Darstellung der isländischen Saga die Kausalität des Geschehens eindeutig von der Geisterbegegnung zur Seelenstörung verläuft, ist bei der folgenden Tiroler Sage die Umkehrung für eine heutige Auffassung weitaus wahrscheinlicher. Das der Verwirrung vorangehende Erlebnis könnte durchaus schon selbst ihr Beginn sein. Dieser Anfang lag erst zwanzig Jahre zurück, als der Sammler die Geschichte aufnahm. Es handelte sich da um einen baumstarken Bauernburschen, der seine Schafherde in das Vomper Loch östlich von Schwaz getrieben hatte. Die Schlucht war verrufen wegen spukhafter Lichter und auf Nimmerwiedersehen dort entrückter Wagehälse. Auch der Schafhirte wird von kleinen Lichtern verlockt, meint seine Herde zu verlassen, steht plötzlich vor einem großen Stein, über dem bewegungslos ein schönes Licht brennt, das aber dann auch wie eine große Schlange erscheint. Zugleich sieht er einen Schatz vor sich liegen, der jedoch, wenn er danach greift, zu Wind und Staub wird. Dann ist alles verschwunden, der Bursch ist bei seinen Schafen. Was er erzählt, gibt Anlaß, ihn auszulachen oder ihm vorzustellen, was er durch angemessenes Verhalten an Reichtümern und Glück hätte erlangen können. „Und solche Reden machten den Hansl nachdenkend, grübelnd, sinnenverwirrt, und ist auch derselbe noch jetzt unter dem Namen ‚der z'ritte Hansl' im Unterinntal wohlbekannt."

Mit verlockenden Schätzen haben es auch die folgenden drei Beispiele zu tun. Indessen sind viele vermeintliche Schatzorte gemäß zahllosen Belegen in erster Linie Orte von Erscheinungen, und dementsprechend ist das dort Erlebte zu beurteilen. – Vom vorwitzigen Griff nach dem Schatz handelt eine schlesische Sage. In der Nacht kommt eine Frau auf ihrem Heimweg an die Stelle, wo ein Schatz brennen soll. Sie erblickt das Feuer und läßt sich trotz ihres Grausens von der Geldgier verleiten, das Wagnis anzugehen. „Sie wollte eben einen beherzten Griff in die Flamme tun, als daraus plötzlich ein Untier hervorsprang, während ein giftiger Dunst dem Boden entstieg, der sie betäubte. Am nächsten Morgen fanden die Leute sie noch bewußtlos liegen, und die Beate blieb von der Zeit an wirblig im Kopfe."

Im Allgäu wurde von Eheleuten erzählt, daß sie an einer schatzverdächtigen Stelle gegraben hätten und, als ihnen plötzlich der Teufel erschien, in die Kirche geflohen seien, sonst hätte er sie mitgenommen. „Von dem ausgestandenen Schrecken aber sind beide hintersinnig geworden."

In der Sage vom Schatz im Berge kommt zumeist das Kind, das in der Schatzhöhle zurückbleibt, unversehrt am bestimmten Tage wieder ans Licht. Von einem höchst eigenartigen Verlauf und einer dem entsprechenden Störung dagegen erzählt eine Loferer Sage, also aus dem Grenzgebiet von Tirol und Salzburg. Dort hat die Mutter gegen wirtschaftliche Hilfe einer schatzhütenden Geistin auf drei Jahre ihr Kind, ein zweijähriges Mädchen, überlassen. Nur ungern gibt das „Loferer Fräulein" am vereinbarten Tage die Fünfjährige zurück, dazu eine reiche Geldesgabe. „Das Kind wuchs zu einem schönen Mädchen heran, blieb aber stets verschlossen und hat sich nie verheiratet. Am liebsten war es allein, und es war, als läge ein Schleier über sein Leben gebreitet."

Dieser Verlauf scheint von jedem sagenhaften Geschehen schon weit entfernt zu sein, und in allen drei Berichten wäre die Ursächlichkeit schwer zu hinterfragen. Einfacher scheint der Ablauf bei den beiden folgenden Überlieferungen, wo auch der Schaden nur kurze Zeit anhält und der Zusammenhang von Ursache und Auswirkung enger zu sein scheint. So wird in einer Osnabrücker Sage erzählt, daß ein Mann gegen ein Gespenst die Hunde aufhetzt und auch selbst mit dagegen anläuft. Da dehnt es sich aus, glüht über und über, und der Bauer sieht nichts als eine feurige Wand. Da läuft er weg und gelangt mit genauer Not ins Haus. Fast hätte das Gespenst ihn gepackt. „Nollman aber hat drei Tage lang nicht zu Verstande kommen können.“

Nach einer schlesischen Sage kommt ein übermütiger Geiger nach einer Veranstaltung beim Heimweg über den Kirchhof auf den Gedanken, auch den Toten aufzuspielen. Wie er aber die Geige ansetzt und zu fiedeln beginnt, da versetzt es ihm eine Ohrfeige, und er hört noch die Worte: Laß du die Toten ruhn! „Dann hat er das Bewußtsein verloren. Wie er aufwachte, wissen Sie, wo er lag? Hinten auf einem Felde auf der Walze. Er war ein paar Tage nicht ganz gescheut und hat sehr lange daran gekrebst. Die Haare sind ihm an der Kopfseite ausgegangen.“

Schwellungen, Hautschäden

Eine höchst eigenartige Folge der Begegnung mit Geistern sind Schwellungen, zumal des Kopfes, und Hautschäden. Von dem geschwollenen Kopf wird anscheinend besonders oft in den Schweizer Sagen erzählt; es fehlt aber auch in anderen Gegenden nicht an solchen Berichten. In Mecklenburg spukte es auf einer Brücke, wo ein Tagelöhner seine Frau erstochen hatte. Man hörte Klagelaute, mußte einen Aufhocker schleppen. „Mancher hat auch schon einen dick geschwollenen Kopf davongetragen.“ Ebenfalls in Mecklenburg wurde von Zeit zu Zeit ein mit Schimmeln bespannter Wagen gesehen, in dem des Nachts ein Meineidiger nach seinem Tode durch die Straßen von Grabow fahren mußte. „Wer ihm begegnet, darf ihn nicht anreden, sonst wird er krank oder stirbt noch im selben Jahre.“ Ein Mann sah das Fuhrwerk, „riß das Fenster auf und fragte, wohin es gehe. Noch in derselben Nacht schwoll ihm der Kopf so groß wie ein Faß an.“

In der Priegnitz ließ sich, namentlich in den Zwölften, die Frau Gode mit dem Getöse einer großen Jagd hören. Einem Bauern werden die Pferde scheu, er steigt vom Wagen, läßt den Zug an sich vorüber, haut aber mit der Peitsche, als er fast vorüber ist, nach einem kleinen Hunde. „Das ist ihm aber übel bekommen, denn am anderen Tage hat er einen ganz dicken Kopf gehabt und hat wohl vierzehn Tage gelegen, ehe er wieder gesund wurde.“

Ein betrügerischer schlesischer Gastwirt muß an bestimmten Tagen umgehen und tobt dann als Ungeheuer in seiner ehemaligen Gaststube; er hat den Leib eines Ochsen, aber ein Menschenhaupt mit riesigen Hörnern und langen Ohren. Eine neugierige Magd muß das einmal durch den Schieblich in der Stubendecke selber mit ansehen, beobachtet all das zerstörerische, lärmende Tun des Gespenstes und sieht, wie dessen „Kopf immer dicker und röter" wird. Wie so häufig in solchen Spukfällen, findet man am nächsten Tage von den Verwüstungen keine Spur. Doch „die Magd sah man am Morgen ober dem Schieber liegen mit einem verschwollenen Gesicht. Sie fiel in ein hitziges Fieber, gesundete aber wieder."

In Vorarlberg[2] berichtet eine Frau selbst nach der Wiedergabe eines Zuhörers, daß beim Heimgarten auf einem Maiensäß sie den Geschichten von spukenden Bützen keinen Glauben geschenkt und gesagt habe: „‚Soviel Bütz im Maises sind, sie können heute kommen!' Bald darauf verließ ich die Gesellschaft und suchte mein Nachtlager im Stall auf. Kaum hatte ich mich zur Ruhe gelegt, tat der Viehwidder einen Pfiff und einen Satz, und mich packte eine unsichtbare Hand mit unmenschlicher Gewalt, drückte, riß und quälte mich in unsäglicher Weise. In der Früh fand man mich mit hochgeschwollenem Kopf im Mistgraben liegen, und ich bekam die hitzige Krankheit, von der ich erst nach Wochen genas." – Sowohl die Neugier, Geistererscheinungen wahrzunehmen, wie das übermütige Ableugnen legen offenbar den Lebenden für die Einwirkung der Gespenster bloß.

Von manchen Erscheinungen wird es geradezu als Regel vermerkt, daß die Begegnung eine solche Schwellung nach sich ziehe. So war es auch bei einem Graubündner Gespenst[3], das in der Gestalt eines großen schwarzgekleideten Herrn erschien – mit unbekannter Vorgeschichte, jedenfalls, so wurde vermutet, mit der eines Bösewichts: „Jeder, der ihn sieht oder ihm begegnet, bekommt ein arggeschwollenes Gesicht." Als eine Waschfrau spät nach Hause geht, ist es ihr, als gehe jener Herr an ihr vorbei und hauche sie warm an. Am Morgen stand sie nicht zur gewohnten Zeit auf, und als man nach ihr sah, fand man sie noch schlafend, „aber sie hatte einen geschwollenen Kopf, wie eine ‚Kartone' (Quartane, Maaß) groß. – Sie lag stark im Fieber, und nur durch ganz besondere geheime Mittel konnte ihr geholfen werden."

Die Sagen vom Gesicht, das infolge einer Geisterbegegnung geschwollen ist, folgen durchaus nicht einem Schema, sondern erzählen von ganz individuellen Anlässen. Von einer Berghöhe im Aargau, wo sich die Fußwege zu wohl fünf Ortschaften begegnen, wurde erzählt, daß dort in alter Zeit ein

---

[2]   Alexander Schöppner, „Bayrische Sagen", Bd. III, München 1855 / Augsburg 1990, Nr. 1307.
[3]   Paul Quensel, „Thüringer Sagen", Düsseldorf 1974, S. 326.

Wirtshaus mit einer Kegelbahn gewesen wäre und daß der spukhafte Trubel und die Tanzmusik dazu um Mitternacht immer noch zu hören sei. Ein Müller, der eines Nachts seines Weges ging, ward dort zunächst im Fortschreiten völlig gehemmt, er kam nicht mehr vor noch zurück. „Zuletzt hieb er mit dem Stocke um sich und drängte sich gewaltsam hindurch, aber nicht, ohne einen geschwollenen Kopf mit heimzubringen." Eine unbegründete Verallgemeinerung solcher Erfahrungen war es, wenn man es dortzulande nicht wagte, „sich einem Irrlicht zu nähern; man bekäme sonst ein Rüfengesicht, einen geschwollenen Kopf."

Auch in Uri gibt es mancherlei Geschichten von solchen Schwellungen und anderen Geisterwirkungen. Als ein Bursche nächtlicherweile zum Axen aufstieg, saß am Chryzli-Egg Einer, der seine drei Klafter langen Beine über den Weg streckte. Der Bursche meinte, er ginge nicht mehr zurück und kraxelte hinüber; aber dann packt ihn das Entsetzen, er läuft, und in den Tannen rauscht es dazu. Aber den Grind hat er eine ganze Woche geschwollen gehabt wie einen Bienenkorb. – Ebenfalls in Uri mußte sich eines Abends ein Mann noch auf den Weg machen, um bei einer Kuh zu wachen, die kalben sollte. Ein Licht kommt ihm entgegen, doch um das Rind nicht zu verlieren, geht er fürbaß. Bei der Begegnung spürt er nichts, doch am Morgen hat er den Mund voller Windblattern gehabt. – Auch derlei Ausschläge im Gesicht werden des öfteren erwähnt. Als ein Mann von Altdorf heimging, mußte er durch das sogenannte „enge Gässli" mit hohen Mauern zuseiten; er stieß aber dort auf ein Gespenst, das ihm „mit gespreizten Beinen den Weg versperrte." Es blieb ihm keine Wahl, als zwischen den Beinen hindurchzugehen. „Geschaudert hat's ihn schon ein wenig, aber Übles ist ihm nichts geschehen, als daß er am nächsten Tag unwohl und mit einem Ausschlag im Gesicht behaftet war."

Von einem Ausschlag im Gesicht wird auch im Wallis erzählt. Dort zog vor etwas weniger als hundert Jahren an einem Mann die Totenprozession vorüber – mit Leuten, die er zu Lebzeiten noch gekannt hatte. Er war zur Seite gesprungen, hatte sich niedergekniet und gebetet. Diese Begegnung dauerte mindestens fünf Minuten. Geschehen war dem Mann nichts, „nur habe er am andern Tag das Gesicht voll Ausschlag gehabt."

Wieder anders bei einer Frau, die am Abend drei Burschen abweist, die auf ihr Haus zukommen, anscheinend um bei ihr einen Besuch zu machen. Sie riegelt zu, aber dreimal geht in der Nacht die Hüttentüre auf, dreimal muß sie nachschauen gehen und dreimal aufs neue verriegeln. „Am nächsten Morgen hatte sie den Kopf geschwollen und ganz dicht mit Bläschen bedeckt."

In einem Spukhaus kommt ein Geist zu dem Besitzer ins Bett, legte den Kopf auf dessen rechten Arm und blieb die ganze Nacht. Der Mann „konnte sich nicht bewegen und nicht rufen. Der Arm war mehrere Tage geschwollen und gelähmt." – Ein Bursche greift hinter einem Mann her, der ihm erschienen und in ein Erdloch gefahren ist; er läßt aber geschwind wieder los, „denn die Hand begann ihn zu brennen. Auf dem Heimwege schwoll sie an, und am nächsten Morgen war der ganze Arm so geschwollen, daß sie den Arzt zurate ziehen mußten." – Ein trunkner Mann verfolgt mit dem Stecken ein Mandli, das oft in der Küche seines Hauses spukte, die Stiege hinauf. Als er wieder herunterkam, hatte er „einen Arm ganz schwarz und geschwollen."

Ein berühmter Fall von Erscheinen und Einwirken eines Totengeistes hat sich im 13. Jahrhundert in Braunschweig zugetragen, in aufgeklärter Zeit und Umgebung, und der Versuch, diese Begebenheit rational zu bagatellisieren, setzte sogleich mit den Verhören der Betroffenen ein, und er geht fort in den Vaterländischen Geschichten und Denkwürdigkeiten des vorigen Jahrhunderts. Man hält es für nicht unwahrscheinlich, daß „der Betrug" zwar aufgespürt worden sei, daß man das eigentliche Ergebnis der amtlichen Untersuchung jedoch niedergeschlagen habe, um die beteiligten Personen nicht zu kompromittieren und dem eben gegründeten Collegium Carolinum nicht zu schaden. Jung-Stilling dagegen erklärt, daß er in sein Buch keine Geschichte aufnähme, von deren Gewißheit er keine Beweise habe. An der Wahrheit der Braunschweiger Vorfälle sei gar nicht zu zweifeln, er wisse davon aus mehreren sicheren Quellen. Die gesundheitliche Schädigung hatte der Magister Hoefer davongetragen, ein Hofmeister, also eine Aufsichtsperson des Collegiums. Bei einer seiner nächtlichen Visitationen hatte er flüchtig eine Person wahrgenommen, die in einer Ecke des Ganges saß. Danach war er mit einer Handleuchte am ausgestreckten Arme dorthin zurückgekehrt und hatte, allen Anzeichen nach, den vor knapp einem halben Jahre verstorbenen früheren Hofmeister Dorrien in seinem wohlbekannten grünen Schlafrock, freilich gebeugt und mit gesenktem Haupte, gesehen. „Der große Schrecken über diesen Anblick sei ihm besonders in die rechte Hand gefahren, und die Finger derselben seien völlig erstarrt." Der Schmerz hielt lange an und habe sich beim neuen Anblick der Gestalt verstärkt. Aus den Fingern habe sich die Geschwulst auch „in die Gelenke gezogen und selbst die andere Hand ergriffen. Auch scheine sich dieselbe an dem Enkel des linken Fußes zu äußern." – Auch ein Professor der Mathematik namens Oeder, von philosophischer Haltung, hat die Gestalt wiederholt gesehen, obwohl er zunächst

Hoefers Bericht mit Unglauben begegnet war. Er hat auch die Gesichtszüge wahrgenommen und namentlich den schwarzen Bart, der dem kranken Dörrien in seinen letzten Tagen gewachsen war. Es wird nicht berichtet, daß auch Oeder eine leibliche Schädigung erfahren habe.

Verbrennungen

Die Schwärzung am Leibe des Lebenden durch Geisterberührung und -einwirkung ist ein häufiges Vorkommnis in allerlei Überlieferung, – so auch in der oben zitierten Egerer Sage von der angetasteten Brust eines Mädchens. Daß die Verfärbung durch Hitzeeinwirkung zustande kommt, ist oft an den Begleiterscheinungen beobachtet worden. Daher war es eine weithin beachtete Regel, daß man gegen den von Geistern nicht selten angebotenen Handschlag die eigene Hand schützen müsse, etwa mit einem Tuch, oder daß man statt der Hand irgendeinen Gegenstand hinreichen solle. Bei dieser Gruppe von Begebenheiten handelt es sich auch keineswegs allein um Zeugnisse aus der mündlichen Überlieferung; es gibt darüber genügend Dokumente und, soweit Gegenstände berührt wurden und erhalten blieben, ist noch jetzt die Art der Brandspur feststellbar; vielleicht wären sogar Rückschlüsse auf den Vorgang der Entzündung möglich. Bei der Vielzahl vorhandener derartiger Gegenstände ist es zum Verwundern, daß daran meines Wissens noch keine mikroskopische und molekular-wissenschaftliche Untersuchung bis ins letzte durchgeführt worden ist.

Daß derlei Brände einen höchst eigentümlichen Ursprung und Verlauf nehmen und mit dem gewöhnlichen Entzünden und Versengen und der normalen Ausbreitung eines Feuers nicht einfach vergleichbar sind, geht unter anderem aus der Schilderung eines Brandes hervor, der in einem wohlbezeugten Spukfall des vorigen Jahrhunderts auftrat. Des öfteren begann es im Hause „ohne erkennbare Ursache zu brennen." Bei dem gefährlichsten Vorfall der Art gab es einen Knall in der oberen Kammer. Dichter Rauch drang aus dem Fenster. Man findet „ein Bett in ‚eigentümlichen Flammen'." Es gelingt, „das Feuer zu löschen. Auffällig war, daß das Stroh des Bettes nicht mit verbrannt war! Dagegen waren dessen Seitenpfosten von innen einen Viertel bis einen halben Zoll verkohlt und die Kleider im Schrank zu Zunder geworden."

In den Sagen werden des öfteren auch Fälle angeführt, in denen der Lebende es an der notwendigen Vorsicht hat fehlen lassen und dem Geiste die ungeschützte Hand hingestreckt hat. – In einer Harzer Sage hat ein Bauer sich zu Lebzeiten am Eigentum der Nachbarn vergangen und bittet seine Frau, diese zu entschädigen, – durch Handschlag solle sie es ihm zusagen: „am anderen Morgen war die Hand, welche sie ihm hingereicht hatte, ganz verbrannt und fiel ab."

Man würde eine solche Aussage ohne Zögern als unklar oder verfälscht verwerfen, stünden ihr nicht solche Berichte über spukhafte Brände zur Seite wie der eben wiedergegebene und gäbe es nicht die rätselhaften Nachrichten über spontane Selbstverbrennungen. Sind doch bei diesen lebende Menschenleiber in Kürze und für sich allein von einem offensichtlich hochtemperierten Feuer weitgehend verzehrt worden, bisweilen jedoch unter Verschonung einzelner, vom Brande nicht berührter Gliedmaßen. Ein geistesgeschichtlich merkwürdiger Fall ist der der partiell verbrannten Gräfin von Görlitz, bei dem ein Diener angeklagt wurde, sie ermordet zu haben. Es half ihm nichts, daß die Verteidigung auf die seit Jahrhunderten bezeugten Fälle von Selbstverbrennung hinwies. Denn die Gräfin war am 13. Juni 1847 ums Leben gekommen und der Prozeß fand im Jahre 1850 statt, also auf dem Höhepunkt der schrankenlos klugen, naturwissenschaftlich aufgeklärten Epoche, und ein Justus von Liebig selbst stützte mit seinem Gutachten die Anklage. Ein menschlicher Körper mit seinem Wasserreichtum, auch selbst der eines stark alkoholisierten Trinkers, kann nicht spontan verbrennen.

Indessen, die gesammelten Fälle, so rätselhaft sie sein mögen, sprechen geradezu gegen die angemaßte chemische Beurteilung, so daß vor diesem Hintergrunde die ganz verbrannte und abfallende Hand der Harzer Sage nicht völlig absurd erscheinen mag und man sich genötigt findet, das Urteil über den sagenhaften Bericht zu verschieben. Auf keinen Fall aber kann man der pseudorationalen Verfälschung der Quelle selber beifallen, wie sie sich in den Harzsagen von Gerhard Kahle findet. Er übernimmt die Sage aus der alten Sammlung, gleicht sie aber der standardisierten Form geisterkundigen Verhaltens an: der Forderung des Toten, das Versprechen mit Handschlag zu besiegeln, kommt die Frau nach „und reichte ihm die Hand, wickelte aber vorher ihre Schürze darum. Am andern Morgen war die Schürze an der Stelle, wo der Geist angefaßt hatte, verbrannt …", und von der Hand ist keine Rede. Der Wortlaut der Sage stammt höchstwahrscheinlich von einem Ortsansässigen, der sich gewiß gehütet haben würde, ein sonst nicht bezeugtes Phänomen in das von ihm Erzählte hineinzuschmuggeln. Umgekehrt: wie kommt der Herausgeber in diesem Jahrhundert zu seiner Verfälschung der Überlieferung?

In manchen Sagen dienen die Brandzeichen von der Geisterhand auch als Beglaubigung der wirklichen Erscheinung. William Butler Yeats berichtet von einem derartigen Geschehnis – aus einer bestimmten Ortschaft in Irland mit Namen und anderen Einzelheiten. Eine kurz zuvor Verstorbene begegnet wiederholt der Frau, die an ihrem Sterbebett gesessen hat, und, beim dritten Mal befragt, entgegnet sie, daß ihre Kinder, die nach ihrem Tode ins Armenhaus gekommen sind, dort wieder herausgenommen werden sollen. „‚Wenn mein Mann dir nicht glaubt‘, sagte sie, ‚zeig ihm das!‘ und berührte mit drei Fingern das Handgelenk der Frau. Die berührten Stellen schwollen an und wurden schwarz.“

Beim Wortlaut der folgenden beiden Berichte bleibt das Ausmaß der Verbrennungen unklar; immerhin scheinen die Schäden noch heilbar zu sein. Hervorzuheben wäre, daß die Hilfswilligkeit der lebenden Frauen sie nicht etwa vor den Beschädigungen durch die geistereigene Hitze bewahrt. Im Allgäu hieß es von einer Geistin, daß man sie erlösen könne, indem man mit ihr den Rosenkranz bete, wobei die Tote und die Lebende beide zusammen die Gebetsschnur mit der Hand halten müßten. Eine beherzte Frau hat das einmal versucht; aber die Perlen wurden dabei überaus schwer und dann auch noch glühend, und die Frau fiel in Ohnmacht. Als sie am Morgen aufwachte, waren ihr die Hände versengt und der Rosenkranz war verkohlt. – In Uri glaubt eine Geistin, an dem einengenden Leichentuch zu leiden, in dem sie umgeht. Sie bittet eine Schneiderin, es aufzuschneiden. Diese, immer wieder von einem Gottesgelehrten beraten, entschließt sich dazu, behält sich auch wohlweislich das letzte Wort vor. Dann „schlitzte sie … mit einer Schere die Hülle auf, und der Geist war erlöst. Aber die rechte Hand der erlösenden Schneiderin war ganz verbrannt; der Ratgeber hatte … vergessen, ihr zu sagen, daß sie die Hand einwickeln solle.“

Unverletzt kommen die davon, die von der Notwendigkeit eines Schutzes wissen und das beherzigen. Erlöste Geister wünschen in vielen Fällen, sich mit Handschlag zu bedanken und zu verabschieden. So geht es einem Ratsherrn in Uri; der Geist bietet ihm „zum Abschied seine Rechte dar; dieser aber umwand die seine mit einem Sacklumpli, bevor er einschlug. Es zeigte nachher die Brandspur der Geisterhand.“ – Von einem im Hohenlohischen noch vorhandenen derartigen Tuch lautet der Bericht über den entscheidenden Vorgang folgendermaßen. Vor dem Mädchen von Orlach, Magdalena

Gronbach, erscheint die weiße Geistin in strahlender Helle, streckt eine weiße Hand aus und bedankt sich für die getreuliche Befolgung der Weisungen,
die zu ihrer Erlösung geführt haben. „Und da hat mein Großvater (der Bruder
der Magdalena) immer gesagt, er wisse nicht, sei es bloßer Zufall gewesen
oder hätte sie es schon gehört gehabt, man solle einem Geist keine bloße
Hand geben: so wie sie das Tuch in der Tasche gehabt hat, hat sie's raus und
hat es auf die Hand gelegt, und auf einmal hat sie ein leichtes Ziehen gemerkt
und ein leichtes Glimmen, und da sei die Hand eingebrannt gewesen."

Oft wurde auch, wenn der Geist nach einem Händedruck verlangte, ein
hölzerner Gegenstand hingehalten. Eine holsteinische Magd sollte der weiblichen Erscheinung das Versprechen der Erlösung mit einem Handschlag be-
kräftigen. Sie bot der Geistin das eine Ende ihrer Wassertracht dar und fand
am Morgen dort „die fünf Finger des Gespenstes tief eingebrannt." Die Erlösung gelang, und die so merkwürdig gezeichnete Wassertracht „ward nach
Kopenhagen in die Kunstkammer geschickt, wo sie noch zu sehen ist."

In Uri reichte ein Mann einem Geiste eine Schindel, auf der dann fünf
Finger eingebrannt waren. Sie wurde im Hausdach eingesetzt; man hat sie
zwar wiederholt später gegen eine andere vertauscht, aber auch die neue
Schindel trug das Brandzeichen. „Man kann sie heute noch sehen." – In einer anderen Sage aus dem Kanton heißt es, daß die Schindel nach dem Griff
des Geistes „ganz verbrannt" war. – Seltsamerweise wird auch von einem so
hingehaltenen Steinplättchen erzählt, daß darauf „nachher die ganze Hand
eingebrannt zu sehen" war.

Zahlreich sind die Sagen, in denen das Brandzeichen nach frivolem Umgang mit einem Geist dem Hause eingeprägt wird. Am Ufer der Maaß ging
ein lichterloh brennender Feuermann um. Wenn man ihm pfiff, kam er gerannt. Man mußte sich dann geschwind hinter der Haustür bergen; „er aber
schlug mit der flachen Hand auf die Thüre, und am anderen Tage fand man
die Stelle schwarz verbrannt." – Auch im Elsaß gibt es solche Spuren, so
an einem Fensterladen; „der Eigentümer hat später ein hölzernes Schieber-
chen davor gemacht, um sie zu bedecken." – Im Aargau war an einer Tür
das Brandzeichen so tief, daß die „Kinder der Umgegend häufig ihre eigene
Hand hineingelegt und ihre Spanne daran gemessen haben. Deshalb hat nun
der Bauer ein Brettlein über den Brandfleck nageln lassen." – In einer westfälischen Sage reizt der Bauer einen gewalttätigen Totengeist, der gewöhnlich
als ein feuriges Rad aus einer tiefen Kuhle rollte und den zu verderben trachtete, der ihn gerufen hatte. In diesem Falle ging es um eine Wette, und der

Bauer hat mit seinem Pferd den Ritt vom Geisterloch zur Hausdiele geübt. Wirklich entgeht er dem Verfolger, aber das Wahrzeichen von dem glühenden Rade war am Morgen am Hausständer zu sehen. Er war schwarz verkohlt.

Besonders eigenartig sind die von feuriger Geisterhand verletzten Bücher. Hier vermag man sich nur schwer die Einwirkung eines glühenden Gegenstandes vorzustellen, die eine solche Spur hervorgerufen haben könnte. Vielmehr scheint eine „von innen" heraus wirkende Brandursache daran sichtbar zu werden. In einem Fall aus diesem Jahrhundert „sieht" eine junge Frau während einer Totenmesse eine arme Seele in Flammen über dem Meßbuch. Der Pfarrer findet beim Nachsehen „die Blätter der Epistel durchgebrannt". Ein Augenzeuge, der das Meßbuch genau angesehen hat, meint, daß die Brandspuren nicht natürlich zu erklären seien, „so eigenartig waren sie über die beiden Buchseiten ausgebreitet, ohne die folgenden Blätter erfaßt zu haben. Sie konnten unmöglich auf natürliche Weise in das Buch gekommen sein. – Das Buch für Totenmessen ist seither nicht mehr gebraucht worden und liegt im Pfarrarchiv aufbewahrt."

Einen in der Literatur wohlbekannten Vorfall ähnlicher Art hat Jung-Stilling ohne Namens- oder Ortsnennungen nach dem 1759 gedruckten Bericht des Familienvaters ausführlich dargestellt. Aber der hohenlohische Pfarrer Nikolaus Gerber, der ein „Nachtgebiet der Natur" geschrieben hat, nennt diese Begebenheit die „Hammersche Geschichte" und erklärt, daß er die fragliche Bibel selbst gesehen habe. Das Besondere an diesem Fall ist, daß der Geist die Bibel – mit einem angebundenen kleinen Gesangbuch – selber vom Borde oben heruntergenommen, aus dem Futteral gezogen, das Gesangbuch aufgeschlagen, ein bestimmtes Lied durch Einschlagen einer Seitenecke (durch ein „Eselsohr") bezeichnet und den Band wieder an seinen Ort gestellt hat. Der Sohn, dem der Geist erscheint, hat all dies mit angeschaut und dabei auch einen „Dampf" aufsteigen sehen. Der Vater findet diese Vorgänge sämtlich durch die Spuren an dem Buche bezeugt: das Ergreifen des Einbandes vorn und hinten durch Schrumpfung und Brandspuren im Leder, das Eselsohr beim genannten Liede und dort auch linkerseits die Fingerspuren außen, die Daumenspur innen mit 2 durchgebrannten und 5 schwarzversengten Seiten und schließlich noch den schwarzen Fleck bei dem mit dem Finger bezeichneten Verse. – Zum Abschluß gab es auch hier das Handzeichen im Schnupftuch, das der Vater eingehend beschrieben hat. Die Bibel, das Tuch und der gedruckte Bericht sollten von den „Nachkommen zu einem immerwährenden Andenken … aufbehalten werden."

Erkrankungen – Dauerschäden

Eingangs und mit einigen weiteren Überlieferungen sind außer den Hautschäden bereits Fälle von anderen Erkrankungen und anhaltenden Schädigungen zur Sprache gekommen: Unwohlsein, Schwächeanfälle, Bettlägerigkeit, Lähmungen, Haarausfall, Fieber. Diese Reihe setzt sich fort in anhaltenden Siechtum und schlimmen Dauerschäden.

Begonnen sei mit dem Erlebnis einer bekannten Persönlichkeit, eines Mannes, dem man vorzugsweise die Kraft zuschreiben möchte, der geisterhaften Einwirkung zu widerstehen: Don Bosco, Gründer der Kongregation der Salesianer. Er war 24 Jahre alt, als er den nächsten Freund durch den Tod verlor, und mit ihm hatte er die Verabredung getroffen, daß der zuerst Verstorbene dem Lebenden von seinem Schicksal in der anderen Welt künden solle. In der Nacht, die auf die Bestattung folgt, naht sich der Tote dem Saale, in dem Bosco und zwanzig theologische Schüler schlafen, mit einem ungeheuren Lärm, krachend, dröhnend, Wände und Gewölbe erschütternd. Die Tür springt auf, ein wechselndes farbiges Licht, dem Schallrhythmus entsprechend, dringt ein. Dann tiefe Stille, ein lebhafteres Leuchten – und mit der Stimme des Toten, dreimal nacheinander die Worte: Bosco, Bosco! Ich bin gerettet! – Das Licht leuchtet noch heller auf, das Getöse schwillt noch einmal an, erschüttert wie ein Donner das Haus. – Die Schüler sind völlig verstört. Nur schwer gelingt es Don Bosco, sie zu beruhigen. Aber auch er selbst bekennt, daß er Furchtbares ausgestanden hat, daß er in seinem Entsetzen am liebsten gestorben wäre. „Ich verfiel in eine Krankheit, die mich an den Rand des Grabes brachte und meine Gesundheit derart schwächte, daß sie erst nach vielen Jahren ihre frühere Stärke wieder erreichte." – Im Hinblick auf dieses Erlebnis, das eine bekannte Persönlichkeit selbst schildert, wird man auch den aus Sagenbüchern entnommenen Berichten eine gewisse Wahrscheinlichkeit nicht versagen. Schwächung und Krankheit dürften in diesem Fall im Zusammenhang stehen mit der Mächtigkeit der akustischen, optischen und mechanischen Vorgänge. Vielleicht beruht deren außergewöhnliche Stärke außerdem auch auf der Verfügbarkeit von medialer Kraft in den anwesenden Jugendlichen.

Ein Vorfall im Erzgebirge bei Johann-Georgenstadt ist 1719 erlebt worden und wurde fünf Jahre später im Druck mitgeteilt. Ein Mann sollte vom Meiler für einen Schmied Kohlen fahren und meinte am Orte den Schmiedegesellen zu treffen, der ihm beim Aufladen helfen sollte. Auf seinen Anruf tritt auch eine Gestalt aus dem Gebüsch und hebt mit ihm etliche Kübel voll Kohlen auf den Karren. Der Mann aber, als er den seltsam gestalteten Unterleib dieses Helfers wahrnimmt, weist ihn ab, stößt ihn weg. Darauf bietet ihm der Mißgestaltige wiederholt eine Menge Goldstücke an, aber der Kohlenfahrer schleudert das Geld von sich, daß es umherfliegt. Der andere hat es im Nu wieder in einem Beutel und hält ihn dem Fahrer hin, läuft auch neben ihm her, bis der Mann die Geduld verliert, den anderen garstig ausschilt und mit der Peitsche nach ihm schlägt. „Darauf ist dieser in das Holz gegangen, jenen aber hat ein solcher Dampf und Gestank überfallen, daß er zu ersticken vermeinte, wie er denn sich auch wirklich lange nachher noch unpäßlich befand."

Nach einer Überlieferung aus Niedersachsen hatte ein verwegener Knabe gehört, daß man in der Matthiasnacht die Geister sehen kann, und er verbirgt sich dazu im hohlen Stamm der mächtigen Linde bei der Kirche zu Laer. „Als es Mitternacht schlug, rauschte es im Wipfel, die Hunde winselten, und still und feierlich zog eine lange Reihe weißer Gestalten paarweise an der Linde vorüber zur Kirche. Dem Knaben entschwanden die Sinne, und wochenlang lag er in wilden Fieberträumen."

In Schlesien steckte in einem engen Zaunring um einen Rasenfleck außerhalb des Dorfes ein kleines Männel; das war wohl ein dorthinein gebannter Geist. Dies Männchen rief, als ein Mädel vorüberkam, das dem Vater sein Essen zutrug: Heb' mich heraus! – Doch wie das Mädchen das getan hat, ward ein langer Mann daraus, und der lief über die Felder fort. „Das Mädel aber hat noch lange krank gelegen."

In Mecklenburg ist ein Mädchen mit anderen beim Kartoffelausnehmen und antwortet übermütigerweise auf den Ruf des „Juchhans", eines Gespenstes, das dem dreisten Rufer durch Aufhocken und andere Übeltaten mitzuspielen pflegt. In diesem Falle „kam es wie ein Mühlrad an und hat das Mädchen arg zugerichtet, daß es längere Zeit todkrank gewesen ist."

Die schlimme Einwirkung muß nicht von einzelnen oder mehreren Gespenstern ausgehen, sie kann auch herrühren aus einer ganzen, mit Gefahr geladenen Örtlichkeit. Ein Beispiel bot im Kreise Greifenhagen in Pommern der schwarze See, eine Stätte, wo einstmals ein Dorf gottloser Einwohner versunken sein sollte. Junge Frauen, im ersten Ehejahr, vernahmen am Mittag des Johannistages dort noch ein Getöse von der untergegangenen Ortschaft, dumpfes Glockenläuten, Pferdewiehern, Rindergebrüll, menschliches Wimmern und Stöhnen. Aber seit dem hier wiedergegebenen Ereignis ist der See so gefürchtet, daß „viele Leute selbst aus der nächsten Umgebung … ihn nur vom Hörensagen" kennen. Es ging nämlich ein roher Spötter nun grad am Morgen jenes gefährlichen Tages dort angeln. Doch fängt er nichts und ergeht sich in Flüchen. Indes liegt der See so unbewegt, so unheimlich da, daß den Rohling nun selber eine peinliche Angst befällt. Dann beginnt, unterm Mittagläuten, der See zu brausen und Wellen zu schlagen; der Schwimmer an der Angel zuckt und fährt in die Tiefe; aber was der Mann herauszieht, ist eine mächtige Schlange, und gleichzeitig tauchen tausend andere Schlangenköpfe auf. Der Mann läßt die Angel fahren und flüchtet nach Haus. „Erst nach einem halben Jahre genas der Mann von der gefährlichen Krankheit, die er sich infolge des Schreckens zugezogen hatte."

Die bisher angeführten Beispiele wissen von schlimmem Siechtum als Folge der Geisterbegegnung. Andere Überlieferungen bezeugen lebenslang unheilbare Schädigungen. So erzählt eine Aargauer Sage in aller Kurze dies: „Noch spät des Nachts rieb eine Frau ihren Hanf in der Hanfmühle. Um zwölf Uhr kam ein Mann zu ihr herein und tanzte. Aus purer Blödheit tanzte sie endlich auch mit. Beim letzten Glockenschlag war er verschwunden, ihr aber blieb seitdem der linke Arm unbrauchbar, mit dem sie den Tänzer umschlungen hatte." – Im Wallis bückte sich ein Mann, als der Gratzug, das heißt die Prozession der Totengeister, sich nahte. „Da schritt ein Totes über ihn hinweg, und von da an blieb der Mann zeitlebens gebückt. Er konnte sich nie mehr strecken." – In Graubünden gerieten zwei Burschen in tiefer Nacht in eine Tanzgesellschaft. Der eine schrieb sich in das Gesellschaftsbuch ein und mußte von da an unter dem Zwang des „Bösen", ob er wollte oder nicht, alle Tänze mitmachen. „Sein Camerad, der vom Tanze sich weggemacht hatte, blieb von jeder Quälerei durch den Satan verschont, außer daß er seit jenem Abende her ein Zittern in den Knien verspürte, das er nie mehr los wurde."

Von der dreisten Magd

Es ist bemerkenswert, daß auch die Sagen, die über eine bestimmte Weise menschlichen Fehlverhaltens den Toten gegenüber berichten, davon in ganz individuellen Abläufen erzählen. Ein solcher Handlungstypus ist der Verstoß gegen das Recht der Toten auf ihre Ruhe, ein Frevel, der von waghalsigen Jugendlichen wohl wirklich an vielen Orten einmal begangen worden ist. Stellten doch die Leichenhallen und die Totenkapellen, die Friedhöfe, die Karner, die Beinhäuser gewiß eine Verlockung dar, dem unbekannten Totsein einmal gegenüberzutreten, den Versuch zu machen, jene alltäglich nahe und doch abgrundfremde Sphäre einmal aufzureißen.

Es ist zumal der Schädel mit den auch entleert noch starrenden Augenhöhlen, der zur Erkundung des Tiefverborgenen verlockt, unter seiner Wölbung scheint das Geheimnis des ehedem Lebendigen noch zu verweilen. Nicht von ungefähr ist es, daß Schädel und altnordisch „hauss" gleich Schädel etymologisch zu einer Wurzel mit dem Sinn „bedecken, umhüllen" gehören. Das kahle Beinhaus verdeckt besonders unbarmherzig das ungewisse Sein und das in seiner leeren Mitte drohende Nichtsein.

Im Wallis verlangt bei einem Pfänderspiel ein übermütiges Mädchen, daß der nächste Pfandbesitzer einen Totenschädel aus dem Beinhause holen müsse. Dies trifft nun gerade den eigenen Herzensfreund, und der macht sich auch angsterfüllt auf den nächtlichen Weg. Er greift den ersten besten Schädel auf, als aber der beim Aufstieg immer schwerer wird und der Bursche sich schon setzen will, da mahnt seine Last ihn zur Eile: beim Betenläuten müsse er wieder zurück sein, „sonst fehle es ihm gründlich. Er könne froh sein, daß er den Schädel seines Vaters erwischt habe." Der Jungmann bewältigt die beiden Wege bis zum Beginn des Läutens. Aber „darauf wurde der Verwegene lange Zeit schwer krank."

In den Sagen ist oft das Mädchen selbst auch die Ausführende, so daß Peuckert diese Gruppe geradezu den Sagenkreis „von der dreisten Magd" nennt. Hundert- und aberhundertmal begegne einem diese Geschichte. Freilich, müssen wir hinzusetzen, sind es durchaus nicht immer die Mädchen, die dergleichen anzetteln; wohl aber dürfte erzählerisch die Gegensatzspannung zu Totenort und Totengebein im jugendlich blühenden Weibe zum stärksten Ausdruck gelangen. Als Beispiel nennt Peuckert in aller Kürze die Aufgabe, Nägel in ein frisch aufgeworfenes Grab zu schlagen, – und fehlgeschlagene Nägel halten das Mädchen dann am eigenen Kittel fest, so daß es vor Angst stirbt. Ganz ähnlich der Verlauf im Badischen. Dort will ein Mädchen seinen Mut beweisen, indem es um Mitternacht einen Pfahl in das sagenhafte Grab eines Ermordeten schlägt. Zwei Burschen, die dem Mädchen nachschleichen, finden es in Todesangst, da es mit dem Pfahl seine Schürze festgeschlagen hat. Die beiden befreien das Mädchen, aber es fiel „alsbald in ein schweres Fieber, an dem es drei Tage danach starb."

In Schwaben verbinden sich drei trunkene Burschen, einen Totenkopf aus dem Beinhaus zu holen, und einer, auf den das Los fällt, muß das ausführen. Zweimal schreckt er noch in der Kapelle zurück, beim dritten Versuch spricht der Schädel, den er aufgehoben hat, mit rauher unmenschlicher Stimme: Laß mich liegen! – Er vermag kaum noch zu den Gesellen zurückzukehren und zu berichten. Am Morgen finden alle drei sich todkrank; die zwei erholen sich wieder, aber der Haupttäter stirbt nach drei Tagen.

Einen ganz besonderen Verlauf nimmt das Unternehmen in einer spukbehafteten Gegend nahe Landsberg am Lech, in der „Teufelskuchen", einer Schlucht, in der auch allerlei zweifelhafte Tote regellos verscharrt worden sind. Eine kecke Dirne vermißt sich, in der Finsternis dort hinzugehen, und verspricht auch das auszuführen, was man zum Zeichen von ihr verlangt, nämlich drei Späne aus einer alten Eibe zu schneiden. Beim ersten Schnitt beginnt es zu knistern, beim zweiten fliegen feurige Funken, beim dritten, da sie schon halb wahnsinnig ist vor Schreck und Wut und sich zur Flucht wendet, ist alles um sie herum ein wildes Feuer. Wie sie aber daheim die drei Späne auf den Tisch wirft, sind es drei weißgebleichte, rasselnde Totenbeine, und das Mädchen bricht jäh zusammen. Man betet über der armen Dirne, aber vergebens. Es schüttelt „sie im Fieber, bald vor Frost, bald vor Glut", und nach drei Tagen ist sie tot.

Ganz einzigartig ist auch der Rückschlag aus dem Wesen der Toten in einer Allgäuer Sage. Auch dort ist die Ausführende ein Weib, die Zenz, ohne Angst, kräftig und munter, und sie brüstet „sich oft damit, daß sie nachts, nur mit der Mistgabel bewaffnet, über den Kirchhof gehe." Indessen, einmal sieht sie dort eine weiße Gestalt dem Grabe entsteigen; die Frau stößt dem Gespenst die Gabel in den Bauch, worauf die Totenseele lautlos verschwindet. Aber die Lebende ist mit einem Schlage ein altes Weib geworden, so entstellt, daß man darauf denkt, diese Alte wegen Mordes an der Zenz zu verklagen. Indes, die Frau stirbt, und im Tode „soll sie wieder ihr junges, kräftiges Aussehen bekommen haben. Man hat sie daraufhin ehrlich begraben."

Eine wirkliche Schuld bestimmt den Ablauf in einer westfälischen Überlieferung. Auf Grund einer Wette geht dort Liesken, die Bedienerin des Gasthauses, nächtlicherweile auf den Kirchhof, und zum Zeichen soll sie einen Rosenkranz mitbringen. Aus Habgier nimmt sie aber im Vorüberlaufen einem Totengeist auch noch das Hemde weg. Liesken kassiert den Wetteinsatz; wie sie aber den verheimlichten Raub später allein betrachtet, da klopft der Geist ans Fenster und verlangt sein Hemd. Sie bleibt die Antwort schuldig; doch der Geist kehrt wieder, und nach dem dritten Male bittet das Mädchen den Pastor um Hilfe. Der sucht ihr durch eine Prozession der Gemeinde zum Grabe zu helfen – mit Fackeln, Lichtern und singenden Chorknaben. Dem

Mädchen aber gelingt es nicht, der Forderung des Geistes zu genügen und ihm das Hemd bis Mitternacht so überzuhängen, wie es gewesen ist. „Die Zeit vergeht, die Glocke schlägt, Liesken tut einen Schrei, da springt der Geist auf und packt sie und sinkt mit ihr ins Grab."

In einer solchen Fassung hat sich die Überlieferung bereits in eine losgelöste Erzählung verwandelt – mit einem alles übertrumpfenden Abschluß. Gäbe es darüberhinaus noch einen wirklich sagenhaften Fortgang, so würde der den Einsatz des Totengräbers bringen und eine Kunde vom hinabgerissenen Leichnam. Das verlangt ja als Selbstverständlichkeit schon die lokale Zuhörerrunde: dabei kann's doch nicht geblieben sein, was hat denn der Pastor unternommen?!

Der rein sagenhafte Vorgang schließt entweder mit dem unmittelbar eintretenden wirklichen Tode, oder der Mißgriff verursacht eine Erkrankung, als deren Folge Tod oder Genesung möglich sind. Das körperlich-raumhafte Hingerissenwerden in das Grab jedoch enthält einen phantastischen Zug und es läßt entscheidende Fragen offen. – In einer mecklenburgischen Sage hat der Cantor dem Toten das Hemd weggenommen und wird gezwungen, es ihm zurückzugeben. Dabei hockt der Geist ihm auf, jagt ihn in die Kirche und zwingt ihn, dreimal die Worte zu sagen: Vergeben und vergessen! – Dreimal erhält der Mann die Antwort: Vergeben, aber nicht vergessen! – Vor der Kirche versetzt der Tote dem Cantor „noch zwei furchtbare Ohrfeigen, in Folge dessen er erkrankte und bald darauf auch starb."

Ganz sagengerecht ist auch der Verlauf in einer isländischen Überlieferung. Eines Abends geht ein Mädchen auf den Kirchhof, um die nach dem Waschen dort aufgehängten weißen Nachthauben hereinzuholen. Dabei sieht sie auf einem Grabe eine weiße Gestalt sitzen, die eine solche Haube trägt. Weil sie nun oft von einem Jungmann geneckt worden ist, der ihr mit vorgetäuschten Erscheinungen Angst machen wollte, so nimmt sie jener Gestalt die Haube ab – in der Meinung, sie gehöre zur Wäsche und jener habe sie da um einer Neckerei willen fortgenommen. Aber den Mann findet sie im Hause, die Haube ist überzählig, innen erdig, und am Morgen sitzt der Geist auf dem Grabe. Nun soll das Mädchen in Gegenwert vieler Menschen ihm die Haube wieder aufsetzen. Sie nimmt allen Mut zusammen, stülpt dem Geist die Mütze auf und fragt, ob er nun zufrieden sei. „Der Geist aber drehte sich um, schlug sie und sagte: ‚Ja, bist du auch zufrieden?' Und damit stürzte er sich in das Grab hinab. Das Mädchen fiel um von dem Schlag, und die Leute liefen hinzu und hoben sie auf, sie war aber tot."

Lenore

Die Sage von der vorwitzigen jungen Frau, die sich freiwillig einer Totenbegegnung aussetzt, gibt Anlaß, auch ein ähnliches, jedoch meist unfreiwilliges
Zusammentreffen anzuführen: das Stelldichein einer Braut nämlich mit dem
toten Bräutigam. In Gottfried August Bürgers Ballade „Lenore" hat es den
Namen gefunden für einen Erzähltyp, der in Europa weit verbreitet ist und
sogar noch in weiter Ferne, bei südamerikanischen Indianern vorkommt. –
Setzen wir mit einer Fassung ein, die nach dem eben erörterten Kriterium
echt sagenhaft und keinesfalls phantastisch ausgestaltet erscheint. In Friesland wurde erzählt, daß ein reicher Hofbesitzer seine Tochter dem Freier, den
sie liebt, verweigert, daß aber die Behörde ihn nötigt, seinen Widerstand aufzugeben. Indes stirbt der junge Mann vor der Hochzeit, und die Braut zieht
zu seiner Mutter ins Haus. Nach mehreren Wochen sehen die Tagelöhner dort
eine rätselhafte Gestalt in einem hellen Mantel in das Haus gehen. Indem sie
noch untereinander besprechen, wer das sein könne, kommt aus dem Hause
„die Nachricht, die Braut sei soeben gestorben. Der Tote hatte sie nachgeholt.
Auf dem Misselwarder Friedhof wurde sie neben dem Bräutigam begraben,
und ein gemeinsamer Stein ziert ihre Grüfte."

In dieser Fassung bleibt der Tote Erscheinung für zufällig anwesende
Unbeteiligte, und den Zusammenhang des Geschehens liefert das zeitliche
Zusammentreffen des erschauten Bildes mit dem Tode der jungen Frau und
das deutende Verstehen dieser Gleichzeitigkeit. Erzählungen hingegen, die
Bürgers Ballade entsprechen, kennen keine lebenden Zeugen, sie haben ihr
Schwergewicht in dem Geschehen zwischen den Zweien, in dem, was bei der
Entrückung zwischen ihnen sich zuträgt, und es bleibt der Braut noch immer
eine gewisse Entscheidungsfreiheit, sich dem ins Grab führenden Ablauf zu
entziehen. In einer Österreichischen Fassung härmt sich das Mädchen um
den Geliebten, der als Soldat umgekommen ist. Er aber reitet in einer Nacht
auf einem Schimmel zu ihr ans Fenster und spricht: Annamirl, steh auf und
geh mit mir! – Sie folgt der Aufforderung, sitzt mit auf, und unterm Mondlicht reiten sie fort. Der Reiter spricht dreimal die Verse:

> „Wie scheint der Mond so hell,
> wie reiten die Toten so schnell:
> Annamirl, fürchtst dich nit"

– und das Mädchen gibt jedesmal die Antwort: „Was soll ich mich denn fürchten; bist du ja bei mir!" – Indes haben sie sich dem Freithof genähert, und nun kommen Furcht und Angst über das Mädchen; beim Schupfen des Schulmeisters springt es ab und sucht Zuflucht innerhalb der Dachtraufe. „Da rief ihr Geliebter ihr zu: ‚Dein Glück ists, daß du herabgesprungen und da hinein bist; sonst hätt' ich dich auf tausend Fetzen zerrissen! Ich wäre schon bald erlöst gewesen, und hab' wieder so weit herkommen müssen!' und dann warnte er sie noch, ja keinen Verstorbenen mehr zu sich zu verlangen, und verschwand."

Ganz entgegengesetzt ist der Verlauf in einer dithmarscher Erzählung. Dort sitzt eingangs das Mädchen auf dem Grabe des Liebsten. In der dritten Nacht kommt er als Schimmelreiter, und auf seine Frage, ob sie mit ihm reiten wolle, antwortet sie: „Ja, ik will mit di riden, wohen du wullt!" – Da geht der Ritt denn an in die weite Welt. Der Spruch des Reiters lautet hier so:

> „De Maan, de schient so hell,
> de Dood de ritt so snell;
> mien Greetjen, gruut di ni?"

– worauf sie zweimal antwortet: „Nä, mien Hans, wat schull mi wull gruun? Ik bün ja bi di." Beim dritten mal aber: „Do word ęhr gruun un se feat em faster an un sä keen Woord: do suus' dat Pęrd dreemal mit se 'rum innen Krink un weg weren se."

Zwischen diesen beiden äußersten Möglichkeiten des Abschlusses liegt der Ausgang von Bürgers Ballade, da dort unter Roß und Reiter der Kirchhofsboden aufklafft und die Erscheinung verschlingt, die Braut aber leiblich noch über der Erde bleibt:

> „Lenorens Herz, mit Beben,
> rang zwischen Tod und Leben."

Aus einem Geistertanz, der sie umringt, werden ihr die Worte zugerufen:

> „Geduld! Geduld! wenn's Herz auch bricht!
> Mit Gott im Himmel hadre nicht!
> Des Leibes bist du ledig;
> Gott sei der Seele gnädig"

– So die abschließenden Worte der Ballade, die Antwort auf ihre Verzweiflung, da nach dem Tode des Geliebten aller Glaube an Gott, an seine Sakramente, an sein Erbarmen Lenore verlassen hatte. Diese kirchlich-religiöse Bewertung des Geschehens dürfte indes der eigentlich volkstümlichen Überlieferung fremd sein. Denn hier ist das Thema das Fortwirken der durch den Tod nur halb zerrissenen Liebesbande und ihre Umwandlung in eine Fessel für die lebende Braut.

In einer höchst eigentümlichen Weise wird diese Fessel zur Darstellung gebracht in einer bosnischen Fassung. Die Dämonie des Geschehens wird dort noch darin begründet, daß der Bursche aus einer vorehelichen und verheimlichten Geburt stammt und deswegen ungetauft geblieben ist. Der Tod reißt ihn hinweg, als er sich einer Kirchenschwelle nähert und der Meßner das Rauchfaß gegen ihn schwenkt. Maßlos ist die Trauer seines Mädchens. Vierzig Tage und Nächte lang jammert es in Klagegesängen um den Entschwundenen. „Unaufhörlich rief sie ihn herbei und wünschte, bei ihm im Grabe zu liegen." Spät am vierzigsten Abend geht sie Wasser vom Brunnen zu holen, ruft den Namen des Liebsten und trifft ihn im Mondschein, in das Leichentuch gehüllt, auf dem Trogrande sitzend. Er nimmt sie bei der Hand, führt sie auf einen Totenacker mit Erdhügeln, Holzkreuzen und hohen jungen Birken, von denen „die bunten Tränentüchlein, die letzten Liebesgaben, im Winde flatterten." Wie im Traume schaut das Mädchen in das Grab des Liebsten und sieht dort schön ausgestattete weite Räumlichkeiten. Aber unmittelbar dort mit hinabzusteigen, weigert sie sich. Nur in der Brauttracht und mit der von ihr gesponnenen und gewebten Ausstattung will sie beim Manne einziehen. Der Mann willigt ein, aber am nächsten Tage solle die Hochzeit sein, „und wenn Himmel und Erde uns trennen wollten." Nach diesem Ausspruch kräht der Hahn, und das Mädchen steht allein auf dem Gräberfeld.

Am nächsten Abend kommt im Mondschein die weiße Gestalt ans Fenster. Das Mädchen legt die reich bestickten Gewänder, die Überkleider, den Münzenschmuck an, nimmt unter den Arm die dicke Rolle feinen Leinens und tritt hinaus. Der Liebste faßt sie bei der Hand, ihr scheint es, als träge sie der Wind durch die Nacht. Der Mann ruft nach Musikanten, Zigeuner erscheinen mit ihren Instrumenten, und der Bräutigam singt:

„Ist dir wohl bang, o Liebchen mein,
in stiller Nacht mit mir allein?"

– und sie erwidert:

„Und führst du in die Hölle mich,
ich will nichts weiter sonst als dich!"

– Sie kommen ans offene Grab: „Steig hinab!" befiehlt er ihr. Ringsum ist es
plötzlich totenstill, ein Schauer fällt über die Braut, und sie bittet ihn, vor-
auszugehen und ihr die Hand zu reichen. Er sinkt hinab, legt sich nieder, –
und dann verwandelt sich die Vision scheinhaften Lebens immer mehr in
die Realität eines Verstorbenen. Das Mädchen sieht im Mondlicht unter dem
Leichentuch den Schädel, die Zähne. Knochenarme strecken sich aus, noch
reicht sie die Leinenrolle hin, aber als die Knochenfinger sich darein krallen,
packt sie das Grauen, und in wilder Flucht stürzt sie davon. Sie hält aber,
während sie dahinjagt, das Leinen fest, und es rollt ab. Sie erreicht die Haustür, da kräht der Hahn, das Leinen ist abgelaufen, das Mädchen bricht zusammen. Am Morgen finden die Nachbarn die Entseelte, wie sie auf dem Ende
des Leinens liegt, und wie eine schmale weiße Straße führt das Tuch zu dem
Grabe des Jünglings. Vom Birkenstamme darüber aber weht des Mädchens
roter Brautschleier.

Wieviel an dieser dramatisch geschilderten Begebenheit aus der Volksüberlieferung stammt, wieviel bei der Schilderung des zeugenlosen Geschehens der Feder der bosnischen Dichterin zu verdanken ist, wird sich
schwerlich noch ausmachen lassen. Gewiß bleibt, daß die Symbolik des
Geschehens echt ist und daß die Darstellung anderen Überlieferungen des
Themas nicht widerstreitet.

In der Rolle des Tuches erscheint hier das „Textil-Motiv", das zwischen
Tod und Leben die Zeit als Trennendes und gegebenenfalls Rettendes ein-
schiebt. In einer litauischen Fassung setzt die Erzählung von der Qual des
Flachses, AT 1199A, den rettenden Aufenthalt zwischen den entrückenden
Toten und das am Bleiben festhaltende Mädchen. In einer zigeunerischen
Fassung gewinnt die Braut ihre Zeit, indem sie der hinraffenden Hand des Toten nach und nach ihre gesamte Bekleidung hinabreicht, dann ihren Schmuck,
schließlich vom Halsband eine um die andere der Perlen, bis der Hahn kräht
und das Grab zuschlägt. Da springt das Mädchen nackend zum Glockenturm
und läutet. In der bosnischen Fassung aber reicht das Tuch nicht hin; allzu tief
hat sich die Braut in den Tod verweben lassen.

Sehr realistisch erscheint der Ablauf in einer isländischen Sage. Hier weiß ein Mädchen namens Gudrun nicht, daß der Liebhaber tot ist. Der Mann, ein Küster, hat sie zur Weihnachtsfeier an seinen Ort eingeladen und macht sich zu Pferde auf, sie abzuholen. Auf dem Wege indes stürzt er in die Treibeismassen eines angeschwollenen Baches und kommt, mit Verletzungen im Genick, zu Tode. Sein Pferd wird lebend angetroffen, man findet auch seinen Leichnam und bestattet ihn in der Woche vor Weihnachten an seinem Wohnort. Das Mädchen aber erfährt, infolge des wetterbedingten schlechten Zustandes der Wege, nichts von dem Geschehenen. Doch kurz vor dem Fest haben Wetter und Wege sich gebessert, sie hofft, daß sie doch bei dem Freunde die Weihnachten feiern kann, und als sie grad ihre Festkleidung angezogen hat, hält wirklich vor dem Hause der erwartete Reiter. Sie erkennt das Pferd, hält den Mann für den Küster und steigt hinter ihm auf. Unterwegs aber, als einmal der Mondschein durch die Wolken bricht und bei einem Sprung des Pferdes der Hut des Reiters sich hebt, erblickt sie den bloßgelegten Schädel, und der Mann sagt:

„Der Mond gleitet,
der Tod reitet,
siehst nicht den weißen Fleck
du im Genick –
Garun, Garun."

– Dabei sind diese letzten Worte Entstellungen des Mädchennamens, da Gespenster nicht die Silbe „Gud", den Namen Gottes, aussprechen können. Das Mädchen durchschaut nun die Situation – und noch deutlicher, als der Ritt vor der „Seelenpforte" der Kirche anhält, beim Eingang für die Totenbahren, und sie ein offenes Grab erblickt. Sie beginnt, am Glockenstrang zu ziehen, aber der Tote packt sie von hinten, reißt ihr einen Fetzen von dem glücklicherweise offenen Mantel ab und wirft sich damit ins Grab; von beiden Seiten wird die Erde über ihn hinabgefegt. Die junge Frau fährt fort zu läuten, bis Menschen kommen und vom Tode des Küsters berichten. In den folgenden Nächten setzt nun aber ein schlimmer Andrang des Toten auf das Mädchen ein, so daß sie nachts niemals allein sein kann, – bis endlich ein Kundiger, „ein Zauberer" geholt wird, dem es gelingt, den Toten unter einen großen Stein zu bannen. Da hört der Spuk auf, das Mädchen erholt sich und zieht heim; „aber man sagt, daß sie nie wieder dieselbe wurde, die sie früher gewesen war."

Die schon erwähnte südamerikanische Erzählung wurde bei den Araukanern aufgenommen, – die eine der beiden hier herangezogenen Fassungen wohl vor etwa hundert Jahren, die zweite, nahverwandte etwa fünfzig Jahre später. Es ist schwer vorstellbar, daß diese Geschichte sich ohne den Einfluß der europäischen Überlieferung ausgebildet hat. Indes ist zu bedenken, daß der Inhalt der Sage von den mit der menschlichen Natur gegebenen Empfindungen abhängt und auf allgemein verbreiteten Vorstellungen von den Toten aufbaut. Überdies enthält die südamerikanische Fassung, wie sich versteht, auch eigene kulturbedingte Züge. So ist dort der heimliche nächtliche Ritt mit der Braut nichts Außergewöhnliches; „denn unsere Ahnen ritten immer so, wenn sie ihr geliebtes Mädchen raubten, um es zu heiraten." Nach der Entführung war dann der Brautpreis zu zahlen und ein Fest zu geben. Aber in diesem Falle ist für dies beides der Liebende zu arm.

Nach der ausführlicheren und kunstvoller erzählten Fassung ist der junge Mann von den Gesippen des Mädchens getötet worden, und die Seinen haben ihn dann mit Hab und Gut bestattet. Das Mädchen erfährt zwar nichts Bestimmtes darüber, weint aber und trauert und wartet trotzdem allnächtlich auf den Geliebten. Nach viermal vier Tagen kommt er gegen Abend, beschwichtigt sie, als sie vom Gerücht seines Todes spricht, und bezeichnet das Gerede als eine Lüge. Sie aber bleibt im Zweifel und versucht durch Fragen herauszubringen, wie es wirklich um ihn steht. Trotzdem willigt sie ein, mit ihm zu reiten, und steigt hinter ihm aufs Pferd. Als aber der Ritt immer wilder wird und in unbewohnte Gegenden führt, überwältigt sie die Angst; sie weint, bebt, beginnt laut zu weinen. Er aber singt: „Blau, ach wie blau ist das Land, wohin wir beide reiten …" Unter solchem Singen und den Erklärungen, die er auf ihre angstvollen Fragen gibt, langen sie bei seinem Grabe an, wo die Erde aufgewühlt ist. „Als er vom Pferde sprang und sie herunterholen wollte, verlor sie den Verstand, zehnmal verlor sie ihn, wie eine fahle Leiche sah er aus, schnell trieb sie das Pferd an und entfloh."

Der Brautvater, in der Meinung, daß die Tochter brauchgerecht entführt sei, und verwundert, daß keine entsprechende Botschaft eintrifft, begibt sich zu dem Vater des Jungmannes; daß dieser tot ist, erfährt er nun erst, und die beiden Väter gehen an das Grab. Da sehen sie „die wahnsinnig gewordene Tochter auf dem toten Pferde des Verstorbenen immer im Kreise reiten, schreien und weinen." Sie erkennt niemanden, man bringt sie ins Haus ihres

Vaters; aber sie entweicht immer wieder und sucht das Grab des Geliebten auf. Da entschließt sich der Vater des Toten, um dessen Seele, sein „A m" zu beruhigen, die Braut zu kaufen. Er nimmt sie mit und tötet sie auf dem Grabe, – „und da sie beide nun zusammen schliefen im Grabe, wurde das „A m" der beiden ruhig, – also ihre Seelen waren in die uns unsichtbare Welt gegangen, die Welt, die unter unserer Erde liegt …"

Zum Abschluß sei noch eine Kärntner Variante angeführt – mit einem Ausgang, wie er fast formelhaft, in vielen Überlieferungen von der Totenbegegnung sich findet. Hier scheiden der Soldat und sein Liebchen voneinander mit den Worten des Mädchens: „Vom heutigen Tage an über sieben Jahre hole mich ab, ob tot oder lebendig." – Der Verabredung gemäß kommt er zum vorgesehenen Zeitpunkt – des Nachts, als Schimmelreiter – und sie reitet mit ihm fort. Auf seinen Spruch:

„Der Mond, der scheint so hell,
die Toten reiten schnell;
Diendle, fürchtest du dich?"

– gibt sie zur Antwort: „Wie soll ich mich fürchten, bist ja du bei mir, Herzallerliebster mein." Doch auf dem wilden Weg, beim Schnauben des Rosses, nah dem Friedhof und angesichts des leichenfahlen Antlitzes des Reiters unterm Mondlicht, ergreift sie das Grausen. Das Pferd setzt über die Friedhofsmauer, ein offenes Grab gähnt vor ihnen, da rafft die junge Frau alle Kraft zusammen, sie reißt sich los, und während Roß und Reiter im Grabe versinken, stürzt sie ins Freie. „Nach langem Wandern erreichte sie schon am hellichten Tage ihres Vaters Haus. Aber sie ward von da an ihres Lebens nicht mehr recht froh, begann zu kränkeln, und nicht lange, so schlug auch ihr das letzte Stündlein."

Der Aufhocker

Eine typische Gespenstergeschichte ist die Begegnung mit dem Aufhocker. Das Geschehen ist hier in besonderer Weise an die Örtlichkeit gebunden. Der gewöhnliche Spuk haftet meist an einem eng umgrenzten Bereich, der Aufhocker aber beherrscht Flurstücke und Wegstrecken. Er klammert sich am bestimmten Ort seiner Macht an den Lebenden, läßt sich nicht abwerfen, sondern zwingt seinen Träger, ihn bis an die Grenze seines Machtbereiches zu schleppen, eine Grenze, die bisweilen erst das eigene Heim des Überfallenen ist, – oder er verlangt sogar, daß man ihn an den Ausgangsort zurückschleppt. Die Überlieferung läßt das Wesen des quälenden Spukes meist im unklaren, so insbesondere die Frage, ob es sich um einen Toten handele.

In einer Sage aus dem Oldenburger Lande sprang einem Manne spät am Abend auf dem Heimwege etwas „auf die Schultern und hielt ihn fest umklammert, so daß er es nicht loswerden konnte, und es war auch sehr schwer, so daß er es kaum tragen konnte. Er glaubte nun, daß es Schwietering sei, und erlitt davon soviel Angst und Schrecken, daß er davon gleich, als er zu Hause ankam, starb." – Schwietering war ein ungerechter Vogt gewesen, der nach seinem Tode an mancherlei Orten spukte, „und die Leute haben eine solche Angst vor ihm gehabt, daß sich kaum einer getrauen durfte, des Nachts durch Visbek zu gehen." – In dieser Überlieferung vermutet der Sterbende nur, daß er es mit einem Toten zu tun hatte. Oftmals aber erscheint das Gespenst lediglich als der namenlose böse Geist einer Stätte, der immerhin im Laufe der Zeit die Identität mit einem bestimmten Toten verloren haben mag.

Sehr bezeichnend für den Geschehenstypus ist, daß oftmals die aufhokkende Wesenheit, während sie getragen wird, schwerer und schwerer wird. Diese Empfindung aber dürfte keineswegs einer Gewichtszunahme der Last entsprechen, sondern vielmehr die Einbuße an lebendiger Kraft anzeigen, die der Tragende unter dem Gespenst erleidet. Und hierin konnte, wenn ein solcher Schluß in so dunklen Verhältnissen erlaubt ist, sich der Beweggrund für die Spukwesenheit anzeigen, – für ihre Sucht nämlich, durch Aufhocken Lebenskraft an sich zu raffen.

Die rationale Erklärung für ein solches Geschehen ist entweder eine krankhafte Schwäche des Befallenen – oder die Wirkung irgendeines Schrekkens, der den Betroffenen hemmt. Diese Lösung wäre sehr unwahrscheinlich, wenn die verschiedensten Wanderer an bestimmten Orten diese Art Überfall erleiden mußten. Das vom Passanten unabhängige „Kraftfeld" oder eigentlich das Feld der Unmacht tritt besonders deutlich in einer niedersächsischen Sage hervor. Sie berichtet von einem Schlachtfeld uralter Zeiten, daß dort die Geister der Erschlagenen sogar am hellichten Tage in der Luft noch streiten. Bei Nacht aber traut sich kaum jemand dort hin. Wagt sich aber doch einmal einer nächtlicherweile in jenes Gelände, „so hocken sich ihm die Geister der Erschlagenen in Gestalt von Tieren auf, werden immer und immer schwerer und verschwinden nicht eher wieder, (als) bis er ans Ende des alten Schlacht-feldes gekommen ist."

Eine andere niedersächsische Sage erzählt von einem Kreuzweg, wo zwischen 12 und 1 Uhr des Nachts der Slepkerl oder Hohokerl die Leute irrezuführen trachtet mit dem Ruf: „Hoho, hoho! Hier geit dä Weg!" Einmal kamen Leute auf dem Rückweg von einer Festlichkeit dort entlang, und ein Trunkner rief im Übermut die Worte des Hohokerls aus. Da merkte er, wie die Kiepe auf seinem Rücken „immer schwerer und schwerer wurde. Er konnte nicht mehr weiter gehen und brach schweißgebadet zusammen. Da hörte er eine Stimme: ‚Wenn du mik jetzt werrer na den Krüzweg taurüjje bringst, dann soste forr hüte nochmal midden Lewen davon komen.'" Da hat sich der Mann denn in seiner Angst aufgerafft und hat den Hohokerl wieder an den Kreuzweg zurückgeschafft. – Einen schlimmen Ausgang nimmt der Übermut in einer schlesischen Sage. Dort hat ein Fleischergeselle eine spukende Tote mit ihrem Namen „Heuelfe" gerufen. „Da ist sie ihm aufgehuckt und ist immer schwerer geworden, bis er umfiel und starb."

Eine weit frivolere Provokation liegt der folgenden Begebenheit aus dem Böhmerwalde zugrunde. Es handelt sich da um einen wüsten Gesellen, der sich aufmacht, um in der Allerseelennacht ein Totenbrett wegzutragen, also die dort brauchmäßige Holztafel zum Totengedächtnis. Er lädt es sich auf den Rücken, aber nach wenigen Schritten wird es schwerer und schwerer, und plötzlich versperrt ihm auch eine weiße Frau den Weg. Nun schreit er nach der Hilfe Marias und versucht zu fliehen. „Doch seine furchtbare Last hielt ihn mit eisernen Armen umklammert und brachte ihn zu Falle." Er versucht zu beten und verliert das Bewußtsein. Als am nächsten Morgen die Angehörigen ihn auffinden, ist der kraftstrotzende Jungmann in einen gebrochenen Alten verwandelt. Er lebt noch lange im Armenhaus, stumpfsinnig, unverständliche Gebete murmelnd. – Das Drum und Dran des Unternehmens und seine Folgen könnten als einigermaßen verläßlich berichtet erscheinen; was in der Nacht geschehen sein soll, müßte aus Erinnerungsbruchstücken des Gestörten und aus Ergänzungen der Erzähler herrühren.

Die Aufhocker lassen sich auch sehen, oftmals in Tiergestalt. So läuft einem jungen Schneidergesellen auf dem nächtlichen Heimweg von seiner Liebsten auf der „Schapwiese" im Mondenschein ein kleines schwarzes Schaflamm entgegen, das ihn anblökt. In der Meinung, es sei dort auf der Weide vergessen worden, nimmt er das Tierchen über die Schulter und wandert dorfwärts. Aber je länger desto schwerer wird die Last, schließlich ist er schon schweißgebadet, da fängt das Lamm an zu reden: „‚Wenn du nicht sterben willst und dir dein Leben noch lieb ist, so bringe mich sofort wieder an den Ort, wo du mich aufgenommen hast.‘ (Der Mann) … drehte sich um, kaum vor Angst noch seiner Sinne mächtig, und ging den weiten Weg zurück. Dort angekommen, setzte er das Spukding nieder und ist, so schnell ihn seine Füße tragen konnten, nach Hoiersdorf zurückgelaufen.“

Auch ohne solchen Eingriff oder eine andere Herausforderung verwirklicht sich in manchen Bereichen ihre gefahrdrohende Mächtigkeit. So sollte in einer erzgebirgischen Gegend sich „ein Hemann aufhalten, der Personen, welche sein ihm zugeteiltes Gebiet betreten, so lange herumtreibt, bis sie tot zu Boden stürzen.“

Eine sehr bezeichnende Geschichte vom willkürlichen Eingriff wurde in der Hamelner Gegend von einem spukbehafteten Orte erzählt. Bei den „fünf Eichen“ war in Kriegsläuften einmal ein Mord verübt worden, und die Gegend lag auch nicht fern von einer Richtstätte. Dort kam spätabends einmal ein alter Jude vorüber, sah auf dem Rasen eine weiße Gans sitzen und steckte sie in seine Kiepe. Aber bald wurde sie schwer und schwerer und schließlich so schwer, daß er nicht mehr von der Stelle konnte und sich nur noch mit seinem Stocke aufrecht hielt. Dann ruft eine Stimme: „Bring mich nach den Eichen zurück, sonst bist du des Todes!“ Und als er sich umschaut, da sitzt in der Kiepe ein altes Weib mit fahlem Angesicht und roten Augen. Da hat der Mann bebend und angsterfüllt die Alte wieder zu den fünf Eichen zurückgeschleppt und erhielt dort noch einen Schlag ins Gesicht. Er kam in der Nacht „todesmatt zu Hause an und ist lange Zeit krank geblieben.“ – In einer anderen Fassung vom Tragen der weißen Gans wird ausdrücklich gesagt, daß sie auf dem Rückweg mit jedem Schritte wieder leichter geworden sei. Oft freilich ist das verschuldete Zurückschleppen durchaus nicht gemächlicher, und manchmal geht es erst dann ans Leben.

Leicht war's einem Nachtwächter, der um Mitternacht eine Gans auf der Kirchhofsmauer sitzen fand, sie mitnahm nach Hause und auch keinen Verdacht schöpfte, als sie immer schwerer ward. Erst am Morgen ging ihm auf, was er vollbracht hatte, als er mit frisch geschärftem Messer in den Stall trat und dort statt der Schlachtgans ein nacktes altes Weib fand. Er nahm eine Mistgabel, warf die Alte über den Zaun und war sie damit los. – Schlimm aber erging's einer armen Tagelöhnersfrau, die sich auch mit der Gans von der Kirchhofsmauer einen Gewinn erhoffte und der ebensowenig der Vogel verdächtig wurde, als sie schwerer und schwerer daran zu schleppen hatte.

Sie aber ward in der Nacht von der Gans geweckt, ward gezwungen, sie wieder zurückzutragen und erreichte mit äußerster Mühe den Kirchhof. Dort brach sie ohnmächtig zusammen und starb nach acht Tagen.

Es wäre ein Irrtum, wollte man das Erleiden eines solchen Todes als die gerechte oder auch nur sagengemäße „Strafe" für den bewußten Übergriff in fremdes Eigentum ansehen. Schon die ganz verschiedenen Folgen beim „Gänsediebstahl" widersprechen dieser Annahme. Wenn überhaupt das Motiv – oder das Erlebnis – „schwerer und schwerer" einen Vergleich unterschiedlichster Ereignisse gestattet, dann beruht die Gleichung auf dem Verlust an Lebenskraft – auch bei allerverschiedensten Beweggründen für das Tragen des lebengefährdenden Wesens. In einer badischen Sage ist die Bedingung dafür, eine weiße Jungfrau zu erlösen, daß man ihre Schatztruhe entleert und mit beliebig vielen Gängen das Geld heimträgt, nur darf man unterwegs nicht absetzen. Der Erwählte nimmt zu viel, die Last wird ihm zu schwer, er stellt sie ab und verliert die Besinnung. „Als er wieder zu sich kam, waren Sack und Geld verschwunden. Ganz elend kam er nach Hause und erzählte, was sich begeben hatte. Am dritten Tage starb er." – Die einzelne Sage sieht auch hier den Grund für den Tod in der Habgier, die sich allzuviel auflädt. Im Grunde aber dürfte das Zuviel aus der von einer Toten auferlegten Last überhaupt herrühren.

Auch selbst die Geisterbanner wissen die Last nicht immer richtig einzuschätzen. In Schlesien fordert einer, genannt Geigenfiedel, den Geist eines Hans von Rechenberg mit den Worten auf: „Du schlechter Kerl, komm, kriech in meinen Sack, daß du keinen Menschen mehr ängstigst! Beim drittenmal plumpste was Schweres in seinen Sack und drückte ihn fast zu Boden. Aber da kriegte es Geigenfiedel mit der Angst, ließ seinen Sack im Stiche, kam totenbleich in die Schenke gestürzt und fiel ohnmächtig hin. Keiner hat ihn mehr lachen gesehen. Nach wenigen Wochen ist er gestorben."

Mag hier in der Hybris des Banners noch ein strafwürdiger Übergriff gesehen werden, so erscheint doch als ganz und gar unverschuldet der Tod in einer schwäbischen Sage, wo ein Knecht einen Marksteinversetzer zu erlösen bereit ist. Er muß ihn dazu in eine nahe Kapelle tragen. Der Geist sagt dem Mann voraus, daß er dabei immer schwerer werden würde; er solle sich aber davon nicht entmutigen lassen, sonst wäre er verloren. „Nun nahm der Knecht den Geist auf den Rücken. Tatsächlich wurde dieser mit jedem Schritt schwerer, so daß der Knecht schon meinte, er könne die Last nicht mehr tragen. Trotzdem erreichte er glücklich die Kapelle. Nach drei Tagen aber starb der Knecht."

Auch nach einer mecklenburgischen Sage muß eine sündenbeladene Tote die Kirche aufsuchen. Da sie aber alljährlich nur um einen Hahnenschritt vorwärts kommt, bittet der Geist des Nachts die Vorüberkommenden ums Huckepacksitzen. Ein frommer Tagelöhner hat sie bis dicht vors Kirchdorf getragen, ohne einen Schaden zu erleiden. Doch hat sich seitdem kein mitleidiger Helfer mehr gefunden.

Ganz unabhängig von einem Heiligtum als Ziel erscheint das Getragenwerden um der Erlösung willen in zwei niedersächsischen Sagen. Seltsam ist, daß die eine von ihnen das Unternehmen von vornherein als aussichtslos bezeichnet. Die Unerlöste ist eine schneeweiß gekleidete heilige Jungfrau, die alle sieben Jahre in dem Heiligengeist-Busche erscheint, in einem Gehölz, heißt das, das sie selbst einmal dem Heiligengeist-Hospital in Einbeck geschenkt hat. Sie winkt den Menschen unter Zurufen mit einem Schlüsselbund. Es müßte sie einer dreimal um das Gehölz tragen; das erstemal wär's ohne Mühe, das zweitemal ist sie schon schwerer, aber noch zu tragen; „das dritte Mal aber ist sie so schwer, daß dem Tragenden bald der Athem stockt und er mit ihr nicht weiter kann. Wer sie nicht herumtragen kann, der muß sterben." Vollbrächte es einer wäre sie erlöst und er würde reich beschenkt. „Da nun niemand sie dreimal herumzutragen vermag, so kann sie auch nicht erlöst werden. Deshalb erhebt sie auch jedesmal, wenn die Zeit abgelaufen ist, wo sie erlöst werden kann, ein furchtbares Jammergeschrei." – Bei dieser Sage handelt es sich offenbar um eine sehr alte, unvollständige Überlieferung, da für uns die Notwendigkeit, eine heilige Jungfrau „zu erlösen", nicht mehr einzusehen ist.

Nicht weit von dieser Sage ist die andere hier anzuführende beheimatet, auf der Heldenburg bei Salzderhelden. Auch dort ging eine „weiße Jungfrau" um, auch sie mußte, um erlöst zu werden, um eine Hölzung getragen werden, jedoch nicht weniger als zwölfmal. Ein Ritter ging auf ihre Bitte ein „und versuchte es. Zehn Mal hatte er sie schon glücklich herumgetragen; da aber ward sie so furchtbar schwer, daß er nur noch ein halbes Mal mit ihr herumkam und dann gänzlich erschöpft zu Boden sank. Darauf entwich die Jungfrau vor seinen Augen durch die Luft; der Ritter aber ward krank und starb bald nachher."

In diesen beiden Sagen handelt es sich nicht um den typischen Aufhocker. Mögen aber die weißen Jungfrauen nach der Vorstellung der Überliefernden

auf Händen oder huckepack getragen werden sein, so sind doch der Gesamt-
vorgang und der Kraftverlust nahverwandt mit dem Erleiden des Aufhockers
und zum anderen Male bezeichnend für die Vorstellung vom todesgefährli-
chen Kräfteverzehr durch die Geister-Berührung.

Der Verlust des Lebens

Tod der Erlösenden. Wiederholt ist bei den verschiedenartigsten Einwirkungen der Geister auch die höchste Gefährdung zur Sprache gekommen, – das
Leben zu verlieren. Wie in den eben angeführten Beispielen kann selbst derjenige der Gefahr erliegen, der einen Geist erlösen möchte, und sogar der,
der ihn erlöst hat. Oben wurde schon von dem Knaben berichtet, der einem
toten Geistlichen die versäumte Messe zu lesen hilft und der in der Folge da-
hinsiecht. Nahverwandt ist eine westfälische Sage; dort verspricht der erlöste
Geistliche dem Helfer einen Platz im Himmel und stellt ihm frei, wie lange
er noch auf Erden leben wolle. Darauf der Junge in seinem Eifer: Drei Tage,
und wirklich stirbt er nach dieser Frist.

Eine leichte Last scheint in einer Schweizer Sage ein Knecht auf sich zu
nehmen. Allabendlich begegnet ihm ein graues Kätzchen, begleitet ihn bis zu
einer bestimmten Stelle und verschwindet da. Vom Pfarrer läßt er sich beraten und vorbereiten mit Beichte und Kommunion – bis zur Bereitwilligkeit zu
sterben. Er macht sich auf, folgt seinem Wege trotz abratender Freunde, rol-
lender Steine, lärmender Füchse und Eulen. Am wohlbekannten Ort springt
ihm das Kätzchen auf die rechte Schulter, er trägt es bis dorthin, wo es sonst
verschwand, „und blieb da stehen mit seiner Last die ganze Nacht hindurch."
Mit dem Ertönen der Betglocke schwingt sich eine weiße Taube zum Himmel
auf. „Aber der Erlöser war in jener Nacht ergraut und wurde in kurzer Zeit
eine Beute des Todes."

Nach einer anderen Schweizer Sage verhilft ein Knäblein dem toten Göt-
ti, den versetzten Grenzstein zurechtzurücken, indem er ihm das Gerät dazu
reicht. Auch hier verkündet der Tote dem Kinde als Lohn die Seligkeit – nach
Ablauf von drei Tagen, und am dritten Tage stirbt es wirklich. Im Sinne der
Od-Vorstellung mußte man annehmen, daß die eigentliche „körperliche" Leistung hier aus der Kraft des Kindes erbracht worden ist und sie aufgezehrt
hat. Denn nach zahllosen Sagen können Tote das räumlich-stoffliche Werk
nicht bewältigen, und im besonderen können die Marksteinversetzer die

rechtmäßige Grenze nicht wieder herstellen durch das einfache Zurücktragen des Steines. Entweder ist ihr ganzes nächtliches, scheinbar erfolgreiches Mühen nur Blendwerk, und am Morgen ist alles beim alten, – oder sie sind nicht einmal des Entschlusses dazu mächtig. Sie rufen ständig: „Wo soll ich ihn hintun?", nämlich den Grenzstein, und die simple Anweisung: „Da wo du ihn hergenommen hast!", müssen sie vom Lebenden empfangen, um von ihrer angstvollen Suche entbunden und dergestalt „erlöst" zu werden.

Damit, daß den Geistern das stetige und zielbewußte diesseitige Wirken versagt ist, hängt es wohl auch zusammen, daß ihre spukhaften Übergriffe in den Körperraum zumeist nur Sinnloses zeitigen. Eine seltsame Doppelung aus jener Unfähigkeit und dieser das Ziel verfehlenden Kraftwirkung zeigt eine Thüringer Sage. Ein Grenzfrevler versucht dort jedesmal zur Geisterstunde, den gestohlenen Boden mit dem Besen dem geschädigten Nachbarn wieder zuzuschieben, vergeblich, wie sich versteht. Als aber ein Schäfer versehentlich seinen Karren auf diesen Geländestreifen stellt, da, „Donner und Wetter, wie flogen wir auf einmal mit der Hütte beiseite."

Der heilbringende Zuruf an den Marksteinversetzer ist oftmals durchaus nicht mit Heilswünschen beladen. Da irritiert einen Betrunkenen das Geschrei des Geistes, und aus der Trunkenheit heraus ergeht unwillig der erwünschte Bescheid. Trotzdem ist der Frevler erlöst, bedankt sich und ohne Folgen bleibt das Geschehene für den Ratgeber. Da ist es denn höchst absonderlich, daß nach einer bayrischen Sage selbst jenes erlösende Zurufen das Leben kosten kann. Dies sei vor dem Ereignis schon bekannt gewesen, und daher ermahnt vor einem nächtlichen Überschreiten der betreffenden Wiese der Meister den Lehrbuben und den Gesellen, auf die Geisterfrage ja nicht zu antworten. Indes, der Geselle nimmt allen Mut zusammen, spricht den erlösenden Satz, der Spuk ist gestillt, aber der Geselle „lag am siebenten Tage auf der Totenbahre."

Eine Sage aus dem Allgäu andererseits läßt die Mitwirkung des Lebenden als eine wirkliche Anstrengung mit körperlichem Kräfteverzehr erscheinen. Ein übermütiges Mädchen gibt auf die Frage des Markenrückers: „Wo soll ich den Pfahl hinstecken?" – die ansonsten zur Erlösung ausreichende Antwort, wird aber hier sogleich aus der Schar der Begleiterinnen entrückt und muß die ganze Nacht über Pfähle tragen. „Erst am Morgen nach dem Gebetläuten kam sie heim, todmüde und ganz erschöpft. Sie sagte kein Wort, was losgewesen war, und starb noch am selben Tag." – Angesichts zahlloser Marchegger-Sagen, wo die richtige Antwort sogleich zur Erlösung gereicht und von schlimmen Folgen für den Antworter keine Rede ist, bleibt eine solche Fassung ebenso wie die vorige rätselhaft, ja fragwürdig. Doch trägt es durchaus nichts ein, die Erklärung sogleich in der wandelbaren erzählerischen Überlieferung zu suchen. Ist man entschlossen, am Grunde der Sagen ein wirkliches Erleben gelten zu lassen, dann wird man in auffälligen Verschiedenheiten der Erzählungen wohl auch einmal Schicksalsunterschiede in der Tiefe für möglich halten, statt jeweils allein erzählerische Verwirrungen an der Oberfläche anzusetzen. Das schließt nicht aus, daß sich auf Grund des Erlebten in verschiedenen Gegenden sehr verschiedenartige Meinungen herausbilden und festsetzen. So wird aus einer Örtlichkeit in Schwaben der schlichte Satz überliefert, ebenfalls im Zusammenhang mit der Erlösung eines Predigers: „Wer einen Geist erlöst, ist in drei Tagen ein Kind der Seligkeit." – Allgemein aber gilt allerdings, daß der Erlöser nicht etwa durch das erlösende Einwirken selber bereits von lebensabträglichen Einflüssen der Geisterbegegnung freigestellt ist.

Tod der Bannenden. Eine große Rolle spielt im Umgang mit Geistern das Bannen. Nach den Sagen wird es ausgeübt von Geistlichen – vorzugsweise von den katholischen, die sich besser darauf verstehen sollen als die evangelischen, – und von kundigen Männern und Frauen aus dem Volke. Es ist ein gefährliches Tun; denn selbst Geistlicher und im Amte zu sein, schützt nicht vor den Gefahren, die von den Toten ausgehen. Oft wird von den Erschöpfungszuständen derjenigen berichtet, die als Geistliche von amtswegen ein Gespenst zu bannen suchen. In Mergentheim wurde sogar das Folgende erzählt. Dort starb ein Mann im Zorn auf seine Frau, weil sie sich schon vor seinem Tode mit einem anderen versprochen hatte. Nach der Beerdigung saß beim Leichenschmaus der Tote auch mit am Tisch. Man rief den Geistlichen Rat Mark von Mergentheim zu Hilfe. „Er kam und beschwor den Mann wieder in sein Grab. Der Geistliche wurde aber plötzlich schneeweiß, und nach drei Tagen starb er."

Nicht erlösend ist es und immer gegen Wunsch und Willen des Geistes gerichtet, wenn er, wie hier, aus dem Bereich seines Spukens hinaus verwiesen und an einen Ort gebannt wird, der weitab liegt von dem, wo er Schaden stiftet. Immer sucht er sich dagegen zu wehren und im Verhalten des Banners Lücken auszuspähen, die dem Beschwörer die Übermacht schmälern. So muß etwa nach einer niedersächsischen Sage der Pater mit dem Wagen herangeholt werden, denn kommt er zu Fuße, dann mag er mit seinem

Schnallenschuh eine Ähre abgerissen haben; damit ist er machtlos, und der Geist sagt: „Du deist et mik noch nich." – In einer westfälischen Sage muß der Kloster-Pater zweimal flüchten vor dem Gespenst des Burgherrn, der als pechschwarze Dogge erscheint. Erst der Guardian bringt mit seinem Bannspruch den Geist in Ketten auf einen Wagen. Nun aber beginnt er zu jammern, ob ihn denn niemand mehr sehen wolle, was den jüngsten Sohn zu einem mitleidigen Noch-einmal veranlaßt. Aber damit ist der Bann wieder gelöst, und der schwarze Hund spukt noch ärger als zuvor. Von neuem gebannt und auf den Wagen gebracht, macht er sich so schwer, daß sechs Pferde ihn kaum ziehen können, und schließlich läßt er den Wagen auf dem Wege zerbrechen. Man gibt sich damit zufrieden, ihn wenigstens halbwegs fortgebannt zu haben, lange vor dem Moor, das ihn halten sollte, und der Guardian muß ihm sogar eine Wiederannäherung an die Burg um einen Hasensprung jährlich verstatten.

Oft wird von scheinbar kleinen Fehlern berichtet, die bei solchen Bannungen doch schwere Folgen nach sich ziehen können. Im Schleswigschen haben vor 200 Jahren zwei Pastoren, als sie einen Geist unter die Erde bannen und den schon Versinkenden mit dem Pfahl festsetzen wollten, versehentlich auf seine Frage: Wie lange? – geantwortet: Auf ewige Zeiten! – Da war das Gespenst wieder frei und hatte Gewalt über sie. Indes eilte ein anderer Pastor herbei und rief: Bis zum Jüngsten Gericht! – Da hatte der die Macht über den Geist, ließ auch eine Widerrede nicht gelten und mahnte ihn ganz hinunter. Von den anderen beiden aber starb der eine bald darauf, noch nicht dreißig Jahre alt, und der andere wurde schwachsinnig.

In einer niedersächsischen Sage triumphiert der Geist über zwei Beschwörer. Den einen nennt er Pechdieb, weil er bei einem Schuster etwas Pech ans Zeug bekommen hatte; den anderen nennt er Strohdieb, weil sich ihm ein Roggenhalm ans Schuhwerk gehängt hatte. Erst dem dritten gelingt es, den Geist in eine Flasche zu bahnen. Die soll ein Fuhrmann mit vier Pferden vorm Wagen zu einem Teich bringen und dort versenken. Auf der Fahrt dürfe er sich aber nicht umsehen. Indessen, das Gespenst weiß unterwegs plötzlich solchen Lärm zu machen, daß der Fahrer sich doch umschaut, und zweimal ist der Geist wieder an den alten Spukort versetzt und lärmt wie eh und je. Erst die dritte Fahrt gelingt, und nun rumort das Gespenst in jenem Gewässer.

Diese Sage schildert einen glücklichen Verlauf. Schlimmer ergeht's dem Boten in einer Allgäuer Sage bei völlig fehlerlosem Ablauf. Ein Jesuit hat den Spukgeist in eine zinnerne Kanne gebannt und übergibt sie einem berittenen

Knecht – mit der Weisung, sie an einem bestimmten Platze zu vergraben. Aber als das verrichtet war, da „fiel das Pferd tot nieder. Der Knecht starb einige Tage später."

Zerreißen – zerreiben. Das Bannen ist ein willkürlicher Übergriff des Lebenden hinüber auf die Seite der Toten und daher erwartungsgemäß mit Gefahr verbunden. Diese Grenzverletzung hat bisweilen eine klare Beziehung auf den Raum. In Tirol kann ein Bauer, nach einer Überlieferung aus Ranggen, einen Geist vertreiben, wenn er alle Schlüssel zusammennimmt und damit klingelt: doch nur „bis zur Grenze seines Grundes … Setzt der Bauer aber einen Fuß über seine Grenze hinaus, dann wird er unfehlbar zerrissen." – Diese Zerreißung bietet das deutlichste Bild für die Unvereinbarkeit von Hüben und Drüben, für die Unmöglichkeit des Daseins auf der Totenseite, aber auch für die sprengende Macht der Toten auf dieser Seite. Gestalterisches Wirken, so hatten wir gesehen, liegt im allgemeinen nicht in der Hand der Toten. Spukhafte Eingriffe stiften Wirrsal. Der heftige Übergriff vermag schlechthin zerreißend zu sein.

In einer Vorarlberger Sage ist eine zeitliche Schranke gesetzt. Dort wird erzählt, daß auf einer Alpe ein Geist von Michaeli, also vom 29. September an, bis zum Frühling keinen Menschen dort duldet, auch nicht den zum Heuen Berechtigten. Trotz aller Warnungen und Ratschläge versucht ein Bauer, mit dem Geist eine Übereinkunft zu treffen für die Tage nach Michaeli. Der Geist vernimmt offenbar des Mannes Rede, verschwindet aber ohne Antwort. „Am nächsten Morgen fanden den Bauern seine Söhne in unzählige Stücke zerrissen im Schlafgemach."

Von einer anderen Art Übergriff ins Eigentumsrecht der Toten geht das Geschehen in einer schlesischen Sage aus. Dort zieht eine Frau in der Nacht, da sie glaubt, ihren Mann vor sich zu haben, einem Toten die Mütze vom Kopf. Er verlangt sie zurück und droht, als er sie auch am nächsten Tage nicht erhält, die Frau zu zerreißen. Daraufhin wird auf dem Kirchhof eine Mitternachtsprozession durchgeführt – mit der Frau an der Spitze. „Der Tote erschien und nahm die Mütze, die Frau aber zerriß er in viele Stücke."

Häufiger anscheinend als vom wirklichen Zerreißen erzählt die Sage von einer entsprechenden Drohung, die die Geister aussprechen. So nimmt es ein Kuhhirt sich heraus, in der Nacht einen Schafhirten zu erschrecken. „Vermutlich spielte er auch die Rolle eines Butzes. Da kam aber der Alpbutz, schleifte den Kuhhirten über die Grenze der Alpe und drohte, ihn in Fetzen zu zerreißen, wenn er je wieder die Alpe … beträte." – Wirklich zerrissen findet man in Dithmarschen einen Knecht, der die Pfarrersmagd in der abendlichen Kirche als Gespenst erschrecken wollte. Sie erschrak zwar, verrichtete aber das ihr Aufgetragene und verschwieg im Hause die Begegnung. Erst als man den Knecht später im Pfarrhause vermißte, die Magd ihn in der Schreckgestalt vermutete und man nachsah, da fand man „ihn tot mitten in der Steige liegen. Seine Gedärme waren ihm herausgerissen und über die Stühle ausgespannt." Ringsum war alles mit Blut bespritzt.

Die weißen Frauen, von denen in vielen Sagen die Rede ist, sind wohl zumeist ebenfalls Totengeister. Eine Wurzel hat diese Erscheinung allerdings auch in fast verschollenen Mythen, zumal wenn sie in der Dreizahl auftritt. Ein seltsam ambivalentes Wesen zeigt die Weiße dementsprechend in einer niedersächsischen Sage. Bei Tage weilt sie in einer Burgruine und kommt zuzeiten daraus mit zwei Eimern Wein hervor. Dem freundlich Grüßenden schenkt sie vom roten Wein, der gesund macht und freudig, und reicht ihm noch Geschenke dazu. Dem Grußlosen gibt sie vom weißen Wein, und davon fällt er sogleich tot zu Boden. Des Nachts aber weilt sie unten im Orte und guckt aus einem Kellerloch heraus. „Geht ein Mensch vor diesem vorüber und grüßt sie nicht, so kommt sie hervor und zerreißt ihn in Stücke."

Statt vom Zerreißen wird oft auch vom Zerreiben gesprochen, wohl eine Steigerungsform, da nicht Fetzen bleiben, sondern nur, wie es heißt, Staub, Asche, Mehl, Sonnenstäubchen: die feinste, grad noch wahrnehmbare Zerteilung des Stofflichen. In Vorarlberg wohnte ein altes Weible in einem Häuslein, in dem es oft nicht mit rechten Dingen zuging. Einmal hat das Weible im Mondschein noch Flachs gehechelt, und da hat ein Butz gerufen: „Der Mo-Schi ischt mi"! Darauf hat das Weible erwidert: „'Der Mo-Schi ischt di ond mi ond wem as er will!' Drauf meint der Butz: ,Recht hoscht Antwort ge; sos hett i di zerressa wia Gstüpp in der Sonna!'" –

Bisweilen, wenn die Sage nur von der Drohung erzählt, unterstreicht sie der Geist noch dadurch, daß er einen Stein zu Puder zerdrückt. In einem verbreiteten Sagentyp muß ein untergeordneter Helfer in der Nacht für den Sennen den auf der Alm vergessenen oder angeblich vergessenen Melkstuhl holen. Meist muß er ihn dem Alpgespenst gewaltsam unter dem Leibe fortziehen. In einer Sage aus Uri springt daraufhin der Geist auf, er „zerrieb zwei Steine zwischen seinen Pratzen zu Mehl und fauchte: ,Wenn nitt dz Sant Johanns Evangäli uff der Zungä hättisch, so tät-di zerrybä wië dië Stei'" – Der Bursche hatte auf dem Wege das Johannes-Evangelium gebetet.

In einer Graubündner Fassung ist das Motiv noch verdoppelt. Der Senn hat dem Küher für den erfolgreichen Gang eine bestimmte Kuh versprochen, versucht im Dorf aber, nach der Abfahrt, sich der Verpflichtung zu entziehen. Auf der Alpe, nach dem geglückten Wegreißen des Melkstuhles, hatte der Geist gesagt: „Hättest du in den drei Malen den Stuhl mir nicht entreißen mögen, so hätte ich dich zerrissen wie ‚z'Gstüpp an der Sunna' ..." – Nun, bei der Gerichtsverhandlung um die gewonnene Kuh, als des Sennen Lügen ihm schon den Erfolg zu bringen scheinen, tritt ein unbekanntes graues Männlein vor den Sennen, „gab einem Kieselstein, den es in der Hand hielt, einen ‚Schmutz', daß der Stein sofort in Fünklein, wie Mehl so fein, zerstob, und sagte dabei zum Sennen: ‚Gerade so werde ich es dir machen, wenn du nicht Wort hältst dem Küher.'"

Indessen, Sagen anderen Typs erzählen auch davon, daß der Geist den Vorwitzigen wirklich zermalmt. In Uri wird ein Jäger von geistenden Älplern zu einem Milchtrunk eingeladen. Er muß dem dritten Ruf folgen, wählt das richtige Getränk und wird daraufhin in die Kunst des wunderbaren Johlens eingewiesen. Das begehrt dann auch der Bruder: äxpräss dazu gehe er jetzt auf die Alpe. „Das hätte er nicht sagen sollen. ‚Äxpräss', lehren die Alten, ‚soll man nie sagen.' Man soll sagen: ‚I Gotts Namä!' Er wurde zerrieben." – Auf einer anderen Alp half einst ein altes Müetterli dem Mannsvolk mit weiblichen Arbeiten; man wußte nicht, wer es war oder woher es kam. Am Tag der Abfahrt stand das Müetterli auch vor der Hätte und erwartete offenbar einen Dank. Stattdessen ließ der grobe Senn vor ihm einen Furz. „Aber jetzt isch ärwachet! Mit einem Sprung stürzte es sich auf den Undankbaren und zerrieb ihn zu Staub und Asche."

Die alte Höferin
Die Sage von der Zerreißung des Gewandes

In diesem weitverbreiteten Sagentyp zielt die zerreißende Kraft der Geister wohl auch auf den Lebenden, erschöpft sich aber an dem von Menschenhand hervorgebrachten Gewebe, einem Erzeugnis, das in seiner Symbolik dem Sinn des menschlichen, ja des kosmischen Lebens nahesteht. Es ist die Sage von der Geistermesse[4], dem Gottesdienst, den die Toten in tiefer Nacht feiern

---

[4] „Handwörterbuch des deutschen Aberglaubens", Berlin 1927/1986. Bd. III, Sp. 536–539.

und an dem ein Lebender, meist eine Frau, die sich in der Zeit irrt, versehentlich teilnimmt. Von einem verstorbenen Verwandten, einem Paten, einem toten Nachbarn gewarnt, entrinnt die Lebende mit genauer Not in den letzten Augenblicken der Messe. Auch hier wurde eine Grenze überschritten, eine Zeitschranke, und die Geister sprechen das bisweilen in diesem Sinne aus. In einer Fassung aus Völs, also aus der Bozner Gegend[5], sagt zu dem erschrokkenen Mädchen der verstorbene Großvater: „Weißt du, jetzt gehört die Zeit halt uns." In einer mecklenburgischen Variante[6] sagt die längst verstorbene Bekannte zu der Lebenden: „Wir Toten lassen euch den Tag, so laßt uns denn auch die Nacht!" In einer Kieler Erzählung[7] schickt die selige Gevatterin die Frau hinaus: „denn die Kirche wäre jetzt nicht für sie."

Innerhalb dieser dem Lebenden verwehrten Zeitspanne gibt es dann noch die bestimmte Zeitscheide, jenseits von der die Geister plötzlich zu ihrem eigentlichen Wesen entbunden scheinen: das Amen des Priesters, Wandlung und Segen, Stundenschlag der Mitternachtsglocke, das Zuschlagen der Kirchentür,[8] jeweils ein Zeichen, so scheint es, für die Geister, sich dem flüchtenden Lebenden hinterdreinzustürzen. Vor diesem Augenblick warnt ihn der befreundete Tote und gibt ihm dazu noch Ratschläge: sich nicht umzuschauen, vor allem: irgendetwas zurückzulassen.

Die räumliche Grenze ist die Kirchentüre, das Friedhofstor, sogar, selten, auch erst die eigene Haustür. Als die Frau in der mecklenburgischen Sage schon unter ihrer Haustür stand, konnte sie's „nicht unterlassen, noch einmal umzuschauen, und da war am andern Tag das Stück ihres Mantels, welches in dem Augenblick noch außerhalb gewesen war, wie weggebrannt" – ein seltener Ausgang, hier wohl eingewandert aus anderen Überlieferungen vom Totenbrande.

Warum muß etwas zurückgelassen werden? – Einige Sagen geben darauf eine klare Antwort. In der Völser Erzählung rät der Großvater seiner Enkelin, schnell aus der Kirche zu gehen: „laß aber, bevor du zur Tür kommst,

---

[5] Johann Adolf Heyl, „Volkssagen, Bräuche und Meinungen aus Tirol", Brixen 1897 / Bozen 1989, S. 359.
[6] Karl Bartsch, „Segen, Märchen und Gebräuche aus Mecklenburg", Wien 1879 / Hildesheim 1978, Bd. I, Nr. 498.
[7] Karl Müllenhoff, „Sagen, Märchen und Lieder der Herzogtümer Schleswig, Holstein und Lauenburg", Neue Ausgabe Schleswig 1921, Nr. 265.
[8] Amen: Friedrich Ranke, „Die deutschen Volkssagen²", München 1924, S. 78. Wandlung und Segen: Brüder Grimm „Deutsche Sagen", Nr. 176. Mitternachtsglocke: Karl Müllenhoff, „Sagen, Märchen und Lieder der Herzogtümer Schleswig, Holstein und Lauenburg", Neue Ausgabe Schleswig 1921 Nr. 265. Ita missa est und Türzuschlagen: Johann Krainz, „Mythen und Sagen aus dem steirischen Hochlande", Graz 1880 / Vaduz 1985, S. 206f.

irgendetwas zur Lösung zurück, dann kann dir nichts geschehen!" – Diese Ausdrucksweise benennt den Zusammenhang offenbar zutreffend. Das Ziel der zerreißenden Totenmacht ist eigentlich der Lebende, der die Grenze überschritten hat; statt seiner, zur Ablösung, wird das Gewebe zerfetzt. Von einem alten Manne sagt ein Tiroler Erzähler:[9] „Hätte er nichts zurückgelassen, wäre ihm das Los des Sacktuches zuteil geworden." Noch deutlicher spricht eine andere Tiroler Überlieferung:[10] „Hätte jene Magd ihr Hemd nicht auf dem Kirchhof zurückgelassen, so wäre sie selbst zerrissen worden."

Was immer jemals am Ursprung der Sage geschehen sein mag, tradiertes Wissen war es ohne Zweifel, in einer solchen Lage der Weisung: Wirf von dir! – zu folgen. In einer Bamberger Variante,[11] die der Enkel der betroffenen Frau erzählt hat, erkennt die Großmutter alle die an der vermeintlichen Frühmesse teilnehmenden Toten, wird von Entsetzen überfallen und eilt der Kirchtür zu. „Da war's ihr auf einmal, als sagte ihr eine innere Stimme, sie sollte etwas zurücklassen als Freikauf ihres Lebens. Schnell nahm sie ihr Fuchspelzlein vom Hals, ließ es fallen und eilte nach Hause. Hier lag noch alles in tiefem Schlaf, denn es war erst zwölf Uhr vorüber. Dennoch machte sie Lärm und erzählte die Geschichte." – Natürlich wird ihr Bericht belächelt, und weil's dem Vater des Erzählers schad ist um den schönen Fuchspelz, macht er sich mit noch jemandem auf, ihn wiederzuholen. Sie fanden ihn auch, „aber in tausend Stückchen, wovon auf jedem Grabe eines lag." –

Der Einfall der Betroffenen selbst wie in dieser Variante, die in allen Zügen sehr realistisch erscheint, ist die Ausnahme. Der Rat der Toten ist der gewöhnlichere Fall. In einer Thüringer Sage[12] raunt die tote Freundin der Kirchgängerin zu, sie solle, wenn sie ungefährdet davonkommen wolle, „etwas zurücklassen von ihrem Anzuge". Ihr Mäntelchen fand man am anderen Morgen „in tausend Stücke zerrissen". In der Völser Sage findet man das Fürtuch des Mädchens „in tausend Stücke zerrissen auf dem Kirchboden". Nicht immer wird der Lebenden der Rat erteilt, ein Stück der Kleidung zu opfern. Trotzdem verliert sie eines an die Toten: sie entreißen es ihr und zerfetzen

---

[9]   Ignaz Vinzenz Zingerle; „Sagen aus Tirol. Ausgewählt … von Leander Petzoldt", Graz 1976, Nr. 35.
[10]   Johann Nepomuk Ritter von Alpenburg, „Österreichische Alpensagen. Neu hrsg. von Lothar Borowsky", Wien o.J, S. 339.
[11]   Alexander Schöppner, „Bayrische Sagen", Bd. III, München 1853 / Augsburg 1990, Nr. 1307.
[12]   Paul Quensel, „Thüringer Sagen", Düsseldorf 1974, S. 326.

es. Das Laken, das in einer niedersächsischen Sage[13] die Kirchgängerin als Mantel umgetan hatte, ward ihr vom Leibe gezerrt und „in lauter thalergroße Fetzen zerrissen".

Es ist klar, daß auch die schlechthin fromme Messe unsere Alltagswelt nach drüben hin auftut. In einer für die Lebenden gefährlichen Weise öffnen sich nach unseren Sagen die Geistermessen, die Gottesdienste der Toten dorthinüber. Erzählt wird aber auch von Messen, in denen absichtlich die schützende Alltagsschranke aufgehoben wird – in der Zwing-, der Schwur-, der Schwarzen Messe. Dafür seien zwei steirische Beispiele[14] beigebracht.

„Es geht die Sage, daß mancher Priester um Mitternacht eine sogenannte Zwingmesse lesen könne. Derjenige, der eine solche Messe bestellt, muß in der vordersten Bank Platz nehmen. Der Priester" kann die Seele, mit der ein Gespräch gewünscht wird, „in die Kirche zwingen, und der Besteller darf mit ihr ein kurzes Gespräch führen." Eine Frau erlangte auf diese Weise ein Zwiegespräch mit ihrer toten Mutter. Nach der Messe legte sie auf deren Rat beim Verlassen der Kirche ihr Kopftuch an der Türschwelle nieder, sonst wäre sie von den Geistern zerrissen worden. Das Tuch fand sie am nächsten Tage „vollkommen zerfetzt im Kirchhof liegen."

Trotz des nachträglich zerrissenen Tuches geht es bei dieser Messe doch friedlich zu. Nach einem anderen Bericht wollte eine Witwe wissen, wie es ihrem Mann im Jenseits erginge. Er war Verwalter gewesen, hatte sich der Kirche ferngehalten, hatte Frau und Untergebene übel behandelt. Nun ließ sie, um sein Schicksal drüben zu erfahren, eine „Schwurmesse" lesen. Um Mitternacht traten die Frau, angetan mit einem Vespermantel, der Pfarrer, der Kaplan und der Meßner in der Kirche zusammen. Der Pfarrer las, in einem gezogenen Kreise, eine Messe „von hinten nach vorn". „Plötzlich schleppten einige Teufel mit fürchterlichem Getöse den Verwalter herbei. Dieser schrie sogleich seiner Frau zu: ‚Hättest da nit den Fetzen (Vespermantel) um, i zerreißert di in tausend Schiefer!' – Der Pfarrer fiel in Ohnmacht, und der Kaplan las geistesgegenwärtig die Messe rasch zu Ende. Hätte er dies nicht getan, so wären alle von den Teufeln umgebracht worden."

Zum Beschluß sei eine sehr alte Höfer Überlieferung[15] herangezogen, die mit einem eigentümlichen Zuge Entscheidendes beiträgt zum Verständnis des Geschehenstyps „Frau in der Totenmesse". Das Ereignis soll sich im Jahre

[13] „Niedersächsische Sagen und Märchen. Gesammelt von Georg Schambach und Wilhelm Müller", Göttingen 1855, Nr. 243.
[14] Walter Brunner, „Steirische Sagen von Hexen und Zauberei", Graz 1987, Nr. 99, 101.
[15] Brüder Grimm, „Deutsche Sagen", nach Widmanns Höfer Chronik.

1516 zugetragen haben. Eine fromme Frau, die regelmäßig in der Lorenzkirche außerhalb des Tores an der Engelmesse teilzunehmen pflegte – und die nun in tiefer Nacht, wie die anderen Frauen unserer Sagen, sich in die Messe der Toten verirrt hatte, war dort dem Zugriff der Geister ausgesetzt gewesen. Von ihrer Kursen, ihrem Überwurf, fand sich am Vormittag auf jedem Grabe ein kleines Flecklein, und die Leute wanderten, nicht wenig darob verwundert, haufenweis auf den Friedhof hinaus.

Sehr bemerkenswert ist in dieser Geschichte, daß die Frau das Obere Tor, das sie auf dem irrtümlich verfrühten Kirchgang durchschreiten muß, offen findet, ja, daß sie da sogar das erst in der Morgenfrühe, zur Zeit der Engelmesse, übliche Austreiben der Schweine erlebt. Als sie aber nach der Flucht aus der Kirche wieder dort hinkommt, ist das Tor verschlossen, und es herrscht die gewöhnliche nächtige Stille. Drei Stunden muß sie noch warten, bis das Tor aufgesperrt wird. Die Sage überliefert auch die damalige Erklärung für das Wunder am Tor. Kein guter Geist könne der Frau das Tor geöffnet haben, und das Blendwerk vom Viehaustreiben habe der leidige Teufel angestellt.

Scheint uns diese Erklärung allzu einfach, ja geradezu unmöglich angesichts eines Kirchgangs, und sind wir andererseits auch nicht bereit, die Geschichte schlechthin als ein Phantasiestück abzutun, dann stehen wir freilich vor einer weitaus schwierigeren Frage als jene fromme alte Höferin und ihre geistlichen Berater. Eine Antwort könnte sich anbahnen in der Überlegung, daß die Frau schon mit dem Verlassen ihres Nachtlagers, nicht erst mit dem Betreten der Kirche, „in die Totenzeit" eingegangen ist. Die seltsame Stimmung, die dazu gehören würde, schildert eine Südtiroler Sage:[16] „Einer Magd zu Teiß kam (es) einmal an einem Sonn- oder Festtage fortwährend vor dem Bethläuten vor, als sie noch halb träumte, es läute vom Kirchturm zum Gottesdienst. Die Angst, sie versäume die Frühmesse, erweckte sie ganz; eilig stand sie auf, kleidete sich an", geht zur Kirche, findet sie offen und voller Leute – mit dem weiteren Verlauf wie auch sonst. Auch in anderen Varianten, nicht allerdings in dem Höfer Bericht, glaubt die Frau im Erwachen das Messeläuten zu hören. Doch auch für die Höferin wäre anzunehmen, daß sie schon als Erwachende in die Vision eingeht – und in trancehaftem Erleben bis in ihren Kirchenstuhl wandert: dort erst erwacht sie aus der Totenstunde zu der Zeit der Lebenden. Leicht begreiflich wäre in dieser Weise auch das Erlebnis des Schweineaustreibens; es gehörte eben in jene trancehaft erlebte

---

16   Johann Nepomuk Ritter von Alpenburg, „Österreichische Alpensagen. Neu hrsg. von Lothar Borowsky", Wien o.J, S. 339.

Morgenfrühe hinein – und nicht etwa als Sinnestäuschung, sondern als Anteilnahme am wirklichen Morgen der Totenzeit.

Es bliebe nur noch aufzulösen, wie denn die Frau das verschlossene Tor durchschritten haben könne. Leibhaft müßte sie in der Kirche gewesen sein, dafür zeugen die Fetzen ihrer Kursen auf den Gräbern – etwa als die stofflichen Abbröckelungen aus der trancehaften Anwesenheit beim Totengottesdienst. Mit dem Aufbrechen der Trance setzte eben auch erst der Geistersturm auf die Lebende ein. – Vielleicht haben wir damit den Schlüssel gefunden, der uns auch das Tor öffnet für die verfrühte Kirchgängerin. Eine allzu einfache Lösung wäre diese: von Geistern, aber auch von Zauberern, von den Dauisten in China etwa, wird erzählt, daß sie feste Mauern, verschlossene Tore zu durchschreiten vermögen.[17] In welchen Zusammenhängen dergleichen verstehbar werden könnte, ist hier nicht unmittelbar von Bedeutung. Es läge darin kaum mehr als ein Hinweis darauf, daß dann auch ein Mensch in der Trance Entsprechendes vermöchte.

Entschiedener, mehr ins einzelne gehend und unabhängig von zweifelhaften Zauberkunststücken: in der Entrückung, nicht körperlich, versenkt in eine andere Zeit, mit ihrem Seelenleibe durchschritte die Frau das „zu der Stunde" offene Tor, gelangte so in die Kirche, – und dort käme „der Augenblick", mit dem Amen, mit der Wandlung, mit dem Segen, mit dem Schlage Eins der Glocke, wo sie erwacht, erwachen muß – und dann erst „sich verkörpert" – mit der krassen, provokanten Scheidung und Unterscheidung von all den anderen am Gottesdienst teilnehmenden Seelen. Bis dahin hat ihre Körperlichkeit daheim im Bett gelegen, in jenem bekannten kataleptischen Schlafe, der oftmals an den zur Seelenfahrt aufgebrochenen „Hexen" beobachtet wurde oder den man zum Anlaß nahm, eine unschuldige Frau des Teufelsdienstes zu bezichtigen.

Die ausgefahrene Hexe verkörpert sich nach der Ekstasis zu allermeist dort, wo sich ihr Leib während des Seelenfluges befunden hatte. Es wird aber auch von der Unterbrechung der Ekstasis an einem anderen Orte erzählt. Nach einer niederländischen Sage[18] schießt von zwei wallonischen Kriegsleuten der eine in eine Wolke, in der sie allerhand Stimmen hören. Da „fiel eine nackte Frau aus der Wolke, der der Pfeil noch in der Seite stach, und die

17 Walter Brunner, „Steirische Sagen von Hexen und Zauberei", Graz 1987, S. 58 (durchs Schlüsselloch), S. 74, S. 222 Nr. 310. Karl Haupt, „Sagenbuch der Lausitz", Leipzig 1862 / Hildesheim 1977, Bd. I, Nr. 225a. Pu Sung-ling, „Liao-dschai-dschi-yi. Deutsch von Gottfried Rösel", Bd. I, Zürich 1987, S. 53f.
18 Johann Wilhelm Wolf, „Niederländische Sagen", Leipzig 1843, Nr. 290.

war ganz betrunken, übrigens dicken und fetten Leibes und von mittlerem Alter, und hat nichts anderes gefragt, als: ‚Freund oder Feind?' Worüber sich die Kriegsleute sehr verwundert." – Die Hexe entkleidet sich zumeist vor ihrer Ausfahrt; es ist daher zu erwarten, daß sie bei einer derartigen gewaltsamen Unterbrechung ihres Fluges auch nackend abstürzt. In einer Sage aus Baden[19] schießt ein Jäger bei einem Gewitter mit einer geweihten Kugel „mitten in die schwärzeste Wolke. Da fiel ein nacktes Weibsbild aus der Wolke tot auf die Erde, und das Gewitter verzog sich augenblicklich."

Ebenfalls im Badischen[20] geht ein Markgraf früh am Morgen des Walpurgistages auf die Jagd. Als die Betglocke ertönt, fällt etwas Schweres in ein nahes Gebüsch. Er schaut nach, findet eine nackte Frau dort und gibt ihr seinen Mantel zur Heimkehr. „Er merkte wohl, daß sie eine Hexe sei, die auf ihrer nächtlichen Fahrt sich verspätet hatte und, vom Frühgeläute überrascht, aus der Luft herabgefallen war." – Noch bezeichnender ist ein Bericht aus dem Jahre 1524 über einen solchen „Unfall".[21] Die Hexe soll nach der Zusammenkunft von einem Geist wieder heimgebracht werden; es war aber schon morgens früh, und als „der Geist, der sie trug, den Glockenton gehört, mit dem die Leute zum Gebet ermahnt werden, ist sie alsbald von ihrem Führer auf einem … Acker niedergesetzt und verlassen worden." Dort findet sie ein mit ihr wohlbekannter junger Geselle. Der aber, als er sah, „daß sie bis auf ihre Scham entblößt dagesessen und ihr die Haare aufgelöst zu Boden gehangen," fürchtete sich zunächst davor, sich ihr zu nähern, erfährt schließlich die Ursache für ihre Lage, und da er nicht schweigen kann, gerät sie in die Inquisition, woher dann der Prätorius seinen Bericht erhielt.

Eine ganz entsprechende Verleiblichung ist in zwei anderen Überlieferungstypen ziemlich häufig. Des öfteren wird erzählt, daß der von der „Wilden Jagd" Mitgerissene nicht dort wieder zu sich kommt, wo er aufgezuckt wurde, sondern an einem weit entfernten Ort, von dem aus er erst eine schwierige Rückwanderung antreten muß. Ähnlich ergeht es oftmals dem Manne, der sich vorwitzigerweise in einen Hexenflug einmischt und der dann irgendwo aus der Seelenreise abstürzt und körperlich heimwärts pilgern muß.

Diesen Irrgängern und zumal den unterm Anschlagen der Betglocken abgestürzten Hexen vergleicht sich die Frau im Totengottesdienst: daß sie sich unterm Amen, unterm Glockenton am Seelenorte verleiblicht und dann

[19] Friedrich Ranke, „Die deutschen Volkssagen²", München 1924, S. 34.
[20] Hans Brüstle, „Die Sagen Baden-Württembergs", Freiburg 1977, Nr. 118.
[21] Johannes Praetorius, „Hexen-, Zauber- und Spukgeschichten aus dem Blockberg, Hrsg. von Wolfgang Möhrig", Frankfurt am Main 1979, S. 90.

körperlich fliehen muß vor den Verstorbenen. Dies wird besonders deutlich an der alten Höferin, die nach der Flucht aus der Totenrunde leibhaft drei Stunden vorm verriegelten Tore sitzt und warten muß, bis es aufgeschlossen wird, da sie es doch zuvor, offen um Mitternacht, ohne Anstoß durchschritten hatte.

Daß sie nicht nackend dasitzt, verdankt sie der Wirklichkeit des Kirchganges, in der sie seit Mitternacht lebt, in einer völlig anderen Wirklichkeit mithin als die, von der die ausgefahrene Hexe erfüllt ist. Diese hat keinen unmittelbaren Anlaß, ihre abgelegten Kleider, zugleich mit der Verleiblichung, zu apportieren, und wenn sie zum Bewußtsein des Bedarfes erwacht ist, dann ist sie aus dem Zustande zaubrischer Mächtigkeit schon ausgeschieden.

In dem geheimnisvollen Bereich zwischen den Welten der Lebenden und der Toten eröffnet sich freilich noch eine weitere Möglichkeit für den Lebenden, verschlossene Türen zu durchschreiten: daß es gerade die Toten sind, die den Lebenden die Tore auftun. Dazu gibt es eine einzigartige Aussage, die der Berichterstatter von der Frau selbst erhielt, der dies geschah.[22] Sie betete, um bestimmte Ablässe zu gewinnen, ein ganzes Jahr lang in Attendorn vor dem Missionskreuz, das an der Außenwand der Pfarrkirche steht. Sie sah jeden Tag bei dem Kreuz eine kleine schwarzgekleidete Frau stehen. Diese ging nach dem Gebet vor ihr her und hielt ihr die Tür offen. Eines Tages hörte sie, „wie zwei kleine Kinder zueinander sagten: ‚Sie mal, wenn diese Frau (damit war ich gemeint) in die Kirche geht, öffnet sich die Tür immer von selbst. Wir wollen mal hinter ihr hergehen.‘ Hierdurch wurde ich aufmerksam. Die schwarzgekleidete Frau öffnete mir wieder wie gewöhnlich die Tür und verschloß sie sofort fest hinter mir. Die beiden Kinder bemühten sich vergebens, die Tür wieder zu öffnen.“ Die Berichterstatterin erkennt nun erst die Frau als eine „Arme Seele“, wendet ihr die in den Gebeten erworbenen Ablässe zu und wird sie von da an nicht mehr gewahr.

Von einer ähnlichen Doppelung des Erlebens, wie sie der Höferin widerfahren wäre, erzählt eine Sage aus Ankum in Westfalen.[23] Dort stehen in der Mittwinternacht um zwölf Uhr die Leute eines abseits gelegenen Hofes auf, um zu dreschen. Sie hören feierliches Geläut, glauben, daß sie in der Uhrzeit sich getäuscht haben, und meinen, daß schon zur Weihnachtsmette geläutet werde. Sie kleiden sich an für den Frühgottesdienst, treffen auf dem Wege jedoch keine anderen Kirchgänger. Wohl aber finden sie das Gotteshaus

---

22 Klimsch-Grabinski, „Leben die Toten?“, 8. Auflage, Olten 1949.
23 „Westfälische Sagen. Hrsg. von Paul Zaunert“, Jena 1927, S. 331f.

offen, hell erleuchtet und von „Engeln angefüllt, die das ‚Ehre sei Gott in der Höhe' sangen. Als sie indes in die Kirche eintreten wollten, erloschen die Lichter, sie aber standen vor der verschlossenen Kirchentür." – Angesichts einer Mehrzahl von Erlebenden durfte man indes in dem Geschehnis nicht die Zweiseitigkeit von Ekstasis und Verkörperung als Erklärung annehmen, sondern das Aufleuchten einer gemeinsamen Vision und deren Erlöschen. Bemerkenswert bleibt auf jeden Fall die seltsame Zweiteilung des Erlebens: einerseits die lichterfüllte Schau vom gottesdienstlichen Geschehen unter den Jenseitigen – und andererseits, bei dem Versuch, dort teilzunehmen, der Einbruch des Dunkels und der jäh verhängte Halt vor der verschlossenen Tür.

Noch gegensätzlicher wird die Zweiung von visionärem und leibhaftigem Widerfahrnis erlebt in einer niederländischen Sage.[24] Eine Frau kommt in der Morgenfrühe (so meint sie offenbar) auf dem Wege in die Stadt an einer Kapelle vorbei, sieht Licht darin und geht hinein. Sie findet die Kirche voll von Gestalten mit weißen Tüchern ums Haupt, sieht drei Priester aus der Sakristei zum Hochaltar treten, dazu Küster und Chorknaben, und die Messe beginnt. Jene gingen aber nicht „wie gewöhnliche Menschen, sondern schwebten nur leicht über der Erde; auch sahen ihre Gewänder gar verblichen aus. Da faßte die Frau ein schreckliches Grausen, und sie wollte aus der Kirche, aber die Thüre war geschlossen, und sie mußte darin bleiben. Als die Messe aus war, zerrannen die Priester in Luft, die Kerzen erloschen, und all die weißen Gestalten schwanden; zugleich schlug es auf der Kirchenuhr eins. – Als der Küster morgens aufschloß, fand er die Frau halb todt vor Schrecken und Angst an der Thüre liegen." –

Wir sprechen von nächtlichen, von nächtigen Erlebnissen und von der Totenzeit und gedenken damit zum Ausdruck zu bringen, daß diese Zeit qualitativ eine andere ist als die Zeit über Tage. Daß dies so sein konnte, vermögen wir kaum noch unmittelbar zu empfinden. Das ursprüngliche Wesen der Zeit ist für uns eingeebnet worden – vor hundert Jahren schon durch die Abschaffung der Ortszeit zugunsten der Einheitszeit – in diesem Jahrhundert durch den Vierundzwanzigstundentag der Zifferblätter und Fahrpläne – und am Ende noch dadurch, daß man mit dem Flugzeug die Nacht zum Tage machen kann und umgekehrt. Die Mitternacht, als wunderbare Zeitscheide, – der eine Tag, der andere Tag – das Nichtsein dieses wie jenes Tages – die wirkliche Lücke in der Zeit, die zwischen den zwölf Schlägen sich dehnt, sie gibt es

---

[24] Johann Wilhelm Wolf, „Niederländische Sagen", Leipzig 1843, Nr. 581.

nicht mehr. Abgetan ist für uns die natürliche Nacht; ohne unser Zutun gehen draußen die Lampen an und entfremden den Städter und sogar schon den Dorfbewohner von den jahreszeitlichen Sternbildern und vom wechselnden Mond. Im Hause bewältigen wir selber die Nacht durch den Schalterdruck. Wir leben einen einförmigen, gleichstimmigen Tag. Darin gibt es nicht das Abendläuten mehr, das ehedem den Beginn der Geisterfreiheit ankündigte,[25] keine Nacht, die in ihrer Mitte sich zur Geisterstunde vertiefte.

Eine Irin erzählte vor hundert Jahren der Lady Gregory von ihrem Sohn, daß er „eines Morgens vor Tagesanbruch hinausgegangen sei, um auf der Weide nach einer jungen weißen Kuh zu schauen. Und da sah er eine kleine alte Frau, die hatte einen roten Mantel an, und sie weinte laut, sie schrie und weinte. Das hätte er aber nicht zu sehen bekommen, hätte er sich an die natürliche Zeit gehalten!" (… if he had kept to natural hours.)[26]

Wir dürften sagen, daß der Mann in eine übernatürliche Zeit hinausgegangen sei, eine Zeit, die auch bei uns gekennzeichnet war durch die Nachtfrau, das Nachtvolk, das Nachtgejaid, belebt von der „Hollenfrau", der „Hertha", vom „Wilden Jäger" und von den Perchten. Eine Zeit, in der man nach Schätzen grub, zu der man allerlei Zauber unternahm, da die Toten auf den Kirchhöfen tanzten, da die Hexen mit Toten und Dämonen zusammentrafen, in der bis zum Hahnenschrei der Oberste der Dämonen sein Werk verrichtet haben mußte. In der Mittwinternacht geschah es, in der tiefsten der Nächte, daß man den Tisch für die Toten deckte und sogar eine Schlafstätte für sie herrichtete; da zogen die Toten in ihr altes Hauswesen ein, während die Lebenden schliefen.

Von diesem ehemaligen Nachtleben her versteht sich der Begriff der verkehrten oder der umgekehrten Welt, in der die Geister leben und die Toten.[27] Am stärksten drückt sich diese polare Gegensätzlichkeit aus in jenem Sagen- und Märchenmotiv, das von einem Gegenstand erzählt, der die Welten wechselt.

Die Hobelspäne, die dürren Blätter, die man drüben erhält, hier werden sie zu Gold. Das jämmerliche Fohlen, das der Jungmann bei der Jenseitshexe erwählt, ist auf dieser Seite schöner und schneller als alle anderen Rosse. Am Herkunftsort des Zauberpferdes ist auch die Zeit eine andere als hier: drei

---

[25] „Wörterbuch der deutschen Volkskunde³. Bearb. von Richard Beitl", Stuttgart 1981, S. 586a.
[26] Lady Gregory, „Visions and Beliefs in the West of Ireland", Gerrards Cross 1979, S. 224.
[27] Herman Lommel, „Bhrigu im Jenseits", In: „Mythe, Mensch und Umwelt. Hrsg. von Ad. E. Jensen", Bamberg 1950, S. 95–109. „Handwörterbuch des deutschen Aberglaubens", Berlin 1987, Bd. 8, Sp. 1321–1328, siehe von Umkehrung.

Tage hütet man dort die Tiere, aber bei der Rückkehr sind hier drei Jahre vergangen. Und schließlich: auch der Jahreslauf ist gegensätzlich, – in Irland sah man, wie am Geisterort eine Frau im November am Fluß ihre Wäsche wusch, und man hörte die jungen Lämmer bähen; „denn wenn wir Winter haben, ist Sommer dort." – „Ich habe oft gehört, daß unser Winter ihr Sommer ist", sagt ein anderer Gewährsmann. „Klar, sie müssen ja auch eine Zeit haben, um ihre Kartoffeln zu legen und ihren Hafer zu säen."[28]

Solche Aussagen sind in unseren Bereichen zumeist nur noch Bruchstükke aus einem ehemals sinnvoll den Tag und die Nacht, Sommer und Winter umgreifenden kosmischen Ganzen. Doch bei den Hopis in Arizona ist ein solches Ganzes seit hundert Jahren noch in seinem Zusammenhang aufgezeichnet worden, ehe es der Zerstörung ausgesetzt war. Dort war mit dem Tag der Lebenden gleichzeitig die Nacht in der Unterwelt und umgekehrt, und gegenläufig zu Sommer und Winter hier oben folgten sich bei den Toten Winter und Sommer. Und dies war nicht eine nur theoretische Zeitvorstellung, die etwa dazu verhalf, einzelne Geschehnisse zu verstehen; sondern die Hopis lebten in einer rituell geordneten Kultur, waren also in ihren Riten immer auch auf den für die Toten und die Unterwelt gültigen Zeitverlauf bezogen. Das bedeutete im besonderen, daß beide Seiten den gleichen Festkalender befolgten, nur um ein halbes Jahr verschoben, und daß die eine Seite auch an den Festen der anderen teilnahm. An den hiesigen Heiligtümern feierten die Amtsträger der Rituale hier das Fest der Toten mit, und zwar in einer gegenüber dem eigenen Festverlauf vereinfachten Gestalt. Das galt für den ganzen Jahreskreis – mit Ausnahme jener Feste, wie zumal des mittwinterlichen Soyal, wo zeitweilig die Zweiseitigkeit der Welt aufgehoben war zugunsten der „weihnachtlichen" Totengastung.[29]

Etwas Vergleichbares, nur eben im Tagesablauf, mögen die alte Hoferin und ihre Schwestern erlebt haben, das Austreiben der Tiere in der Totenzeit, ähnlich dem herbstlichen Bähen der Lämmer am irischen Geisterort, – die Messe der Toten in der Tiefe der Nacht: „Weißt du", sagt der Völser Großvater, „jetzt gehört die Zeit halt uns."

Haben wir die Toten enteignet?

[28] Lady Gregory, „Visions and Beliefs in the West of Ireland", Gerrards Cross 1979, S. 262, 225, 338 – W.B. Yeats.
[29] Mischa Titievi, „Old Oraibi. A Study of the Hopi Indiens of Third Mesa", Cambridge, Massachusetts 1944, S. 171–178.

DAS BÖSE IN DER BESESSENHEIT

Exorzismus und Verdrängung

Der Heilsgewinn aus den Exorzismen kann nicht zweifelhaft sein, wenn man den Blick zunächst nur auf die Gemeinde (den anteilnehmenden engsten Kreis) und den charismatischen Führer der Vorgänge richtet. Dieser Gewinn wäre selbst dann als wertvoll zu bejahen, wenn sich herausstellen sollte, daß der Besessene an ihm selbst keinen oder nur bescheidenen Anteil hätte, – daß er selbst für die anderen eine Art Sündenbock ist, mit dessen Hilfe der Kreis sich reinigt und erhöht. Als Beispiel für die Wirkung auf eine ganze Dorfgemeinde sei der Möttlinger Besessenheitsfall der Gottliebin Dittus erwähnt, der zu einer entschiedenen Vertiefung des Glaubenslebens geführt hat. Selbstredend sind bei solchen Urteilen zunächst die Maßstäbe des betreffenden Erscheinungsbereiches und die der Erlebenden selbst anzuwenden, nicht die fremder Disziplinen und fernstehender Beurteiler. Schon der Kampf mit dem bösen Dämon selbst, im sinnvoll treffenden Wort, im Gebetsringen um einen göttlichen Helfer, im leibhaften Widerstand gegen die durch den Besessenen wirkende physische Gewalt des Bösen, wird als ein erhebendes numinoses Geschehen erlebt, als unmittelbarer Verkehr mit sinntragenden, sonst verborgenen Wesenheiten. Die Austreibung des Dämons wird dann zum Siege des guten Prinzips, Gottes selbst. Jeder Sieg, auch der über einen leibhaften Feind, ist eine Erlösung; das Niederringen eines widersacherischen Geistes bedeutet mithin eine metaphysische Erlösung, einen Lebenssieg auf dem untersten Kampfplatz der Existenz. Einen verwandten Sinn hatten die alten Drachenrituale, und noch heute erscheint der Sinn der Drachensiege an vielen Brunnen, da deren Bildwerke den niedergerungenen Unhold als Spender des Lebenswassers darstellen (dreifach zum Beispiel der Brunnen vor der Michaelskirche in Schwäbisch Hall).

Noch deutlicher als an dem Kreise erscheint der Heilsgewinn an dem Seelenführer des Besessenen, der meist durch die exorzistische Bemühung selbst erst das Charisma erlangt. Auch hierfür ist der Möttlinger Fall beispielhaft, da Blumhardt erst durch ihn geprägt und zu der Gestalt wurde, als die der Gründer von Bad Boll noch heute lebendig ist.[1] Die Beobachtung ist allgemein; Scriver, ein bedeutender magdeburgischer Geistlicher des 17. Jahrhunderts

---

[1]   Friedrich Zündel, „Pfarrer Johann Christoph Blumhardt. Ein Lebensbild“, 3. Aufl., Zürich 1882, S. 117–159.

bekennt, wie sehr ihm das geringe Häuslein, in dem er mit dem Besessenen gebetet hat, eine gute Schule gewesen.[2] Ein Dessauer Dekan des 18. Jahrhunderts, Müller, schon ein modern denkender Theologe, erlangte durch einen Besessenheitsfall das durch die Aufklärung verlorengegangene Charisma der Handauflegung wieder.[3]

Um den Heilsgewinn des Besessenen selbst zu ermessen, ist es nötig, den Vorgang des Exorzismus genauer ins Auge zu fassen. Wir nennen zunächst als einen entscheidend wichtigen Zug, der sich unmittelbar von heutigen psychologischen Einsichten her einschätzen läßt, daß der Dämon zum Sprechen gebracht wird, – also, psychologisch gesehen, Verdrängtes ein Bewußtsein erhält, – freilich in der Besessenheit zunächst ein vom Ich der Person abgespaltenes Bewußtsein. Auch psychogene körperliche Erkrankungen kommen auf diese Weise in der „magischen Medizin" unmittelbar zu Worte. Wir können eine solche Beobachtung zum Beispiel am madagassischen Trumba-Kult[4] machen wie auch an der Praxis des Dichterarztes und Forschers Justinus Kerner, nach dessen Überzeugung viele solche Erkrankungen durch Anruf des bis dahin stummen Dämons zum Sprechen und durch nachfolgende Austreibung zur Heilung gebracht werden könnten. Es ist bemerkenswert, daß bei diesem Verfahren auch und gerade in der urvölkerlichen Medizin Verfehlungen wie Schicksalsschläge des von seiner Krankheit Besessenen zur Sprache kommen. Auch der Medizinmann wendet sich also bei einem solchen Verfahren nicht nur an den Dämon, der das Leiden verursacht, sondern ebenso an den Menschen, der durch eigene, meist rituelle Verfehlung dem Dämon das Einfahren ermöglicht hat.

In der Geschichte der Magdalena Gronbach, des Mädchens von Orlach, habe ich die Fäden aufzuweisen gesucht, die in ihrer Besessenheit zusammenlaufen, und es wurde dadurch auch möglich zu zeigen, wie es zu der Erlösung durch den Abbruch des Vaterhauses kommen konnte, zur Erlösung sowohl der beiden Geister, mit denen sie verkehrte und von denen der eine sie von Zeit zu Zeit besessen hielt, wie auch ihrer selbst von dieser Besessenheit.[5] Es zeigte sich, daß ihrem Innern zwei zutiefst erschütternde und

---

[2]   Christian Scriver, „Das verlohrne und wiedergefundene Schäflein", 9. Aufl., Magdeburg 1710, S. 270.
[3]   D. G. Kieser, „Geschichte einer dämonisch Kranken", Archiv für den Thierischen Magnetismus, VI. Bd., III. Stück, Leipzig 1820, S. 1–92 (über die besessene Elisabeth Lohmannin und Dekan Müller).
[4]   Heino Gehrts, „Das Mädchen von Orlach. Erlebnisse einer Besessenen", Stuttgart 1966, S. 236f.
[5]   Heino Gehrts, „Das Mädchen von Orlach. Erlebnisse einer Besessenen", Stuttgart 1966.

zunächst unverwindbare Erlebnisse aufgegeben waren: der „Zusammenbruch des Vaterhauses", den sie im lärmenden Niederbrechen einiger Bohlen des baufälligen Hauses erlebt hatte, und die unmittelbare Drohung, durch eine furchtbare Krankheit zu sterben, – zwei zusammengehörige und der Zeit seelischer Reifung natürliche Einsichten: die Hege des Elternhauses entbehren und den eigenen Tod sterben zu müssen, – die hier aber mit katastrophaler Wucht eine unverwahrte Seele trafen.

Die Geschichte der Orlacher Besessenen erweist sich unter dieser Voraussetzung als ein dramatisches Geschehen, in dem das absolut Zerstörerische in der Gestalt eines bösen, schwarzen Dämons erscheint und von dem Bewußtsein des Mädchens zeitweilig Besitz ergreift, während zugleich die Macht der Lebenssicherheit, des Reifens und Glaubens ihr als ein weißer Schutzgeist ratend und tröstend zur Seite tritt. In einem sinnvollen, alle Voraussetzungen einbeziehenden Drama erreicht das Geschehen am Ende die erlösende Katharsis. Den unausweichlichen Zwang, der hinter einem solchen, vom Unbewußten gestalteten Geschehen steht, zugleich aber auch die Möglichkeit fruchtbarer Verwindung des Fürchterlichen habe ich mit der Formel bezeichnet: Spiel oder stirb!

Darf man diese Deutung eines bestimmten Besessenheitsfalles versuchsweise als beispielhaft betrachten, dann ließe sich daraus auf die Möglichkeit und die Wirkungsweise des Exorzismus sowie mancher Reinigungskulte ein bestimmter Schluß ziehen: das exorzistisch-kathartische Geschehen müßte in sinnvoller Weise die Anlässe (die Traumen) der Besessenheit (oder entsprechender Störungen) in einer dramatischen Handlung zusammenfassen, die mit schicksalhafter Notwendigkeit auf eine Katharsis hinausläuft. Ich meine, daß diese dramatische Notwendigkeit für die alten kathartischen Kulte, sowohl beispielsweise für den altisraelischen Sündenbock wie für das babylonische und westeuropäische Drachenkampfspiel, insofern gegeben war, als die gesamte Kultgemeinde in diese Riten initiiert war, – Initiation aber eben gerade den Kultgenossen in seine am Ganzen mitwirkende Kultrolle einführt und ihn durch sie im Sinne des Heilsdramas prägt.

Wenn Friedrich Seifert[6] Sündenbockritual und Drachenkampf für gegensätzlich verschieden erklärt, so halte ich das für verfehlt, ebenso auch seine Ansicht, daß das Entlassen der bête noire in die Wüste, psychologisch gesehen, ein „Abschieben ins Unbewußte" bedeute. Heute, innerhalb unseres

---

6 Friedrich Seifert, „Psychologische Aspekte des Problems von Gut und Böse", in: „Gut und Böse in der Psychotherapie", hrsg. von W. Bitter, 2. Aufl., Stuttgart 1966, S. 19.

Weltbildes, hat das Versenken des Atommülls in die flache Wanne des Weltmeeres unter anderem sicher den Sinn einer Verdrängung; ehedem aber war auf der Erde, jenseits der Landesgrenze noch eine äußere Unendlichkeit gegeben, und in sie hinein entschwand das Vertriebene auf Nimmerwiederkehr. Dazu wäre grundsätzlich zu fragen, ob nicht in der unendlichen Welt des Altertums und in unserer je und je endlich-meßbaren Welt auch die Dimensionen des Unbewußten inkommensurabel verschieden seien und mithin auch die Anwendung des Begriffes der Verdrängung auf die Riten des Altertums höchst zweifelhaft. Sicher gründet die Überwältigung des Bösen außerhalb der Seele, ingestalt eines Opfers oder eines Widersachers, ohnehin auf einer von der unseren völlig verschiedenen Psychologie.

Der Exorzismus hat die Austreibung des Dämons zum Ziel. Er ist jedoch keineswegs ein unfehlbares Mittel der Befreiung, und der verfehlte Exorzismus stellt den Gläubigen vor ein schweres theologisches Rätsel – noch mehr, verständlicherweise, als die göttliche Zulassung einer Besessenheit überhaupt. Andererseits lassen sich vermutlich auf Grund der angestellten Erwägungen aus dem mißlungenen Exorzismus tiefere Einsichten in das Wesen der Besessenheit gewinnen als aus dem glücklich verlaufenden. Daß der Rückfall eine Verschlimmerung und Vermehrung der Dämonen mit sich bringen kann – wozu die treffende Schilderung Lukas II. 24–26 zu vergleichen –, ließe sich psychologisch jedenfalls leicht verstehen: aus einem exorzistischen Drama, das die Katharsis nicht erlangt, wäre dann der dramatische Effekt zu einem Machtgewinn der Dämonen ausgeschlagen. Es gibt aber ebenso auch Fälle, in denen zwar die Austreibung nicht gelingt, wohl aber das exorzistische Bemühen zu einer gewissen Schwächung des Dämons führt. Warum das so sein kann, ließe sich nur an wohldurchschaubaren Einzelfällen demonstrieren, doch seien wenigstens für zwei mißlungene exorzistische Unterfangen dramatische Schwächen aufgewiesen.

Die katholische Kirche hat seit je die Scheinbesessenheit – mit psychischer Ursache – von der echten teuflischen Besessenheit unterschieden. Die letztere läßt sich selbstredend empirisch weder zweifelsfrei erweisen noch widerlegen. Wenn geistvolle Männer wie C. A. Eschenmayer, Justinus Kerner und Eduard Eyth, der Vater von Max Eyth, und andere bis in unsere Tage die Überzeugung gewannen, daß aus dem Munde der Besessenen die Stimme wirklicher Dämonen ertöne, muß uns das in unserem Urteil vorsichtig machen. Immerhin sei hier mit diesem Vorbehalt das Versagen der Exorzismen psychologisch erklärt. In dem einen Fall handelt es sich um eine Näherin,

deren Dämon, ein Totengeist, ein Mann sein wollte, der sogar dem Ober-
lehrer Eyth bei Lebzeiten bekannt gewesen wäre. Eschenmayer unternahm
es, die Besessene von dem Dämon nicht durch Austreibung, sondern durch
seine Bekehrung zu befreien. Daraus entspann sich ein höchst merkwürdiges,
für die Teilnehmer erhebendes, an metaphysischen Ausblicken, aber auch an
Rückschlägen reiches Drama, das jedoch nicht zur Katharsis führte.[7] Der
„dramaturgische“ Fehler lag, wie mir scheint, darin, daß Eschenmayer von
vornherein das – freiwillige – Ausfahren des Dämons als Abschluß ins Auge
gefaßt hatte. Württembergische wie außereuropäische Fälle zeigen indes, daß
der menschlich-dramatische Sinn nicht so sehr in einer Versöhnung des Dämons mit Gott als mit den Menschen selbst gesucht werden müßte und daß
nicht sein endgültiger Abschied das Ziel sein könne, sondern seine Umwandlung in einen freundlich gesonnenen Schutzgeist.

In dem rezenten Fall der Krankenschwester Magda aber scheint mir ein
entscheidendes traumatischen Element nicht genügend in die Handlung einbezogen zu sein: der furchtbare Fluch, den eine grundböse Großmutter über
das sehr junge Kind aussprach: „Verrecken und krepieren sollst du. Ruhe
und Frieden darfst du nicht finden …“[8] Es versteht sich, daß der kirchliche
Hintergrund, vor dem sich dies Besessenheitsdrama entrollt, das aktive und
wesentliche Mitwirken einer solchen weiblichen Hauptrolle erschwert. Psychologisch liegt es andererseits auf der Hand, daß die Gestalt einer verrucht
bösen Urmutter zu den archetypischen Gewalten gehört und daß eine solche
wesentliche Rolle, soll die Katharsis gelingen, in das Drama Aufnahme finden müßte. Nur mit ihr würde man in solchem Falle auf den existentiellen
Boden der Störung hinabsteigen können, nur ihre „Erlösung“ und Versöhnung könnte auch die Besessene erlösen. Zumindest müßte ihre Wesensart
und Wirkung, wenn sie selbst nicht auftritt, von einer anderen Rolle mitgetra-
gen werden. Ob dies in jedem Einzelfalle möglich ist, ob stets die Rolle der
verderblichen Akteure aus der Vorgeschichte des Besessenen von den Teufeln
des Besessenheitsdramas ausgetragen werden kann, läßt sich im allgemeinen
selbstredend nicht entscheiden.

Auch nach meiner Meinung vermag indes der Exorzismus sogar bei Mängeln in der Handlung oder dem Personal des Dramas zu einer echten Heilung
zu führen. Es kann kein Zweifel sein, daß eine der Hauptbedingungen für das

---

7   C. A. Eschenmayer, „Conflict zwischen Himmel und Hölle an dem Dämon eines besessenen
    Mädchens beobachtet“, Tübingen und Leipzig 1837.
8   P. Adolf Rodewyk S.J., „Dämonische Besessenheit heute“, Aschaffenburg 1966, S. 31ff.

Gelingen der charismatisch begabte Heiler ist. Der Möglichkeiten für seine Einwirkung sind mehrere; entscheidend scheint mir ein überlegenes, integren Selbst, welches das zerstörte Ich des Besessenen neu prägt und aufrichtet. Das Dämonische, sei es nun personhaft-satanischer Natur, sei es psychisches Teil-Ich, wird durch einen überlegenen Geist überwältigt und zur Einordnung berufen. Sehen wir andererseits von den gewiß sehr unterschiedlichen charismatischen Begabungen der Exorzisten ab und berücksichtigen wir nur die eine Komponente exorzistischen Einwirkens, für die der herrische Austreibungsbefehl typisch ist, – dann wird uns der Rückfall nur allzu verständlich: die der Seele aufgeprägte Ordnung hat sie nicht wirklich durchgreifend neu entworfen, und nach kürzerer oder längerer Zeit durchbricht die alte Störung den überlagernden Entwurf. Mithin muß der Exorzist nicht nur für die Zeitspanne exorzistischen Handelns, sondern für alle Zeit das Heil, das Heile vermitteln. Stammt die Besessenheit letzten Endes daher, daß die Welt als unheilvoll erlebt wurde, dann muß der Besessene durch den Exorzismus auch die Gewißheit einer letzten Endes, in Gott, heilvollen Welt empfangen. Hierin scheint mir der Sinn für die zeitliche Ausdehnung des exorzistischen Bemühens, für das Hin und Her des kathartischen Spieles zu liegen: die sieghafte Obmacht des Guten wird dadurch erwiesen und eingeübt. Insofern ist das kathartische auch ein Initiationsdrama.

Im Hinblick auf unsere dramatische Auffassung des Exorzismus haben wir hinzuzufügen, daß auch der Exorzist in das kathartische Drama einbezogen ist: er ist nicht nur Regisseur, sondern auch eine der Hauptpersonen, der Gegenspieler des Bösen. Daher muß er auch zum Opfer bereit sein, darf sich nicht nur auf Golgotha berufen, sondern sich selbst der Kreuzigung stellen. Wirklich sind ja auch Exorzisten durch ihren exorzistischen Einsatz dem Tode verfallen. Indes, nur wer ganz Opfer ist, nur der wirkt nicht als ein menschliches Ich, sondern durch den wirkt der Grund der Welten selbst. Es wird hieran noch einmal klar, wie sehr das Besessenheitsdrama nicht Theater, sondern das menschliche Spiel um Leben und Tod auf dem Boden der Existenz selber sein kann. Daß die Artung eines solchen Spieles, daß Opferbereitschaft und Opfergemeinschaft Verdrängungsvorgänge ausschließen, ist unmittelbare Folge ihres Wesens, ihrer Wesentlichkeit.

Eine dramatische Auffassung der Besessenheit scheint auf die ontologische Bedeutung des Bösen zu verzichten und gerät möglicherweise sogar in den Verdacht, bloß ästhetizistisch zu sein. Demgegenüber ist festzustellen, daß die Anwendung von Geschehensbegriffen auf das Phänomen des Bösen jedenfalls im Einklang auch mit theologischen Systemen steht. Die Metaphysik des Bösen kann nicht absehen von dessen zeithafter, ja zeitverhafteter Natur.[9] In der iranischen Kosmologie entsteht Zeit überhaupt erst in der Auseinandersetzung des guten Geistes mit dem bösen, ganz parallel zu der dortigen Auffassung der Geschichte, da die geschichtlichen Bewegungen, die sich in den Kämpfen mit den turanischen Erzfeind darstellen, auf dessen dämonische Aufwiegelungen zurückgeführt werden. Zudem ist eine „Integration des Bösen" nur möglich im Hinblick auf ein das Böse mit enthaltendes *Geschehen*, nicht aber im Hinblick auf außer- oder überzeitliche Hypostasen des Bösen. Der Mensch aber, angesichts des Bösen, das nicht *ist*, sondern *geschieht*, fällt aus der oft angemaßten Rolle des Richters in die des sich selbst Entscheidenden. Das Böse ist dann nicht ein Objekt im Gegebenen, sondern der antagonistische Partner in einem insgesamt numinosen Geschehen.

1. Ergänzung:

Ich möchte mich zu der Beziehung der Besessenheit zum Bösen äußern und dazu einige Beispiele beisteuern, vorwiegend aus unserem Kulturkreis. Soweit die diesbezüglichen Anschauungen vom klassischen Altertum bestimmt waren, hat es eine Unterscheidung der Geister in gute und böse erst seit hellenistischer Zeit gegeben. Damals erst tauchen die Ausdrücke eudaimon oder agathodaimon und demgegenüber kakodaimon auf. Ganz dementsprechend und auf Grund dieser Terminologie hat Justinus Kerner, als er zu einer Beurteilung dieser Erscheinungen gedrängt wurde, vom gutmagnetischen Zustand gesprochen und von der kakodaimonischen Besessenheit. In den Referaten von Herrn Pfeiffer und Herrn Corvin wird ja ebenfalls zum Ausdruck gebracht, daß die Geister in ethischer Hinsicht zunächst indifferent sind, daß nicht jede Besessenheit eine böse zu sein braucht, sondern daß die bösartige eine bestimmte Modifikation der Besessenheit im allgemeinen ist. Den Indifferenzpunkt darf ich vielleicht durch eine in China überlieferte Geschichte illustrieren. Sie findet sich im Liao Tschai Tschi I, einer von der Literaturwissenschaft gewöhnlich als Novellensammlung betrachteten Zusammenstellung wunderbarer Geschichten.[10] Dem Autor selbst, Pu Sung-Ling, wird

---

[9]   Geo Widengren, „Das Prinzip des Bösen in den östlichen Religionen", in: „Das Böse", Studien aus dem C. G. Jung-Institut XIII, Zürich 1961, S. 37.
[10]   „Strange Stories from a Chinese Studio", Translated and Annotated by Herbert A. Giles, Shanghai 1926, S. 313–316.

indes ein Teil davon als Tatsachenbericht zugetragen worden sein, und er hat die Berichte dann literarisch überarbeitet. In der fraglichen Erzählung gerät eine Frau in den Verdacht, ihren Mann ermordet zu haben. Als ihr indes durch die Folter ein Geständnis abgepreßt worden ist, erklärt sich ein ebenfalls verdächtigter Akademiker, der bisher geleugnet hat, für allein schuldig und wird zum Tode verurteilt. Bevor aber das Urteil bestätigt worden ist, stürmt eines Tages ein Mann zu dem Landrat in die Gerichtshalle, schreit ihn an: Stumpfsinniger Narr, unfähig das Wohl des Volkes zu hüten! – fegt mit einer Armbewegung die Wächter zu Boden, stellt sich als Beamter des Kuan Ti vor, erklärt den Verurteilten für unschuldig und einen anderen für den Mörder. Dann stürzt die Gestalt plötzlich zu Boden, das Gesicht verändert sich völlig, und es erweist sich, daß der Mann der eben Bezichtigte selber ist, der dann auch auf der Folter seine Tat eingesteht. – Kuan Ti, einer der Heerführer aus der Zeit der Drei Reiche, ist später zum Kriegsgott des chinesischen Pantheon aufgestiegen, und wenn einer seiner Beamten hier als besitzender Dämon den Mörder zu seinem Gerichte treibt, dann sehen wir zwar in der Gewaltsamkeit dieses Vorganges die typischen Züge der Besessenheit, in ihrem inneren Sinn aber das Wirken einer überpersönlichen, ja göttlichen Gerechtigkeit.

Aus einigen deutschen Beispielen wird nun aber noch klarer, daß in der Form der Besessenheit sowohl böse wie auch gute Geister, teuflische Dämonen wie Engel und Schutzgeister auftreten können. Ein berühmter Fall aus den sechziger Jahren des 18. Jahrhunderts, also aus der Zeit der Aufklärung, ist der der Elisabeth Lohmannin, eines Mädchens aus einem Dorfe in Anhalt-Dessau.[11]

Dieses Mädchen war zunächst von einem Lebenden besessen, von einem Jägerburschen, der sie, wie es heißt, bezaubert hatte. Der Dekan, der sich des Mädchens annehmen mußte, bereits ein rational denkender Geistlicher, bezweifelte anfangs die wirkliche Besessenheit, fand sich aber später doch genötigt, die Erscheinung hinzunehmen. Allerdings meinte er, daß der besitzende Geist in Wirklichkeit der Satan sei, und gemäß dieser Überzeugung, dürfen wir sagen, nahm die Besessenheit dann auch den typisch teuflischen Charakter an. Außer der Teufelsstimme sprach nun aber aus ihr gelegentlich auch ihr Schutzgeist, der nach den Anfällen aus ihrem Munde Trost spendete, und später kamen noch drei Engel zu Worte. Von diesen vier guten Geistern wird die merkwürdige Erscheinung berichtet, daß sie aus dem Mädchen singen, oft

---

[11] „Geschichte einer dämonisch Kranken … von Prof. Dr. D. G. Kisser", Archiv für den Thierischen Magnetismus, VI. Bd., III. Stück, Leipzig 1820, S. 1–92, besond. S. 38, 45ff.

in geschwindem Wechselgesang, Diskant, Tenor, Alt und einen hohen Diskant, „der oft noch viele Töne über das dreimal gestrichene c hinausgehet …" Daß es sich bei dieser merkwürdigen Erscheinung nicht um einen Einzelfall handelt, möchte ich in Kürze noch aus einem Fall des 17. Jahrhunderts belegen. Er wird aus dem Protokoll einer Besessenheitsgeschichte zitiert bei einem angesehenen evangelischen Theologen und erbaulichen Schriftsteller der Zeit, dessen Werke noch im 19. Jahrhundert wieder aufgelegt wurden.[12] – Es handelt sich um eine Frau aus dem Magdeburgischen, und ich möchte, um das Ensemble zu kennzeichnen, in dem der gute Geist auftritt, hier wörtlich den Teufel zitieren, der aus ihr spricht: „Es sind unser dreie hier; der eine heißt Knopperdolling, der ander Corrutte Mutte, der dritte Satan, das bin ich, Schlängichen." Corrutte Mutte, setzt der Berichterstatter hinzu, „redete gut braunschweigisch und grob wie ein Bauer; Knopperdolling redete magdeburgisch, der dritte wendisch und rotwelch." Außer diesen drei Bösen sprach aus der Frau noch ein anderer Geist, „der sich einen guten Geist und Cherubim genannt; dieser hat hochmeißnisch geredet und gesaget: er wäre von Gott gesandt, die Patientin zu stärken." Er hat erbauliche und prophetische Reden geführt und auch Kirchenlieder gesungen – „mit heller, hoher Stimme, welcher die Umstehenden mit der Octave darunter kaum folgen können".

In dieser Weise polarisieren sich also in einigen Besessenheitsfällen Gut und Böse in den Besessenen selber. Kaum minder bemerkenswert erscheinen mir die Fälle, in denen sich durch die eindeutig bösartige Besessenheit das Charisma des beteiligten Geistlichen entwickelt und potenziert. Ein sehr bekannter Fall ist der der Gottliebin Dittus, deren rein satanische Besessenheit kaum überbietbar scheußliche Züge aufweist.[13] Ihr Pfarrer, Blumhardt, durch die Gründung von Bad Boll weitbekannt, sträubte sich zunächst gegen die sich ihm aufdrängende exorzistische Aufgabe, wurde aber dann so tief in das Geschehen einbezogen, daß er sich am Ende unter anderem fähig wußte, die durch teuflischen Zauber in den Leib der Besessenen praktizierten Gegenstände herauszumagnetisieren, – ein Phänomen, das in unserem Zusammenhang an sich selbst, ohne Hinblick auf eine mögliche, sachlich-rationale Deutung von Gewicht ist. Etwas Ähnliches geschah im Falle der Lohmannin. Ihr Betreuer, der Dekan Müller, getraut sich nicht, wie sein Vorbild Jesus Christus, das den Rationalisten jener Jahre unerreichbar dünkt, der Besessenen die

---

[12]   Christian Scriver, „Das verlohrne und wiedergefundene Schäflein", 9.–A., Magdaburg 1710, S. 281–283 (zitiert in moderner Rechtschreibung).
[13]   Dazu meine Analyse in: Heino Gehrts, „Das Mädchen von Orlach, Erlebnisse einer Besessenen", Stuttgart 1966, S. 249–253.

Hand aufzulegen, um den Dämon zu dämpfen. Das geschieht jedoch einmal ganz zufällig, und dieser Zufall und die erprobende Wiederholung begaben ihn, ohne daß er etwas dazutut, mit der Heilsgabe der Handauflegung.

Zusammenfassend ist also zu sagen: auch bei uns bedeutet Besessenheit keineswegs immer und allein kakodämonische Besessenheit, und selbst die kakodämonische Besessenheit vermag auch in einem zunächst ablehnenden oder ungläubigen Betreuer eine charismatische Begabung, die Wirkungskraft des Guten zu entwickeln.

2. Ergänzung:

Ich möchte etwas zur Phänomenologie der Besessenheit Gehöriges, das auch Herr Pfeiffer schon berührt hat, noch einmal betonen. Es wurde hier der Satz ausgesprochen, daß jemand auf Grund der Vorstellungen, die in seiner Umwelt herrschen, sagt: ich bin besessen. Nun kann natürlich wirklich jemand die fixe Idee haben, er sei besessen, und er kann mit diesen Worten seine seelische Störung vor dem Arzt kennzeichnen. Eine solche Überzeugung hat aber doch mit wirklicher Besessenheit nichts zu tun, und ich möchte meinen, daß um so weniger auch die wirkliche Besessenheit aus den Vorstellungen des Zeitgeistes herrührt. Im Grunde kann ja grade der wirklich Besessene nicht sagen: ich bin besessen. Denn entweder handelt es sich um die seltne luzide Form der Besessenheit; dann ist der Mensch zwar mit vollem Bewußtsein dabei, wenn der Dämon aus ihm redet, ist aber selbst zur Stummheit verurteilt, – oder es handelt sich um die Tranceform der Besessenheit: dann ist er überhaupt nicht da, sondern nur das ganz andere Ich. Ein Beispiel dafür aus der Geschichte des Mädchens von Orlach. Wenn da die Leute kamen und fragten: Magdalena, wie ist dir? – dann erwiderte darauf der Dämon mit den groben Worten: die Sau ist nicht da, ich bin da. Und das Mädchen ist auch wirklich nicht da; es kann nichts reden, weiß nichts von seinem Zustand und erinnert sich gelegentlich gerade an etwas ganz anderes, nämlich daß es während der Zeit mit seinem Schutzgeist an einem anderen, schönen Ort gewesen sei.

Der Meinung gegenüber, daß die Erscheinung der Besessenheit wesentlich von den *Vorstellungen* ihrer Zeit bestimmt sei, möchte ich in aller Kürze meiner Überzeugung Ausdruck geben, daß die Besessenheit eine sozusagen metaphysische Krankheit des Menschen ist, bedingt durch die wirkliche

Beschaffenheit des menschlichen Ichs in diesem Zeitalter – und das betrifft eine weite Zeitspanne –, daß dieses Ich „Unfälle" erleiden kann und daß ein typischer Unfall dieser Art die Besessenheit ist.

Und nun ein Wort zu dem mit diesen Fragen zusammenhängenden, verdächtigen und verdächtigten Exorzismus probativus. Ich erinnere Sie dazu an die Stelle in den Evangelina von dem stummen und sprachlosen Dämon, den Christus dort austreibt.[14] Eine solche Erscheinung, in der gar kein dämonisches Ich vorkommt, liegt natürlich dem Einwand besonders offen, es handle sich gar nicht um eigentliche Besessenheit, sondern um eine wie immer beschaffene Krankheit, die nur den Begriffen der Zeit gemäß als Besessenheit aufgefaßt wurde. Es steht aber, meine ich, das biblische Wort vom stummen Dämon in einer ganz bestimmten und fruchtbaren Beziehung zur modernen Psychotherapie, und ich möchte diese wenigstens andeuten.

Auch Justinus Kerner sah sich, angesichts seiner Besessenheitsfälle, genötigt, von dem biblischen Begriff Gebrauch zu machen. Er fand aber, und das war eine praktische Erfahrung, daß man den stummen Dämon nur austreiben könne, wenn man ihn zum Sprechen bringe. Er hat also, wo er den Verdacht auf Besessenheit hatte, einen entsprechenden Versuch durchführen lassen, der dem kirchlichen Exorzismus probativua durchaus vergleichbar ist, und in einigen Fällen hat sich dann wirklich ein neues Ich mit dämonischer Rede hören lassen. Schon zu seiner Zeit hat sich Kerner entschieden gegen den Vorwurf verwahrt, daß er dem Kranken den Dämon erst „eingeimpft" habe. Die Frage, die sich uns angesichts der kernerschen wie der kirchlichen Maßnahmen stellt, ist diese. Auch in der psychoanalytischen Methode wird der Komplex zum Sprechen gebracht, auch dort wird er mit dem Bewußtsein verknüpft, – allerdings mit dem Bewußtsein des umfassenden und normalen Ichs, während der Exorzismus probativus dem Komplex ein abgespaltenes Ich verleiht und mit seiner Hilfe die Heilung in Angriff nimmt. Die Frage wäre, ob unter diesem Gesichtspunkt Kerners Heilversuche, der Exorzismus probativus und das exorzistische Verfahren überhaupt einen bestimmten psychologischen und vielleicht sogar, wie Kerner das vorschwebte, psychotherapeutisch verwertbaren Sinn erhielten.

---

[14]   Matth. 17, 14–21; Mark. 9, 14–29; Luk. 9, 37–42.

3. Ergänzung:

Die Echtheit des Zustandes selbst scheint mir doch mit zweifelsfreien physiologischen Kriterien festzustellen zu sein. Soweit ich weiß (und Sie wissen das sicher besser als ich), ist die Echtheit des Trancezustandes an den Hirnströmen zu überprüfen.[15] Es sollte aber auch andere physiologische Maßstäbe zu einer solchen Beurteilung geben. Als zweites Kriterium böte sich die Art der Wirkungen an, und ich möchte diese Urteilsweise durch ein Zitat aus Bernard Shaws „Heiliger Johanna" kennzeichnen, wo das ironisch gemeinte Wort fällt: A miracle is an event that creates faith, – ein Wunder ist ein Ereignis, das Glauben zeugt. Hier wird also der Wert der Kundgebungen selbst in skeptischer Weise in Frage gestellt. Es ist aber vielleicht noch eine ganz andere Einstellung möglich, die gerade die Erscheinung gelten läßt und die anscheinend objektiven Wertmaßstäbe in Frage stellt. Diese Urteilsweise ließe sich mit dem Wort eines Eskimo belegen, und das wäre ein Beitrag aus einem Kulturbereich, in dem gerade die hier diskutierten Erscheinungen eine tragende Rolle gespielt haben. Die Äußerung, von Knut Rasmussen aufgezeichnet, bezieht sich auf eskimoische Gebräuche, und sie lautet: „Alle unsere Bräuche kommen vom Leben und gehen zum Leben, wir erklären nichts, wir glauben nichts, aber in dem, was ich dir jetzt gesagt habe, liegt unsere ganze Antwort."[16]

4. Ergänzung:

Ich darf vielleicht ein sehr instruktives Beispiel aus der europäischen Vergangenheit dazu geben, von einem einheimischen Rauschmittel, der dadurch erzielten Geistervision und deren verschiedener Artung, je nach der inneren Vorbereitung. Vorausschicken möchte ich zur Erläuterung das Ergebnis aus einem zufälligen Experiment von Konzett.[17] Er berichtet nämlich von einem Forscher, der normalerweise mit LSD glückhafte Erlebnisse gehabt hatte, der einmal – wie es dazu kam, wird nicht berichtet – aus Versehen unabsichtlich

---

[15]   Über Versuche in dieser Hinsicht berichtet Inge Strauch, Konferenzbericht über „Psychophysiologische Korrelate bei paranormalen Vorgängen", Zs. f. Parapsychologie Bd. VII, Bern 1964, S. 66–78.
[16]   „Rasmussens Thulefahrt", Frankfurt 1934, S. 169.
[17]   Heribert Konzett, „Zur Relativität der Wirkung von Pharmaka", Antaios Bd. VI, Stuttgart 1965, S. 559–562, besond. S. 561.

eine vergleichbare Mange nahm und dann höchst unangenehme Zustände erlebte, – offenbar, weil er zu der Zeit nicht vor Augen gehabt hatte, wohin sich
das Tor auftun sollte. Und nun dazu die Parallele aus dem Ende des 18. Jahrhunderts, den Bericht von einer absichtlichen Geisterzitation und dem Versuch, den Vorgang experimentell zu untersuchen. Der Berichterstatter,
Eckartshausen, hat verschiedene Bücher über derlei Gegenstände geschrieben, und unsere Geschichte findet sich bei Jung-Stilling in seiner „Theorie
der Geisterkunde" zitiert (§ 170). Eckartshausen hatte von einem Schotten
– und dieser wieder von einem Juden – das Rezept zu einem Räuchermittel
erhalten, mit dessen Hilfe man die Vision eines Geistes hervorrufen konnte.
Die Bedingung für die Wirksamkeit des Mittels war eine entsprechende geistige und physische Vorbereitung. Wirklich gelang es ihm auch, im Dampfe
den jeweils gewünschten Geist zu sehen. Allerdings vermied Eckartshausen
es, den Versuch häufiger durchzuführen, weil er auch von unangenehmen
Empfindungen begleitet war. Schließlich aber ließ er sich von einem skepti-
schen Arzte verleiten, die Räucherung ohne alle Vorbereitung vorzunehmen,
weil nach der Meinung des Arztes gerade die innere Vorbereitung vieles zu
der Vision beitrage. Aber auch in diesem Falle erschien eine Gestalt, nur war
die Vision – trotz des Versuches, sie sofort abzubrechen – von starken Angst-
gefühlen und von stundenlang anhaltendem körperlichem Übelbefinden begleitet, und eine drei Wochen lang fühlbare Entkräftung folgte darauf. Auch
erschien bei jedem Blick ins Dunkel nun das Bild noch lange Zeit hartnäckig
wieder. Daß Geister sowohl in freundlicher wie in furchtbarer Gestalt erscheinen können, haben wir nicht nur heute in einem Referat gehört, sondern davon erzählen auch die Märchen, zum Beispiel Tausendundeine Nacht.
Eckartshausen bietet dazu ein realistisches Beispiel. Außerdem können wir
aus seiner Geschichte vielleicht den Schluß ziehen, daß die Kulturumwelt
bei derlei Erlebnissen nicht eine so große Rolle spielt wie die individuelle
Vorbereitung.

5. Ergänzung:

Herr Gehrts steuert ein eigenes Erlebnis bei, das nach seiner Meinung für
das Wirken nicht-physiognomischer ergreifender Mächte zeugt, wie sie
auch gerade von den Vertretern des animalischen Magnetismus behauptet
wurden, also eines Bereiches, in dem die verschiedenen Erscheinungen der

Ergriffenheit und der Besessenheit eine große Rolle gespielt haben. – Im Winter 1946/47 boten sich dem Kriegsgefangenen in England, als die Läger geöffnet und menschliche Kontakte möglich wurden, dazu meist Gruppen bestimmter weltanschaulicher Richtungen an, zu denen die Gefangenen oft nicht die geringste innere Beziehung hatten. Der Berichterstatter selbst ging eines Tages mit anderen in eine Andachtsstunde der Society of Friends (Quäker); er nahm ohne ein religiöses Interesse diese Stunde in dem kahlen, bilderlosen Betsaal in Kauf um der sich daran anschließenden menschlichen Begegnung willen, erlebte aber nun grade etwas Merkwürdiges, das auf eine ganz andere Seite des Geschehens hinzuweisen schien. Bei seinem abwartenden Dasitzen wurde er nämlich von heftigen Schmerzen im Hinterkopf befallen, die um so unerträglicher wurden, je mehr er sich gegen die Erscheinung sträubte, die aber sofort erträglich wurden und ganz nachzulassen schienen, sobald er sich zurücklehnte und bereit war, sich dem Schlaf und der zu vermutenden Einwirkung zu überlassen, – Schmerzen von einer Lokalisation und Heftigkeit, wie er sie weder früher noch später je gehabt hat und für die ihm damals auch keine Beispiele bekannt waren. Erst später fand er in einem Werk von Bozzano ein vergleichbares Erlebnis.[18] Der dort angeführte Berichterstatter, ein englischer Offizier, nähert sich einem afrikanischen Kultzentrum, in dem mehrere Medien leben, die zeitweilig von einem verstorbenen Häuptling besessen sind. Auf dem Wege und im Zentrum selbst wird er wiederholt von einem seltsamen Schmerz im Nacken befallen, der verbunden ist mit dem Gefühl fremder Willenseinwirkung. – Herr Gehrts äußert seine Überzeugung, daß bei den Quäkern eine vergleichbare Macht auf ihn wirkte. Er hält nicht dafür, daß es eine physiognomische Macht war, denn dazu fehlte es dem kahlen Raum an bildhafter Physiognomie. Er läßt es dahingestellt, ob man von magnetischen Kräften, ob vom Heiligen Geist sprechen könne, – jedenfalls sei es eine Kraft gewesen, die ergreift.

---

[18] Ernesto Bozzano, „Übersinnliche Erscheinungen bei Naturvölkern", Bern 1948, S. 158, 160.

WANDELBARE UND WAHNHAFTE WIRKLICHKEIT

Das Märchen erzählt in folgerechter Weise fabelhafte Geschehnisse, die zwar oft, an der Dinglichkeit des Alltags gemessen, unmöglich scheinen, die wir aber trotzdem nicht als rein phantastisch oder gar als schlechthin sinnlos beurteilen. Auch ohne daß wir uns eine konkrete Vorstellung von der Möglichkeit der Märchenhandlung machen, von der leibhaften Verwirklichung seiner zauberhaften Ereignisse, vom tatsächlichen Vorkommen seiner wunderbaren Gestalten, fasziniert uns das jeweilige Märchen in so hohem Maße, daß wir unterm Hören oder Lesen die Einzelheiten seines Ablaufs kaum einmal in Frage stellen. Die Märchenerzählung bringt offenbar ihre eigene Wirklichkeit mit, und sie umfaßt unser Aufmerken mit diesem Rahmen unversehens und so vollständig, daß wir das ganz und gar Nicht-Alltägliche, ja Fremde wie etwas Vertrautes vernehmen.

Die ungarische Märchenforscherin und -sammlerin Agnes Kovácz fragte einen der Zuhörer im Erzählkreis, „ob er das Erzählte auch glaube. So lange er zuhöre, sagte er, glaube er es, aber einmal zu Hause, da denkt er: ‚Ach, das ist ja alles Lüge. Doch muß es wohl irgendwo in weiter Ferne, irgendwann in alten Zeiten wahr gewesen sein!'"[1] – Auf das Wort Lüge folgt in dieser unbefangenen Äußerung bemerkenswerterweise unmittelbar eine Aussage über die uralte Wahrheit des Erzählten, über seine Unverfälschtheit in weiter Ferne. Man muß dies nicht ohne weiteres auf die Historie beziehen, auf den geschichtlichen Ursprung des Märchens. Vielmehr gilt dies Zeugnis zunächst einmal für seinen erlebten Charakter des Fernen und Vergangenen.

An dieses Urteil eines Ungarn klingt das eines portugiesischen Erzählers an, nur daß er sich mit voller Entschiedenheit für die leibhaft andere Wirklichkeit des Ehemaligen ausspricht. „Es gab einmal eine Zeit, da waren die Leute noch nicht so wie heute; sie waren – ja, wie soll ich sagen? – sie konnten, was sie wollten, und wenn jemand ans Ende der Welt gehen wollte, er kam hin; und wenn jemand zum Himmel hinaufsteigen wollte, ob ihr es glaubt oder nicht, es gelang ihm, dort anzukommen. Seitdem haben wir verlernt, was unsere Ahnen vermochten, und wir können heute nur noch davon erzählen."[2]

---

[1]   „Ungarische Volksmärchen. Hrsg. v. Agnes Kovács", Düsseldorf 1966, S. 325.
[2]   „Märchen aus Portugal. Hrsg. v. Felix Karlinger", Frankfurt a. M. 1976, S. 23.

Jeder Wissenschaftler, auch jeder Volkskundler würde sich wohl hüten, das Märchenhafte in dieser Weise als ein Überlebsel aus einer an sich wirklich märchenhaften Vorzeit stammen zu lassen. Wir sind zwar bereit, alle möglichen Veränderungen in der sogenannten Umwelt anzunehmen; unsere Weltvorstellung erlaubt uns jedoch nicht, dem Dasein selber die Möglichkeit einer tiefgreifenden Wandlung im Wesentlichen zuzuschreiben. Wo bliebe die Wissenschaft, wenn ich annehmen wollte, sagt der Variantensammler der Volkssage, daß es ehedem den Wassermann wirklich gegeben hat und daß seine Ehefrau mit triefendem Kleidersaum auf dem Wochenmarkt einzukaufen pflegte. Indessen käme es nicht auf die änderungslose Existenz der Wissenschaft an, sondern auf unsere Einsicht in das Wesen der Welt. Die Volkssage selbst steuert ja vielerlei Material bei über Änderungen nicht nur der Sachwelt, der Wälder, der Berge, der Gewässer, sondern ebenso der seelisch erspürbaren, der schaubaren Wesen im Innern jener körperhaften Landschaftsgebilde. Was mag es denn auf sich haben mit dem Verschwinden der Feen, der Fänggen, der Wilden Weiber, der Wichtelmänner, der Weißen Frauen, der Nixen, der Zwerge, der Hausgeister, der Baumwesen, der Schrättele, der Berggeister?

Es ist sehr verlockend, die Existenz aller dieser uns entschwundenen Wunderwesen auf den sogenannten Seelenglauben der Vorzeit zurückzuführen – mit zumeist unklaren Vorstellungen vom Wirklichkeitsgewicht solchen Glaubens – und mit der Versuchung, ihn an ein ungezügeltes Wunsch- und Phantasieleben anzuschließen, wie Hans Naumann es ausgedrückt hat,[3] und letztendlich an eine totale Unwirklichkeit des Traumes. Von daher ist es dann nicht mehr weit bis ins Abseits des Aberglaubens, wo auch das lebendigste Erlebnis nur noch als Kümmerpflanze erscheint. Man meint, solche Gedankengänge im Dienste der Wissenschaft zu betreiben; es bleibt aber die Frage, ob derartige Ergebnisse nicht einem Erkenntniswillen entspringen, der auch dort auf der ihm eigenen Ratio aufbaut, wo sie ihrem Wesen gemäß vor der Artung des betreffenden Gegenstandes versagen muß. Wenn nicht nur das Dinghafte existiert, sondern auch das Beseelende mit einwirkt, worauf vermöchte dann überhaupt eine rationale Wissenschaft ihr Existentialurteil zu gründen? Ist hier nicht der Schauende gefragt, der Seher, der Dichter, der Denker eines umfassenden Sinnes?

---

3 Martin Freytag, „Die Sage von den Teufelslöchern bei Jena", Jena 1931, S. 42, 82.

Für eine Wandlung im Wesenskern menschlichen Welterlebens gibt es ein Zeugnis, das vor mehr als einem halben Jahrtausend aufgezeichnet worden ist. Da es in wenigen Absätzen eines sehr umfangreichen Buches besteht und da der geschilderte Vorgang sachlich nicht gerade wahrscheinlich aussieht, so haben sich weltanschauliche, menschenkundliche, historische Untersuchungen wohl recht selten darauf bezogen. Es handelt sich um eine Szenenfolge der Gralssage.[4] Doch wäre es ein schwerwiegender Irrtum; wenn man diese nur als eine literarische Überlieferung dunklen Ursprungs mit mannigfaltigen dichterischen Abwandlungen und Erweiterungen betrachten wollte. Vielmehr ist sie an ihrem Ursprung keltischer Mythos, und zwar, wie es an den Ursprüngen nicht anders sein kann, Ritualmythos. Rituale, wenn sie wirklich und wirksam sein sollen, müssen im Wesen der Welt gründen, und die zugehörigen Mythen spiegeln daher Welturspung und Weltwerden. Dessen letztentwickelter Zustand ergibt die initiatische Situation. In der besagten Mythe weist sie eine Zweiteilung auf: einerseits die Gralsburg mit einem durch den Schmerzensstreich schwer verletzten, leidenden Gralskönig – und andererseits das Reich des Königs Artus – mit einer Tafelrunde auserlesener Krieger. In dieser Runde ist jedoch ein Stuhl unbesetzt, eine Fehlstelle als Zeichen der Unvollkommenheit einer rein ritterlich-diesseitigen Herrschaftsordnung. Die initiatische Leistung des zum künftigen König bestimmten Jünglings besteht darin, daß er den Gralskönig heilt und mit dem auf diese Weise gewonnenen Gralsheil die hiesige Königsrunde zur Vollkommenheit bringt. Der Gralsheld als Initiierter vollendet die Tafelrunde, er besetzt den einen Stuhl, der leer war; durch ihn kommt über ihrer Mitte der Gral zur Erscheinung und damit auch zur Wirkung in der Herrschaft des Königs.

Haben wir dergestalt in wenigen Sätzen den Kern des Geschehens aus einer Fülle von Überlieferungen zum Ausdruck gebracht, so sind sie noch zu ergänzen durch die Einsicht, daß sich diese Tradition im Wandel befand. Dabei ging der letzte entscheidende Anstoß zu Veränderungen vom christlichen Gedankengut aus – bis dahin, wo die Heilung des Gralskönigs und die aus dem Gral entspringende Erleuchtung des Artusreiches nicht mehr das Ziel des Gralshelden sein konnten. Damit wurde ihm überhaupt die Möglichkeit entzogen, diese Welt hier auf königliche Weise rund und vollkommen zu machen. Infolgedessen taten die ursprünglichen Sagenhelden, Gawan, Lanzelot und Parzival, dem Ziel des Geschehens keine Genüge mehr; sie besaßen

---

[4]   Sir Thomas Malory, „Le Morte d'Arthur", London 1947, Vol. II, S. 268–271, 379–391.

noch allzuviel Weltlichkeit, um tauglich zu sein für das absolut jenseitige Ziel einer Erlösung des Menschen, das nun an die Stelle einer diesseitigen Vollendung des Königreiches getreten war. Die älteren Gralsucher traten in den Hintergrund, und Galahad wurde zum „Vollender des Grals", eine Gestalt, die ohne Umschweife als eine Art Doppelgänger Christi, auch als leiblich verwandt mit ihm, in die Sage eingeführt wurde.

So endet auch die Gralsgeschichte nicht mehr in ihrer keltischen Heimat, im Lande der Tafelrunde und des Königs Artus, sondern Galahad und Perceval, mit einem dritten zusammen, dem frommen Edelherrn Bors, gelangen zu Schiffe nach Babylon und landen im Hafen einer heidnischen Stadt namens Sarras. Deren König wirft die drei ins Gefängnis. Dort fristet der Gral, von Gott ihnen zugesandt, den dreien das Leben. Nach einem Jahr fällt der Heidenkönig in eine tödliche Krankheit; er setzt die drei Christen frei, und Galahad nimmt seine Stelle ein. Für den Gral läßt er ein Heiligtum herrichten. Dort erscheint den dreien, abermals nach Jahresfrist, Christus mit einer Schar von Engeln. Galahad empfängt darüberhinaus eine Vision der heiligsten Geheimnisse und begehrt den Tod. Er nimmt Abschied von den beiden Gefährten, kniet nieder vor dem Tische des Grals, betet, „und dann brach jäh seine Seele auf zu Jesus Christus, und eine große Schar von Engeln trug seine Seele in den Himmel hinauf, was die beiden Gefährten klar erschauen konnten. Auch sahen die beiden Gefährten eine Hand vom Himmel kommen, aber von einem Körper sahen sie nichts. Und sie kam geradeswegs zu dem Gralsgefäß, und sie nahm es und die Lanze, und so trug sie es hinauf in den Himmel. Und von da an gab es keinen Menschen mehr, der so kühn war zu behaupten, daß er den Gral gesehen hätte."

Nun legt Perceval geistliche Kleidung an, geht ins Kloster und stirbt dort nach vierzehn Monaten. Der Edelherr Bors bestattet ihn bei Galahad und reitet dann zurück in seine britische Heimat. Vor König und Königshof berichtet er von der Vollendung der Gralssuche, und es herrscht große Freude über alle Ritter der Tafelrunde, die von der gefährlichen Suchfahrt heil zurückgekehrt sind. Es währt indes nicht lange, bis fürchterliche Streitigkeiten ausbrechen, Kriegszüge unternommen und mörderische Schlachten geschlagen werden unter denen, die ehedem in der Tafelrunde vereint waren. Das schreckliche Geschehen gipfelt darin, daß der mit der Schwester gezeugte Sohn des Artus, Mordred, während sein Vater fern im Kriege weilt, sich zum König aufwirft. Der wahre König kehrt zurück, es schließt sich ein Bruder- und Bürgerkrieg an, der über Leichenbergen endet. Nur vier Lebende noch finden sich auf dem Schlachtfeld – Artus und mit ihm, schwer verwundet, ein Bruderpaar aus seinen Diensten – und andererseits der verräterische Sohn. Diesen durchbohrt der König mit seinem Speer; aber der Todwunde versetzt seinem Vater noch einen Schwerthieb, der ihm ans Leben geht. Artus läßt sein Königsschwert ins Meer werfen, und danach wird sein Ausgang in zweierlei Weise berichtet. Entweder wird er von drei Frauen, feenhaften Verwandten von ihm, im Boot übers Meer geholt – hinüber zu der wunderbaren Insel Avallon, die in der altkeltischen Mythe die Insel der Toten ist und der Wiederauflebenden. Oder, nach anderer Überlieferung, wird er an einem Ort des Festlandes bestattet – mit der hoffenden Inschrift: Hic jacet Arthurus Rex, quondam Rex atque futurus. – Hier ruht König Artus, ehedem König und künftig. –

Es ist nicht ausschlaggebend, ob man den Sinn des Geschehens wortwörtlich der christlichen Vorstellung gemäß auffaßt: das Christus das Licht der Welt sei und der Gral daher mit ihm und zu ihm in den Himmel entwichen sei, – oder ob man den gesamten Ablauf gemäß allgemeiner Symbolik so auffaßt, daß von der Erde das innere Licht entwichen sei, daß es demgemäß von dem initiatischen Landfahrer hier nicht mehr eingeholt und für das irdische Königreich nicht mehr zum Strahlen gebracht werden könne. Das Entscheidende ist, nach der einen wie der anderen Vorstellung, die Entlichtung der Erde und des irdischen Reiches, also auch des seinem Lande verbundenen Königtum. Der Gral, das leuchtendste innerste Licht kann auf der Erde nicht mehr erwandert werden. Die Welt ist verfinstert. Ganz folgerichtig verläuft demnach das Geschehen der Artussage, so wie es nach der Entlichtung sich abspielt. Die ganze Herrlichkeit des Königs, seiner Tafelrunde, des ritterlichen Heldensinnes erstickt im Mordblut.

Nach der Symbolik der Artussage sind es nicht politische Kausalitäten, die dem furchtbaren Verhängnis zugrunde liegen, sondern ihm geht voraus das Erlöschen des inneren Lichts. Es ist die Frage, ob es verwandte Traditionen gibt, die ähnliches bezeugen, – ob nicht jener Ungar und der Portugiese mit ihren seltsamen Aussagen über das märchenhafte Wesen der Vorzeit einen ähnlichen Verlust bezeichnen wie die Gralssage ihn so deutlich vorweist. Vom Märchenerzähler können wir eine solche quasi-historische Nachricht kaum erwarten, da die Märchen selbst ihrem Wesen gemäß über Vorgänge außerhalb ihres eigenen Zusammenhanges, also über ihre eigene Umwelt keine Aussagen machen. Die Worte des portugiesischen Erzählers sind ja eine seltene Ausnahme und sind auch nicht Teil des von ihm erzählten Märchens.

Manche ähnlichen Randbemerkungen mögen auch in der überlegenen Klugheit des Aufzeichners untergegangen sein.

Aussagen über Wandlungen in der wirklichen Welt können wir daher nur von der Sage erwarten, und sie versorgt uns allerdings reichlich mit derlei Nachrichten. Die herkömmliche Wissenschaft freilich zählt sie, wie oben schon ausgeführt, zum unhistorisch Unglaubhaften. Wie aber, wenn die Sage, ob auch nur in wesentlichen Einzelzügen und etwa nur in symbolischer Sprache, dennoch Geschehenes berichtete, – wenn sie von Wandlungen spräche, die in ihrem Gewicht und ihren Folgen jener Entrückung des Grals aus seinem erdnahen Wirken entsprächen?!

In einer Hinsicht unterstreicht sie jedenfalls eine anthropologische Tatsache von welthistorischem Gewicht: die Vollendung des solipsistischen Daseinsgefühles und der Daseinsbehauptung des Menschen. Zwar gibt es noch hier und da Entscheidungen, freilich selten genug, gegen diese Einstellung des rein selbstbezogen-menschlichen Allein-Daseins. In Irland wurde noch in diesem Jahrhundert die geplante Erweiterung des Flugplatzes Shannon im Süden der Insel verboten, „als sich herausstellte, daß dabei die Behausung von Feen und Elfen, ‚Feenhügel‘ genannt, am Rande des Flugplatzes Schaden nehmen würde. Die Baufirma versicherte, das Verbot sei gar nicht nötig gewesen, kein irischer Arbeiter sei bereit gewesen Spitzhacke oder Grabschaufel in den von Feen bewohnten Hügel zu senken.“[5] Aber wo gibt es solche Freiheit noch unter der Diktatur der technisch-kapitalistischen Interessen! In Deutschland verbot die Baufirma in einem prähistorisch hochbedeutsamen Gebiet ihren Arbeitern, von etwaigen Funden etwas verlauten zu lassen, und das Verbot wurde, angesichts wirklicher Funde, auch tatsächlich befolgt!

Der Solipsismus ist eine philosophische Richtung, die seit einigen Jahrhunderten als eine Art Verzichtslehre der Bewußtseinstheorie auftritt: der einzelne weiß sicher nur von sich selbst; „von anderen Geistern weiß er nur etwas durch Ideen, welche sich zunächst auf Körper beziehen und nach Analogie auf Geister gedeutet werden.“ Danach ist der einzelne nur seiner selbst gewiß und kann sich die anderen nicht mit Gewißheit demonstrieren. Diese Richtung, ehedem Egoismus genannt, heute Solipsismus, hat mit dem älteren Ausdruck charakterologisch eine Kennzeichnung erfahren, die jedenfalls auf den anthropozentrischen Solipsismus unserer Tage vollkommen zutrifft. In eine philosophische Beschreibung der solipsistisch aufgefaßten

---

[5] Sigrid Lechner-Knecht, „Reise ins Zwischenreich“, Freiburg i.B. 1978, S. 143.

Persönlichkeit brauchen wir für den Begriff Person nur das Wort Mensch und die zugehörigen Fürwörter einzusetzen, um darin das egoistische Selbstverständnis des heutigen Menschen vollkommen ausgedrückt zu finden. „Er schafft seine Welt in seiner Vorstellung und seinem Willem: deshalb reicht sein Eigentum so weit als er will. Er erkennt nichts über sich an: er erkennt kein anderes Wohl als das eigene und dient keinem fremden Gesetz oder fremdem Willem. Denn es gibt für ihn in Wahrheit nichts als ihn selbst."[6] – Es gibt keine Wichtelmänner, keine Seejungfrauen, keine Feen, keine Engel und natürlicherweise auch keine Toten, keine Heiligen und keine Götter.

Gegen diese Behauptung lassen sich keine Argumente ableiten aus der Gläubigkeit so vieler Menschen und dem Vorhandensein ihrer Glaubensverbände. Sollte deren Gesinnung und Haltung jene solipsistische Definition des Menschen ins Wanken bringen, dann müßte sie ja in zahllose Entscheidungen innerhalb unserer gelebten Gegenwart eingehen, zum Beispiel in die parlamentarischen Gepflogenheiten, in die Entlohnungsfragen, in die Bevölkerungspolitik – und über uns selbst hinaus in den Brückenbau, in die Flugtechnik, in den Naturschutz, den Tierschutz, – kurz, in die zahllosen Belange dessen, was nicht der Mensch selbst ist. Werden bei Eindeichungen dem Meere Opfer gebracht? Entscheidet der Fluß mit, wenn er gestaut wird? Haben wir den Mond gefragt, als wir ihn mit Raketen beschießen wollten? Wo ist der fromme Geistliche der nicht für die Raumfahrer beten wird, sondern Gebete richten wird an die Planeten und ihre Satelliten, die unsere Raumschiffe eines Tages, Granaten gleichend, ansteuern werden? – In allen diesen Unterlassungen bewährt sich die solipsistische Definition des Menschen: daß es in Wirklichkeit nichts gibt außer ihm selbst und daß sein Eigentum so weit reicht wie sein Wille.

In mancherlei Formen schildern die Sagen den Auszug der belebenden Wesen aus unserer Welt. Eine der erstaunlichsten Überlieferung dieser Art entstammt dem ersten Drittel des vorigen Jahrhunderts und wurde aufgezeichnet im Orlagau von dem Pfarrer Wilhelm Börner.[7] Er schildert das gedeihliche Wirken der Perchta und ihres Gefolges, der Heimchen von ehedem; sie beförderten von innen und unten den Ackerbau der Menschen mit. Dieses glückliche Verhältnis sei an ein Ende gekommen durch einen Mann aus der Fremde, der anders gewesen sei als die gewöhnlichen Menschen, der nicht

6   Wilhelm Windelband, „Lehrbuch der Geschichte der Philosophie", Cambridge / Mass. o.J., S. 395f., 564f.
7   Otto Huth, „Die Fällung des Lebensbaumes", Berlin 1936, S. 26–29. Nach: Wilhelm Börner, „Volkssagen aus dem Orlagau", Altenburg 1838, S. 113ff.

lachte und sich nicht freute. Die Perchta habe er einen bösen Geist genannt und ihr Gefolge erklärt als die ungetauft Verstorbenen, die jenem als Eigentum zugefallen seien. Daraufhin wurden den Einwohnern selber die früher vertrauten Wesen unheimlich, auch diese selbst fühlten sich nicht mehr daheim, und eines Nachts, wie es ähnlich von so vielen Orten berichtet wird, ließ sich die Perchta mit den weinenden Heimchen vom Fährmann über die Saale setzen. In der Folge verödeten die bäuerlichen Fluren. – Wollte man angesichts dieser Erzählung annehmen, daß die Perchta ihr Wirken ja auf den anderen Ufer der Saale habe fortsetzen können, dann ist zu bedenken, daß in dieser und zahllosen anderen Überlieferungen der Strom nicht zwischen gleichartigen Ländereien dahinfließt, sondern eben auch die Grenze bedeutet zwischen dieser Leiberwelt und der aller erscheinenden Seelenwesen.

Da der Mann, der diese Sage überliefert und der doch wohl die Kennzeichnung des Fremdlings vorgefunden haben muß, ein Pfarrer war, so erwuchs ihm die Aufgabe, das Ganze mit seinem Glauben übereinzubringen. Zum einen findet er darin den Fall der ersten Menschen aus dem Stande der Unschuld; doch muß er sich scheuen, den sonderbaren Fremden grad mit der Schlange des Paradieses zu vergleichen. Er sei ohne Zweifel der erste Bekehrer zum Christentum und somit wohl dem Engel mit dem feurigen Schwerte zu vergleichen. Überdies gehe aus dieser Sage wie aus vielen anderen hervor, „daß die Neubekehrten ihren Religionswechsel keineswegs als ein Glück betrachteten" und angesichts des Fremdartigen und Beschwerlichen der neuen Glaubensformen manche Sehnsuchtsblicke in die alten Zustände zurückgeworfen hätten. Dazu gehöre auch „das Festhalten unserer Bauern an alten, von ihren Vorfahren aus dem Heidentume noch ererbten Sitten und Gewohnheiten, Gebräuchen und Glaubensartikeln …, die wir in wegwerfendem Tone Aberglauben zu nennen pflegen; es sind liebevoll bewahrte Rückerinnerungen an vergangene Zeiten, welche eine ungenügende Gegenwart nicht zu verdrängen vermag … Wehe auch derjenigen Zeit, die mittels einer falschen Aufklärung diese Überbleibsel der Vorzeit verdrängen könnte …; in solcher Zeit würde jede Kraft und Anlage unsrer Landleute für höheres Leben gebrochen werden und verdorren."

Dies sind außerordentlich treffende und zukunftweisende Worte eines Pfarrers aus einer Zeit wenige Jahre nach Goethes Tode, und sie stehen im allerschärfsten Gegensatz zu der kirchlichen Praxis in den Jahrhunderten davor und zum Wirken vieler Geistlichen noch weit in das Jahrhundert hinein. Die aufklärerische Gesinnung war ja auch bei den Vertretern der Kirche heimisch geworden, so weitgehend, daß auch ihre eigene Lehre bei ihren Predigern oftmals nur noch das Vokabular lieferte, aber nicht mehr den Gehalt. Selbst die überkommenen Glaubenslehren waren in eine bedenkliche Nähe zum Aberglauben geraten. Der hohenlohische Pfarrer Nikolaus Gerber beschreibt um die gleiche Zeit wie Börner das sonderbare Verhältnis der Geistlichen zu ihrer Gemeinde.[8] Jene hätten bei allen Gelegenheiten und auch von den Kanzeln sich über die Dummheit des Volkes ereifert und bewiesen, „daß es mit den Besessenen, den Wundern, dem Teufel und andern Dingen, welche in der Bibel stehen, nichts sey; die Bauern aber hatten kein rechtes Herz mehr zu ihrem Pfarrer, den sie im Verdacht hatten, er glaube gar nichts." So verhehlte der Bauer seine ererbten und bewährten Überzeugungen, und der Pfarrer tat, als habe er „noch den alten Glauben …, und so war es eine stille Übereinkunft, sich gegenseitig zu täuschen." Der Pfarrer blieb bei seiner Aufklärung, der Bauer beim ererbten „Aberglauben".

Noch in diesem Jahrhundert bezeugt Angelika Merkelbach-Pinck für ihr lothringisches Sammelgebiet den festen Glauben an das Erzählte und das Vertrauen, das die Hörer in das Überlieferte setzen.[9] Es sei dies „vielfach mitbedingt durch die Ehrfurcht und Anhänglichkeit an die Verstorbenen, die es erzählt oder erlebt haben." Diesem bedingungslosen Zutrauen entsprechend, gab es Dörfer, „in denen der Geistliche die Sympathien verloren hat, weil er von der Kanzel herunter den Hexenglauben als Aberglauben verurteilte. Es gibt Leute, die bis zum Bischof nach Metz gingen, um Maßnahmen zu verlangen gegen den Geistlichen, der sie aufzuklären versuchte oder ihren Hexenglauben ablehnte."

Was heißt im übrigen Hexenglauben? Angelika Merkelbach-Pinck überliefert eine „Sage" aus der auf die Erlebenden folgenden Generation:[10] „Min Babbe un sin Brieder ware Jäjere. Die Geschichte sin all wohr? Die sin vun glauweswirdiche Litt. Es sin kenn Farse (Possen). Dies sin Litt, wu mer kenn Lië devun gehert hat. Mit dem, daß se so uf die Jachd gong sin, do war in de Gärde vorm Dorf e wiß Kaninche. Dis isch bekonnt gewehn im Dorf. No sin sie gong un hon uf das wiß Kaninche geschoß. Un wie se uf das wiß Kaninche geschoß gehat hon, hat e gons nackiche Frau do gestonn mit e re Hack in dr Hand. Das war e verrufeni Frau ußm Dorf. Jetzert hat die Frau gesaht, daß

8   Nikolaus Gerber, „Das Nachtgebiet der Natur", Augsburg 1844, S. 624–627.
9   Angelika Merkelbach-Pinck, „Lothringer erzählen. Band 1 Märchen", Saarbrücken 1936, S. 33.
10   Angelika Merkelbach-Pinck, „Lothringer erzählen. Band 2 Sagen", Saarbrücken 1936, Nr. 209.

se numme kenem Mensche ebbes sahn, bis no ihrem Dod, sunscht geht's ne schlecht. Min Unkel hat no nix droue zu sinnere Frau sahn, bitz daß se dod war, die Frau. No hat 'r's ererscht gesaht."

Dies ist eine Art Aberglaube, den wir froh sind, gerade erst losgeworden zu sein. Nur bleibt die Frage, ob nicht grad die Lösung von einem derartigen Glauben uns in den entgegengesetzten Wahn geführt hat, den, der mit keiner wirklich fundamentalen Begründung derlei Wunderbares als schlechthin unglaubhaft verkündet, Denn die völkerkundliche Literatur enthält merkwürdige Berichte, die gerade so etwas bezeugen, wie es der glaubwürdige Onkel aus Walleringen erzählt hat.[11] Da stand in Abessinien bei einem Reisenden ein Mann im Dienst, der sich Urlaub erbat und alsbald auf den Weg machte. Die Rufe der anderen Diener veranlaßten ihren Herrn, sich umzuwenden, und in der buschlosen Ebene erblickte er nur noch eine Hyäne. Dar Diener gehörte nämlich zum Stande der abessinischen Budas, die allgemein diese Verwandlungsfähigkeit besitzen sollen. – Man müßte wenigstens einräumen, daß Wissenschaft keine Allwissenheit sein kann.

Um derlei Vorkommisse unserem Begreifen anzunähern, könnte man annehmen, daß nicht der Leib sich wandelt, sondern die schaubare Aura; durchaus erschiene dann der Mensch in ein Tier verwandelt. Die folgende Beobachtung könnte möglicherweise eine solche Auffassung stützen. Wahrscheinlich müßte man in solchen Fällen auch eine Steigerung der Schaufähigkeit bei dem Beobachter annehmen; das Vermögen der Aurawahrnehmung würde unter Abläufen dieser Art bei dem Zuschauer erst allmählich geweckt. Ein amerikanischer Reisender, Harry B. Wright, hat in der Mitte dieses Jahrhunderts bei den Bapende, einem Bantustamm im Süden des Kongobeckens, vielleicht etwas derartiges erlebt. Es handelte sich um den Schakaltanz. Er hebt an mit dem Umtrunk für die Stammesmitglieder, mit einer Zauberarznei, und geht fort mit Gesängen und Trommel-Rhythmen, die sich langsam steigern. Der Zauberpriester, Ngombo, tanzt, beginnt dann auch zu singen und stößt Schakalschreie aus, die aus dem Wald herüber beantwortet werden; „schließlich konnte ich die hohen Schreie des Weibchens und den tiefen brummenden Ruf des Männchens unterscheiden. Der Ngombo tanzte unterdessen immer fieberhafter, bis er vor Erschöpfung, wohl aber auch durch die Wirkung der eingenommenen Arznei, zu Boden fiel. An diesem Punkt der

---

[11] Wilhelm Hertz, „Der Werwolf", Stuttgart 1862, S. 29. Ernesto Bozzano, „Übersinnliche Erscheinungen bei Naturvölkern", Bern 1948, Kap. VIII. Harry B. Wright, „Zauberer und Medizinmänner", Zürich 1958, S. 145f., Vgl. S. 43, 96.

Zeremonie sprang eine kleine Gruppe von Männern und Frauen in den Kreis und begann zu tanzen.

Jetzt kam der entsetzliche Teil des Rituals. Während des Tanzes fingen sie an zu knurren, fielen schließlich zu Boden und vollendeten den Tanz auf Händen und Knien, wobei sie sich wie Tiere beschnüffelten. Plötzlich schoß eine dunkle Gestalt in den Kreis hinein. Zuerst glaubte ich, es sei ein eingeborener Tänzer. Dann merkte ich aber, daß es ein Schakal war. Das Tier rannte durch die tanzende Gruppe hindurch, knurrte und schnappte nach Männern und Frauen.

Die Schlußphase des Tanzes zeigte die Merkmale zügelloser Ausschweifungen – und zwar nicht zwischen Männern und Frauen, sondern zwischen beiden Geschlechtern und dem Schakal. Mein Freund, der ‚Lemba‘ klärte mich auf, daß das die Paarung eines alten Freundes, eines Menschen in Gestalt eines Schakals, mit den tanzenden Menschen sei. Für mich war die Tatsache am erstaunlichsten, daß beim Höhepunkt der Vorführung die Tänzer wie richtige Schakale aussahen. Und was noch erstaunlicher ist: Die Frauen trugen später die Male von Schakalpranken – so deutlich, als ob ihr Fleisch bei dem Geschlechtsakt vom Schakal zerkratzt worden wäre.“

Es sind durchaus nicht die Missionare allein, die in den Sagen für das Entschwinden der Wesen verantwortlich gemacht werden. Es gibt sonderbare Nachrichten, die ganz anderen Instanzen die Schuld daran zuschreiben. Die Unterirdischen kommen „nicht mehr zu den Menschen, seitdem der König von Dänemark im ganzen Königreich und in den Herzogtümern die Löcher zustopfen ließ, woraus sie sonst hervorkamen, und allenthalben Wachen davor hinstellte“, so Müllenhoff nach einer Aufzeichnung von Theodor Storm.[12] – Auch aus der Gegend von Halberstadt wird von einem Eingriff der Regierung erzählt. Da hat es ehedem viele Querge gegeben. „Als aber der alte Fritz zur Regierung gekommen ist, hat er sie nicht länger in seinem Lande leiden wollen und hat sie übers schwarze Meer verwiesen; da sind sie denn alle ausgewandert, und seit der Zeit hat man nichts mehr von ihnen gehört. Früher aber wußte man noch manches von ihnen zu erzählen.“[13]

Diese beiden Nachrichten aus dem vorigen und ihrem Ursprung nach wohl aus dem 18. Jahrhundert enthalten gewiß ebensoviel Wahrheit wie die über die missionarischen und aufklärerischen Störungen der Überlieferung.

---

[12] Karl Müllenhoff, „Sagen, Märchen und Lieder der Herzogtümer … Neue Ausgabe von Otto Mensing“, Schleswig 1921, Nr. 473.
[13] Adalbert Kuhn und Wilhelm Schwartz, „Norddeutsche Sagen …, Leipzig 1848 / Hildesheim 1983, Nr. 189,2. Dazu S. 488f.

Der Staat und sein Eingreifen verstopft die Zugänge zwischen hüben und drüben. Der Erzähler, der den Alten Fritz angeschuldigt hat, setzte noch hinzu, wie die Herausgeber im Anhang berichten, daß Napoleon „allen Spuk aus dem Lande vertrieben" habe. Es ist eigenartig, daß in dieser Äußerung, wie es scheint, das Wort Spuk nicht nur auf Gespenster, sondern überhaupt auf die Wesen der Zwischenwelt angewandt wird. Deren „Spuken" zeigt ja wirklich an, daß die Welt nicht allein platte Tatsächlichkeit ist, sondern voller Geheimnisse steckt. Durch den historischen Aufruhr, wie ihn Napoleon verursacht hat, sind diese Geheimnisse aus dem Umkreis unmittelbaren Erlebens hinausgedrängt worden, ist eine Übermacht des Faktischen auf lange Jahre zur Herrschaft gelangt. Wie mag auch unter anderen Kriegsläuften, im Dreißigjährigen Kriege etwa, die überwältigende Faktizität der Schlachten, der Brandschatzungen, der Vertreibungen, der Schändung von Menschen und Gräbern und heiligen Stätten, der zahllosen Gewalttaten zu nicht minder schauerlichen Verwüstungen im seelischen Erleben geführt haben. Wie vieles mag damals unwiederbringlich verstummt und verdämmert sein.

Ein weiterer Herrscher, der in die Welt der Erscheinungen eingegriffen haben soll, ist jüngerer Zeitgenosse Friedrichs des Großen und gehört weltanschaulich ebenfalls in das 18. Jahrhundert, Kaiser Joseph II. Von ihm heißt es, daß er die Wilden Männer in Allgäu „auf immer gebannt" habe. [14] Eigenartig ist es, daß die Überlieferung hier im Zweifel ist, ob er es war, der diese Wesen vertrieben hat, oder ob „sie der Papst Pius VI. ‚verbetet'" habe. Dieser war 1732 ins Land gekommen, um gegen die josephinischen Kirchenreformen zu protestieren, vergeblich. Seltsam ist es, wie in der Erinnerung des Volkes diese beiden, kirchenpolitisch so gegensätzlichen Männer sich doch in verwandter Weise wider die Escheinungen der Binnenwelt gestellt haben sollen.

Auch angesichts solcher bemerkenswerten Gleichklänge der eigenartigen Stimmen von Geistlichen wie denen der Pfarrer Börner und Gerber versteht es sich von selbst, daß der eigentliche Widerstand gegen die Wesen der Tiefe, ihre Verfolgung und Bannung von den Männern der Kirche ausging. Das bekunden die Zeugnisse der Missionszeit ebenso wie die Sagen in reichem Maße. So lautet eine der Gewissensfragen aus den Anfängen des Christentums hierzulande, ob der Befragte an wilde Frauen glaube, Waldfrauen, sylvaticae genannt, die sich ihren Liebhabern, wenn sie es wollen, zeigen, um sich mit ihnen zu ergötzen, und die, wenn sie wollen, wieder entschwinden. [15] Jakob

---

[14] Alexander Schöppner, „Bayrische Sagen", Augsburg 1990, Nr. 38.
[15] Wilhelm Boudriot, „Die altgermanische Religion …", Bonn 1964, S. 51.

Grimm erinnert angesichts der Formel: „wenn sie wollen", daran, daß noch in späten Sagen, wie in der des Staufenbergers solche Liebesgefährtinnen ganz im geheimen nach Wunsche sich einstellen und wieder entweichen.[16]

Als ein zweites Beispiel sei das Verbot genannt, den drei Schwestern zu opfern, die antike Dummheit und Aberglaube die Parzen genannt habe.[17] Wir dürfen diese drei mit den heimischen drei Jungfern, den drei Ewigen gleichsetzen, die landschaftlich etwa Ambet, Wilbet und Borbet heißen. Sie waren so wenig aus dem Volksglauben zu vertreiben, daß sie örtlich sogar noch in Kapellen und Kirchen Aufnahme fanden und in Bildwerken bis in unsere Zeit lebendig geblieben sind. Diesen drei Schwestern hätten manche Frauen zu gewissen Zeiten den Tisch gedeckt – mit Speisen, mit Getränken und mit drei Messern – und hätten sich eingebildet, daß sie göttliche Hilfe leisten könnten, da sie doch in Wahrheit des Teufels seien.

Fragen wir nun nach den Bekundungen der Sage, so kommen wir zuerst auf das den anderen Wesen widrige Glockenläuten zu sprechen. Es scheint mir freilich nicht ganz sicher, daß sich hierin nur die unchristliche Gesinnung der Zwischenwesen kundtut.[18] Es wäre auch denkbar, daß sie den Zeichen des Zeitverlaufs abhold waren, daß der bemessene Ablauf der Stunden und Tage mit ihrem Wesen nicht im Einklang war. Oftmals indessen liegt es zutage, daß die Verchristung der Umwelt, der Menschen und ihrer Siedlungen, die Wandlung des inneren Lebens den jenseitigen Wesen, der Erde, des Waldes, entgegenstand. Sehr entschieden drückt sich eine mecklenburgische Sage aus.[19] Da begegnet ein Bote spät am Abend einem großen Trupp des kleinen Volkes, und auf seine Frage nach Woher und Wohin antworten sie: Wir kommen von Dobbin und wollen nun anderswohin; „in Dobbin geföllt uns dat nich mir, dor wart uns dat Evangelium tau straff." Es ist klar, daß eine solche Äußerung im Einzelfalle auch die Erfindung eines menschlichen Kirchengegners gewesen sein kann, der in dieser verhüllten Weise seine Abneigung gegen die religiöse Disziplin seiner Zeit zum Ausdruck brachte. Übers Ganze gesehen, dürfte diese Erklärung indes nicht ausreichen für die vielerlei Erzählungen vom

---

[16] Jacob Grimm, „Deutsche Mythologie", Tübingen 1953, Band I, S. 347f., 356, 359.
[17] Wilhelm Boudriot, „Die altgermanische Religion …", Bonn 1964, S. 52. Dazu Hans Christoph Schöll „Die drei Ewigen", Jena 1936.
[18] Da auch im Volksbrauch Schellen und Glöckchen eine Rolle spielen, so ist der christliche Sinn des Läutens nicht zweifelsfrei zu behaupten. Unter diesem Gesichtspunkt wäre der Widerstand gegen das Läuten der Kirchenglocken noch deutlicher gegen dessen christlichen Hintergrund gerichtet. Über Schellen usw. vgl. Lily Weiser, „Jul", Stuttgart 1923, S. 20f.
[19] Karl Bartsch, „Sagen, Märchen und Gebräuche aus Mecklenburg", Wien 1879 / Hildesheim 1978, Band I, Nr. 89 vgl. Nr. 93.

Aufbruch der Zwischenwesen. Eine Sage aus Schleswig-Holstein spricht sich einleitend auch über das einstmalige ungestörte Verhältnis zu den anderen Wesen aus. [20] Dort haben die Unterirdischen und die Bauern in Freundschaft zusammen gelebt. Das Zinn- und das Kupfergeschirr entlehnten die Dörfler immer von jenen zu den Hochzeiten und zum Kinnelbeer. Aber als das Christentum in die Gegend kam und in Norddorf eine Kapelle gebaut und die Glocken geläutet wurden, da zogen die Unterirdischen weg und sangen:

„Evangeeln, Klocken on Klangen,
Dat verdrefft uns uten Landen."

Daß der Glockenklang die nicht-menschlichen Wesen vertreibt, ist in weiter Verbreitung die Meinung der Sage. Eine Tiroler Überlieferung[21] erklärt, daß die wilden Mannlen und Fräulein lauter Heiden waren, „und wer sie hätte bekehren wollen, dem wäre es übel ergangen. Vom Christentum wollten sie nichts wissen. Als in Samnaun eine Kirche erbaut worden war und zum erstenmal die große Glocke läutete, sah man die Wilden mit den Wiegen auf dem Rücken weinend und wehklagend über Söblis gegen Ischgl auswandern." – In Graubünden[22] wurde erzählt, daß gerade die Leute eines Dörfchens mit ungeheurer Mühe den steilen Weg da hinauf eine Glocke schleppen wollten, als eine Anzahl Wild-Lütli sich ihnen entgegenwarf. Sie wollten „ihnen verwehren …, mit der Glocke weiterzuziehen, – denn wie alle Wild-Lütli haßten auch sie jedes Glocken- oder Schellen-Geläute und harmonisches Getöne." Es entstand eine blutige Schlägerei, aber die Dörfler waren in der Mehrzahl und behielten die Oberhand. Die Wild-Lütli kehrten nicht mehr zum Dorf zurück, sie flüchteten in die Berge und schlugen in Höhlen und einem entlegenen Tale ihre Behausungen auf.

Über die geradezu magische Wirkung, die das Walten der christlichen Rituale auf die Naturwesen ausübt, äußert auch ein sehr altes Zeugnis seine Meinung. Es findet sich in den Canterbury Pilgrims von Geoffrey Chaucer,

---

[20] Karl Müllenhoff, „Sagen, Märchen und Lieder der Herzogtümer … Neue Ausgabe von Otto Mensing", Schleswig 1921, Nr. 497, vgl. 496, 498. Die umgekehrte Ausleihe bei Gustav Fr. Meyer, „Schleswig-Holsteiner Sagen", Jena 1929 / 1968. S. 43.
[21] Johann Adolf Heyl, „Volkssagen, Bräuche und Meinungen aus Tirol", Brixen 1897 / Bozen 1989, S. 24.
[22] Dietrich Jecklin, „Volkstümliches aus Graubünden", Zürich 1874 / 1986, Band III.

also in einer Dichtung, die vor 600 Jahren in England entstand – als eine ironische Einleitung zu der Erzählung der Frau aus Bath, the Wife of Bath:[23]

„In König Artus' längstvergangnen Tagen,
dem jeder Brite große Ehr' zuschreibt,
da war vom Volk der Feen erfüllt das Land.
Die Elfenkönigin mit ihrer fröhlichen Gesellschaft,
sie tanzten oft und oft in mancher grünen Aue.
Das war vor alters, wie ich meine, Überzeugung, –
ich spreche von der Zeit vor Hunderten von Jahren.
Doch keine Elfen kann kein Mensch jetzt mehr erspähn;
her rührt das von den Kirchendiensten, den Gebeten
der Geistlichen am Ort und andrer frommer Brüder.
Die wimmeln da bei jedem Grundstück und Gewässer,
so dicht gedrängt wie Stäubchen sind im Sonnenstrahl, –
aussegnen alle Bauten sie, die Kammern, Küchen, Lauben,
Städte und Flecken, Burgen und hohen Türme,
Dörfer und Scheunen, Pferche, Molkereien, –
daß nirgends mehr der Elfen Schar sich findet, daher rührt's.
Dort wo der Elf zu wandeln war gewohnt,
da wallt höchstselbst nun der Gemeindepriester
zu allen Tageszeiten früh und spät, –
spricht seine Litaneien und die übrigen Gebete,
dieweilen er durchwandert die Gemeinde.
Da können ungefährdet nun spazierengehn die Frauen
um jeden Busch und unter jedem Baum.
Kein andrer Incubus da lauert als nur er,
und er tut ihr nichts Schlimm'res an als Schändung."

Es ist allerdings von vornherein zu erwarten, daß bei so realen nachbarschaftlichen Verhältnissen, wie die Sage sie darstellt, auch allerlei andere Mißhelligkeiten, solche von nicht-wesentlicher Art, auftreten und einen Auszug zur Folge haben: daß bei der Bewirtung durch die Dialen ein Löffel entwendet wird, daß ein Paar alter Weiber ihnen die Wäsche stiehlt. Auch von bösen

---

[23] Geoffrey Chaucer, „The Canterbury Tales. The Wife of Bath's Tale", zitiert bei Katharine Briggs „A Dictionary of Fairies" Harmondsworth 1977, S. 432. Übertragung: Chaucer etc. Transl. bei Nevill Coghill, Harm. 1962, S. 297f.

Untaten wird erzählt, die den Wegzug auslösen: vom Mord an einer Diale, vom Messerwurf in den Tanz der „Bergleute" mit einer tödlichen Verwundung; – oder von gefährlichen Streichen: vom boshaften Ansägen eines Astes, auf dem die Zwerge zu sitzen und den Leuten bei der Feldarbeit zuzuschauen pflegen; vom Erhitzen eines Felsens, auf dem das kleine Volk sich gewöhnlich niederläßt. Es gab auch Streitigkeiten um Ackerraub und Brotdiebstahl, um Leihe und Lohn, um Neckereien und Spöttereien. Wesentlicher war anderes; das Fällen einzelner Bäume, das Niederhauen des ganzen Waldes; der Bau von Eisenbahnen, das Aufrichten von Eisenhämmern, von Pochwerken und Klippelwerken, – überhaupt das Vordringen der Maschinen, der Industrie, der übervölkerten Städte. Derlei Verwandlungen der Landschaft überhaupt vergleichen sich dem, was oben über einige Herrscher, ihre Bestrebungen und über die Kriege mitgeteilt worden ist: das Land verliert seine Seele, seine unterirdisch-lebendigen Seelen.[24]

Überwiegend war bisher die Rede von den geheimen Wesen natürlichen Ursprungs, naturgegebener Artung. Das rationalistische Nein ist aber ebenso lange auch verfügt worden gegen das Dasein der Seelen, deren Herkunft wir zu kennen glauben, gegen die ehemals leibhaft Lebenden, die durch den Tod in den seelenhaften Zustand übergegangen sind oder sein sollen. Indessen ist von manchen Wissenschaftlern auch die Meinung vertreten worden, daß die Wicht oder Wichtl genannten Wesen und ihre Verwandten im Volksglauben ihren Ursprung in Verstorbenen haben, die am Orte ihres Lebens haften. Diese Annahme läge am nächsten bei manchen Hausgeistern oder etwa bei solchen Unterirdischen, deren Wohnung der prähistorische Grabhügel war. Dabei könnte ihnen selbst diese Herkunft im Laufe der Zeiten verloren gegangen oder belanglos geworden sein.

Von diesen sehr dunklen Zusammenhängen[25] soll hier jedoch nicht die Rede sein, sondern nur von den Erscheinungen der Verstorbenen, deren lebendig-menschlicher Ursprung unmittelbar zu ihrem Wesen gehört. Von ihnen ist die Überlieferung bis in unsere Tage erfüllt, und seit mehr als

---

[24] Dietrich Jecklin, „Volkstümliches aus Graubünden", Zürich 1874 / 1986, Band I, S. 31f., Band III, S. 54f. Brüder Grimm, „Deutsche Sagen", Nr. 148f., 153–155. Friedrich Ranke, „Die deutschen Volkssagen", München 1924, S. 18. Karl Müllenhoff, „Sagen, Märchen und Lieder der Herzogtümer … Neue Ausgabe von Otto Mensing", Schleswig 1921, Nr. 466. Johann August Ernst Köhler, „Sagenbuch des Erzgebirges", Schneeberg 1886 / Hildesheim 1978, Nr. 150. Nancy Arrowsmith, „Die Welt der Naturgeister", Frankfurt a.M. 1994, S. 124.

[25] Lily Weiser, „Jul", Stuttgart 1923, S. 16f. „Handwörterbuch des deutschen Aberglaubens", Berlin 1987, Band 9, Nachträge, Sp. 1115ff.

anderthalb Jahrhunderten ist der Verkehr mit ihnen theoretisch und praktisch in ein System gebracht worden, im sogenannten Spiritismus.

Der damit angedeutete Forschungsbereich, der ja durchaus keiner einseitig populär-spiritistischen Weltanschauung verpflichtet sein muß, hat trotz seiner immensen Lebenswichtigkeit und trotz seiner bis in den Lebensmagnetismus zurückreichenden Einsichten noch immer keinen akademischen Rang erhalten. So groß ist die Angst vor Sachverhalten, die nicht von vornherein als vollends rationalisierbar erscheinen.

Diese Angst überrollt selbst ethische Bedenken, wie ein grotesker Vorfall zeigt, der einem Forscher des Gebietes begegnet ist.[26] Hinrich Ohlhaver schrieb auf Grund seiner Erfahrungen ein Buch mit dem Titel „Die Toten leben"; der Verlag versandte vor der Auslieferung einen Prospekt. „Wenige Tage später konnte man in einigen zwanzig Zeitungen spaltenlange Aufsätze über das Buch lesen. Die Kritik war vernichtend. Alle meine Angaben seien unwahr, und die berichteten Geschehnisse seien nur auf Taschenspielerei und Betrug zurückzuführen." – Keiner dieser Kritiker konnte Einsicht genommen haben in das Buch, – eine sattsam bekannte Erscheinung aus dem Gebiet des wissenschaftlichen Rezensierens, die schon Georg Chr. Lichtenberg ehedem glossiert hat. Die Psychologie einer solchen unethischen Verfahrensweise ist nicht leicht zu durchschauen, zumal wenn man bedenkt; daß in diesem Falle die verleumderischen Besprechungen, wie Ohlhaver feststellte, „von besoldeten Vertretern der Kirche stammten." Auf jeden Fall lehren dieser Fall und zahllose andere Fälle, auch auf anderen Gebieten, daß die angeblich rationale Wissenschaft über irrationalen Böden schwebt.

Zur Einleitung in die Totenthematik der Sage sei wenigstens ein Zeugnis beigebracht, das von einer weithin bekannten Persönlichkeit unserer Tage stammt.[27] Die Frau hatte damals einer wichtigen Aufgabe gedient, nämlich ein öffentliches Seminar zu halten über Leben und Sterben. Diese Arbeit hatte sich allgemach verwandelt „in eine berühmte Vorstellung" von immer gleichem Takt; damit war das Werk für die Frau unbefriedigend geworden, und sie wollte es aufgeben. Ihrem Mitarbeiter, einem Pfarrer, will sie auf dem Gang zu seinem Aufzug ihren Entschluß mitteilen. Aber in dem Augenblick, da sie den Schwerhörigen schon am Kragen gepackt hält, um ihre Mitteilung loszuwerden, sieht sie eine Frau dort stehen, die sie unwillkürlich anstarren

---

26 Hinrich Ohlhaver, „Die Toten sind nicht tot", Melsbach / Neuwied 1987, S. 137f.
27 Elisabeth Kübler-Ross, „Über den Tod und das Leben danach", Neuwied 1993, S. 38–43, vgl. S. 33, 50–55.

muß, und deren Erscheinung, halbdurchsichtig, ihr Vorhaben vereitelt. Jene bittet um ein Gespräch im Arbeitszimmer der Erzählerin, geht voraus, läßt sich auch anfassen, öffnet die Tür, als wäre sie die Einladende, und nennt als Zweck ihrer Anwesenheit, ihrer „Rückkehr", den Dank für frühere Hilfe, vor allem aber den ernstlichen Ratschlag, jenes Seminar, wenigstens vorläufig, noch nicht aufzugeben. Inzwischen ist der Erzählerin klargeworden, wer jene Frau einmal war, daß sie schon vor zehn Monaten bestattet worden ist, und sie faßt den wissenschaftlichen Entschluß, die Tote ihr Dasein in einem kurzen Brief, angeblich an einen gemeinsamen Freund, bezeugen zu lassen. Die Tote zeigt durch ihr Lächeln an, daß sie den Hintersinn des Wunsches durchschaut, schreibt den Gruß und verschwindet, sobald die Berichterstatterin das Versprechen gegeben hat, ihre bisherige Arbeit weiterzuführen. Jener Brief ist, in Glas gerahmt, vorhanden. Die Frau, die diese Totenbegegnung erlebt hat, ist die Ärztin Elisabeth Kübler-Ross.

Der Glaube an das Fortleben der Toten und die Möglichkeit ihrer Wiederkehr war seit alten Zeiten fest begründet in vielerlei Bräuchen, unter anderen in dem der Totengastung, die sich trotz des kirchlichen Widerstandes an vielen Orten bis in unsere Tage erhalten hat.[28] So wundert sich der frühmittelalterliche Prediger, wieso heutzutage – hodie – noch der verderbliche Irrtum wuchern könne, an den Grabhügeln der Verstorbenen Speise und Getränke darzubringen, als ob die aus den Körpern entwichenen Seelen fleischlicher Speisen bedürften: ein dem Anschein nach spätzeitlicher Rationalismus – und doch schon über tausend Jahre alt.

Durch die Jahrhunderte ziehen sich die Zeugnisse, tadelnde von geistlicher Seite, für die Speiseopfer, die man den Toten in heiligen Nächten darbrachte – oder auch anderen Wesen, wie der Perchta oder der Abundia, – wobei es sich zum Teil auch um Bittopfer handelte – um die Fülle der nächstjährigen Ernte. Bei den Rationalisten ist diese tauschhändlerische Begründung für das Opfer sehr beliebt, da sie für den Liebessinn der Darbringung kein Organ besitzen. Anders erscheint derlei in den Volksüberlieferungen. So heißt es in Unterkärnten, „die Totem freuten sich auf diesen Abend, an dem sie den Gräbern entsteigen und sich an den von ihren Angehörigen mit weißem Linnen gedeckten Tisch setzen dürfen. Auf den Tisch wird ein Holzkreuz, ein angeschnittener Laib Klatzen- oder Roggenbrot und ein geschärftes Messer

---

[28] „Handwörterbuch des deutschen Aberglaubens", Berlin 1987, Band 9, Nachträge, Sp. 496ff. Wilhelm Boudriot, „Die altgermanische Religion ...", Bonn 1964, S. 75. Lily Weiser, „Jul", Stuttgart 1923, S. 43–50.

gelegt. Auch Getränke (Glantal), Weihwasser und Räucherpfanne (Rosental) finden sich neben dem Kreuz. Oft brennt die ganze Nacht hindurch ein Nachtlichtchen dabei. … Im Rosental werden vor Weihnachten drei Laib Brot, auf deren Oberseite ein großes Kreuz eingeschnitten ist, gebacken. Jeden der drei heiligen Abende liegt einer auf dem Tisch, auch Weihwasser, etwas Weihrauch und Getreide, hie und da ein Krug Wein. … Man glaubt, daß bei Nacht die Toten kämen und sich an Speise und Trank labten." Oder etwa in Skandinavien: „Wenn man nach dem Bade das Badhaus verläßt, legt man noch Holz in den Herd, denn nach den Lebenden kommen die Toten zum Baden. Die Hausleute schlafen auf dem Fußboden im Julstroh und richten die Betten für die heimgegangenen Verwandten her, die in der Julnacht ihr altes Heim besuchen. … Essen und Trinken bleibt die ganze Julnacht auf dem Tisch stehen, damit die Seelen ihren Hunger stillen können, und das Feuer brennt die ganze Nacht, damit sie sich wärmen können.[29]

Bohnenopfer an die Toten waren sehr verbreitet. Von einigen Gemeinden zwischen Brenta und Drau wurde berichtet, daß sich dort bis zur Regierung Josephs II. Gebräuche und Sitten erhalten haben, die in anderen Tälern fehlen, die ihnen ansonsten „in der Liebe zum Aberglauben nichts nachgeben" – so Ignaz von Zingerle 1871! Der Brauch: „Am Allerseelentage … stellten sie gekochte Bohnen in hölzernen Töpfen auf das Grab der verwandten oder geliebten Todten, ließen sie mehrere Stunden darauf stehen und vertheilten sie dann unter der ernstlichen Äußerung, daß die Todten nichts davon hätten genießen wollen, unter die Armen."[30]

Haben sich gemäß diesen Überlieferungen häusliche und dörfliche Totenkulte trotz rationalistischem und kirchlichem Widerstand hier und da halten können, so gab es doch allgemeine Einwirkungen der Kirche, die in die Lebensbereiche der Toten selber eingriffen, wo ihr Erscheinen kaum von Bräuchen der Lebenden gestützt werden konnte. Es gibt bis in dies Jahrhundert hinein Erlebnisberichte von den Umzügen der Toten, die landschaftlich verschiedene Namen tragen: Wildes Heer, Totenvolk, sälige Lüt und andere. – Hier hat die Kirche ähnlich so eingewirkt, wie es die Frau aus Bath darstellt. Im Eggental ging in alten Zeiten das Wilde Gejaid mit viel Lärmen um. Die Leute stellten dafür eine große Schüssel mit Milch bereit – zum Ausschlappen für die Hunde des Wilden Jägers. Wer dies Opfer verweigerte, dem kam

---

[29]   Georg Graber, „Volksleben in Kärnten", Graz 1949, S. 165f.. Lily Weiser, „Jul", Stuttgart 1923, S. 15.
[30]   Ignaz von Zingerle, „Sitten, Bräuche und Meinungen des Tiroler Volkes²", Innsbruck 1871, S. 226.

Unheil übers Haus; freundlich war der Jäger den Gebenden. „So hauste der wilde Mann viele hundert Jahre im Tal, bis der hl. Vater den großen Ablaß gab. Seitdem hat der wilde Mann nicht mehr ‚gemahrt‘.“[31]

Eine seltsame Notiz aus dem nordöstlichen Tirol besagt, es gäbe dort „in neuester Zeit … keine Gespenster mehr, die zu schlimm schaden könnten, denn die Franziskaner von Schwaz haben dieselben in die Höhlen des Kaisergebirges verbannt. Aber dort sieht man sie als Lichter hin und her gehen.“[32]

In Schlesien fragen sich die Erzähler, wo denn all der Spuk geblieben sei. „Man müßte doch meinen, daß es sich viel häufiger in den Dörfern, im Hause selbst zeigen sollte … Theodor Kurtz aus Märzdorf glaubte, daß ein Papst, wahrscheinlich Pius IX. oder Gregor XVI., alle Geister auf hundert Jahre gebannt habe. Von solchen Verbannungen wird viel erzählt. Natürlich kam jeder Menschenschinder, den's nicht im Grabe litt, jeder Schwarzkünstler nach seinem Tode wieder, trieb Unfug und mußte fortgeschafft werden.“[33]

Dazu die Anschauung einer schlichten Lothringerin aus den dreißiger Jahren: „Eine Frau von Speckbronnen hat mir immer erzählt von der Prozession, wo als nachts geht, von der alten Heidenkirche, um den Kopf (Berg) herum, im Tal hinunter bis zur Palesmühl an die Kapelle. Sie geht aber nur an Bußtagen und immer nachts um zwölf, ein Uhr, eine Prozession mit Meßdienern und Kreuz und Leuten hinten nach. Man hat sie immer so gut gesehen, wenn der Mond geschienen hat. Aber seit Pius IX. soll sie niemand mehr gesehen haben. Pius IX. hat gut gemacht und auch schlecht gemacht. Ein Mancher würde heut zu Tag mehr glauben, und die Welt wäre nicht so schlecht, wenn man alles noch so sehen würde wie früher. … Wir leben so mit den alten Toten: Wir sehen sie nicht, aber wir spüren doch, daß sie da sind.“[34]

Wenn die Perchta mit ihren Heimchen sich über die „Saale“ setzen läßt, wenn die Unterirdischen sich in Lübeck einen Fährmann mieten, daß er sie übers große Wasser bringt[35], wenn die Querge vom Alten Fritz übers schwarze Meer verwiesen werden, dann weiß kein Mensch, wie eine Schleswig-Holsteiner Sage es ausspricht, wo sie abgeblieben sind. Doch gesetzt den

---

[31] Ignaz Vinzenz Zingerle, „Sagen aus Tirol. Ausgewählt von Leander Petzoldt“, Graz 1976, Nr. 58.
[32] Ignaz von Zingerle, „Sitten, Bräuche und Meinungen des Tiroler Volkes²“, Innsbruck 1871, S. 57.
[33] Will-Erich Peuckert „Schlesische Sagen“, München 1989, S.178.
[34] Angelika Merkelbach-Pinck, „Lothringer erzählen. Band 2 Sagen“, Saarbrücken 1936, Nr. 133.
[35] Karl Müllenhoff, „Sagen, Märchen und Lieder der Herzogtümer … Neue Ausgabe von Otto Mensing“, Schleswig 1921, Nr. 445,2. Gustav Fr. Meyer, „Schleswig-Holsteiner Sagen“, Jena 1929 / 1968, S. 42.

Fall, daß diese zahllosen Auszugsgeschichten nicht völlig leer sind, sondern einen verständlichen Sinn enthalten, der in den Landschaftsverwüstungen nur allzu deutlich eine einsehbare Bedeutung zeigt, – wo sind dann jene Wesen, wenn wir die symbolische Aussage der Überlieferungen weiter verfolgen, wo sind sie geblieben? – Die Sage denkt kaum daran, die Antwort in der entgegengesetzten Richtung zu suchen: in der inneren Beschaffenheit der erlebenden Menschen. Die Innerlichkeit der Welt, die in vielerlei Erscheinungen sich merken läßt, ist ja verwoben mit der Innerlichkeit der aufmerkenden Menschen, in einer Substanz, dürften wir vielleicht sagen, – und wenn auf der Seite der Erlebenden Wandlungen eintreten, dann wandelt sich auch, was dort, im vermeintlich nur Äußeren, aufscheinen könnte. Die Baumnymphe ist kein wahrnehmbarer Baum, der Wassermann kein wahrnehmbarer Wellenschlag, der Erdgeist kein wahrnehmbarer Lehmklumpen, und wo das Aufmerken nur auf Hölzernes, Wäßriges, Schaufelbares gerichtet ist, wird das nur Schaubare nicht mehr gesichtet. Damit wäre allerdings zugleich gesagt, daß für eine auf Wesen gerichtete Aufmerksamkeit die Entschwundenen doch immer noch sichtbar werden können.

Trotz der Verwüstungen, trotz der Abwanderungen übers „schwarze Meer" vermöchten immer noch einzelne Menschen auf Grund ihrer besonderen inneren Verfassung die Wesen zu schauen. Aus einer theosophischen Veröffentlichung entnehmen wir ein Beispiel dafür, erlebt im August 1922 im Lake District in England. Da sieht jemand über den Fluß hinweg eine Schar Feen auf einer kleinen Fläche spielen und tanzen. Ihre Leiber sind die von Frauen, und sie tanzen Hand in Hand im Kreise. Ihre Bekleidung ist zur Hauptsache blau; ihre Flügel haben die Gestalt eines Ovals und schwirren ununterbrochen. Einige von ihnen tragen einen losen Gürtel, an dem ein Instrument hängt wie ein Horn. … Ihre Größe beträgt vielleicht 15 cm. Ihr Haar, durchweg braun, zeigt alle Schattierungen von der hellsten bis zu recht dunkler Tönung. Die Farbe der Feengestalt selbst ist ein sehr blasses Rosa, und davon abgesetzt haben sie fast alle eine blaßblaue Aura und blaßblaue Flügel. Was sie aufführen, ähnelt einem ländlichen Tanze.[36]

Von diesem Zeugnis aus unserem Jahrhundert wenden wir uns einem älteren und weit bedeutenderen zu, dem eines Sehers von großer bildnerischer Begabung, der überdies umfangreiche Texte hinterlassen hat, die sich mit der „Theorie" des Visionären befassen. Er ist also nicht nur ein Seher und

---

[36] Geoffrey Hodson, „Fairies at Work and at Play", London 1976, S. 80.

Künstler gewesen, sondern er hat auch einen hochwichtigen Beitrag geliefert zur Philosophie der Wahrnehmung. Nur – als Bildner und Dichter hat er zwar längst höchste Anerkennung gefunden, aber in der Geschichte der Philosophie wird man wohl auch heute noch vergebens nach ihm suchen, – denn was hätte eine Philosophie, die sich vor allem als Wahrnehmungs- und Bewußtseinslehre auffaßt, mit dem Visionären zu tun! Der Mann, von dem hier die Rede sein soll, war William Blake. Er hat von 1757 bis 1827 gelebt, zumeist in London, und hat schon während seiner Lebenszeit in Deutschland Beachtung gefunden. In den „Zeitbildern" der „Zeitung der Freien Stadt Frankfurt" erschien ein Beitrag über Blake, und in Hamburg war es Friedrich Perthes, der 1811 in seinem „Vaterländischen Museum" einen Aufsatz über ihn gedruckt hat.[37] Er war verfaßt von dem Anwalt und Literaten Crabb Robinson, und er betont am Ende überraschenderweise den Anteil, „den alle Menschen, und die deutsche Nation gewiß in noch höherem Grade als selbst die englische, an der Betrachtung eines solchen Charakters nehmen müssen." – Dazu mag man die Worte eines deutschen Malers der Zeit namens Götzenberger stellen, der nach einer Englandreise erklärte, er habe in England viele Männer von Talent kennengelernt, doch nur drei Männer von Genius: Coleridge, Flaxman und Blake, und von diesen sei Blake der größte gewesen.[38]

Auf die Veröffentlichungen aus diesen Jahren gehen in der Folgezeit die Nennungen Blakes zurück, die sich in den Auseinandersetzungen über die Rolle visionärer Gesichte und deren Wirklichkeit finden, so in Horsts „Deuteroskopie" und Gerbers „Nachtgebiet".[39] Wir können hier der Gesamtleistung dieses Mannes nicht gerecht werden, sondern im Zusammenhang unserer Thematik nur einen allzu knappen Hinweis geben auf sein Schauen und Denken. Zunächst seien die von ihm bekannten Visionen angeführt. Als William Blake erst vier Jahre alt war, geschah es an einem Sommermorgen, daß Gott ihm den Kopf zum Fenster richtete, so daß er aufschrie; denn da sah er zwischen den Grasmähern Engel wandeln. Und er war etwa acht Jahre alt, als er an einem Wege einen Baum von Engeln erfüllt sah, leuchtende Engelschwingen flimmerten auf allen Zweigen wie Sterne. Als er zu Haus davon erzählte,

---

[37] „William Blake", Ausstellungskatalog, München – Hamburg 1975. Der Beitrag von Grabb Robinson S. 75–85.
[38] Mona Wilson, „The Life of William Blake", London 1948. S. 313.
[39] Georg Konrad Horst, „Deuteroskopie ...", Frankfurt a.M. 1830. Nikolaus Gerber, „Das Nachtgebiet der Natur", Augsburg 1844.

hielt sein Vater das für eine Lüge, und nur durch das Dazwischentreten der Mutter entging er einer Tracht Prügel.[40]

„Haben Sie jemals ein Feen-Begräbnis gesehen meine Dame?" fragte Blake viele Jahre später in einer größeren Gesellschaft die neben ihm Sitzende, und auf die verneinende Antwort erwiderte er, daß ihm ein solches Erlebnis auch erst am letzten Abend zuteil geworden sei. „Ich ging allein in meinem Garten spazieren, es war eine große Stille unter den Zweigen und Blüten und eine ungewöhnliche Süße der Luft. Ich hörte leise und angenehme Töne, wußte aber nicht, woher sie kamen. Schließlich sah ich, wie sich das breite Blatt einer Blume bewegte, und darunter erblickte ich einen Aufzug von Geschöpfen in der Größe und Farbe von grünen und grauen Grashüpfern. Sie trugen eine Leiche, die aufgebahrt war auf einem Rosenblatt, begruben sie unter Gesang und verschwanden dann. Es war ein Feenbegräbnis."[41]

Über das Wirklichkeitsgewicht dieser Visionen brauchen wir hier nichts zu entscheiden. Nikolaus Gerber hat in seinem Buche zur Sache angesichts dieser Geschichte geschlossen, daß Blake periodische Wahnsinnsanfälle gehabt habe, – eine angesichts der Lebensgeschichte des Mannes, wie sie uns heute bekannt ist, völlig irrige Annahme. Sie ist aber bezeichnend für die Verkennung des seherischen Elementes sogar durch einen so verständnisvollen Sachkenner, wie Gerber es ohne Zweifel war. Allerdings war auf diesem Gebiet William Blake eine so einzigartige Erscheinung, daß er überhaupt durch einen Vergleich nicht aufzuschließen ist, sondern allein aus ihm selbst ist er umfassend zu verstehen.

Einer von Blakes Deutern in diesem Jahrhundert spricht daher etwas ganz Entgegengesetztes aus: „Was Blake uns vor Augen führt, ist die geistige Gesundheit des Genius und die Tollheit des gemeinen Verstandes, und dergestalt hat er etwas sehr Treffendes zum 20. Jahrhundert zu sagen – über dessen Interesse an den Kunstwerken der Neurose und der Politik der Paranoia."[42]

Von den Gesichten, die Blake hatte, seien hier noch erwähnt die Erscheinungen von Gestalten der religiösen und der politischen Geschichte, mit denen er als Porträtmaler regelrechte Sitzungen hatte.[43] Wie real diese Tätigkeit war, geht aus den Schilderungen von Zeugen hervor, die den Maler erlebt

---

[40] Mona Wilson, „The Life of William Blake", London 1948. S. 2f.
[41] Mona Wilson, „The Life of William Blake", London 1948. S. 159. Nikolaus Gerber, „Das Nachtgebiet der Natur", Augsburg 1844, S. 294ff.
[42] Northrop Frye, „Fearful Symmetry. A Study of William Blake", Princeton 1974, S. 13.
[43] Mona Wilson, „The Life of William Blake", London 1948. S. 270f.

haben mit dem Pinsel in der Hand und dem Blick hin- und herwechselnd zwischen der Erscheinung und dem Malgrund. Besonders bezeichnend könnte eine Szene sein, bei der Blake ein Porträt des schottischen Freiheitshelden William Wallace nicht vollenden konnte, weil sich eine andere Figur vordrängte und er diese porträtieren mußte. Es war der englische König Edward I., der Gegner des Schotten. Aber nach dessen Verschwinden bietet sich Wallace erneut seinem Pinsel dar. Es ist nicht schwierig, dergleichen Erlebnisse psychologisch zu reduzieren; für die Kunde vom Wesen des Seherischen wäre damit nichts zu gewinnen.

Blake war Zeichner, Maler und Kupferstecher, entwickelte aber dazu ein eigenes Verfahren der Zinkätzung. Diese Technik gab ihm die Möglichkeit, seine dichterischen Werke auch selbst zu vervielfältigen. Oft ist auf diesen Platten Text und Bild vereint, Kostbarkeiten, die bei den Hauptwerken meist nur in wenigen Exemplaren existieren. Er hat Gedichte geschaffen, eine Reihe kürzerer und drei umfangreiche seherische, „prophetische" Epen. Diese letzteren handeln von der inneren Geschichte der Welt und, untrennbar mit ihr verknüpft, philosophisch genug, von der Entwicklung der menschlichen Seele. Für eine solche Thematik muß der Seher um 1800, da er ja seine geschichtliche Situation, die gegenwärtige menschliche Problematik, durchschaut und verlautbaren will, eine eigene Sprache erfinden, eigene Bilder, Gestalten, Namen, eigene Mythen. Das Material stammt zum Teil aus der Bibel, aus Milton, Paracelsus, Böhme, Swedenborg, aus der Geschichte und Sagen seines Landes; doch die Dominante ist dabei stets der produktive Genius Blakes, seine Bewertung, seine Schau des Überlieferten, seine beziehungsreiche Verleihung von Namen.

Auf diese Weise ist Blake zu einem der schwierigsten Denker der Neuzeit geworden. Seiner Anerkennung stand indes auch noch anderes im Wege. Er war ja ein höchst kritischer Urteiler, der vielen der herkömmlich hochangesehenen Vorbilder der Geistesgeschichte in seinem Weltbild die ihnen anderwärts errichteten Throne verweigert hat, so vor allem den Begründern des rationalistisch-naturwissenschaftlichen Weltbildes wie Bacon, Hobbes, Locke und Newton. Wie sehr aus diesen beiden Gründen der seherische Mensch Blake auch von einem bedeutenden Dichter verkannt werden konnte, geht aus den folgenden Sätzen von T. S. Eliot hervor, die hier als Beispiel für die weitgehende Ausgeschlossenheit des Seherischen und damit der Gesichte in dieser Zeit folgen mögen:[44] „Wessen sein Genius bedurft hätte und was ihm betrüblicherweise fehlte, war ein Gerüst von allgemein anerkannten und überlieferten Ideen, die ihn daran gehindert hätten, sich in einer ihm ganz eigenen Philosophie zu ergehen, und die seine Aufmerksamkeit stattdessen auf die Probleme des Dichters gerichtet hätten. Verwirrung des Gedanklichen, Gefühlserregung und seherische Bilder finden wir in einem Werk wie Also sprach Zarathustra, – derlei ist ganz entschieden nicht eine der klassischen Tugenden. Die Konzentration, die herrührt aus einem Gerüst von Mythologie und Theologie und Philosophie ist einer der Gründe dafür, daß Dante ein Klassiker ist und Blake (aus Mangel daran) nur ein dichterisches Genie."

Nicht etwa, daß Blake solche Auswege übersehen hätte, – er kannte sie und wußte, daß er auf ihnen nur verlieren konnte: „Ich muß ein System erschaffen oder geknechtet werden von dem eines anderen. Ich will nicht vernünfteln und vergleichen: mein Geschäft ist zu erschaffen." – Oder dies: „Was wahrhaft groß ist, bleibt notwendigerweise dunkel für den Schwächling. Was dem Idioten erklärt werden kann, ist meiner Anstrengung nicht wert." – Und seine Abwehr in harten Worten: „Der blödsinnige Jongleur von Begriffen lacht über den Mann von kraftvoller Phantasie, und vom Gelächter schreitet er, vermittelst herabwürdigender Afterreden, zum Morde fort."[45] – In der Tat, so ist die rational beschränkte Kritik beschaffen.

Blakes eigenes Gedankengut in wenigen Sätzen zu kennzeichnen ist unmöglich, da der Kern dort immer in Bildern besteht. Indessen sei mit der Imagination begonnen,[46] ehedem im rationalistischen englischen Denken des 18. Jahrhunderts unsachliche, unwirkliche Einbildung. Dagegen ist sie bei Blake die eigentliche, die umfassende Wirklichkeit: „Alle Tiere, die Pflanzenwelt, Erde und Himmel sind umfangen von der allerleuchtenden Imagination." Ihr Feind ist die abstrakte Philosophie, das Gespenst des Vernünftelns. Gespenst, spectre, ist einer der zentralen Begriffe der seherischen Philosophie Blakes; spectre ist die Verstandeskraft im gespaltenen menschlichen Wesen. Die andere abgespaltene Seite nennt Blake Emanation. Diese Seite unseres Wesens bedeutet nicht etwa gegenüber dem Spectre bewahrte Gesundheit, sondern ist nur die andere Hälfte der gespaltenen Person, ein weiblicher eifersüchtiger Gegensatz zu dem selbstisch herrschsüchtigen Spectre. Ihre

---

[44]   T.S. Eliot, „Selected Essays", New York 1950. S. 279f.
[45]   „Poetry and Prose of William Blake. Edited by Geoffrey Keynes", London 1956, S. 442, 834, 418.
[46]   Siehe dazu auch die Stichwörter bei S. Foster Damon, „A Blake Dictionary. The Ideas and Symbols of William Blake", London 1965.

Wiedervereinigung erst vollendet das menschliche Wesen. Für sich ist das Spectre nicht einmal imstande, mit einem anderen Menschen sich freundschaftlich zusammenzuschließen; seine Mitte verharrt, unfähig zur Hingabe, ohne Einsicht, in beständiger Ichbesessenheit, – aber immer umgetrieben von der Begierde nach der verlorenen Emanation, die ihn zur Gänze zurückzuführen vermöchte.

Für diesen Zustand verwendet Blake das Bild einer stählernen Kapsel.[47] „Das Spectre ist die Verstandeskraft im Menschen, wenn sie sich von der Imagination (also der bildnerischen Phantasie) getrennt hat und sich wie in Stahl abkapselt in einer Zusammenfassung der nur vom Gedächtnis (memory) bewahrten Dinge. (Das heißt Spectre verliert den Zusammenhang mit der je und je geschehenden Wirklichkeit). Von dorther (also aus jener Stahlkapsel oder dem System festgestellter Dinge) konstruiert es Gesetze und Moralvorschriften – mit dem Zweck, durch willkürliche Selbstpeinigungen und Kriege die Imagination, den göttlichen Leib zu zerstören." Die Imagination, der bildnerische, eingeleibte Gott, ist gerade nicht der gesetzgeberische Gott des Alten Testamentes, nicht der Richter, der Sünde und Kriege erst eigentlich ins Dasein ruft; zu ihm steht der Christus der Sündenvergebung im entschiedensten Gegensatz. In der ursprünglichen Mythenwelt Blakes ist jener Widergott unter dem Namen Urizen das Urwesen, das in der unendlich lebendigen Welt die Teilungen und Spaltungen erst setzt oder diese durch willkürliche Hervorbringungen als deren Gegensätze entspringen läßt.

Vision ist also etwas Allerfassendes und unterscheidet sich dadurch gründlich von der vernunftgelenkten, dingbezogenen Wahrnehmung, die heute als das allein Verläßliche gilt. Eine der Kernbekundungen Blakes lautet folgendermaßen:[48]

„Now I a fourfold vision see,
And a fourfold vision is given to me;
'Tis fourfold in my supreme delight
And threefold in soft Beulah's night
And twofold Always. May God us keep
From Single vision and Newton's sleep!"
„Nun seh ich ein vierfältiges Gebild
und eine vierfältige Schau ward mir verliehn;

---

[47] „Poetry and Prose of William Blake. Edited by Geoffrey Keynes", London 1956, S. 533.
[48] Ebenda, S. 861 f.

vierfach in meiner höchsten Wonne
und dreifältig in der Nacht der sanften Beulah
und zweifältig allewege. Behüt' uns Gott
vor einförmiger Sicht und Newtons Schlaf!

Dies in umgekehrter Reihenfolge gedeutet, lautet: einförmig ist die pure Dingwahrnehmung; sie führt in die irrenden Vorstellungen der newtonschen Wissenschaft, die hier Schlaf genannt wird, weil sie von der Wirklichkeit gar nichts mehr aufnimmt. Die zweifältige Sicht nimmt die Dinge in ihrem Zusammenhang wahr; sie steht einem Menschen wie Blake von Natur aus immerwährend zur Verfügung. Unter der dreifältigen Sicht ist jene inspirierte allverbundene Schau zu verstehen, die uns vor allem durch die Liebe und unter der Zeugung eigen ist. Vierfältig ist schließlich die Schau, die eigentlich seherische, durch die jedes Einzelne als ein Gebilde der Ewigkeit erscheint.

Wenden wir diese Vorstellung vom vierstufigen Schauen auf die oben mitgeteilte Vision des Feenbegräbnisses an, also auf das Erlebnis, das Nikolaus Gerber als ein Anzeichen zeitweiligen Wahnsinns betrachtete. Die Dingwahrnehmung enthielte dann nichts als das chlorophyll- und blütenstaubbeherrschte Dasein mit der Hinneigung zum Welken am heißen Sommertage. Die Vision aber erblickt ein Zusammenwirken der lebenden Pflanzenwesen mit dem hinsterbenden Einen unter ihnen – in dem Sinn: so tief im Sommer ist schon herbstesnah – und dennoch beides in der Fürsorge der Feen verbunden zum Bilde des alles durchwaltenden ewigen Lebens.

Es läge nahe, im Sinne Blakes die Formal zu prägen: das Spectre ist der Widersacher der Imagination, und wir hätten uns damit der Philosophie eines Deutschen angenähert, der knapp ein halbes Jahrhundert nach Blakes Tode geboren wurde, Ludwig Klages. Sein Hauptwerk trägt die Aufschrift: „Der Geist als Widersacher der Seele". Der Geist ist in dieser Formulierung das willensgelenkte Vermögen der Begriffe, die Seele das Organ der Bilder. Die erlebte Wirklichkeit ist nicht die Realität der vom Gedächtnis (memory) festgehaltenen Dinge, sondern das Weben sich ständig wandelnder Bilder.

Klages wurde 1872 in Hannover geboren. Aus seinen Jugenderlebnissen sind sowohl die Visionen hervorzuheben wie auch das andere Erlebnis des nicht in der Ratio gefesselten Menschen: die Fahrten der Seele. Erschreckend zukunftsbezogen ist zumal ein Gedicht über Karthagos Fall:[49] eine

---

[49] Ludwig Klages, „Rhythmen und Runen. Nachlaß", Leipzig 1944, S. 194f.

Mitternachtsvision vom Untergang einer großen Stadt, vom Feuersturm, von zusammenbrechendem Mauerwerk, von hingeschleudert verstümmelten Menschenleibern. Daß der Achtzehnjährige damit nicht eine „historische Dichtung" zu verfassen glaubte, geht aus den Worten des Prologes hervor:

„Soll dieser blutberauschte Totenreigen
Mir eine nahe Zukunft zeigen?
Was heißt es sonst, daß die Musik der Nacht
In meiner Brust ein Schauderbild entfacht,
Als daß der Geist der Welt sich nicht belügt
Und uns in ahnungsvoller Dunkelheit
Ein schauerndes Bewußtsein beut
Von dem, wie er durch uns Geschicke fügt!

Ein tiefbedeutsam Panorama soll
Vor den erstaunten Blicken sich entfalten,
Von Graun und Ekel übervoll,
Und doch kein Trugbild! Die Gestalten
Sind *unter uns*! Daß wir sie *wirken* sehn,
Das mög', bei allen Göttern, nie geschehn!"

Die andere Art schauenden Erlebens, schon in der Knabenzeit, ist die Seelenfahrt. Klages hat sie in einem Brief geschildert.[50] Wenn er ganz mit sich allein gewesen sei, dann sei das Körperkleid seiner Magierseele zerrissen, auf seinen Wink seien die Winde gewichen, „sie weichen *wirklich*, und auf pfeifendem Rade, von imaginären Drähten getragen, saust er über die keuchende Welt. Oder er hebt sich fliegend mit Windeseile über Türme und rauchende Schlote, über stampfende Maschinen und den roten Knäuel der großen Städte. Und dies alles ist nicht mehr fremd und außer ihm; er selbst – ein Dämon – leiht ihm die Glut, die es umtreibt, und sein Anhauch zerbläst es, wie ein Windstoß Wolken auseinanderbläst."

Diese Erlebnisse mögen mehrdeutig sein. Sicher ein außerkörperliches Geschehnis, eine Seelenfahrt war es, was ihm wiederholt, wohl sechsmal in seiner Kindheit begegnet ist.[51] Da befand er sich, etwa eine Stunde nachdem

---

[50] Ludwig Klages, „Rhythmen und Runen. Nachlaß", Leipzig 1944, S. 516.
[51] Hans Eggert Schröder, „Ludwig Klages. Die Geschichte seines Lebens. 1. Teil. Die Jugend", Bonn 1966, S. 67.

er im eigenen Zimmer eingeschlafen war, wachend in einem anderen Raum, jenseits der Stube, in der sein Vater noch bei Licht arbeitet. Um ihn ist gleichmäßig lilafarbenes Licht, das ihn jede der ihm bekannten Einzelheiten erkennen läßt, so genau, wie er als Wachender sie sich nicht vorzustellen vermöchte. Das Erlebnis dauerte jedesmal nur wenige Sekunden, und er fand sich danach, erwacht, aufgerichtet, mit Herzklopfen in seinem Bett. Entscheidend, daß sein scharf überlegendes Bewußtsein stets mit ihm in dem anderen Zimmer war.

Eine schlimme Vision des Zweiundvierzigjährigen entsprach jenem Schauderbild vom Untergang Karthagos, aber nun im Vollzuge der entsprechenden Wirklichkeit.[52] Den Auszug deutscher Truppen, blumengeschmückt, festlich, dem Augenschein entsprechend unwiderstehlich, erlebte Klages 1914 in München, mit Freunden auf einem Balkon stehend. „Auch ihn packte das mächtige Bild. – Jagende Wolken querten die Straße. Ein kurzer Blick seiner Augen streifte sie – schweigend und kaum bemerkt löste er sich aus dem Freundeskreis, aus der Menge der Zuschauer. Viel später, viele Jahre später erst hat er es bekannt: aus den jagenden Wolken sei ihm das Bild der Niederlage, des geschlagenen Heeres entgegengetreten. Von diesem Augenblick an *wußte* er, wie der Krieg ausging." – Klages wußte noch mehr, noch weiter hinaus, er wußte vom Untergang des Deutschen Reiches überhaupt. Dieses Wissen stand in Zusammenhang mit der Einsicht in die Tendenz des geschichtlichen Ablaufes überhaupt, des Absturzes in die Zerstörungen.[53] Schon das neunzehnte Jahrhundert hat, wie er sagt; „wie keines vordem den Majaschleier zerrissen. Mit unheiliger Neugier nahte es allem: dem Dunkel der Schluchten, der Metallferne des Meeres, dem ziehenden Gesang der Lüfte, dem erhabenen Grauen der Tempel und Dome. Seine Wirklichkeit, die man tasten und verschlingen muß, um sie zu haben, ist nur der Lügenschild des Zerstörungstriebes. Was mit einfältigem Hohn die Wissenschaft als Wahrheit dem Dunkel der Traumumhüllung entgegenhält, ist der zersägte Leichnam des Lebens. Nackt und vom vergossenen Blute kindlicher Völker rauchend steht die ‚Groß-Stadt' auf dem Scherbenberge der Vorzeit. Selbst die Bilder königlicher Heiden hat sie entweiht im kalten Grau ihrer Sammelstätten: ihr Glanz erlischt vor den seelenlosen Blicken der Nüchternheit. Der Baum des

---

52 Hans Eggert Schröder, „Ludwig Klages. Die Geschichte seines Lebens. 2. Teil. Das Werk. Erster Halbband", Bonn 1972, S. 607f.
53 Ludwig Klages, „Rhythmen und Runen. Nachlaß", Leipzig 1944, S. 272.

Lebens hat all sein goldenes Laub verloren, und im morschen Geäst wimmelt mit schreiender Hast das widrige Geschlecht der Affen."

Der zur Festschrift für die Feier der Jugend auf dem Hohen Meißner 1913 beigesteuerte Aufsatz „Mensch und Erde"[54] enthält schreckliche Tatsachen; sie laufen hinaus auf die Anklage, die im Munde eines Gesinnungsverwandten so lautet: „Die Verwüstungen des Dreißigjährigen Krieges haben nicht so gründlich in Stadt und Land mit dem Erbe der Vergangenheit aufgeräumt wie die Übergriffe des modernen Lebens mit seiner rücksichtslos einseitigen Verfolgung praktischer Zwecke." Oder Klages' eigenen Worten: „Eine Verwüstungsorgie ohnegleichen hat die Menschheit ergriffen, die ‚Zivilisation' trägt die Züge entfesselter Mordsucht, und die Fülle der Erde verdorrt vor ihrem giftigen Anhauch. So sehen die Früchte des Fortschritts aus!"

Auch der Seher William Blake sah diese Gefahren schon heraufdämmern. Er hat bereits die Anfänge von Maschine, Fabrik, Industrie in ihrer lebenbedrohenden Furchtbarkeit geschaut. Zum Erstaunen ist es, welch große Rolle in seinen Gesichten der Lärm der Maschine, die Arbeit, der Wirbel schwefliger Dünste spielen. Da Blake London nur einmal auf drei Jahre verlassen hat und während dieser Zeit in einem Dorf am Meere lebte, da er nie in die frühen englischen Industriegebiete des Nordens gekommen ist, da London zu seiner Zeit noch kaum Industrie hatte, so rechnet ihm ein Autor unserer Zeit nach, daß er nur drei Ziegelbrennereien und eine Getreidegroßmühle gekannt haben kann. Aber das Wesen, das sich da ausbreitete, wenn auch in räumlicher Entfernung, drang unvermeidlich auch auf den Londoner Seher ein und kam zu Wort in seiner Schau.[55]

„Und alles Lebenswerk in Albion verwandelten in Todeswerk sie.
Die Sanduhr nun geringgeachtet ob ihrer schlichten Machart,
war wie der Pflüger werkgerecht; das Wasserschöpfrad,
das Wasser in Zisternen hebt, zerschlugen sie, verbrannten es
im Feuer,
weil seine Wirkungsart war wie die Wirkungsart des Hirten;
an seiner Statt erdachten ein verwickelt Radwerk sie, Rad ohne
Rades Wesen, –

---

[54] Ludwig Klages, „Mensch und Erde. Elf Abhandlungen", Stuttgart 1973. S. 11, 8.
[55] „Poetry and Prose of William Blake. Edited by Geoffrey Keynes", London 1956, S. 517.

Jugend im Aufbruch zu verwirren, an Arbeit sie in Albion zu
fesseln,
in Tag- und Nachtschicht anzuschirren Ewigkeiten, daß sie
schleifen,
Eisen und Erz polieren Stund' um Stunde, mühselig Werk,
sie, unkundig der Verwendung, ihrer Weisheit Tag vergeudend
in leidiger Schufterei um einen magern Bissen Brotes, –
des Weltalls unkund, einen kleinen Teil nur sehend,
ihn Wissenschaft benennend, und verblendet gegen
jedwede schlichte Lebensweisheit –"

Ebenso nachdrücklich hat Goethe sich ausgesprochen:[56] „Das überhandneh-
mende Maschinenwesen quält und ängstigt mich; es wälzt sich heran wie ein
Gewitter, langsam, langsam; aber es hat seine Richtung genommen; es wird
kommen und treffen."

Für Blake, für Goethe kam es herauf, sie schauten die kommende Zerstörung; ein halbes Jahrhundert später war sie mit Macht in Brauch und Betrieb,
und heute läßt sich kaum noch aufzählen, was alles in der technokratischen
Brandschatzung schon untergegangen ist. Und eben nicht nur draußen; Jugend im Aufbruch steht verwirrt auf dem Trümmerfelde, die Ewigkeit, in
die sie hinausschauen sollte, steht angeschirrt so bei Tag wie bei Nacht. „Der
Gram zieht seine Furche durch das All."[57]

Anfang des Jahrhunderts hat Klages versucht, die untergegangene Welt
darzustellen in einer Metaphysik des Heidentums.[58] Er wollte damals nicht,
was er erst später, resignierend, leisten mußte, philosophisch die Mächte und
die Beweggründe der Zerstörung, ihre Psychologie und deren metaphysischen
Hintergrund entwickeln, sondern trachtete danach ein Bild der unzerstörten
Welt zu beschwören. Es sollte den Titel „Hestia" tragen, also im Namen der
Göttin des häuslichen Herdes verfaßt sein, als eine Stätte der Zuflucht und der
Erneuerung – fort von der rationalistischen und technokratischen Wahnwelt.
Es ging um die vollere Welt, „die überall mit ringendem Odem unter dem
Larvenleib des Tages brütet. Es wäre unmöglich, sie mit Worten zu *beschrei-
ben*: nur das von ihr durchtränkte Wort erweckt sie." Und hier beginnt nun die

---

56 Hans Eggert Schröder, „Ludwig Klages. Die Geschichte seines Lebens. 1. Teil. Die Jugend",
Bonn 1966, S. 160.
57 Ludwig Klages, „Rhythmen und Runen. Nachlaß", Leipzig 1944, S. 436.
58 Hans Eggert Schröder, „Ludwig Klages. Die Geschichte seines Lebens. 1. Teil. Die Jugend",
Bonn 1966, S. 343.

unermeßliche Schwierigkeit. Hier beginnt abermals der Versuch, den Wiliam Blake hundert Jahre früher unternommen und in einer schwierigen, von ihm erfundenen Bildersprache, die der Leser erst lernen muß, durchgeführt hat.

Denn das Wesen, das, was eigentlich zum Ausdruck zu bringen ist, lebt ja im Wort der Neuzeit nicht mehr. Die Entdeckung, die Klages aussprechen mußte, war diese: „daß die Dämonen als die wahre Essenz aller weltbildenden Kräfte von den Meteorilien an bis in den ursprünglichen Menschen hinein wirksam waren; daß aber die uns geläufige ‚Weltgeschichte' der Prozeß einer etwa fünftausendjährigen Entartung ist: geplant von akosmischen Transzendentalgewalten und fortgeleitet von einer immer rascher um sich greifenden Blutsvergiftung …"[59]

Wollte nun Klages jene Welt, wie sie ursprünglich war, im Wort erwecken, so stand er „vor bisher unerprobten Darstellungsschwierigkeiten" – nicht die Sprache Goethes, Jean Pauls, Hölderlins, auch Nietzsches nicht gibt ihm das notwendige Werkzeug.[60] „Ich bin in meinem Schaffen wie gelähmt … Obwohl ich genau weiß, was gesagt werden *soll*, finde ich Art und Tonfall nicht, es zu sagen … Zum ersten Mal *ahne* ich, daß es etwas geben kann, was die Kraft übersteigt." Es erwies sich, daß es so war. Der wortesmächtige Denker mußte vor dieser selbstgesetzten Aufgabe zurückweichen. Er veröffentlichte später ein 1500 Seiten starkes philosophisches Werk, das die Metaphysik der Weltzerstörung darlegt. Das weit weniger umfangreich geplante Werk, das ein Bild der unzerstörten Vorwelt geben sollte, blieb Torso, blieb im bedeutungsträchtigsten Teile ungeschrieben.

Es gibt dafür vielleicht noch einen anderen, wesentlicheren Grund als die Unerreichbarkeit des angemessenen sprachlichen Ausdrucks: daß in jenen Jahren die Wirklichkeit selber sich verwandelte, verkehrte. Äußerlich gesehen: hat es je ein so mörderisches Jahrhundert gegeben wie dieses? Lassen sich der Einbruch der Hunnen, die arabischen Eroberungszüge, der Ansturm der Mongolen, die Türkenkriege, die napoleonischen Kriege noch damit vergleichen? Oder gibt es in unserer Zeit eine Parallele zu dem, was aus der Gralssage angeführt wurde, vergleichbar der Entrückung des Grals, dem Auszug des inneren Lichtes – und in der Folge wiederum dem gegenseitigen Abschlachten der nächsten Verwandten?

---

[59] Ludwig Klages, „Rhythmen und Runen. Nachlaß", Leipzig 1944, S. 377.
[60] Hans Eggert Schröder, „Ludwig Klages. Die Geschichte seines Lebens. 1. Teil. Die Jugend", Bonn 1966, S. 342.

Nun, Klages hat wirklich etwas derartiges erlebt.[61] „… im Jahre 1905, und zwar im Mai, habe ich unter unbeschreiblichen Schauern gefühlt …, daß die Essenz dieses Sterns ihn *für immer verließ*, gleichsam entschwebend ins All. Seit dem Augenblick *wußte* ich: jetzt stehen die schrecklichsten Ereignisse bevor: Zerstörung wird auf Zerstörung folgen, und keine menschliche Macht wird dem Unheil Einhalt gebieten können. … den innern Anlaß meiner durch nichts mehr zu erschütternden Gewißheit verschwieg ich. Ungefähr ein Vierteljahr später hatte ich ein tiefsinniges Gespräch mit Schuler. Plötzlich fragte er mich, ob mir kundgeworden sei, was im Esoterischen vor einigen Monaten sich ereignet habe. Auf ein paar zögernde und tastende Rückfragen meinerseits ergab sich: er hatte *genau* dasselbe und im gleichen Monat ‚wahrgenommen' wie ich. Auch er sah nun das nicht mehr aufzuhaltende Unheil." Doch konnte er „nicht ohne jede Hoffnung leben. Mir hingegen erschien gerade das Hoffen als eines der menschlichen Grundübel. Als zum Beispiel der erste Weltkrieg mit außerordentlichen kriegerischen Erfolgen Deutschlands begann, beharrte ich darauf: Deutschland wird unterliegen und entweder sofort oder dann später untergehen; denn das gehörte aus Gründen, die ich übergehe, zu den Folgerungen des 1905 Erkannten. Schuler jedoch vertrat bis gegen Ende 1916 hartnäckig einen ‚partiellen Sieg' Deutschlands. …

Allein von alledem bleibt unberührt die *Gemeinsamkeit* jener, wenn man will, mystischen Schau, für die ja äußere Gründe nicht vorhanden waren. Deutschland stand 1905 auf der Höhe seiner Macht, ‚Handel und Wandel' blühten, die ‚Geschäfte' gingen großartig, der allgemeine Wohlstand war vergleichsweise überdurchschnittlich, Oktoberfest und Karneval hatten nie gesehene Dimensionen angenommen usw. Ich hätte das innere Ereignis, das ich in die Formel einer ‚Flucht der Götter' faßte, wohl lebenslänglich für mich behalten, wäre mir nicht durch jenes Gespräch mit Schuler eine mir selbst fast unglaublich erscheinende Bestätigung zuteil geworden."

Für Klages war das Entweichen der göttlichen Essenz ein tatsächliches Geschehen; er spricht von Wahrnehmung. Doch haben viel früher schon andere dergleichen *gefühlt*. Man mag an Schillers Dichtung „Die Götter Griechenlands" erinnern, die zu seiner Zeit von manchem als anstößig empfunden wurde. Dort hören wir, was auch die Sage ausspricht, eben die Klage um den

---

[61] Hans Eggert Schröder, „Ludwig Klages. Die Geschichte seines Lebens. 1. Teil. Die Jugend", Bonn 1966, S. 397f.

Verlust der Oreaden, der Dryaden, der Najaden, also der weiblichen Wesen der Berge, der Bäume, der Gewässer. Oft werden angeführt die Zeilen:

„Alle jene Blüten sind gefallen
Von des Nordes winterlichem Wehn
Einen zu bereichern, unter allen,
Mußte diese Götterwelt vergehn."

Die Ursachen der Entleerung sieht Schiller einesteils in der Seelenlosigkeit der neuen Naturwissenschaft, andererseits in der Bildlosigkeit der aufklärerischen Gottesvorstellung:

Nennt mein Gott „sich dem Verstande?
Birgt ihn etwa der Gewölke Zelt?
Mühsam späh' ich im Ideenlande,
Fruchtlos in der Sinnenwelt." –

Solche Kundgebungen haben keinen ausgesprochen historischen Charakter, wenn sie auch einer bestimmten Epoche entspringen. Sie reichen aber weit über eine dichterische Gefühlsäußerung hinaus, und es vermehrt ihr Gewicht, wenn ihnen andere, ähnliche Aussprüche zur Seite stehen. Verse von Sophie Mereau sind weniger weltbezogen, betreffen mehr die menschlichen, vielleicht täuschenden Bilder; doch sie ziehen dieselbe Folgerung wie die Sagen:[62]

„Verloren ist die Blüte der Gefühle,
Der Täuschung buntes Zauberland verblich,
Der Menschheit schönes Bild floh im Gewühle,
Und, ach, die Götter selbst entfernten sich."

Den in der Vision wahrgenommenen Essenzverlust der Erde empfand Klages als ein Vorzeichen der mörderischen Kriege dieses Jahrhunderts. Aber schon Eichendorff hat am Ende seines Buches „Ahnung und Gegenwart"[63] ein schauriges Gesicht von den bevorstehenden Verwüstungen ohne Maß in

---

[62] Sophie Mereau, aus Schillers „Horen", 10. Stück, Jg. 1797, hier zitiert nach Hans Eggert Schröder, „Ludwig Klages. Die Geschichte seines Lebens. 1. Teil. Die Jugend", Bonn 1966, S. 396.
[63] Drittes Buch, 24. Kapitel, Ende.

Worte gefaßt: „… alles weist wie mit blutigem Finger … auf ein großes, unvermeidliches Unglück bin. *Unsere* Jugend erfreut kein sorglos leichtes Spiel, … uns hat frühe der Ernst des Lebens gefaßt. Im Kampfe sind wir geboren, und im Kampfe werden wir, überwunden oder triumphierend, untergehn. Denn aus dem Zauberrauche unsrer Bildung wird sich ein Kriegsgespenst gestalten, geharnischt, mit bleichem Totengesicht und blutigen Haaren; wessen Auge in der Einsamkeit geübt, der sieht schon jetzt in den wunderbaren Verschlingungen des Dampfes die Lineamente dazu aufringen und sich leise formieren. Verloren ist, wen die Zeit unvorbereitet und unbewaffnet trifft, und wie mancher, der weich und aufgelegt zu Lust und fröhlichem Dichten, sich so gern mit der Welt vertrüge, wird, wie Prinz Hamlet, zu sich selber sagen: Weh, daß ich zur Welt, sie einzurichten kam! Denn aus den Fugen wird sie noch einmal kommen, ein unerhörter Kampf zwischen Altem und Neuem beginnen, die Leidenschaften, die jetzt verkappt schleichen, werden die Larven wegwerfen, und flammender Wahnsinn sich mit Brandfackeln in die Verwirrung stürzen, als wäre die Hölle losgelassen, Recht und Unrecht, beide Parteien, in blinder Wut einander verwechseln.“

Eichendorff schließt mit Worten eines zweifelhaften Trostes: er gibt den Blick frei auf eine gesundete Zeit, wo die ewig alte Sonne durch die Wolken bricht, „die Donner rollen nur noch fernab an den Bergen, die weiße Taube kommt durch die blaue Lust geflogen, und die Erde hebt sich verweint, wie eine befreite Schöne, in neuer Glorie empor. – O Leontin! wer von uns wird das erleben!“ – Wir, fast zweihundert Jahre später, verstehen nur zu gut den Seufzer: Wer von uns wird das erleben? Wo aber vermöchte denn wirklich ein Weg dorthin sich aufzutun?

Man pflegt die vom Menschen verursachten Wandlungen der Wirklichkeit als Zerstörungen der äußeren Welt, der sogenannten Natur zu begreifen. Ein geändertes äußerliches Verhalten der Natur gegenüber vermöchte, wenn man sich dazu entschlösse, zu einer Rückkehr in den ungeschädigten Zustand zu führen, obzwar, das versteht sich, manches Abgestorbene nicht wieder aufleben könnte. – Wie aber, wenn die Überlieferungen aus Chaucers Werk, aus der Gralssage, aus der Märchen- und Sagenwelt, aus der Dichtung – die wirkliche, die wandelbare Wirklichkeit bezeugen? Wenn die Wirklichkeit, der gegenüber man sich bloß vernünftiger zu verhalten brauchte, eine wahnhafte Wirklichkeit wäre, so daß der Mensch mit einem besser kalkulierten Verhalten der wahrhaften Wirklichkeit gar nicht beizukommen vermag?!

Fragen wir daher zum Abschluß, statt bei Naturforschern und Umweltbesorgten, lieber noch einmal bei der Sage an.[64]

In Friesland wurde erzählt, daß ein Bauer in drückenden Umständen lebte und daß sein Haus ihm überm Kopf zusammenzufallen drohte. Er mußte bauen, und einige Freunde schossen ihm Geld dazu bei. Aber auch alles noch brauchbare Holzwerk aus dem alten Hause richtete er für das neue zu. Dabei war auch ein guter Ständer aus Eichenholz – mit einem Loch oben darin, in dem früher ein Balkenkopf gelegen hatte. Der Bauer wußte Rat: die Vertiefung paßte gut als Wohnung für einen Niskepuk – einen Hausgeist. Er nagelte ein Brett von Handgröße darunter, stellte eine Schale mit Grütze darauf, mit reichlich Butter darin, und rief nun freundlich: „Nu quam jem, glad Niskepuks!" Sie ließen nicht lange auf sich warten. Bald kamen sie, um sich das neue Haus zu besehen, tanzten hindurch, und einer, der nur drei Zoll hoch war, blieb zurück und wählte sich die Ständerhöhle zur Wohnung. – Von der Zeit an waren jedesmal, wenn der Bauer morgens in den Stall kam, die Pferde gestriegelt, die Kühe geglättet und die Krippen gereinigt. Das Vieh gedieh von Tag zu Tage, der Mann ward wohlhabend und hieß in der ganzen Gemeinde nur der reiche Bauer. Den kleinen Einlieger pflegte er immer besser, und auch sein Knecht Hans war gut Freund mit ihm. –

---

[64] Karl Müllenhoff, „Sagen, Märchen und Lieder der Herzogtümer … Neue Ausgabe von Otto Mensing", Schleswig 1921, Nr. 502.

VOM WELTENBAUM ZUM BRENNENDEN BAUM

Die kulturellen Entwicklungsstufen im Geborgenheitserlebnis

[Erschienen in „GORGO". Zeitschrift für archetypische Psychologie und bildhaftes Denken, Heft 13, Jahrgang 1987, Raben-Reihe, Schweizer Spiegel Verlag, S. 41–66]

Wer das Wesentliche in der Geschichte des Menschen und ihrer Erscheinungen zu erforschen sucht, muß sich die Aufgabe stellen, auch für entlegene Zeiten nach ihrer Innerlichkeit zu fragen, nach dem Weltverhältnis, dem Sinnerleben längstvergangener Geschlechter. Mit diesem Ziel im Auge versuche ich im Folgenden, von der gerade noch erfaßbaren Vorzeit Gestalten menschlicher Befindlichkeit nachzuzeichnen, und zwar unter dem Gesichtspunkt der Geborgenheit, nicht am Leitfaden der Angst, die ja viel zu häufig bei allen möglichen Untersuchungen als Richtmaß dient. Menschliche Produktivität, das heißt sinnvolles Gestalten, schaltet von vornherein die Angst aus und bringt, als Nebenprodukt sozusagen, Geborgenheit mit.

Die Stufen der Lebensformen, in denen der Mensch seine Geborgenheit erlebt hat, wollen wir als Kulturen bezeichnen. Die jeweilige Form der Kultur sei für uns das Sinn-Ganze, in dem eine menschliche Gemeinschaft lebt, in dem sie im Einklang ist mit ihrem Wesen und mit ihrer Welt und das in seinen Ausgestaltungen auch fruchtbringend auf das Ganze, auf einzelne Gruppen zurückwirkt. Ich bezeichne das innerlich bestimmte Weltverhältnis einer Kultur nicht von Ursprung an als religiös, sondern betrachte die religiöse Kultur als eine Stufe in der seelischen Entwicklung der Menschheit, der schon zwei Stufen vorausliegen, die schamanische und die rituelle. Der Begriff der Religion hat seine uns vertraute Bedeutung erst in den letzten zwei- bis dreitausend Jahren empfangen, und ich halte es daher für einen Fehler der Religionsgeschichte, diesen Begriff ununterschieden auszudehnen auf die vor- und die außergeschichtlichen Kulturen. Welcher tiefe Graben die rituellen von den religiösen Kulturen trennt, werden wir noch sehen. Hinsichtlich des Schamanismus liegt die Religionswissenschaft selber mit sich im Streit, ob er als eine Religion aufzufassen sei oder nicht. – Wir nehmen also eine Entwicklung an von den schamanischen über die rituellen zu den religiösen

Kulturen, und wir hätten diesem Zuge noch die technokratische Zivilisation anzuschließen, in der wir leben.

Entwicklung heißt nun freilich nicht, daß ihre Stufen gegeneinander abgedichtet sind. Vielmehr lebt jede ältere Form auch in der jüngeren weiter, verdünnt, verdeckt, substanzverleihend, bald förderlich, bald rückschrittlich. Andererseits leben zu jeder jüngeren schon Ansätze in der früheren, keimhaft treibend, verwandelnd, bald zurückgedrängt, bald fruchtbringend eingegliedert. Ein solcher Zusammenhang im Werdenden, von Vorlauf und Folge, von Ausbildung und Rückfall, heißt ja eigentlich Entfaltung, Entwicklung. Natürlich zeitigt die Geschichte auch sterile Austriebe, die eine Zeitlang zu florieren scheinen, – und außerdem selbstverständlich zahllose Mischformen, sowohl zwischen Seitentrieben und Haupttrieben wie zwischen frühen, verfrühten, vollendeten und verspäteten Ausbildungen. So gesehen bietet sich uns ein verwirrendes Bild, das allerdings auch die Aufforderung enthält, darin einen sinnvollen Ablauf zu erkennen.

Nehmen wir nun als das Paradigma frühmenschlichen Inderweltseins die schamanische Kultur an, so können wir uns nicht nur auf eine Anzahl archäologischer Tatsachen berufen, sondern auch auf ein Wesensmerkmal menschlicher Urbefindlichkeit. Die schamanische Daseinsform ist in ihrem Ursprung nicht durch vermittelnde Gestaltungsantriebe des Menschen bedingt, sondern sie entfaltet sich gerade aus dem wesentlich passiven Anheimfall des Menschen an die Mächte. In der typischen Ausbildung eines Schamanen ergreift – bis zum heutigen Tage hin – nicht der Mensch die Initiative, sondern der Mensch findet sich als der Ergriffene, der von dem was ihn ergreift, gewandelt und gebildet und zum eigenen Bilden und Gestalten angeregt wird. Das in dieser Weise zu bestimmende Weltverhältnis der schamanischen Kultur ist grundlegend für ihr Wesen und ihre Formen, und insofern diese Potenz zu Anheimfall und Hingabe mit dem Wesen des Menschen unmittelbar gegeben ist, dürfen wir ihr auch, als dem kulturbestimmenden Element, ein hohes Altertum zuschreiben.

Allerdings ist mit dieser Behauptung auch ihre Einschränkung bereits verhängt. Der Schluß reicht nur so weit, wie sich diese seelische Grundverfassung des Menschen in die Vergangenheit erstreckt: nämlich eben jene Möglichkeiten, seelisch ergriffen zu sein, außer sich zu sein, entzückt, verzückt, verwandelt zu sein durch den Dämon bis zur Besessenheit hin. Da alle heute lebenden Menschen zu den am Ende des Altpaläolithikums auftauchenden Rassen gehören, da sie alle in jenen Zügen zusammenstimmen, so dürfen wir mit einer gewissen Wahrscheinlichkeit eine solche seelische Verfassung für die so abzugrenzende Vorgeschichte dieser Menschenart annehmen. In der Tat erscheinen ja mit den neuen Rassen auch neue künstlerische Ausdrucksformen, und in den Felsbildern und anderen Hinterlassenschaften geben sich unbezweifelbare Spuren des Schamanentums kund. Eben sie sind die Anzeichen dieser frühesten, bestimmt zu benennenden Kultur. Es ist für unsere gegenwärtige Untersuchung von untergeordneter Bedeutung, daß die schamanische Urkultur eine jägerische war. Unsere Frage ist vorwiegend auf den Menschen selbst gerichtet, auf das Erlebnis seiner Befindlichkeit, und im besonderen eben auf dasjenige Erlebnis, das wir als Geborgenheit bezeichnen. Welches Bild ist es, unter dem sie erscheint, in was für ein Bild der Welt ist sie eingegliedert?

Ich möchte dafür als ein sehr treffendes Beispiel den Eingang eines jakutischen Epos wiedergeben. Die Jakuten sind ein Turkvolk, das durch eindringende Mongolenstämme aus seinen Sitzen am Baikalsee weit in den unwirtlichen Nordosten Sibiriens abgedrängt worden ist, ein Volk, das wie alle Turkstämme eine ausgeprägt schamanische Kultur besaß, und das heißt, daß auch seine Dichtung schamanisch war. Die ekstatische Natur dieses Beleges leuchtet sogleich ein. Das Epos, dessen Eingang hier folgt, lebte in mündlicher Überlieferung, jeder Vortragende hat es in ursprünglicher Schau erneuert, und sicher ist gerade der Anhub von den Rhapsoden noch ausgeschmückt, bereichert worden. Doch was uns poetisch als bildüberladen erscheint, das eben gibt uns gerade einen ganz außerordentlichen Einblick in jene Welt. Geschildert wird, wie sich Üröng Uolan, der Weiße Jüngling, nach dem auch das Epos benannt wird, am Uranfang in der Welt findet.

„Unter dem Himmel mit den drei sprudelnden Quellen, mit den sieben beweglichen Zügeln, unter den neun glatten und weißen himmlischen Unterbalken, – über dem unerschütterlichen breiten Abgrund, hinter der unermeßlichen Weite, unter der erhabenen Höhe, im ungedenklichen Raum, der nach der Dicke nicht meßbar, nach der Tiefe nicht lotbar ist, – betritt ihn einer, so krümmt er sich, stützt sich einer darauf, so kippt er nicht auf die Seite, – das Lenkrad dieser Welt ist unsichtbar, unauffindbar die Drehachse, – im mittelsten Ort, – auf der gelben Plazenta des achtflächigen, hügligen, ebenen Mutterweltalls, auf dem strahlenden heiligen Nabel, auf der silbernen Welt, auf der schwellenden Brust, – standfest stehen sie: der Nabel der Erde, der Gipfel des Himmels, das leuchtende leere Silberhaus mit den dreißigflächigen Wänden, – stehen und dauern ohne Gerüst: dort, dorten erscheint er sich als ein Mensch mit hohem Namen, mit adliger Bestimmung, – und ahnt doch nichts von seinem heiligen Vater, kennt nicht die Herkunft von der heiligen Herrin-Mutter, – Er mit dem Namen Weißer Jüngling, im Schlafe ward er herabgelassen mit seiner jüngeren Schwester, der Jungfrau Weiße Jukjaidjanko." – Eine andere Fassung fährt hier fort: „Wäre ich vom Himmel gefallen, müßte Schnee an mir kleben; käme ich aus Nord oder Süd, Ost oder West, müßten Spuren von Laub oder Gras an mir hangen. Wär ich emporgetaucht aus der Unterwelt, so haftete Erdstaub an mir."

Eine unermeßliche, allseits bis in alle Höhen und Tiefen offene, immer gegenwärtige Welt, ein wirklicher Urraum. Ohne die Spur an sich von einer Herkunft findet sich der Mensch in ihm in seiner eigenen Mitte. Damit im Wettstreit steht doch auch ein Herkunftsahnen – von oben, vom Himmel –, das aber zunächst nicht bewußt ist. Indes erscheint gerade diese Situation als typisch schamanisch: aus dem Schlafe zu erwachen, im Himmel gewesen zu sein, aber sich nicht daran zu erinnern; dies ist wie das typische Sichfinden nach einer noch unentwickelten Ekstasis. – Der Urraum, in dem dieser Mensch sich findet, ist keine plane Punkte-Unermeßlichkeit; die Offenheit dieses Alls entspricht nicht der heutigen mittelosen Leere, in der der Mensch sich verliert. Sondern es hat Gestalt, es schaut auf eine Mitte, auf die Mitte, auf der der Mensch fußt, und in unserem Text finden sich die Namen Plazenta, Nabel, Mutterbrust dafür. Der Mensch ist, trotz Unendlichkeit und Offenheit, daheim, beheimatet in der Mittleren Welt, – ein Wort der schamanischen Kulturen, das als mittilagart und in ähnlichen Formen bis ins Althochdeutsche hineinreicht, aber mittelhochdeutsch schon abgestorben ist.

In vielen schamanischen Kulturen erscheint die Mitte in Gestalt eines gewaltigen Baumes, ja man dürfte sagen: wo der Weltenbaum das Bild der Welt geprägt hat, ist er ein Erbe aus schamanischer Kultur. In ihm drückt sich die Gegenwärtigkeit, die Gleichzeitigkeit in allen Teilen aus und die Bezogenheit von allem auf eine Mitte. Unser Text fährt fort: „Auf einem Hügel wuchs ein heiliger Baum mit durchsichtigem, duftendem Harz, mit Rinde, die nicht trocken wird und nicht platzt, mit schön gemustertem, nie welkendem Laub, mit Früchten gleich Reihen umgekehrter Kumys-Becher. Der Wipfel dieses Baumes wuchs hinauf in den siebenschichtigen Himmel und bildete dort den Hauptanbindepfahl für die Pferde" des Weißen Himmelsherrn. „Seine Wurzeln kamen mitten aus der Unterwelt, wo sie" jenen Wesen als Pfähle ihrer Behausung „dienten, die den Mund unterhalb des Kehlkopfes haben. Durch seine Blätter sprach dieser Baum mit den Himmeln, den geflügelten Vögeln und den dahinfliegenden Winden." Dorthin wendet sich der Weiße Jüngling, als er zur Werbung eines Weibes aufbricht in die Welt, und bittet um Segen. „Der Baum rauschte mit seinen Blättern, und ein frischer, feiner Milchregen überrieselte den Ürüng Uolan. Ein warmer Wind begann zu wehen, der Baum knarrte, und aus der Erde trat bis zum Gürtel die Geisterherrin des Baumes hervor. Es war eine Frau mit aufgelösten Haaren und entblößten Brüsten. Sie bot dem Ürüng Uolan die Brust zum Saugen," und von ihrer Milch wachsen ihm die Kräfte ins Hundertfache. Sie spricht feiende und siegbringende Worte über ihn aus und segnende für sein Haus, seine Stallungen und das Feuer auf seinem Herde.[1]

Fragen wir nach dem menschlichen Vermögen, das eine solche Lebensform mit solchen Anschauungen möglich macht, dann ist es eben das schamanische. Für den eingeweihten Schamanen gibt es keine Grenzen; er ist jederzeit bereit, aufzubrechen in die Obere, in die Untere Welt, wie der Märchenheld bis ans Ende der Welt, – ja, er vermag Götter und Geister aufzusuchen, die Toten in ihre Welt zu geleiten, den Dämonen im Kampfe entgegenzutreten. Dies alles jedoch nicht als Privatissimum, sondern in der schamanischen Séance als Gemeinschaftserleben; niemand ist ausgeschlossen, es gibt keine Vorzugsberechtigungen. In dem großen Welttheater, als das sich die Séance darstellt, ist jeder Teilnehmer. An den Worten des Schamanen, in denen dieser seine Erlebnisse gleichzeitig verkündet, entzündet sich die Schau jedes einzelnen, für jeden öffnet sich die Mittlere Welt in alle Weiten hinein.

Was geschieht mit dem Fortschreiten der Entwicklung – wie kommt es zur Umwandlung der schamanischen in die rituelle Kultur? Es geschieht etwas sehr Menschliches: die Kulturmittel werden eingesetzt, um das schamanische Element aus der Zone rein schöpferischer, je-augenblicklicher, inspirierter Verwirklichung zu lösen, unabhängig zu machen von der Genialität der einen bevorzugten, von den Geistern erwählten Person. Dies geschieht im Gebilde, und es ist zu vermuten, daß diese Gestaltung, dieses Beständig- und Verfügbarmachen allmählich vor sich ging. In den schamanischen Kulturen selbst schon finden sich die Ansätze dazu. Und es gibt auch einen schicksalhaften Zwang dorthin. Stellen wir uns vor, daß in einer kleinen Gemeinde, in einer Sippe, einem Stamm von geringer Kopfzahl der große Schamane stirbt und

---

[1] Ivan Aleksandrovic Chudjakov, „Verchojanskij Sbornik", Zapiski i t. d., Irkutsk 1890, S. 131ff. – Adolf Friedrich und Georg Buddruss, „Schamanengeschichten aus Sibirien", München-Planegg 1955, S. 285ff.

vorderhand kein Berufener da ist, keiner, heißt das, an den der Ruf aus jener Welt ergangen ist. Was soll man da machen? – die Machbarkeit als ein sehr frühes Problem des Menschen im Angesicht einer schicksalhaft ausweglosen Lage.

Das eine ist die Vorsorge. Der Schamane erzieht sich selbst einen Nachfolger, unternimmt es, ihn auf den Weg zu bringen, – auf den Weg, versteht sich, nach drüben, zu den Geistern, damit die ihn annehmen, lehren, führen, seine Helfer werden, wie sie es dem Vorgänger waren. Der Weg, lateinisch iter, wird unter Anleitung begangen; gehen, lateinisch ire, auf den Weg bringen, inire – Initiation. Hier eigentlich beginnt sie erst, wenngleich wir auch bei der spontanen Erwählung des Schamanen durch die Geister von seiner Initiation sprechen. Aber nun erst entfaltet sie sich als Menschenwerk mit der dazu notwendigen Rollenteilung. Von jetzt an gibt es den Initianden, den Einzuführenden, auf den Weg zu Bringenden, und den Initiandenführer, der die Wege schon beschritten hat, der immer schon ein Initiierter ist. Es ist unverkennbar: hier entfaltet sich als menschliche Gestaltung ein ganz neues Kulturbild – mit einer zunächst unüberschaubaren Mannigfaltigkeit der Ausgestaltung. Hier können wir nur wenige Züge dieser neuen Welt aufweisen.

Blicken wir vorerst noch einmal zurück auf die Ansätze zum Machen in der schamanischen Kultur. Dort gibt es, wie sich von selbst versteht, keine Maske. Wozu sollte sie dienen, da ja die Séance oft im dunklen Raume stattfindet und im übrigen die Geister präsent sind – oder eben nicht! Die Geister umschwärmen das Zelt der Séance, rütteln sichtbar und hörbar daran, lassen selbst ihre Stimmen hören, – oder sie haben den Schamanen in Besitz genommen, sprechen mit seiner Zunge –, oder der Schamane in der Ekstasis erzählt im Augenblick von seiner Begegnung mit ihnen. Doch gibt es im schamanischen Bereich, sicher schon sehr früh, etwas der Maske Verwandtes, die Tracht, schlicht oder kompliziert. Sie gehört jedoch nicht dem Bereich bildhafter Darstellung an, sondern ist Substanz, Träger der Kraft, Bindeglied zu den helfenden Geistern. Sie ist nicht dazu bestimmt, nach außen auf die Runde zu wirken, sondern auf ihn, den Schamanen selbst; ihn erfüllt sie mit Macht, versetzt ihn in den zu seinem Wirken erforderlichen Zustand. Auch die aus paläolithischer Zeit stammenden Bilder fellbekleideter Schamanen sind nicht etwa Schaustellung der betreffenden Tiere, sondern Tiersubstanz, Tiermacht für den Schamanen, was unwiderleglich, wie mir scheint, jener Vermummte aus der Höhle Trois Frères beweist, der an sich, vom Pferdeschwanz bis zum Geweih auf dem Kopf, die verschiedensten Tierzeichen,

Tierteile trägt: Menschenbeine und Bärentatzen, Bocksbart und Wolfs(?)genitalien, Eulenaugen und Urstierohren.

Sobald sich aber die Tracht nach außen wendet, darstellerisch zu wirken bestimmt ist, wird sie zur Maske, larviert den Darsteller, gibt ihm das Aussehen, das Ansehen des Dämons. Dies freilich immer noch in einem lebendigen Zusammenhang mit dem älteren, dem schamanischen Element. Die Maske ist mehr als bloß versteckende Larve, in ihr ist der Dämon auch gegenwärtig und bestärkt den Darsteller in seiner Rolle. Nun enthält aber die Maske ein schicksalhaft gefährliches Element. Die schamanische Verwandlung ist einhellig, die maskenhafte Darstellung nicht – wie überall, wo das Naturwüchsige durch Machenschaften, seien sie selbst abgenötigt, ersetzt wird. Das Kind erlebt den Dämon und weiß von der Doppelung aus Maske und Darsteller nichts. Einmal aber muß es erfahren, daß in der Maske lediglich der ältere Bruder, der Vater, der Großvater steckt. Dämon, das ist Geheimnis, Maske, das ist auch noch Geheimnis, dazu aber Verschweignis. Das Kind lebt in der echten Illusion, erlebt in der Maske den Weltenhintergrund, aber einmal muß es enttäuscht werden, muß von der schönen Täuschung hinübergeführt werden zu einer harten Tatsache und muß erst dahinter, danach sich das eigentlich Wahre, die Wahrheit der eigentlich und wirklich dämonisch belebten Welt erarbeiten.

Das ist der schwierige Weg der neuen Initiation, bei der auch der Verlust der menschlichen, dämonischen, kosmischen Unmittelbarkeit, die im Schamanentum gegeben war, erklärt werden muß. Die Urzeitmythe leistet das, und sie leistet noch ein Weiteres: sie begründet die kulturelle Potenz, im Maskenfest die Unmittelbarkeit der Urzeit zu erneuern. Im Mythos wird das Maskenfest transparent; es geschieht nicht etwa nur eine leibhafte, räumliche, gegenwartsgebundene Parade, sondern, durchleuchtet vom mythischen Bilde, erscheint diese ganze Welt zurückversetzt, zurückverwandelt in die Urzeit. Aus ihr erneuert sich die Zeit, die alternde Zeit aus jener Zeit, in der die Dämonen, die Gottheiten unter den Menschen wandelten, eine Paradiesesfeier, wie sie in den religiösen Kulturen nicht mehr vorkommt. Sind die Feste in den Jahreskreis eingegliedert, so wird die Zeit zum zyklischen Erlebnis, ein Zeiterleben, das noch keine erstorbene erkaltete Vergangenheit oder ungewisse frostige Zukunft kennt. Das Ritual wird begleitet, so habe ich es genannt, durch den Ritualtraum; er überglänzt als die wahre innere Gestalt das leibhafte Geschehen, als dessen sichtbare Aura. Ritus – das war einmal eine urschöpferische Macht und die rituelle Kultur ein von urschöpferischer Kraft durch und durch gewirktes Gebilde.

Ein Entscheidendstes: die Mitte bleibt, der Weltenbaum wächst und blüht weiterhin. Aber etwas Bezeichnendes geschieht: auch der Baum wird zum Gebilde. Schon im Schamanentum Sibiriens haben wir nicht nur den Baum, der im Weltenuntergrund wurzelt, der dem Schamanenleben als Geburts- baum vorangeht und der in der echten schamanischen Ekstasis aufgesucht wird, sondern überdies den Baum schamanischer Rituale, wo, sozusagen symbolisch, ein erwählter Baum, entweder lebend an Ort und Stelle, oder abgehackt und ins Séancenzelt überführt, Weltmitte sein muß und vom Scha- manen bestiegen wird – quasi Weltenbaum. Die rituelle Kultur erfindet das Mal, eine der außerordentlichsten Erfindungen der sinnsuchenden und sinn- gestaltenden Menschenseele. Die Ritualgemeinschaft kann überall ihr Mal errichten, es gibt die Rituale dafür, sie vermag ihre Mitte zu erbilden und dergestalt auch den dazu polaren Umkreis zu schaffen, die zweite große Er- findung der rituellen Kultur, ihr eigener Kosmos als Repräsentation der sich rings um den Urweltenbaum erstreckenden Unendlichkeit. Repräsentation in einem sehr konkreten Sinn. Was immer nach mythischem Verständnis oder auch in der Historie sich zugetragen hat, kann in den Kreis vermöge eines besonderen Gebildes einbezogen werden. In der schamanischen Kultur blieb alles im Original erreichbar, Orte der Vergangenheit, Orte in weiter Ferne, Mächte der Unteren und der Oberen Welt. Die rituelle Kultur setzt dafür ein Mal, – und hier klafft die große Gefahr, daß symbolische Darstellung sich jäh als bloße Imitation enthüllen könnte.

Der Kreis im Raume ist zugleich der Zeitkreis, in dem der Wandel der Zeit am Firmament, der Umschwung der Gestirne gespiegelt ist. Das gewaltigste Denkmal der rituellen Kultur ist der Stonehenge – mit seinem unerschütter- lich gedachten Sarsenkreis und dem Steinpfeiler in der Mitte. Denn der so- genannte Altarstein, als liegende Platte gedeutet, hat in Wirklichkeit aufrecht gestanden als Mal einer Mitte. Aber der Sarsenkreis und zumal das Hufeisen der Trilithonen enthält auch schon einen Hinweis auf künftige Wandlungen, auf Einbrüche in das Kreissymbol der Ritualisten.[2]

In der rituellen Kultur erscheint nun auch eine neue Gestalt, ein neues Urbild des Menschen. Es ist der Mensch, in dessen leibhaftem Dasein die höchste Himmelsmacht im Ritualkreise wirklich anwesend ist, der Heilige

---

[2] Heino Gehrts, „Eine Tür zum Stonehenge", Antaios VIII, Stuttgart 1966, S. 205–243.

König. In weiten Bereichen, auch in Griechenland, auch in Germanien, wurde er als götterentstammend gedacht, und in seiner Krone war er mit dem alles Leben erzeugenden Himmelslichte gekrönt. In der Mitte ist er eingesetzt, auf dem Nabelstein der Welt, am Baume, mit dem Stabe in der Hand. Der Stab ist Auftragssymbol. Als Zweig, als Gerte kommt er vom Baume. In der Hand des Heiligen Königs war er ursprünglich nicht nur vom Baume, sondern Abbild des Baumes selbst. König sein hieß darum, aus der Mitte wie die Mitte zu wirken, chinesisch ausgedrückt, wie das Tao. In China galt ja der Herrscher als Himmelssohn und stellte den Polarstern dar. Demgemäß lautete der bedeutsamste Satz der altchinesischen Königsmystik so: die alten Könige schauten nach Süden, und das Reich war in Ordnung. – Ein rex otiosus wie der hinter dem Weltgewebe verborgene Gott jener Zeit ein deus otiosus war, – doch beide nur scheinbar untätig, zwar nicht agierend, wohl aber waltend.

In den rituellen Kulturen ist sicherlich der Mensch in der wunderbarsten Weise auf dieser Erde heimisch gewesen. In ihrem Brauchtum wurzelt das nicht weltzugewandte, sondern ortsbezogene Heimatgefühl. Von Kind auf fand sich der Erdbewohner auf allen Seiten umgeben, umhegt von dem Reichtum sinnerfüllter Erscheinungen und Gebilde, und stets konnte er den Blick richten auf die unerschöpfliche Quelle des Sinnes, das Mal in der Mitte – oft, bei uns, noch in jüngsten Zeiten, die Säule, der Baum auf dem Markt, auf dem Dorfplatz, die Linde im Steinkreis, im Tie. Ja, selbst noch in spätesten Tagen suchte der Blick in dieser Weise die Leuchtkraft der Gekrönten; eine wahre auri sancta fames war es, die den Auflauf bewirkte – am Schloßtor des Königs halber, am Kirchenportal der Braut wegen.

Doch ist der Satz der altchinesischen Königsritualistik schwer von Schicksal, denn er besagt, daß in den jetzigen Zeiten das Reich nicht mehr in Ordnung ist. Wie kann das angehen, was verstört das neuere Königtum? Wie kann in seinem Umkreis das Reich, also der rituelle Ring des Volkes, in Verwirrung geraten? – In der Tat überwältigt alle Schöpfungen des Menschen die Zeit. Auch die wunderbare Gestalt von Mitte und Umkreis muß auf die Dauer, wie wir sagen, dem Wandel erliegen. Der geschichtsbedingten Erschütterung ist die rituelle Kultur nicht gewachsen; mit den Gebilden, wo sie zerstört werden, entschwindet ihr Sinn.

Wie wehrt sich eine rituelle Kultur dagegen, wie reorganisiert sie Gebild und Bestand? Es liegt auf der Hand: sie muß die wirkende Kraft in der Mitte bestärken. Das waltende Königtum, Vergegenwärtigung des belebenden

Lichtes, muß je länger, desto mehr gerüstet werden mit Macht. Zunächst geschieht das nicht mit äußeren Mitteln, sondern durch Mehrung seiner inneren Substanz, durch Assimilation fremder Leuchtkraft. König und Kreis müssen sich nach außen hin öffnen, von draußen Kraft einholen für den Bestand. – Woher? – Von dort, wo seit je der Heimatkreis die Kraft gesammelt hat, aus der Wildnis, vom Jagdtier, und auch aus der draußen weidenden Herde. So entsteht das Tieropfer, so auch das Menschenopfer, vereinzelt als Wildlingsfang, zuletzt als Opfertötung im ruhmentbindenden Kriege. Menschenopfer, Menschenschlachtungen, direkt eingesetzt gegen einen drohenden Umschwung der Geschichte, sind uns beispielhaft bezeugt aus dem alten Mexiko.

Es wäre ein schwerer Irrtum, wollte man jene Kriege wegen der Namensgleichung mit dem heute drohenden übereinbringen. Die Absicht, Geschichte zu verhindern, liegt auch heute zutage. Es macht freilich einen unüberbrückbaren Unterschied aus, wie die drohende Geschichtswende verstanden wird und ehedem verstanden wurde. Damals war künftige Geschichte, was die Orakel kündeten, – heute ist sie Selbsttäuschung in Gestalt dessen, was die jeweilige Partei machen will und was die gegenteilige nicht will. – Lassen wir alle weiteren Unterschiede beiseite und betonen nur noch den einen, daß bei der Abwehr des Feindes von Umkreis und Mal noch lange das Bewußtsein lebendig war, daß sowohl der getötete Gegner wie der eigene Gefallene Opfer sind und daher Gewinn.

Diese Abwehrversuche bringen nun auch den Heiligen König in Bewegung; seine Rolle wandelt sich gründlich. Er bleibt nicht allein das lichte Mal im heiligen Kreise. Er wird zum Kriegsführer, zieht aus zum Opfergange und kehrt, wenn sein Heil sich bewährt, mit vermehrtem Heil in den Kreis, – im Triumphzuge, in dem, für alle sichtbar, die eigentliche Beute, auf die es ankommt, gezeigt wird, der gewonnene Ruhmesglanz. In dieser oder ähnlicher Weise müssen wir uns auch die Entstehung der sogenannten Prozessionsstraße vorstellen, die aus dem Stonehenge führt, dem aufgehenden Himmelslichte entgegen und mit ihm zurück in den Kreis.

Auch an den altindischen Königsritualen, den Formen der Königsweihe kann man in dieser Weise die älteren Züge des Geschehens und die neueren unterscheiden: einerseits nämlich die Verselbigung mit der Weltsäule, andererseits die Bewegung im Kreise, dann Wagenfahrten hinaus und herein, – und schließlich die stellvertretende Bereisung aller benachbarten Reiche durch das von einem Heer beschützte Opferroß, eine Verkörperung der śrī des

Herrschers, seiner eigentlichen inneren Königsmächtigkeit.[3] Die Entwicklung zeigt deutlich, wie die Ritualweisen der Gefahr, mit der zerstörerisch die Historie droht, zu entgehen trachteten. In die Königsweihe selbst schon suchten sie, ein für allemal, den kriegerischen Auszug und die triumphale Einkehr, Opfergang und Opfertötung einzubeziehen, alle Schicksalsgefährdung auf dem Opferplatz durchzuspielen und vorwegzunehmen. Vergebens – so groß ist die Macht keines Rituales; an solchen äußersten Versuchen, Geschichte zu bändigen, am rituellen Experimentieren selbst schon zerbricht die rituelle Kultur. – In ihrer Endphase erheben an vielen Stellen der Welt die Kulturen den König zu einem zwischen Himmel und Erde schwebenden Paket magischer Macht, was symbolisch dadurch ausgedrückt erscheint, daß der König nach der Weihe nicht mehr der Berührung mit der Erde und nicht mehr dem Anblick des Himmels ausgesetzt werden durfte – welch eine Wandlung!

Durch eine kriegerische Niederlage wird nicht nur die betreffende Kultur zerstört, nicht nur eine konkrete Gestalt vernichtet. Vielmehr wird im Gebilde dessen Sinn selber tödlich getroffen; ja, schon in der vorweg erlebten Gefährdung des heimischen Kreises erliegt das Prinzip der rituellen Kultur, da es ja gerade zyklische Erneuerung verheißt und gewährleisten soll. Nun aber wird beides von der Geschichte überwältigt, und der einsetzende Machtkampf pervertiert in dem Maße den Krieg, daß sogar das allen gemeinsame Symbol der Kultur keine Schonung mehr findet. Man fällt, so wird aus verschiedenen Weltgegenden überliefert, des Gegners heilige Bäume, seine heiligen Haine, – und dies nicht etwa erst nach dem Siege, sondern bereits vor dem bewaffneten Angriff, um ihn in der Wurzel seiner Kraft zu vernichten.[4]

Was folgt, wo die rituelle Kultur zusammenbricht? Wir wissen es schon, die religiöse Kultur. Der Kreis wird zertrümmert, das Mal gestürzt, alle Gebilde erbleichen und entleeren sich, – was allein bleibt, ist der Einzelne und seine ganz persönliche religio, seine Bindung an das allerletzte Sinngebende, den letzten, höchsten, einzigen Gott, in ihm findet er die letztmögliche

---

[3]   Heino Gehrts, „Rāmāyana. Brüder und Braut im Märchen-Epos", Bonn 1977, S. 93f. – Ders.: „Drachensieg und Bruderkampf. Untersuchungen zur Polspannung im Königsritual", Antaios VII, Stuttgart 1965, S. 166–195, besonders 177f.

[4]   Hans Hartmann, „Der Totenkult in Irland", Heidelberg 1952, S. 123: „Es war bei Kriegszügen das Bestreben der feindlichen Parteien, sich gegenseitig die heiligen Bäume zu zerstören, offenbar um dadurch der Kampfkraft des Gegners einen entscheidenden Schlag zu versetzen. Die Kunde von der Zerstörung einer bile rief Schrecken hervor, galt aber auch als Ursache des späteren Endes des feindlichen Frevlers, wie Keating bei seinem Bericht von der Vernichtung der bile maighe Adair andeutet." – Vgl. u.a. noch: „Die Taten Bogda Gesser Chan's. Aus dem Mongolischen übersetzt von I.J. Schmidt (1839)" Neudruck Berlin 1925, S. 134.

Geborgenheit. Hinter der farbigen Bildwelt der rituellen Kultur war er entrückt, ein deus absconditus atque otiosus, wie die Religionswissenschaft ihn genannt hat. Er wird nun erst sichtbar und erlebbar, – wieder erlebbar, dürfte man vielleicht sagen, wenn man an die Himmelsgottheiten der schamanischen Kultur denkt. Doch kommen im Einklang mit der Natur dieser Wandlungen auch Religionen auf, die den einen höchsten Gott leugnen, so Jainismus und Buddhismus, – oder er bleibt auch weiterhin absconditus, tief verborgen, ein immer erst zu findender, noch zu erringender Gott, der auch wieder verlorenzugehen droht. Ehedem gegenwärtig in der Séance, dann im Gebilde, nun allen lebendigen Gestalten entrückt und entzogen, neuerdings nur noch im Bewußtsein, im Gemüt, wenn es glückt, gewonnen und festgehalten. Der Gegensatz zwischen Heidentum und Religiosität bricht auf, unüberbrückbar, weil entwicklungsgeschichtlich bedingt, ein harter Gegensatz, wie ihn Goethe in seinem Goldschmied von Ephesus zum Ausdruck gebracht hat. Dort ist es der Künstler, der an dem figurenreichen Standbild der Diana feilt und der nun ein Gerücht vernimmt,

> *„als gäbs einen Gott so im Gehirn,*
> *da! hinter des Menschen alberner Stirn,*
> *der sey viel herrlicher als das Wesen,*
> *an dem wir die Breite der Gottheit lesen."*

Haben wir recht mit der Ansicht, daß die religiöse Kultur über die rituelle dann hinauswächst, wenn deren Geborgenheitsangebot aufgeklüftet wird[5],

---

[5] Wie unausweichlich in den Geschichtswenden die Notwendigkeit sich auswirkt, den Deus absconditus in den Vordergrund zu rücken, dafür sei noch ein merkwürdiger Beleg aus unserem Jahrhundert herangezogen. Trümmer der rituellen Kultur haben sich noch lange erhalten, die Vorstellung einer bergenden Hegung zum Beispiel im Reichsgedanken. Rückwendungen zum Heidentum deuten sich in der Geistesgeschichte vielfältig an, es braucht nur an Goethe und Nietzsche erinnert zu werden. Darum gibt es auch immer noch Hinwendungen zur Religiosität, die vergleichbar sind jenen ursprünglichen Kulturwandlungen. In dem Werk von Ludwig Klages findet sich das Loswort: Sucht ihr Gott, so sucht die Götter ihr vergebens. – Dies Wort soll er auch erwidert haben, als Wilhelm Hauer vor mehr als fünfzig Jahren an ihn die Bitte richtete, sich an der Erneuerung einer heimischen Religiosität zu beteiligen, Wilhelm Hauer, von dem ja ein Buch mit dem Titel „Deutsche Gottschau" erschienen war. Nach dem Zusammenbruch von 1945 sah sich der dem Philosophen Ludwig Klages am nächsten stehende Schüler, der Dichter Werner Deubel, gedrängt, ein „Buch der Religion" zu schreiben. Er starb darüber hin, aber in den Aufzeichnungen zu diesem Buch findet sich der bezeichnende Satz: „Gottes Urkraft bleibt ewig – auch in Untergangszeiten. Nur der Mensch klammert sich an seine Zeit und den Zustand seiner Kultur." – Deubel hätte nie daran gedacht, einen wesentlichen Satz in der Philosophie seines Lehrers aufzugeben. Aber in dem seherisch erregten Dichter, der er vor allem war, drängte sich doch die religiöse Wahrheit der Katastrophen-Epoche zum Wort.

248

dann ist es nur zu erwarten, daß Religion zufrühst entsteht und im ausge-
prägtesten Sinne in jenen Weltgegenden, deren geographische Situation den
Sinnkreis der stärksten Gefährdung ausgesetzt hat. Dies gilt nun in der Tat für
Vorderasien, aber auch für die Eroberungsländer Iran und Indien, – für den
Iran mit einer der folgenreichsten religiösen Revolutionen, der des Zarathustra, für Indien im Untergang des alten vedischen Ritualismus und im Aufkom-
men des Jainismus, des Buddhismus, des Hinduismus, ein Umschwung, der
historisch klar faßbar ist.

Ein einleuchtendes Beispiel für diese Revolution, für den radikalen Umschwung von einer Generation zur anderen, gibt eine Art Propagandafabel,
die in dem großen indischen Epos, im Mahābhārata, vorgetragen wird. Es ist
dort die Rede von einem brahmanischen Studenten, der seinen alten Herrn,
einen dem Vedastudium ergebenen Brahmanen, fragt, wie ein intelligenter
Mensch leben solle, und der vom Vater die traditionelle Antwort erhält, man
solle, enthaltsam lebend, mit dem Vedastudium beginnen, darauf Nachkommen zeugen, um den Ahnen das Fortleben zu sichern, als Hausherr die
vorgeschriebenen Opfer bringen, dann sich in den Wald zurückziehen und
schließlich sein Sinnen auf die kommende Auflösung richten, – so die her-
kömmlichen brahmanischen Lebensstufen, die Āśramas. Der Sohn bezeichnet
angesichts von Zeitlichkeit, Gebrechlichkeit und ständiger Todesbedrohtheit

---

Deubel war nicht nur von diesem einen Zusammenbruch betroffen. 1895 geboren, war er
Teilnehmer auch des ersten Weltkrieges und Mitverlierer und erlebte die menschheitlichen
Verluste dieser europäischen Katastrophe um so intensiver und verzweiflungsvoller, als ge-
rade die klagessche Philosophie die Unabwendlichkeit und Finalität dieser Abläufe belegte.
In seinem 1927 bei Eugen Diederichs erschienenen Roman „Götter in Wolken" findet sich
das Klagelied eines Adlers an den Vater Äther, wobei diese Anrede, wie sich versteht, eine
Reminiszenz an Hölderlin ist. In der letzten Strophe dieses Liedes stehen die Zeilen:
  „Auch ihr Göttlichen seid unbeständig,
  Das Verhängnis stürmt zu euch empor.
  Vater, du allein bist noch lebendig,
  Seit ich meine Heimat hier verlor."
Im Angesicht dieser merkwürdigen Zeugnisse, die ja nicht auf Spekulation beruhen, sondern
wirklich auf dem neuen religiösen Erlebnis, und die anschaulich dartun, wie eine rituell-
mythische Gestimmtheit in der historischen Katastrophe sich zur religiösen wandle, gewinnt
vielleicht auch ein Fragment aus dem skandinavischen Altertum eine neue Bedeutung. Deubel hat bei dem eben zitierten Gedicht, wie die Wortgebung bezeugt, auch an das seltsame
eddische Mythologem vom Sturz der asischen Gottheiten gedacht, der in der Vǫluspá von
der Seherin vorausgeschaut wird. Bei ihrem letzten nach oben gerichteten Blick spricht sie
die Worte:
  „þd kømr inn rifki at regindómi,
  ǫflugr, ofan, sá er ǫllo0 raðr –"
Da kommt der Mächtige zur Gottesherrschaft, der Kraftvolle von oben, der das All beherrscht. Man hat diese Zeilen für einen missionarisch bedingten Zusatz gehalten. Das kann
zutreffen. Viel wesentlicher ist aber, daß nach dem Ragnarǫk eine solche Anschauung, auf
der Suche nach einer neuen Geborgenheit, ganz unmittelbar auch der geschichtsbedingten
inneren Wandlung entspricht.

eine solche Lebensgestaltung als sinnlos, lehnt die Tieropfer als grausam ab und als begrenzt in ihrem jenseitigen Gewinn und fordert Wissen und Entsagung zwecks Selbsterlösung. „,Ich habe mich selbst gezeugt. Ohne Nachkommen zu zeugen, lasse ich mein Selbst auf sich selbst beruhen. Ich werde das Selbstopfer begehen und bedarf keiner Nachkommenschaft, um mich zu erlösen. … Wozu brauchtest auch du Besitz oder Verwandte und Freunde oder Ehefrauen? Du bist ein Brahmane und bist dem Tode ausgeliefert. Forsche nach deinem Selbst, das wie in einer Höhle verborgen liegt! Wo sind demgegenüber deine Ahnen zu finden oder sogar dein eigener Vater?' Und Bhīṣma sprach: ‚Als der Vater diese Worte seines Sohnes vernommen hatte, beschritt auch er den Weg, o König, der ihm gewiesen war. Handle du ebenfalls in dieser Weise und gib dich der Religion der Wahrheit hin!'" Es bedarf keines Wortes, daß die Abschaffung des Ahnenopfers das unwiderrufliche Ende der rituellen Kultur heraufführt. Altindien hat diese Abschaffung propagiert, hat sie in manchen Sekten auch wirklich vollzogen, zum Beispiel bei den Buddhisten, vollends durchgeführt aber hat es sie nie.[6]

Die Entdeckung des isolierten Selbst, das in den Religionen von da an eine entscheidende Rolle spielt, sein Heil, sein Ende, sein Endzeitschicksal, – ist ein Symptom für die nun einsetzende Punktualisierung auch der ehedem in den Polen Mitte und Umkreis organisierten Welt. Raum und Zeit selbst erscheinen zerstückt, zerfallen in heilige und profane Anteile. Doch leben sowohl im Heiligen wie im Profanen, obwohl geschieden, Bestände der älteren Schichten fort. Mit ihnen verwirkt, erwächst auch in den religiösen Kulturen noch einmal eine eigene Fülle, niemals freilich mehr ungestört.[7] Spaltungen

---

[6]   Mahābhārata XII, S. 277, vgl. Heino Gehrts, „Mahābhārata, Das Geschehen und seine Bedeutung, Bonn 1975, S. 273–277.

[7]   Die Entleerung von Raum und Zeit war bisweilen so radikal, daß eine entschiedene Reaktion erfolgte. Für den Buddhismus ist an seine Verdrängung im indischen Kontinent durch die hinduistischen Religionen zu erinnern und an die eigene Umwandlung von der Mönchsreligion des Hīnayāna zum Mahāyāna, – für die westliche Kirchenreligion an die mit ihr zugleich entstehenden Gegenreligionen, im besonderen an die Gnosis, die als eine derartige Reaktion in einzelnen Zügen dem Mahāyāna sehr verwandt erscheint. In der Zone solcher Gegensätze liegt der Ursprung aller dogmatischen Verhärtung auf der einen Seite, aller Orthodoxie, und die Quelle vielseitiger Heterodoxie auf der anderen Seite, aller ketzerischen Revolten. Das schamanistische wie das ritualistische Element drängen immer wieder in den Vordergrund. Dabei bedeuten sie für die gewordenen Religionsgemeinschaften einerseits Nährboden und Kraftspender; andererseits bedrohen sie durch spontane Eruptionen der Innerlichkeit die gewachsene Form einer geschichtlich fundierten Geborgenheit. Die Somnambule in der Zeit des animalischen Magnetismus war ein solcher schamanistischer Vorstoß, der nicht nur im Gegensatz stand zur orthodoxen wie zur pietistischen Frömmigkeit, sondern auch zu der neuerdings konstituierten aufgeklärten Vernünftigkeit, für die eigentlich die Entleerung von Raum und Zeit, ihre Desacralisierung, ein Dogma war und die daher auch weite Gebiete der Religion als Aberglauben betrachtete. Achtzig Jahre später gab es dann den neuerlichen Einbruch schamanistischer Kräfte in Gestalt des von den USA ausgehenden und dann in

sind Spaltungserreger und pflanzen sich fort. Die beiden Lebenshälften selbst geraten in einen niemals mehr gestillten Zwist. Im Abendland sehen wir die Kultur in zwei Verwaltungen zerfallen, deren eine auf das Heilige, deren andere auf das Profane gerichtet ist; doch kann ihrer keine des gegenteiligen Elementes völlig entraten. Vielmehr findet sich jede genötigt, ihre Halbheit durch die Substanz der Gegenseite zur Gänze zu bringen, – doch in Einer Welt schließen zwei Ganze einander gegenseitig aus. Das Papsttum verweltlicht sich und führt Kriege, das Kaisertum begründet ein heiliges Reich. Der Streit der beiden Gewalten erfüllt einige Jahrhunderte, ebbt langsam aus, endet logischer Weise in der völligen Trennung der Gewalten. Doch ist diese logische Folge biologisch keineswegs heilsam; denn in der Konsequenz läuft sie auf die Entleibung der kirchlichen Seite, auf die Entseelung der staatlichen hinaus.

Geschichtliche Folgen innerer Wandlungen treten oft erst nach langen, viele Generationen umgreifenden Zeitläufen ins Dasein. Zu Anbeginn der religiösen Kultur hat sich im Erleben zwar gegen den Cyclus die erstreckte Zeit durchgesetzt, aber mit Fristen von Heilszeiten und heilvollen Gedenkzeiten zu jenen ausgezeichneten Zeiten, die eine gesteigerte Erreichbarkeit des in Ewigkeit waltenden Gottes verheißen. Auch der Raum ist nicht völlig entleert; es gibt geographisch festliegende, eigentlich heilige Orte, freilich weit entlegen, die in schwierigen und gefährlichen Reisen, ja in Kriegsfahrten allein besucht werden können. Solche Stätten sind Golgatha, die Kaaba, der Mahābodhibaum von Gayā, Örtlichkeiten, wo sich die Ferne der Gottheit mit einer gewissen Nähe paart. Zu diesen einzigartigen Orten gehören, in den rituellen Kulturen schon vorgebildet, stellvertretende Heiligtümer, Repräsentations- oder Hinweis-Heiligtümer, die das an sich Unerreichbare noch um einen weiteren Schritt näher heranrücken. Dazu wäre der Mihrab der islamischen Moschee zu zählen, der die Richtung nach Mekka weist; ferner der buddhistische Stūpa, die Reliquienkuppel, und die Baumheiligtümer des Buddhismus, die sowohl das rituelle Erbe fortsetzen, wie auch an den einen besonderen Pippalabaum – Ficus religiosa – erinnern, unter dem Gautama die Erleuchtung empfing. Für den eigenen Bereich wären die Kalvarienbergenzu

England heimisch werdenden Spiritualismus. Für die Gemeinden, die solcherart das Gottes- und das Jenseitserlebnis erneuern, ergibt sich jedoch gelegentlich ein Dilemma, das dem der etablierten Kirchen ganz analog ist. So haben sich in Amerika die Pfingstgemeinden wegen der Offenbarungen des Heiligen Geistes, die ihnen direkt zuteil wurden, von der Kirche abgespalten; aber nach einigen Jahren, als sie selbst sich in äußeren Formen eingerichtet hatten, erklärten sie die Zeit der unmittelbaren Offenbarungen für beendet.

erwähnen oder als noch bezeichnender die Heiliggrabkirchen, wo sich stets das geographisch Entlegene und historisch Vergangene mit Gegenwart und Örtlichkeit in eigentümlicher Weise paart.

Der Weltenbaum konnte auch in der christlich bestimmten Kultur nicht völlig untergehen; er lebte fort als Lebensbaum in der Paradieseslegende und als das den Weltlauf überragende Holz auf dem Hügel Calvaria, als das Kreuz, das ja bisweilen auch künstlerisch als Baum gestaltet wurde. Es lag nahe, diese beiden Bäume auch in der Legende miteinander zu verknüpfen, so daß Kreuzesstamm und -balken ihren Ursprung nehmen aus dem Baum des Paradieses. In einer besonderen Weise verflicht die folgende Fassung auch die Urmutter Eva in diese Ursprungsgeschichte des Kreuzesholzes, in einem Gedicht des Rumänen Lucian Blaga in einer Übertragung von Felix Karlinger.

LEGENDE

„Strahlend am Eingang zum Paradiese
stand Eva. Sie schaute zu, wie am Himmelsgewölbe
die Wunden der Abenddämmerung sich schlossen,
und träumerisch
bis sie in den Apfel hinein,
den ihr die verführerische Schlange gereicht.

Plötzlich kam ihr ein Kern des verwunschenen Apfels
zwischen die Zähne.
In Gedanken versunken blies ihn Eva in den Wind,
und der Kern verlor sich auf der Erde – –
wo er Keime getrieben hat.
Ein Apfelbaum wuchs dort –
und andere folgten nach
im Laufe der Jahrhunderte.

Und der rauhe, kräftige Stamm
von einem unter ihnen
war derjenige,
aus welchen die Meister Pharisäer
das Kreuz Christi hobelten.

O schwarzer Kern,
in den Wind geworfen
von den weißen Zähnen Evas!"

Eine solche Legende, wie immer sie ins Dasein getreten und wie gering auch ihr Gewicht für die Lehre sein mag, – sie kennzeichnet doch, ganz der Kulturstufe gemäß, völlig wirklichkeitsgerecht und der älteren Stufe ganz entgegengesetzt, die ungeheure Distanz zwischen dem Urzeitbaum und seiner Vergegenwärtigung, und zwar sowohl im Hinblick auf die Zeit wie auf den Wirkungszusammenhang.

Die rituellen Kulturen waren zu jeder Stunde imstande, so dürfen wir in sehr allgemeiner Formulierung sagen, die Gegenstände und die Vorfälle des sinnlich erlebten Alltags mit urzeitlichem, weltkerngemäßem Sinn zu erfüllen. Mit dem Zerbrechen der rituellen Kultur geht diese Aufgabe an die beiden verschiedenen Nachfolger über. Doch sehen sich diese einer weit schwierigeren Verpflichtung gegenüber, da sie ihr Werk gerade unter Störungen, im „zerstörten Heiligtum des Erdkreises" verrichten müssen, inmitten dieser Symptomatik sind sie ja entstanden. Zustatten kommt ihnen dabei eine neue Blickrichtung. Die cyclische Zeit ist aufgebogen, an ihre Stelle ist die erstreckte getreten, und hat die rituelle Kultur zumal aus der Vergangenheit gelebt, so bietet sich nun der Ausblick auf die Zukunft an, um der sich gewordenen Gegenwart ein gewisses Maß an Licht und Geborgenheit zu spenden. Beschränken wir die Erörterung zunächst auf die christliche Religion, so sehen wir, wie die alte Kirchenlehre in diesem Sinne das postmortale Geschick des Einzelnen sowie das Endzeitgeschehen überhaupt einbezieht. Überdies aber pflegt sie noch die stärker erdbezogene Vorstellung vom tausendjährigen Friedensreiche, das der Christus selber stiften wird – nach einer kurzen Herrschaft des Bösen, des Antichristus. Prophezeiungen, auf diese Endzeit bezogen, begleiten seit 2000 Jahren in einer erstaunlichen und bezeichnenden Fülle die gesamte Geschichte des Abendlandes.[8] Sie wurden in unseren Tagen abgelöst durch die total pragmatisierten Ideologien der Revolution.

Die Aufspaltung des lebendigen Menschenloses in heilige und profane Bereiche hat sich seit dem Mittelalter bis in die letzten Wurzeln hinunter fortgesetzt, und sie ist heute – mit dem schwer lastenden Übergewicht des

---

[8] Die Quellen sind gesammelt bei: Franz Kampers, „Die deutsche Kaiseridee in Prophetie und Sage", München 1896. Die im Folgenden angeführten Belege, außer Walther und Novalis, finden sich in diesem Werk. Zu vergleichen auch: Friedrich zur Bonsen, „Die Schlacht am Birkenbaum", Essen 1940.

Profanen – eine der faßbaren Hauptursachen für Friedlosigkeit und Unzufriedenheit.[9] Im Mittelalter aber bestand, was von großer Bedeutung ist für die innere Geschichte des Menschen, auch auf der profanen Seite noch ein Geborgenheitsangebot, in Gestalt des Kaisertums nämlich mit dem dazu polaren, ebenfalls heilig genannten Reich. Es ist unschwer einzusehen, daß dieser Weg für weite menschliche Bereiche zunächst der anziehendere sein mußte.

Gemäß dem Gesetz, unter dem die religiöse Kultur antritt, Arcanum zu sein für das wirklich gestörte Welterleben, muß das eigentlich religiöse System jedem Ereignis mit größerer Distanz gegenübertreten. Seine vorstellungsmäßigen und gedanklichen Mittel zum Sinnverstehen und Sinneinflößen nehmen einen weit höheren Abstraktheitsgrad an als die alten Bilder der mythisch-rituellen Kultur. Daher ist die Gefahr, daß es im einzelnen Menschen versagt, weit größer, und es versagt um so gewisser, je ungeheuerlicher die Dimension der Ereignisse ist, die es seinem Sinn zu unterwerfen sich erbieten muß. Am Ende dieses Weges erwartet den Gläubigen stets eine Weise des gottzugewandten Weltverzichts, und gipfeln mußte dieser Weg in der mönchischen Lebensweise, wofür auch der frühe Buddhismus Zeugnis ablegt. Es leuchtet ein, daß eine solche Gestaltung des menschlichen Lebens, in dieser Eigenart und als allgemeines Vorbild, erst mit dem Ende der rituellen Kultur einsetzen konnte. Demgegenüber sucht das Kaisertum das alte gestalthafte Daseinsgefüge der rituellen Kultur auf der Ebene einer höheren Ordnung zu gewährleisten, das Leben im gegenwärtigen, zu jeder Zeit erfüllten Sinnbilde.[10]

---

[9] Die totale Profanierung verursacht ebenfalls die Produktion von tausenderlei sinnlosem Schund, der sich anschließend zu bergehohen Mülldeponien aufhäuft. Man vergleiche mit dieser verlogenen Art Wohlstand die Verse von Novalis: „Wenn ich ihn nur habe, wenn er mein nur ist, … laß ich alles gern, … und es fällt mir jede Gabe wie ein Erbteil in die Hand", – nicht unbedingt Ausdruck eines mönchischen Ideals und als religiös kultivierte Haltung keineswegs Opium fürs Volk. Denn das muß ja wohl die Gegenwart ans Licht gebracht haben: für das so gemeine Volk sind Opiate gerade jene Schundprodukte, um deren breiterer Verteilung willen kapitalistische und antikapitalistische Kräfte eben dabei sind, die letzten Reste ererbter Geborgenheit vollends zu zerstören. Auf jeden Fall zeigt der Vergleich, daß trotz aller Relikte der religiösen Kultur, die ebenso nachleben wie die aus den älteren Kulturen, sie selbst, als eine eigen geartete Kulturstufe, passée ist.

[10] Mit dem Übergang zur religiösen Kultur kommt zum Königtum etwas Weiteres hinzu, und zwar ganz parallel zur Entwicklung der Religion. So wie Buddha, Zarathustra, Christus, Mohammed eine historische Wurzel und eine historische Seite ihres Wesens besitzen, erweitert sich auch das Königtum durch ein historisches Element. Ein Kaiser ist nicht mehr nur ein rex inmitten der Windrichtungen – rex: regere: rect-: recht-: richt- und bloß ein kun-ing, ein Abkömmling aus altem Königsgeblüt, sondern er bedient sich zur Machtbehauptung einer historischen Potenz. So blieben beispielsweise die Herrscher Chinas und Japans, rituell gesehen, bis in unsere Tage hinein im wesentlichen Könige. Daß sie Kaiser genannt wurden, war keine inländische Folgerung, sondern eine ausländische Konzession an die Politik. Das japanische Herrscherritual enthält noch Zeremonien, die ausgesprochen schamanistisch sind; darüber hinaus weist es insofern allerdings auch kaiserliche Züge auf, als es aus Prestigegründen mindestens eine Zeremonie aus der chinesischen Herrscherweihe entlehnt hat. Diese

254

Das Anerbieten ist zunächst ganz konkret gegenwartsbezogen, so als könne der Kaiser als überlegener Ordner die Rolle des heiligen Königs übernehmen. Das deutsche Kaisertum hat seine faszinierende, aber vergängliche Größe unter den Hohenstaufen erreicht. Mit zweien dieser Herrscher war der Dichter Walther von der Vogelweide näher verbunden; darum kennzeichnen wir, was damals erlebt worden ist, durch drei seiner Sprüche. Sie sind an Philipp gerichtet, den König, der, im Begriff sich durchzusetzen, noch nicht dreißig Jahre alt, dem Mörder Otto von Wittelsbach erlag. Das erste Zitat beginnt mit dem ganzen Jammer deutscher Verhältnisse:

„Sô wê dir, tiuschiu zunge,
wie stêt dîn ordenunge!
daz nû diu mugge ir künec hât,
und daz dîn êre alsô zergât.
bekêrâ dich, bekêre.
die circel sint ze hêre,
die armen künege dringent dich:
Philippe setze en weisen ûf und heiz si treten hinder sich.“

hat zwar an sich ritualistischen Charakter, die Übernahme aber bezeichnet nicht Wesensgleichheit, sondern Konkurrenz in Ansehen und Macht. In einem solchen Zuge wird deutlich sichtbar die Wandlung eines heiligen Königtums zum zwischenvolklich rivalisierenden Kaisertum. – Vergegenwärtigen wir uns kurz die Entwicklung des Kaisertums in Europa. Eine alte Revolution in Rom entmächtigte das Königtum und begründete die Aristokratie. Das Amt eines Rex blieb aber immer dabei bestehen; er war allerdings dem Pontifex Maximus unterstellt und hatte die rein rituelle Rolle des Königs weiterzuführen, nämlich als rex sacrificus oder sacrorum die altangestammten, spezifisch königlichen Opfer zu bringen. Aus einer ganz anderen Zone erhebt sich der Imperator, ein Wort, das dann in Frankreich und England die Kaiser bezeichnet. Er ist der erfolgreiche Feldherr, der die äußere Macht erringt und sich dadurch zum Herrscher aufschwingt, ein grundstürzender Kulturwandel. Im Römischen Reiche wird der persönliche Name des Usurpators als Amtsbezeichnung gebraucht und dann ins Deutsche und Russische als Kaiser und Zar übernommen. Ähnliches spielt sich im Merowingerreiche später noch einmal ab; der Majordomus entmächtigt die Könige, und sein Erbe Karl bemächtigt sich, mit religiöser Sanktion, des in Rom begründeten Kaisertums. Zeitlich stark verkürzt, wiederholt sich dies vor knapp 200 Jahren in Frankreich, und es hätte sich auch in Japan so zutragen können, in Japan, das seit dem 12. Jahrhundert in der Shogunatsverfassung lebte – mit einem König in der rituellen Rolle und einem Kronfeldherrn, dem Shogun, in der politischen Machtrolle. Aber der Umsturz in Japan in den sechziger Jahren des vorigen Jahrhunderts, der zu einem Teil von außen erregt wurde, führte zur Resignation des Shoguns und begabte den Ritualkönig nun auch mit der politischen Macht. Im internationalen Kräftespiel erhält auch Japan, wie die Herrscher von China und Korea, den Kaisertitel. Daß die Könige und Königinnen von England nur als Herrscher Indiens die Kaiserwürde besaßen und sie mit ihm wieder verloren, ist bekannt, ebenso, daß Mussolini 1936 seinem König den Titel eines Kaisers von Äthiopien verschaffte. – Aus all dem geht hervor, daß das Kaisertum etwas vom Königtum sehr Verschiedenes ist und daß es zu diesem im allgemeinen als Machterweiterung hinzukommt. Es entwickelt sich parallel zur Religion und mit einer ganz entsprechenden Aufgabe. Während aber jene nach der Störung der rituellen Kultur in dem neuen Sondergebiet des Heiligen den metaphysischen Sinn des Lebens aufrecht zu erhalten sucht, stellt das Kaisertum den Versuch dar, das Nämliche auf der welthaften Seite zu leisten.

Ordenunge ist hier die eigentliche in der Natur vorgegebene Gestaltung menschlicher Verhältnisse; der mittelhochdeutsche Begriff enthält noch etwas von der kosmisch vorgebildeten Gliederung der Menschenwelt in der rituellen Kultur. Diese Ordnung aber ist eben gestört, und zu ihrer Wiederherstellung ergeht Walthers Ruf an Philipp, daß er die Kaiserkrone aufsetze. Sie heißt nach dem Karfunkel darin, der nicht seinesgleichen hat und daher Waise genannt wird. Diesem Namen gemäß können einmalig auch nur sein Kaisermacht, Kaiserordnung und Kaiserwort, das die Kleinkönige, die mit den bloßen Stirnreifen, den Cirkeln, in ihre Schranken verweisen, zur Ordnung rufen soll.

Noch in einem anderen Spruch benutzt Walther das Symbol der Krone, um Recht und Macht Philipps dadurch auszudrücken. Die alte Krone paßt auf des jungen Königs Haupt, als sei sie just für ihn gemacht, auch ist die Leuchtkraft beider gegenseitig:

> „si liuhtent beide ein ander an,
> daz edel gesteine wider den jungen süezen man:
> die ougenweide sehent die fürsten gerne.
> swer nû des rîches irre gê,
> der schouwe wem der weise ob sîme nacke stê:
> der stein ist aller fürsten leitesterne."

Walthers Anschauung läßt sich hier immer noch vergleichen mit der alten Vorstellung vom wahren Himmels- und Herrscherlicht wie im iranischen Chvarenah.

Schließlich, in Magdeburg bei dem Weihnachtsfest des Jahres 1199, erscheinen religiöse Vorstellung und Kaiseridee in einem außergewöhnlichen Bilde verwoben:

> „Ez gienc eins tages als unser hêrre wart geborn
> von einer maget dier im ze muoter hât erkorn,
> ze Megdeburc der künec Philippes schône.
> da gienc eins keisers bruoder und eins keisers kint
> in einer wât, swie doch die namen drîge sint:
> er truoc des rîches zepter und die krône.
> er trat vil lîse, im was niht gâch:
> im sleich ein hôhgeborniu küneginne nâch,

rôs âne dorn, ein tûbe sunder gallen.
diu zuht was niener anderswâ:
die Düringe und die Sahsen dienten alsô dâ,
daz es den wîsen muoste wol gevallen."

Gewagte, wohl gar ketzerische Bilder, da die Herrschergestalten Kaiser und Kaiserin als sinnenhafte Erscheinungen der allerheiligsten Vorstellung der Kirche, als Dreifaltiger Gott und Gottesmutter, beschrieben werden. – Wenn nun eine solche Darstellung in der Sprache der Dichtung etwas Einmaliges ist, so werden wir doch vermuten dürfen, daß dergleichen in der bildenden Kunst öfter unternommen worden ist. So zeigt der Vierungsturm im Dom des Kaisers Lothar in Königslutter einen Fries von Heiligenbildern und in dieser Reihe die Reliefs von Kaiser und Kaiserin – oder sind es Christus und Maria? – oder sind vielmehr, in der Art von Walthers Spruch, die Figuren des einen Paares wie des anderen miteinander verwirkt?

Indes stellt sich bald heraus, daß auch hier, im Umkreis der gegenwartsbezogenen Kaisermystik, Wandlungen notwendig ins Dasein treten, die denen im kirchlichen Bereich entsprechen. Der leibhafte Kaiser auf der konkreten Bühne der Welt versagt in schicksalhafter Weise, so wie sein Vorgänger, der heilige König, bereits versagt hat. Wie dieser enttäuschen die Kaiser die auf das Hier und Jetzt gerichtete Geborgenheitshoffnung der Menschen, und damit tritt das Kaisertum folgerechterweise aus seiner Gegenwärtigkeit zurück in die Verborgenheit. Das welthafte Heilsverlangen verknüpft sich mit der Vorstellung eines geheimen kaiserlichen Weltzentrums und mit der Zukunftshoffnung auf den endlich wieder erscheinenden Kaiser, – eine Zukunftsverheißung, ganz analog den Tröstungen der Religion, die ebenfalls das künftige Weltgeschick einbeziehen muß, um den geborstenen Weltring zur Gänze zu bringen.

Mit diesem Vorgang vertieft sich die metaphysische Potenz des Kaisertums, während seine jeweilige Vergegenwärtigung auf der Weltenbühne verflacht. Jeder leibhafte Kaiser ist eine andere Enttäuschung, und so wenig ein Papst letzten Endes der Stellvertreter Gottes ist, so wenig ist ein beliebiger Kaiser der eigentliche Kaiser; von diesem fällt nur ein schwacher Abglanz auf jenen. Hat die Gralssage bei Wolfram von Eschenbach einen auf Kaiser und Reich bezogenen Sinn, ist die Gralsburg eine verborgene Weltmitte, die einen Ordner des Reiches entsenden kann, so unterläge doch später, angesichts aller Fehlschläge kaiserlicher Politik, eine jede Sendung dem Zweifel. Die

Institution des Kaisertums spendete wohl noch einen Hoffnungsschimmer, doch nur selten ihr Vertreter. Trotzdem hat sich in verschiedenen Formen die Vorstellung einer diesseitig-kaiserlichen Mitte, eine echte Kaisermystik, bis auf unsere Tage erhalten.[11]

In der deutschen Überlieferung ist der Ort der Verborgenheit des Kaisers der Berg. Es gibt in Deutschland mehrere Berge dieser Art, bei denen die Sage von mancherlei Geschichten und Entrückungserlebnissen der Umwohnenden erzählt. Allgemein bekannt sind zumal der Untersberg bei Salzburg mit seinem schlafenden Heere und seinem kaiserlichen Heerführer – und der Kyffhäuser, ein uralter Kultberg, der so weit im Norden doch hohenstaufisch ist und an den sich die Sage von Barbarossa knüpft. In dieser Gestalt sind sagenhaft zusammengeronnen so der erste Friedrich, der 1190 auf dem Kreuzzug einen jähen Tod fand, wie auch der zweite Friedrich, der ebenso jäh auf dem Gipfel der Macht dahinstarb, – typisch sinnlose Missetaten der Zeitlichkeit. Die rituelle Kultur beherrschte derlei Sinnlosigkeiten geschichtlicher oder biographischer Art dadurch, daß der König selbst in seiner Rolle ewig war und nur wechselnde Träger der Rolle unter die Krone traten, in manchen Kulturen bekanntlich mit zeitlich geregeltem opferlichem Abtreten.[12] Die schicksalhaft katastrophalen Todesfälle der beiden Friedriche brachten daher zwangsläufig eine Weissagung hervor, die einen dritten Friedrich verkündete, der das Friedensreich bringen würde – die Erlösung von der Historie.

Die Kaisermystik, die auf diese Weise entstand, ist in den überlieferten Prophetien in mannigfaltiger Weise mit den entschiedener kirchlich orientierten Zukunftsvisionen verbunden, gewöhnlich derart, daß der Kaiser zwar auf eine Weile den Weltfrieden zu gewährleisten vermag, daß aber er dann doch den Täuschungskünsten des Antichrist erliegt und dieser erst dem wiederkehrenden Christus weichen muß. Wir fassen hier nur die weltliche Seite ins Auge und nennen dazu die Formel, mit der im mittelalterlichen Europa die beispielhafte Gestalt der Herrschermystik gekennzeichnet wurde. Dies war König Artus, der ebenfalls auf der Bühne der Zeitlichkeit, trotz aller Vortrefflichkeit, erlegen war, der für die keltischen Briten die Weltbühne leer ließ, der entrückt war, auf die Insel im Westmeer, Avallon, und der wiedererwartet wurde: Arthurus quondam rex atque futurus. Dasselbe Paradigma finden wir im Rotbart, der im Kyffhäuser schläft. Auch im Reich war mit dem Ende des

---

[11] Julius Evola, „Das Mysterium des Grals", München-Planegg 1955.
[12] Als Rechtsgrundsatz lebte dies fort in der französischen Formel: Le roi est mort, vive le roi! – mit der lateinischen Entsprechung: rex non moritur.

hohenstaufischen Hauses die Zeitenbühne ihrer wesentlichen Rollenträger beraubt, und die Hoffnungen der Menschen richteten sich, oftmals in einer sehr konkreten Weise, auf den wiederkehrenden Friedrich. So berichtet um die Zeit, als die hundertste Wiederkehr des Todestages Friedrichs II. bevorstand, Johann von Winterthur (1348) das Folgende:

„In diesen Tagen verbreitete sich bei zahlreichen Leuten jedes Standes die Meinung, daß Kaiser Friedrich, der zweite dieses Namens, in größter Machtfülle wiederkehren werde, um den völlig verschlechterten Zustand der Kirche zu reformieren. Die Leute, welche diese Meinung vertreten, fügen hinzu, daß er notwendig kommen müsse, auch wenn er in tausend Stücke zerschnitten oder zu Asche verbrannt worden wäre, weil es Gottes unabänderlicher Ratschluß sei, daß es so geschehen müsse. Nach dieser Meinung wird er, sobald er vom Tode auferstanden und auf die Höhe seiner Herrschermacht zurückgekehrt ist, die armen Frauen und Jungfrauen reichen Männern zur Ehe geben und umgekehrt; die Nonnen und Beghinen wird er verheiraten, die Mönche zur Ehe veranlassen, Unmündigen, Waisen und Witwen wird er alles, was ihnen geraubt ist, wieder verschaffen und allermänniglichen ihr volles Recht zuteil werden lassen. Die Geistlichen wird er so heftig verfolgen, daß sie ihre Tonsuren, wenn sie sonst keine Kopfbedeckung haben, lieber mit einem Kuhfladen verdecken, nur um nicht ihre Tonsur zu zeigen. … Er wird nach der Wiederaufrichtung seines Reiches, das er gerechter und ruhmvoller denn je regieren wird, mit einem zahlreichen Heer über das Meer fahren und auf dem Ölberg oder bei dem dürren Baume dem Reiche entsagen."[13]

In dieser Nachricht ist – wie in zahlreichen Prophezeiungen der Art – zumindest zweierlei Altererbtes enthalten. Zum einen dies, daß der Kaiser als Heerführer kommt, der aller Ungerechtigkeit und allem Unfrieden ein Ende bereitet, – und andererseits, daß seine Wiederkehr mit dem Baumsymbol verknüpft ist. – In den verbreitetsten Vorgesichten ist der Baum dürr, der Kaiser hängt seinen Schild daran, Symbol des höchsten Richteramtes,[14] und der Baum ergrünt und bringt wieder Frucht. In den mittelalterlichen Dichtungen steht dieser Baum jenseits des Meeres bei dem heiligen Grabe,

---

[13] Weitere Beispiele bei Franz Kampers, „Die deutsche Kaiseridee in Prophetie und Sage", München 1896, S. 102 ff.
[14] Auch die Schlacht gehörte nach alter Auffassung in das Gebiet der Rechtshandlungen, wofür auch die altnordischen Wörter hjǫrstefna, hjǫrþing = Schwertding als Umschreibungen für Schlacht zeugen.

„do stat ein dor boum und ist gros,
und sol so lange stan blos,
bicz der keiser Fridrich dar an
sinen schilt gehenken mag und kan –
so wirt der baum wider gruen gar."

Der dürre Baum ist ein furchtbares, aber wahres Symbol, seit mit dem Verdorren der alten Kulturen, der des lebenden Weltbaumes, der des Malbaumes, die ewig fruchtlose Historie den Weltkreis beherrscht. Das Bild steht in ausgesprochenem Gegensatz zu der eddischen Kunde vom Weltbaum; Yggdrasill, heißt es,

„stendr æ yfir, grœnn, Urðar brunni –"
und selbst unterm letzten Götterkampfe bebt und dröhnt die
Esche nur:
„scelfr Yggdrasils ascr standandi,
ymr iþ aldna tré, enn iǫtunn losnar."

Wir denken bei dem Gesicht von dem verdorrten Baum daran, wie erschrekkend auch wir und erst recht von diesem Bilde bedroht werden. Das Verdorren der Kultur zehrt auch am Leben der Natur, und zwar nicht nur in Gestalt der Frevel, die man bei uns, sozusagen unvorsichtigerweise, an ihr begeht, sondern brutaler, mörderisch in den großen Wäldern Afrikas und aller drei Amerika. Bei den unmittelbar davon betroffenen Lakandonen besagt das prophetische Wort: Das Ende der Wälder ist das Ende des Sprechens, – eine Metapher für den Weltuntergang, die noch unmittelbarer das Mundtotmachen der Kultur bezeichnet.[15]

Die entscheidenden Bilder, Feld der Schlacht, Baum des Gerichtes, kommen schon frühzeitig auch in der heimischen Sage vor; am berühmtesten sind der Birkenbaum am Helwege bei Werl – und der Birnbaum auf dem Walserfelde nördlich des Unterberges. Mit dem Ende des Reiches vor einhundertachtzig Jahren, am 1./6. August 1806, lebten diese Sagen noch einmal auf und begleiteten die Reichshoffnungen der deutschen Dichter. Angeführt seien hier zwei Strophen von Friedrich Rückert:

---

[15] Christian Rätsch / K'ayum M'ax, „Ein Kosmos im Regenwald. Mythen und Visionen der Lakandonen Indianer", Köln 1984, S. 13, 78, 284.

„Es steht auf einem Feld
des Reiches dürrer Baum
und wartet bis der Held
erwacht aus seinem Traum.

Wenn der aufhänget kühn
am Baume seinen Schild,
dann wird der dürre grün,
dann blüht das Reichsgefild."

Wie lebendig dieser ganze Zusammenhang geblieben ist, geht auch daraus hervor, daß sich die Hoffnung auf Erneuerung nach mehr als einem halben Jahrtausend noch immer auf die Hohenstaufen richtet. Sie geht nicht auf eine bodenlos konstruierte Zukunft hinaus, sondern blickt in die Vergangenheit. Novalis ist noch vor der Auflösung des Reiches am 25. März 1801 gestorben. In seinem Roman „Heinrich von Ofterdingen" schließt er erstaunlicherweise den vollendeten ersten Teil, der „Die Erwartung" betitelt ist, mit einem rituellen Bilde ab, nämlich mit dem Hieros Gamos des neuen Königspaares Eros und Freya. Für den zweiten Teil, „Die Erfüllung", notiert er, daß Heinrich von Klingsor auf dessen Mantel nach dem Kyffhäuser geführt wird, daß er in Pisa einen natürlichen Sohn Friedrichs II. findet und mit ihm Freundschaft schließt. Das hohenstaufische Haus wird als das künftige Kaiserhaus dargestellt, und für den fehlenden Stein in der Krone hat Novalis eine wundersam verflochtene Fabel von seiner Wiederfindung ersonnen. Bezeichnend für das, was dem Dichter vorschwebte, sind auch die Notizen: „Gespräch mit dem Kayser über Regierung etc. Mystischer Kayser." – „Mystizism mit dem Kayserlichen Hause. Urkayserfamilie."[16] – Welch ein Leben aus der Vergangenheit, welch ein Hoffnungsschimmer für die Zukunft, aus der kaiserlichen Ordnung der Vergangenheit aufleuchtend!

Unter den mannigfaltigen hohenstaufischen Reminiszenzen bei den Dichtern des vorigen Jahrhunderts ist am bekanntesten geworden Rückerts Barbarsssa-Lied, 1817 entstanden, das weitergelebt hat bis in die Liederbücher der Jugendbewegung und der Schulen der Zeit – als ein letzter Nachhall der damals verklingenden, am Kaiserbilde sich aufrichtenden Hoffnung, einer Hoffnung, die gerichtet war auf Geborgenheit im Hier und Jetzt, ein

---

[16] Novalis, „Werke", hrsg. von Hans-Joachim Mähl und Richard Samuel, Band I, S. 364, 28ff,; 392, 22f., 28; 397, 26f.

sonderbares Mythenbruchstück, nachlebend in einer ansonsten mythenfeind-
lichen Zeit.

Die Geborgenheitsverluste des Menschen in den Jahrtausenden der Historie haben wir zuletzt am Beispiel des Deutschen Reiches dargestellt und
an den fortlebenden Hoffnungen, die sich nach 1806 auf ein wiedererstehen-
des Kaisertum richteten. Man pflegt das seither Geschehene im allgemeinen
nur im politischen Zusammenhang zu verstehen. Doch erläge man damit einem Irrtum über die eigentlich treibenden Kräfte. An dem unter Wandlungen
fortlebenden Baumsymbol ist dies ebenso abzulesen wie an den verwandten
zukunftsbezogenen Mythen anderer Völker. Wir erwähnten schon den briti-
schen König von Ehedem und Künftig, Artus, und könnten noch hinweisen
auf die jüdische Messias-Hoffnung, die auf die Erneuerung eines davidischen
Königtums gerichtet war; auf die islamischen Vorstellungen vom Mahdi,
einem Sprößling der Fatima oder Alis, der nach *einer* Tradition auf einem
bestimmten Berge in seinem Grabe *lebt* und von dort als Begründer einer
gerechten Ordnung erwartet wird;[17] endlich auf den portugiesisch-brasiliani-
schen Sebastianismus, der noch jahrhundertelang seine Hoffnungen auf den
im afrikanischen Kriege verschollenen jugendlichen König Sebastian richtete.[18] Als eine besondere Merkwürdigkeit ist auch eine in unserer Zeit entstandene Weltaltermythe zu verzeichnen, nämlich Tolkiens *Lord of the Rings*,
ein Mythos, der in der *Wiederkehr des Königs* gipfelt, in einem Königtum,
das doch seine eigentliche Bestätigung erst erfährt mit der Auffindung eines
treibenden und blühenden Sprosses vom Urbaum (Eldest of Trees).

Mögen sich nun auch die messianischen Mythen zumeist religiös und po-
litisch verquickt und weiterentwickelt zeigen, so ist doch ihr Ursprung gewiß
nicht in jenen Bereichen zu suchen. Sie rühren aus einer älteren Problematik
des Menschen her, die überall dort entstand und entsteht, wo das Band der
rituellen Kultur zerreißt. Sie schenkte im Hegungsring und Mittenmal, die
alles zugehörige Land weihten, den Anteilnehmenden eine sinnspendende
Mitte und bergende Heimstatt. In ihrem Ritual, das den Jahreszyklus in Sinn-
bildern ausgestaltete, verlieh jene Kultur ihren Menschen auch eine niemals
vergehende Heimat in der Zeit, – und im König stellte sie ihnen jenes Bild
erhöhten Menschentums vor Augen, das beide Kreise, des Raumes wie der
Zeit, Vergangenheit wie Zukunft, mit seinem Licht erfüllte.

---

[17] Mircea Eliade, „Geschichte der religiösen Ideen. III/1", Freiburg 1983, S. 123.
[18] „Rebellion in the Backlands", Translated by Samuel Putnam from Os Sertões by Euclides da
     Cunha, Chicago 1944, S. 112 ff., 163f.

Wollten wir die Betrachtung bis in die Gegenwart oder die nächstvergangene Zeit fortsetzen, dann hätten wir vor allem nach der Weiterentwicklung des Baumsymbols zu fragen. Es kann kein Zweifel sein, daß am dürren Baume, der nicht wieder ergrünt, im menschlichen Bereich nur noch eine Weise der Wandlung abzusehen ist, daß er abgehauen und verbrannt wird. In den dreißiger Jahren ist in Deutschland diese Alternative wirklich in Worte gefaßt worden, zwar nicht unter Verwendung des Baumbildes, doch mit der Berufung auf den Weltbrand, sollte die Neubegründung des Reiches scheitern.[19] Ein schlimmer Ausblick im Vergleich mit den hoffnungsvollen Dichtungen des vergangenen Jahrhunderts, doch auch ein letzter Ausdruck säkularer Enttäuschungen. Indes ist nicht zu verkennen, daß sich inzwischen in der Weltpolitik eine ähnlich verzweifelte Wahl als die allgemein verbreitete Ultima Ratio Regentium hervorgedrängt hat: die vollkommenste Bombe, die den Brand stiftet im elementarischen Daseinsgrunde, – eine Wahl, die in der Zeit ritualistischer und ruhmbegehrender Kriege undenkbar war. Auch die Assassinen unserer Tage, sehr verschiedener Herkunft, handeln letzten Endes unter dem Zwang eines schweren geschichtsbedingten Mangelleidens, – und wieviele sonstige Neurosen mögen überhaupt verursacht und mitverursacht sein durch das Fehlen eines Heimatdorfes, eines Mutterlandes, einer bergenden Burg, einer wahren Metropolis, oder Patria, die sogar das Sterben zu versüßen und zu verschönern vermochten.

Es ist mir nicht bekannt, ob ein Autor unserer Tage das drohende Weltgeschick mit dem Symbol des brennenden Baumes verknüpft hätte. Doch sei zum Abschluß daran erinnert, daß der aufflammende Baum seit alters in das Bild der Frühlings- und Sonnwendfeiern gehörte, ein Brauchtum, das von Estland bis zu den Pyrenäen, von Skandinavien bis Norditalien verbreitet war. Es wurden und werden noch hier und da riesige Bäume, meist Tannen oder Fichten, über dem Festplatz aufgerichtet und mit Holzstößen umlegt oder die Kronen winterlicher Wildkirschenbäume ganz mit Stroh vollgestopft und angezündet.[20] Um den brennenden Baum wurde getanzt, und alles und

---

[19] Hans Zöberlein, „Der Befehl des Gewissens", 1936, zit. nach: Walter Linden, „Geschichte der deutschen Literatur", Leipzig 1942, S. 467: „Denn uns wenigen ist bewußt, daß wir der glühende Anfang einer unbändigen deutschen Erhebung sind. Oder, wenn's sein muß, der brennende Anfang des gewaltigsten Unterganges, so weit menschliches Denken zurückreicht in die Jahrtausende. Wir werden dafür sorgen, daß Deutschland nicht den Weg des Verfalls anderer großer Völker geht, sondern dann in einem einzigen gewaltigen Auflodern diese ganze dreckige Welt mitverbrennt."

[20] Wilhelm Mannhardt, „Wald- und Feldkulte I", Nachdruck Darmstadt 1963, S. 186f., 497ff. – Ferner u. a.: Heinrich Winter, „Feuerbrauch an Fasnacht im Odenwald und Spessart", Germanien 1941, S. 81–100.

alle sollten möglichst vom Feuerschein getroffen werden. Bemerkenswert ist, daß oftmals in dem lodernden Baum eine Puppe mitverbrannt wurde. Zwar benannte man diese an verschiedenen Orten als Hexe, doch dürfte dieser Bezeichnung ein anderer Sinn als der heute geläufigste zugrunde liegen. Wir gehen wohl nicht fehl, wenn wir in diesem Wesen den veralteten und lebensabträglich gewordenen Genius der scheidenden Epoche sehen, der in der Wendezeit sich verjüngen soll. Es wäre möglich, daß dieses alte Brauchtum auch in die Vorstellung vom Ragnarǫk hineingewirkt hätte, wie auch sonst der Weltbrand in erdweit verbreiteten Mythen als der Anhub eines neuen Zeitalters gilt.

IM BUMMELZUG DURCH POLYGAPO

Betrachtungen zu Zeit und Schicksal mit Ludwig Klages und Luise Resatz

[Erschienen in „Hestia 1994/95" – Jahrbuch der Klages-Gesellschaft, Bouvier Verlag, Bonn 1995, S. 116–139]

Im Bummelzug durch Polygapo – man könnte meinen, daß unsere Ausführungen auf Scherzhaftes hinauslaufen sollten, und darum erschien es angebracht, den Scherz mit einem Untertitel gewichtiger Worte und Namen zu dämpfen. Aber diese Dämpfung muß auch nicht vollständig sein, denn welche Schicksalsfrage läßt sich ertragen, ohne daß wir uns ihre Last durch ein gewisses Maß an Humor erleichtern. Der Humor verzehrt auch den Ernst nicht, sondern er vermag ihn zu profilieren.

Die Fahrt durch Polygapo bietet den Anblick kindlicher Unbekümmertheit, und dann stoßen wir mit ihr plötzlich auf eine tiefdunkle Rätselfrage, Sinn und Ursprung, Bedingtheit und Eigenwuchs unseres Daseins. Die Frage gibt uns Anlaß, unserer vor anderthalb Jahren dahingeschiedenen Freundin Luise Resatz zu gedenken und ihre Gedanken, die sie zu der schwierigen Frage ausgesprochen hat, erneut ins Auge zu fassen.

Das Geschichtchen, mit dem wir zu der Frage nach Zeit und Schicksal aufbrechen, findet sich in dem Buch „Hidden Channels of the Mind" – Verborgene Verbindungswege des Gemüts – von Louisa E. Rhine.[1] Die Verfasserin

---

[1] Louisa E. Rhine, „Hidden Channels of the Mind", New York 1961, S. 123–125. Eine Besprechung zu dem Buch von Aniela Jaffé in „Zeitschrift für Parapsychologie und Grenzgebiete der Psychologie", Bd. V, Bern 1961/62, S. 120–141. – Von Louisa E. Rhine ferner zum Thema, „Precognition and Intervention", The Journal of Parapsychology, Vol. 19. Durham N. C. 1955, S. 1–34.
Als eine frühe Stimme zum Thema Vorgesicht sei genannt Annette Freiin von Droste-Hülshoff, „Vorgeschichte" (Second sight); „Bei uns zu Lande II"; „Bilder aus Westfalen III", Ende. –
Aus der Zeit des Mesmerismus ist hervorzuheben eine wertvolle Fall-Sammlung des nordschleswig-fünenschen Arztes Bende Bendsen, „Beiträge zu den Erscheinungen des Zweiten Gesichts", Archiv für den Thierischen Magnetismus. Bd. VIII, Leipzig 1819, S. 60–130. – Von bleibendem Wert auch die folgenden Schriften: Wilhelm Ludwig (= Prof. Ludwig Kuhlenbeck), „Spaziergänge eines Wahrheitssuchers im Reich der Mystik²", Leipzig 1899. Angesichts der Kundgaben von Ignoranten ist es von Gewicht, daß der Jurist Kuhlenbeck bei zwei Fällen der Vorschau, die er mit allen Mitteln nachgeprüft hat, die Beweiskraft mindestens so stark gefunden habe wie in solchen Feststellungen, „auf Grund deren ich im Laufe meiner juristischen Praxis billigen mußte, daß Angeklagte zu schweren Strafen verurteilt wurden." (S. 78) – Professor Dr. Friedrich Zurbonsen, „Das zweite Gesicht (Die ‚Vorgeschichten') nach Wirklichkeit und Wesen", Köln a. Rh. 1907. – Ders., „Neuere Vorgesichte und verwandte Erscheinungen. 73 Selbstzeugnisse aus der Gegenwart", Köln 1920.

ist die Gattin von J. B. Rhine, dem Erfinder der ESP-Karten. Er hat mit diesen ja gewisse wunderbare Fähigkeiten der menschlichen Seele nachweisbar gemacht durch die Möglichkeit der Berechenbarkeit, durch die Anwendung der Wahrscheinlichkeitsrechnung auf das rational Unwahrscheinliche, – ein unauslöschliches Verdienst in einer Zeit, die das Sinnerleben durch die Zahl abzustützen nötig hat. Demgegenüber bietet uns Louisa Rhine in ihrem Buch eine Fülle von Erlebnissen, eine Sammlung, die dem Institut ihres Mannes zu verdanken ist, mit zahlreichen wunderbaren Geschichten aus der zeitgenössischen Wirklichkeit. Dort findet sich auch der Bericht über den Polygapo-Train.

Im Herbst 1951 träumte eine Frau im Staate Washington – im Nordwesten der USA – einen ungewöhnlichen Traum, und der verlief so: „Es war ein altmodischer Zug. Der Schaffner kam durch den Wagen und rief einen wunderlichen Ortsnamen aus – so etwa wie Polygapo – und er sagte, daß alle Polygapoer, groß und klein, also ihr seid da! – Der Zug hielt vor einem weißen Hause mit einem Zaun darum. Ein halbes Dutzend oder so von Kindern purzelte heraus und lief vom Zug auf den sonnigen grünbewachsenen Bahnsteig. Eins sprang über den Zaun, eins lief zur nächsten Tür, eins jagte einen Hund, eins nahm eine Zeitung mit und lief zum Eingang. Die ganze Szenerie war umrahmt von dem Fenster des Zuges. – Da wachte ich auf.

Ich kümmere mich selten um meine Träume, mache mir nichts daraus, sie anderen zu erzählen, und halte auch nichts von Traumdeutungen. Dieser Traum war jedoch ungewöhnlich klar und so spaßig, daß ich ihn meiner Mutter erzählte. Ich hatte aber keine Vorstellung davon, daß er etwas bedeuten oder gar prophetisch sein konnte, und daher vergaß ich ihn geschwind.

Eine gründliche Darstellung der Vorschau in weiterem Rahmen bei Emil Mattiesen, „Der jenseitige Mensch", Berlin 1925/1987, S. 427–488. – Ähnlich eingeordnet auch bei Fanny Moser, „Der Okkultismus"; München 1935, S. 438–479.
Der volkskundliche Überblick bei Will-Erich Peuckert, „Vorgeschichte". In „Handwörterbuch des deutschen Aberglaubens", Bd. 8, Berlin 1937/1938, Sp. 1691–1727.
Aus dem neueren Schrifttum, Prof. Dr. W. H. C. Tenhaeff, „Hellsehen und Telepathie", Gütersloh 1962. – Hans Bender und Johannes Mischo: „Praekognition" in „Traumserien I/II", in Zs. f. Par. Bd. IV, 1960, S. 114–198, Bd. V, 1961, S. 18–47. – Hansa Bender, „Kriegsprophezeiungen I/II", in ZS. f. Par. Bd. 22, Freiburg 1980, S. 1–22, Bd. 23, 1981, S. 129–163. – Ders., „Zukunftsvisionen, Kriegsprophezeiungen, Sterbeerlebnisse²", München 1986. Hier S. 25ff. die „Platzversuche" mit dem niederländischen Hellseher Gerard Croiset; S. 37f. physikalische Erklärungsversuche für die Präkognition. – Untersuchungen über Zukunftsfühligkeit von Tieren finden sich bei Ute Pleimes, „PSI bei Tieren? I/II", Zs. f. Par. Bd. 13, Freiburg 1971, S. 118–142, 203–229. – Von der Einbettung des „wahren Kernes" in die volksläufigsagenhafte Überlieferung handelt Gerda Grober-Glück, „Das ‚Zweite Gesicht' – traditioneller Volksglaube und Präkognition", Zs. f. Par. Bd. 14, Freiburg 1972, S. 102–129.

Am 14. Juni 1952 machten meine Schwester und ich unsere erste kurze Flugreise, von Seattle nach Olympia (beide in Washington gelegen). Wir sollten mit der Eisenbahn zurückfahren und erkundigten uns nach dem betreffenden Bahnhof. Infolge eines Mißverständnisses wies man uns nach dem falschen Bahnhof und ließ uns beinahe in einen Zug nach Portland einsteigen. Aber da war es schon zu spät geworden für den eigentlich vorgesehenen Zug nach Hause, und wir mußten gegen Abend mit dem Bummelzug fahren. Wir hatten noch nicht lange darin gesessen, als der Schaffner durch den Zug ging und ganz genau so ausrief wie in meinem Traum.

In den ersten Sekunden hatte ich ein seltsames Gefühl, so als hätte sich das früher schon zugetragen. Dann tauchte wie ein Blitz der ganze Traum wieder auf. Ich saß da und schaute und sagte zu mir: Jetzt wird der Junge da über den Zaun springen – und das tat er auch; der andere Junge wird den Hund jagen – und das tat er; das Mädchen wird die Zeitung holen und zum Eingang gehen, und das tat sie. So war es mit allem, genau wie in meinem Traum. Die Schatten, das Sonnenlicht, der Wind, der über das Gras strich; alles Tun der Leute, jedes gesprochene Wort, alles dasselbe.

Ich habe ein skeptisches, zum Zweifel geneigtes Wesen, und daher erhoben sich, meiner Gewohnheit gemäß, in mir Fragen, ob das nicht bloß Einbildung sei oder eine Art von Selbsthypnose. Aber angesichts der entschiedensten Überzeugung, die ich empfand (before the utter conviction I felt), war die Frage sinnlos. Ich wußte es einfach, daß dies genau der Traum war, der wirklich geworden war.

Ich war wie vor den Kopf gestoßen und wagte kaum, darüber nachzudenken, was dies bedeuten konnte. War es vorbestimmt (predestined), daß man uns mißverstehen würde, daß wir den geplanten Zug verfehlen, daß wir genau den Sitz einnehmen sollten, wo wir saßen, da kein anderer Sitz im Zuge gerade den genauen Ausblick ergeben hätte, daß der Zug genau an der Stelle halten sollte und jedermann genau diese Handlungen und Worte ausführen und aussprechen sollte?" –

Dazu Louisa E. Rhine: „Was ihre Frage betrifft, wer würde sich wohl herausnehmen, sie zu beantworten? Die Gegenwart ist dazu noch viel zu früh. Vorschau und Vorschau-Erlebnisse müssen sehr viel eingehender untersucht werden, ehe das Rätsel, das sie aufgeben, lösbar wird." –

Das ist eine amerikanische Antwort auf die Lebensfrage der jungen Frau, und sie würde gewiß von vielen Forschern in der Welt ähnlich ausgesprochen. Aber es gibt außer dem Appell an die künftigen Untersuchungen mit der aus

Tatsachen zu ermittelnden Antwort auch die der Denker, und die sprechen da ihr Urteil viel schneller aus – und etwa auch vorschnell. – Ein Denker, der so vorgeschnellt ist und mit seiner Antwort sich einen schweren Verweis von Ludwig Klages eingehandelt hat, war auf ein ganz ähnliches Erlebnis wie das von Polygapo gestoßen – und hat sich ausführlich zu der Frage der jungen Frau aus Seattle geäußert. Der Mann wußte sehr gut Bescheid über das Hellsehen und

Wahrträume, wußte, daß die dazu Begabten zumal ihre eigenen Krankheiten und Krisen voraussehen. „Nächstdem werden auch äußere Unfälle wie Feuersbrünste, Pulverexplosionen, Schiffbrüche, besonders aber Todesfälle, bisweilen durch Träume angekündigt. Endlich aber werden auch andere, mitunter ziemlich geringfügige Begebenheiten von einigen Menschen haarklein vorhergeträumt, wovon ich selbst, durch eine unzweideutige Erfahrung, mich überzeugt habe. Ich will diese hersetzen, da sie zugleich die *strenge Nothwendigkeit alles Geschehenden*, selbst des allerzufälligsten, in das hellste Licht stellt. An einem Morgen schrieb ich mit großem Eifer einen langen und für mich sehr wichtigen, englischen Geschäftsbrief: als ich die dritte Seite fertig hatte, ergriff ich, statt des Streusands, das Tintenfaß und goß es über den Brief aus: vom Pult floß die Tinte auf den Fußboden. Die auf mein Schellen herbeigekommene Magd holte einen Eimer Wasser und scheuerte damit den Fußboden, damit die Flecke nicht eindrängen. Während dieser Arbeit sagte sie zu mir: ‚Mir hat diese Nacht geträumt, daß ich hier Tintenflecke aus dem Fußboden ausriebe.‘ Worauf ich: ‚Das ist nicht wahr.‘ Sie wiederum: ‚Es ist wahr, und habe ich es, nach dem Erwachen, der andern, mit mir zusammen schlafenden Magd erzählt.‘ – Jetzt kommt zufällig diese andere Magd, etwa 17 Jahre alt, herein, die scheuernde abzurufen. Ich trete der Eintretenden entgegen und frage: ‚Was hat der da diese Nacht geträumt?‘ – Antwort: ‚Das weiß ich nicht.‘ – Ich wiederum: ‚Doch! Sie hat es Dir ja beim Erwachen erzählt.‘ – Die junge Magd: ‚Ach ja, ihr hatte geträumt, daß sie hier Tintenflecke aus dem Fußboden reiben würde.‘ – Diese Geschichte, welche, da ich mich für die genaue Wahrheit derselben verbürge, die theorematischen (= sachgenauen, nicht allegorischen) Träume außer Zweifel setzt, ist nicht minder dadurch merkwürdig, daß das Vorhergeträumte, die Wirkung einer Handlung war, die man unwillkürlich nennen konnte, sofern ich sie ganz und gar *gegen* meine Absicht vollzog, und sie von einem ganz kleinen Fehlgriff meiner Hand abhing: dennoch war diese Handlung so strenge nothwendig und unausbleiblich vorherbestimmt, daß ihre Wirkung, mehrere

Stunden vorher, als Traum im Bewußtseyn eines Andern dastand. Hier sieht man aufs Deutlichste die Wahrheit meines Satzes: Alles was geschieht, geschieht nothwendig."[2]

Bevor wir uns von dieser Ansicht der Sache distanzieren, sei sie noch einmal unterstrichen durch gleichsinnige Sätze desselben Autors in einem anderen Werk. Er sagt dort, er wolle eine beiläufige Bemerkung nicht unterdrücken, „die Jeder, je nachdem er über gewisse Dinge denkt, beliebig stehn oder fallen lassen mag. Wenn wir die strenge Nothwendigkeit alles Geschehenden, vermöge einer alle Vorgänge ohne Unterschied verknüpfenden Kausalkette nicht annehmen, sondern diese letztere an unzähligen Stellen durch eine absolute Freiheit unterbrochen werden lassen; so wird alles *Vorsehen des Zukünftigen*, im Traume, im hellsehenden Somnambulismus und im zweiten Gesicht …, selbst *objektiv*, folglich absolut *unmöglich*, mithin undenkbar; weil es dann gar keine objektiv wirkliche Zukunft gibt, die auch nur möglicherweise vorhergesehn werden könnte: statt daß wir jetzt doch nur die *subjektiven* Bedingungen hierzu, also die *subjektive* Möglichkeit bezweifeln. Und selbst dieser Zweifel kann bei den Wohlunterrichteten heut zu Tage nicht mehr Raum gewinnen, nachdem unzählige Zeugnisse, von glaubwürdigster Seite, jene Anticipationen der Zukunft festgestellt haben."[3]

Und entschiedener zur Sache selbst an einer anderen Stelle: „Wer heut zu Tage die Thatsachen des animalischen Magnetismus und seines Hellsehns bezweifelt, ist nicht ungläubig, sondern unwissend zu nennen."[4] Von manchem anderen, das der Autor in unseren Zitaten behauptet, werden wir uns distanzieren müssen. Doch dieser letzte Satz von Arthur Schopenhauer steht an der Eingangspforte der Wissenschaft eingehauen und sollte sie unpassierbar machen für die Unwissenden. Passierscheine werden allerdings auch für die Unwissenden ausgestellt, vorzugsweise in den Akademien, und ein Kieler Professor, Heinrich

Völkel, schreibt daher 1963 frohgemut das Folgende, wieder abgedruckt in einem Sammelbande der Wissenschaftlichen Buch-Gesellschaft 1992: „In den dreißiger Jahren sind im norddeutschen Raum von Schmëing über 100 ‚Spökenkieker' psychologisch untersucht worden. Sie erwiesen sich

---

[2]   Arthur Schopenhauer, „Versuch über das Geistersehn und was damit zusammenhängt", Zürcher Ausgabe Bd. VII, S. 277.
[3]   Arthur Schopenhauer, „Preisschrift über die Freiheit des Willens", Kap. III, Ende, Zürcher Ausgabe Bd. VI, S. 100.
[4]   Arthur Schopenhauer, „Versuch über das Geistersehn und was damit zusammenhängt", Zürcher Ausgabe Bd. VII, S. 251.

ausnahmslos als Menschen mit einer erheblich gesteigerten visuellen Vor-
stellungsfähigkeit, bei denen es in Situationen besonderer Erwartungsspan-
nung unter dem Gestaltungsdruck von mächtigen Emotionen zu visionären
Erlebnissen kam. Schmëings Untersuchungen beweisen überzeugend, daß
dem ‚Zweiten Gesicht' nichts Unerklärliches und Übersinnliches anhaftet.
Die Erfolgschance der Erfüllung von ‚Vorgesichten' bewegt sich durchaus
im Rahmen der Wahrscheinlichkeit. Vorausgesehen wurde nur, was irgend-
wie auch vorauszusehen war. Wesentliche Ereignisse, wie z. B. die Räumung
ganzer Dörfer in militärischen Übungsgeländen und vor allem auch der letzte
Krieg, sind in den Vorschauerlebnissen überhaupt nicht aufgetreten."[5] Das
Buch von Karl Schmëing, „Das ‚Zweite Gesicht' in Niederdeutschland", war
1937 erschienen[6] und hatte sogleich entschiedenen Widerspruch erfahren,
unter anderem von keinem Geringeren als Will-Erich Peuckert, der sich ja
auf dem Gebiete solcher Erscheinungen besonders gut auskannte. Aber das
muß den in der Sache Unwissenden nicht kümmern, denn er fußt ja auf den
kanonisierten Allgemeinvorstellungen; sie sind es, die ihm den besagten Passierschein verschaffen.

Zu der Unwissenheit tritt, indem sie sich zu konservieren trachtet, noch
ein anderes hinzu, das zu unserem Vergnügen Carl Gustav Carus in seiner
Schrift über den Lebensmagnetismus sehr deutlich benannt hat.[7] Dort spricht
er nämlich von der „Frechheit …, aller menschlichen Fühlung zuwider, jede
Art von Fernsicht der Seele, und zeige sie sich bloß … im vorahnenden Traume, …, durch und durch und zu jeder Zeit und an jedem Orte absolut zu
leugnen …"

Auf einen Einwand Völkels, der scheinbar sachlich begründet ist, sei
noch eingegangen, – nämlich auf den Mangel wesentlicher Ereignisse, wie

---

5   Heinrich Völkel, „Psychiatrische Aspekte des Aberglaubens", in „Glaube im Abseits. Bei-
     träge zur Erforschung des Aberglaubens. Hrsg. von Dietz-Rüdiger Moser", Darmstadt 1992,
     S. 415–431, besonders 419f.
6   Karl Schmëing, „Das ‚Zweite Gesicht' in Niederdeutschland" Leipzig 1937.
7   Carl Gustav Carus, „Über Lebensmagnetismus und über die magischen Wirkungen über-
     haupt", Leipzig 1857 / Andechs 1986, S. 227f. – Etwas gelassener, wenn auch ebenso ent-
     schieden äußert sich Georg W. Fr. Hegel in seiner „Philosophie des Geistes", in § 406, der
     vom magnetischen Somnambulismus und verwandten Zuständen handelt: „Wenn das Facti-
     sche vor Allem der Bewährung bedürftig scheinen könnte, so würde eine solche doch wie-
     der für Diejenigen überflüssig seyn, um derentwillen es einer solchen bedürfte, weil diese
     sich die Betrachtung dadurch höchst leicht machen, daß sie die Erzählungen, – so unendlich
     zahlreich und so sehr dieselben durch die Bildung, Charakter u. s. f. der Zeugen beglaubigt
     sind, – kurzweg für Täuschung und Betrug ausgeben, und in ihrem a priorischen Verstande
     so fest sind, daß nicht nur gegen denselben alle Beglaubigung nichts vermag, sondern daß sie
     auch schon Das geleugnet haben, was sie mit eignen Augen gesehen. Um auf diesem Felde
     selbst Das, was man mit seinen Augen sicht, zu glauben, und noch mehr, um es zu begreifen,
     dazu ist die Grundbedingung, nicht in den Verstandeskategorien befangen zu seyn."

270

er sie nennt, in den Vorschauerlebnissen. Nun gibt es sicherlich wesentliche Vorfälle, die vorausgeschaut werden, es sei nur an zahlreiche Todesvisionen erinnert. Völkel meint aber umfassende Allgemeinereignisse, und damit kommen wir in der Entgegnung allerdings auf bedeutsame Einsichten. Der niederländische Parapsychologe Wilhelm Tenhaeff[8] meint, daß der Vorschauer seine Gesichte dem „Zukunftsgedächtnis", wie er es nennt, des Fragestellers oder des Angeschauten entnimmt. Er findet bisher nicht genügend wohlbezeugte Fälle, aus denen man auf eine *überindividuelle* mémoire future schließen dürfte. Hinsichtlich des individuellen Zugangs zur Zukunft zitiert er eine Beobachtung des französischen Parapsychologen Eugène Osty. Dieser bat im November 1915 „seine Versuchsperson, Frau Morel, ihm etwas über den Verlauf des ersten Weltkrieges zu sagen. Sie antwortete, daß sie dazu nicht imstande sei. Da ersuchte Osty die Frau," ihm zu erzählen, was er selbst vom Kriege wissen werde. Nun macht sie in der Tat entsprechende Aussagen, unter denen zumal die bemerkenswert ist, daß auf den deutschfreundlichen König von Griechenland, Konstantin den I., in seinem Palais ein Attentat verübt würde – von einer ihm nahestehenden Frau. Die Aussage war falsch, ein solcher Anschlag wurde niemals begangen. Wohl aber hatte es ein solches Gerücht gegeben, es hatte vermutlich sogar in der Zeitung gestanden, und Osty hatte es jedenfalls geglaubt. – Darin könnte man mithin einen Beleg sehen für den Zugang, den ein seherischer Mensch gewinnen kann in die Zukunft vermöge der mémoire future eines anderen.

Nun gibt es allerdings doch seherische Aussagen über Ereignisse, die keinem Zukunftsgedächtnis eines Lebenden entnommen sind. Als Beispiel dafür möge eine Prophezeiung dienen, die aus einem der wichtigsten Heimatländer des Zweiten Gesichtes stammt, aus Schottland nämlich.[9] Sie wurde ausgesprochen von einem Seher, der zu Anfang des 17. Jahrhunderts geboren wurde, der mit dem anglisierten Namen Kenneth Mackenzie genannt wurde (Coinneach Odhar) und der durch Justizmord einige Jahre nach der Restoration, also nach dem Regierungsantritt Karls des II., (im Jahre 1660) starb. Die Voraussage dieses Mannes erhielt sich im Gedächtnis der Generationen etwa 200 Jahre lang. Sie scheint also wirklich aus einem überindividuellen Zukunftsgedächtnis zu schöpfen, – wenn wir hier einmal diesen zeitweise

8   Prof. Dr. W. H. C. Tenhaeff, „Hellsehen und Telepathie", Gütersloh 1962, S. 90 ff.
9   Alexander Mackenzie, „The Prophecies of the Brahan Seer", 1899, Neudruck Golspie 1970, S. 63f. – Die Neuausgabe enthält als Anhang das Vorwort des Jahres 1899 von dem bekannten Volks- und Völkerkundler Andrew Lang, der selbst einige Fälle von Zweitem Gesicht aus seiner nächsten Bekanntschaft hinzufügt.

von den Forschern verwendeten Begriff einsetzen wollen. „Der Tag wird kommen, da die Mackenzies von Fairburn ihre gesamten Besitzungen verlieren werden, und jener Zweig des Clans wird fast bis zum letzten Mann vom Angesicht der Erde verschwinden. Ihr Schloß wird unbewohnt sein, wüst und preisgegeben, und eine Kuh wird kalben in der höchsten Kammer des Turmes."

Als der Seher dies weissagte, war das Fairburn-Schloß im Besitz eines schwerreichen und mächtigen Häuptlings, dem viele der benachbarten Herren huldigten. Die Halle tönte wieder von Frohsinn und Musik. Gänge und Treppen waren voller Leben, überall trabten die Pagen und die livrierten Diener unter ihren Perücken und in den goldbetreßten Uniformen. Nichts in aller Welt war weniger zu erwarten, als was der Seher prophezeit hatte. Aber der erste Teil seines Gesichtes hatte sich, als das Buch über den Seher 1899 veröffentlicht wurde, längst buchstäblich erfüllt, und damals lebten noch Hunderte, die Zeugen waren von dem, was der zweite Teil ausgesagt hatte. Um den Turm hatte niemand mehr Sorge getragen, das Holz der Türen war längst vermodert und aus den Angeln gefallen; ein Bauer benutzte den oberen Raum für sein Stroh. Beim Auf- und Niedertragen blieb davon allerlei liegen auf den Treppen, und schließlich ließ sich eine trächtige Kuh verleiten, den Futterbissen durch das Stiegenhaus zu folgen bis in das oberste Gemach. Das schwerfällige Tier in seinem Zustand wieder hinabzubringen, erschien allzu schwierig, und so ließ man es bis zum Kalben und noch ein paar Tage länger dort oben. Das war im Jahre 1851, und damals sind viele dort hinaufgestiegen, um die Erfüllung des alten Gesichtes mit eigenen Augen zu schauen.

Man kann diese Prophetien mit Zweifel betrachten: der Glanz eines herrschaftlichen Hauses ruft selbst das Gesicht von einer Verdunkelung herauf, der alles Lebende anheimfällt. Der Herr der Kuh mag 1851 bei der Erfüllung der Voraussage nachgeholfen haben. Indessen gibt es Gesichte von weltbewegenden Ereignissen, die nicht unter solchen Zweifel fallen.[10] Die aus dem Kreise um Eduard Mörike bekannte Marie Bauer nahm 1848 an dem Begräbnis eines jungen Mannes teil. Doch weilten ihre Gedanken nicht bei dem Ereignis, sondern sie gedachte in patriotischer Weise des Frankfurter Parlamentes. Plötzlich aber sieht sie einen (den?) Toten neben sich – erdfahl, mit totenstarren Augen, in schwarzem Mantel. Er blickt wechselweise zum Himmel hinauf, sie folgt jedesmal seinem Blick und gewahrt wechselnde

---

[10] Emil Mattiesen, „Der jenseitige Mensch", Berlin 1925/1987, S. 467f. – Fanny Moser, „Der Okkultismus"; München 1935, S. 471f.

Bilder, genau gezeichnet, mit zählbaren Einzelheiten: einen Erntewagen, eine Riesenkanone, einen Weinstock und schließlich vier riesengroße Zahlen: 1 – 8 – 7, die vierte von einer 0 sich wandelnd in eine 1. Eine Flüsterstimme, ortlos, gibt ihr zu verstehen, daß die deutsche Einheit nicht nach der Weise der Frankfurter Versammlung verwirklicht werden würde, sondern durch einen Krieg. Für dessen Beginn weist diese Vorschau die Symbole der Jahreszeiten vor und gibt sogar auch das Jahr im Zahlenbilde an. Marie Bauer, die sich auch Wahrträume zuschrieb, hat diese Vision frühzeitig erzählt, doch erst 1862 aufgezeichnet, immerhin Jahre vor ihrer Verwirklichung.

Eine andere wohlbezeugte Vision von politischem Gewicht ist die des Majors von Gillhausen, der am 3. 8. 1914 weit in die deutsche Zukunft vorausschaute. Er zeichnete das Geschehen auf und sandte es versiegelt an einen der preußischen Prinzen. Dieser nahm Kenntnis vom Inhalt und gab die Aufzeichnungen zurück. Ihr Urheber fiel im Mai 1918. Die immer noch versiegelte Niederschrift entnahm der Bruder dem Nachlaß. Was bei vielen Vorgesichten zum Kriege 1914/18 zu berücksichtigen ist, gilt auch hier: der seherische Blick scheint über das Jahr 1918 hinauszuschauen in den Niedergang des Deutschen Reiches. Von Gillhausen sieht, daß der Krieg lange dauert, sieht viele Feindstaaten, weltweit, und unter den Gegnern Italien und, unerwarteter Weise, auch Rumänien, gegen dessen Teilnahme als Feind er sich sträubt, vergeblich. Amerika hilft England: „Ich sehe Roosevelt dem König von England Brot reichen und Wein, und ihm auf die Schulter klopfen, ihm Geld geben, ein Pulverhorn, einen Dolch und Bleikugeln, und Roosevelt schien doch unser Freund?!!" – Theodore Roosevelt war bis 1909 Präsident der Vereinigten Staaten, – trotzdem vertritt er sie symbolisch noch 1914. Der Bericht reicht über den Tod des Sehers hinaus, nennt die Jahre 1918 und 1921. Die Vision endet mit dem Bilde des Kaisers, der die Beine seines Thronsessels absägt; sein Hermelinmantel wird grau, zerfällt zu Pulver, die Krone schrumpft, der Kaiser selbst zerrinnt in Nichts. – So endet das Vorgesicht eines adligen Offiziers, der nach dem Zeugnis seines Bruders oberbewußt die Kriegslage zuversichtlich beurteilte. –

Um die anschauliche Grundlage unseres Themas zu vergrößern, seien nun noch einige Erlebnisse der Art angeführt, die uns auch durch die Person oder die Zeit näher stehen. Vor allem sei erinnert an Goethes Vision, damals, nach dem schmerzlichen Abschied von Friederike, als er selbst sich in hechtgrauem Anzug mit etwas Gold entgegenkommen sah.[11] Man nehme das nicht als dichterische Phantasie, es war ein wirkliches Vorgesicht in jener aufgewühlten Verfassung, – woher sonst der hechtgraue Anzug! Erinnert sei ferner an die Vorgesichte seines Großvaters Textor, auf die dieser fest vertraute und mit entsprechenden Maßnahmen antwortete. Ganz besonders hervorgehoben seien noch die „Vorgesichte des gescholtenen und des verprügelten Knaben", wie ich einen eigenartigen Typus von Vorschau nennen möchte. Auch davon findet sich in Goethes Erinnerungen ein Beispiel. Er hat als Kind einer Vorstellung französischer Tanzkünstler beigewohnt, darunter eines schön geputzten Knaben, etwa in seinem Alter, und er macht hernach die altkluge Bemerkung, in was für einem zerrissenen Jäckchen der wohl schlafen gehen mochte. Zum Unglück für den kleinen Johann Wolfgang hat die Mutter des Französchens das mit angehört und hält dem Frankfurter Bürschchen eine starke Strafpredigt, auf die auch die Umstehenden aufmerksam werden. Ohne sich etwas dabei zu denken, sagt der kleine Goethe daraufhin: „Nun, wozu der Lärm? heute roth, morgen todt!" – Die Frau verstummt, und Goethe erfährt „einige Zeit hernach" von einer gefährlichen Erkrankung des kleinen Tänzers. „Ob er gestorben ist, weiß ich nicht zu sagen." –

Der Sagenforscher Kuhn führt ein westfälisches Geschehnis an, wo der Knabe, den der Müller prügelt, erbittert zu ihm sagt: „Warte nur …, du sollst hier nicht mehr lange hausen, bald wird dich der weiße Schimmel holen!" Der Müller starb innerhalb zweier Wochen.[12] –

Aniela Jaffé bringt aus diesem Jahrhundert den Bericht des vom Vater geprügelten Bauernsohnes selber, der da ruft: „Schlage mich nur, am 11. September wirst du ja doch sterben!" – Dies war im Juni. Am 11. September erliegt der Vater einem Herzschlag.[13] – Der allzu früh verstorbene Märchenforscher Fritz Harkort erzählt ein etwas anders geartetes eigenes Erlebnis.[14] Ein Nachbarsjunge hatte ihn sehr stark geärgert und zum Schluß auch noch verprügelt, und abends im Bett fügte er seinem Gebet die Worte hinzu: „Lieber Gott, ich wollt' er stürbe – laß ihn dafür sterben!" Am nächsten Morgen verunglückte auf der Zeche, wo er schon eine Lehrstelle hatte, der Besagte tödlich. – Ich meine, daß man hier nicht an eine magische Wirkung des

---

[11] Goethe, „Aus meinem Leben", XI. Buch: hechtgr. Kleid. – I. Buch: Textor. – III. Buch: heute roth.
[12] Adalbert Kuhn, „Sagen, Gebräuche und Märchen aus Westfalen", 2.Theil, Leipzig 1859 (Hildesheim 1979), S. 57.
[13] Aniela Jaffé, „Geistererscheinungen und Vorzeichen", Zürich 1958, S. 240f.
[14] Fritz Harkort, „Volkserzählungsforschung und Parapsychologie – Gemeinsame Probleme", in: „Volksüberlieferung. Festschrift für Kurt Ranke", Göttingen 1968, S. 89–105, hier 93.

Gebetes denken muß, sondern wie in den anderen Fällen, an eine Vorschau. Harkort, als der zutiefst Betroffene, schreibt: „Daß die Ereignisse ganz sicher zufällig so aufeinander folgten, scheint mir selbstverständlich zu sein, wenn ich auch heute noch ein unwohles Gefühl bekomme, sobald ich an dieses Erlebnis erinnert werde" – Aniela Jaffé setzt ihrem Bericht vom Bauernjungen die Sätze hinzu: „Es handelt sich hier um ein echtes synchronistisches Phänomen. Der Affekt hat ein „abaissement" des Bewußtseins herbeigeführt, der Zeitmoment dehnt sich sozusagen bis in die Zukunft aus und enthüllt deren Inhalt."

Wenden wir uns nun unseren eigenen Prügelknaben zu, als erstem dem Arthur Schopenhauer. An der früheren der angeführten Stellen spricht er von der Notwendigkeit dessen, was geschieht, an der zweiten von der „alle Vorgänge … verknüpfenden Kausalkette" und erläutert damit, was ihm Notwendigkeit bedeutet: kausale Verkettung. Damit erhalten wir freilich keine Antwort auf unsere Frage, wie wir denn aus dem Kettengeschlinge unseren Hals zu recken vermöchten, um auf den künftigen Zeitpunkt hinauszublicken. Ludwig Klages hat in einer Anmerkung zu dem Kapitel „Gesetzlichkeit und Notwendigkeit"[15] Schopenhauer gegeißelt eben wegen der hier zitierten Sätze, allerdings ohne an dieser Stelle auf unsere heutige Hauptfrage einzugehen. Er weist darauf hin, daß Schopenhauers Verknüpfung der Zukunftsmantik mit dem ausnahmslos kausalen Geschehen schon bei den Stoikern Geltung gehabt habe. Chrysippos hielt um 250 v. d. Z. dafür, daß nur unter dieser Voraussetzung „die Richtigkeit von Urteilen über Zukünftiges behauptet werden könne, indem das Kriterium für deren Wahrheit oder Falschheit nur darin bestehen könne, daß ihr Gegenstand schon sicher bestimmt sei …"[16] Diese stoische Argumentation ist für uns auch darum von Gewicht, weil sie die Vorschau als selbstverständlich möglich voraussetzt und nur ihr Verhältnis zur Artung des Geschehens diskutiert.

Andererseits ist es angesichts solcher jahrtausendealter Irrtümer höchst bemerkenswert, wie Klages gegen die Stoa und Schopenhauer just das umgekehrte Verhältnis von Vorzeichen und Fatum entwickelt.[17] Er spricht in dem Zusammenhang von all jenen Formen der Mantik, die das vorchristliche Altertum und das noch lebende Altertum der Urkulturen ausübte, vom Loswurf

[15] Ludwig Klages, „Der Geist als Widersacher der Seele", München/Bonn 1954, S. 781f. Anm. 2.
[16] Wilhelm Windelband, „Lehrbuch der Geschichte der Philosophie", Zweiter Nachdruck, Genf o. J., S. 161.
[17] Ludwig Klages, „Der Geist als Widersacher der Seele", München/Bonn 1954, S. 546f.

bis zum siderischen Pendel, und er prägt dementsprechend die Formel von der „Bedingtheit des Zufälligen". „Sind es doch im Verhältnis zu den sogenannten Naturgesetzen gerade durch und durch zufällige Hergänge und sie allein, denen die Fähigkeit zur Voranzeige eines Unabwendbaren beigelegt wird; wohingegen der leiseste Nebengedanke an eine Regelhaftigkeit des Geschehens und selbst der diesseits davon auf ihn hinzielende Antrieb dergleichen Orakelkünste unbedingt hätte ablehnen müssen oder vielmehr niemals auf sie verfallen wäre!"

Es ist mir niemals ganz verständlich gewesen, wie ein Denker, der mit solchem Tiefsinn die Probleme der Jahrtausende angeht, die lapidaren Worte schreiben und stehenlassen konnte: „Die Zukunft ein Hirngespinst".[18] Als nun 1966 ein ihm Nächstverbundener, Hans Eggert Schröder in der Hestia, nach einem Brief von Klages, dies in der noch krasseren Form wiederholte: „Die Zukunft ist ganz und gar imaginär"[19] – da beklagte ich mich darüber bei Hans Kasdorff, und er wies mich hin auf ein Heft des „Rhythmus", in dem Gedanken ständen, die den meinigen verwandt seien – von Luise Resatz nämlich.[20] Rufen wir uns noch einmal ins Gedächtnis die unbezweifelbar wirklichen Visionen des Künftigen, dann können die genannten Formeln kein eigentliches Wirklichkeitsgewicht haben, – auch wenn der zentralste Biozentriker sie geschrieben und einer seiner zentrumsnächsten Schüler sie nachdrücklich wiederholt hat. Diese Maximen sind für die Metaphysik der *wirklichen* Zeit von keinem Gewicht. Ihren schwer wiegenden Sinn erhalten sie allerdings im Ringen mit unserer im Planungswahn befangenen Epoche.

Doch war offensichtlich dies für Klages nicht ihr erlebter erster Ursprung; der lag vielmehr in den Entstellungen der wirklichen Zeit durch die Lehren des Christentums. In „Rhythmen und Runen" zitiert er aus dem Jahre 1909 diese Sätze: „Der Blick des Lebens geht immer nach rückwärts, und wo ihm der Gedanke voreilt, ist es der Gedanke der Wiederkunft des Gewesenen. Für die gesamte Legende des Heidentums liegt alles Größte, Schönste, Strahlendste in ferner Vorzeit: so das goldene Zeitalter und die heroischen Gründer der Herrschergeschlechter. Im neuen Testament dagegen ist der Blick

---

[18]   Ludwig Klages „Vom kosmogonischen Eros", Jena 1941, S. 246.
[19]   „Hestia 1965/66", Bonn 1966, S. 71, entsprechend einem Brief von Klages an Rose Plehn, November 1909, in der Biographie II, 1, S. 538: „Ja – darin haben sie recht – die ‚Zukunft' ist ganz und gar imaginär – sie ist die eigentlichste und innerste Fiktion des Christentums – und zwar dessen allerverderblichste! Darüber einmal mündlich mehr!" – Zu vgl. der Anm. 21 zit. Text.
[20]   Luise Resatz, „Gedanken zur Polarität von Zeit und Raum", Rhythmus Jg. 35, München 1962, S. 56–60, 73–76, 89–92. Hier zitiert nach Sonderdruck S. 1–11.

ebenso ausschließlich nach vorwärts gerichtet. Der ganze Schwindelbau des Christentums bräche im Nu zusammen, wenn man ihm die absurde Fiktion des ‚jüngsten Tages‘ nähme … Aus Natur und Vergangenheit herausgerissen, wird der Mensch vor die Wüste der ‚Zukunft‘ gestellt, aus der ihn der Schrecken“ eines rächenden Gottes „anstarrt. Und vor diesem Larvenwahnwitz eines ‚kommenden Reiches‘, eines ‚jüngsten Gerichtes‘, einer ‚ewigen Vergeltung‘ mußten Helden und Götter ‚zu Kreuze kriechen‘!“[21] Es ist wohl zuzugeben, daß unser Zeitgefühl, unsere Zukunftsgestimmtheit wirklich mehr oder weniger gefärbt sind durch diese phantomisierten Vexierbilder des Zeitlichen. Und wenn Phantome vom Geist verfälschte Urbilder sind, dann dürfte das für uns herkömmliche Bild der Zukunft wahrhaftig ein Phantom sein.

Es gibt im übrigen höchst eigenartige Sätze Goethes, die gerade dem Vergangenen sein Eigenrecht nehmen sollen und es in wahrhaft biozentrischer Weise bildend ins zeitliche Geschehen hineinnehmen. Nach einem Konzert, so berichtet der Kanzler Friedrich von Müller,[22] soupiert man bei Goethe, „der von der liebenswürdigsten Gemütlichkeit war. Als unter mancherlei ausgebrachten Toasten auch einer der Erinnerung geweiht wurde, brach er mit Heftigkeit in die Worte aus: Ich statuiere keine Erinnerung in eurem Sinne, das ist nur eine unbeholfene Art sich auszudrücken. Was uns irgend Großes, Schönes, Bedeutendes begegnet, muß nicht erst von außen her wieder erinnert, gleichsam erjagt werden; es muß sich vielmehr gleich vom Anfang her in unser Inneres verweben, mit ihm eins werden, ein neueres besseres Ich in uns erzeugen und so ewig bildend in uns fortleben und schaffen. Es gibt kein Vergangenes, das man zurücksehnen dürfte, es gibt nur ein ewig Neues, das sich aus den erweiterten Elementen des Vergangenen gestaltet, und die echte Sehnsucht muß stets produktiv sein, ein neues Besseres erschaffen.“

Dies sind Worte aus wahrhaft goethischer Essenz. In ihnen ist auch angedeutet, und dies wird in den Überlegungen von Luise Resatz klar werden, wie sich Zukunft in dieser produktiven Gegenwart ankündigen könne. Beginnen wir mit jenem Beitrag im Rhythmus und zitieren wir aus ihm aphoristisch einige Stellen, füglicherweise mit den dort angeführten Worten von Klages

---

[21] Ludwig Klages, „Rhythmen und Runen“, Leipzig 1944, S. 285.
[22] „Goethes Unterhaltungen mit dem Kanzler Friedrich von Müller“, Hrsg. von C. A. H. Burkhardt, Stuttgart o. J., S. 88, 4.11.1823.

einsetzend.[23] „Wer dem Vergangenen Wirklichkeit zugestehe, dürfe sie nicht verweigern wollen dem Künftigen. Darauf hätten wir zu erwidern: ein anderes ist die Notwendigkeit im Fortgange des Geschehens und wieder ein anderes die gedankliche Vorwegnahme einer noch nicht vorhandenen Gegenwart." – „Nun denn" fährt Luise Resatz fort, „da hätten wir ja, wogegen Klages mit seinem krassen Wort von der Unwirklichkeit der Zukunft eigentlich zu Felde zieht, und ebenso, worin für ihn doch auch die Wirklichkeit der Zukunft liegt! Das von ihr in die Gegenwart Hineinwirkende ist zwar nicht das als zukünftig *Gedachte*, aber das zukünftig *Notwendige*. Die ‚Notwendigkeit im Fortgang des Geschehens' ist unabweislich vorhanden und trägt den Namen Zukunft als ein Wirkliches."

Und abermals Klages:[24] „Der vitale Ermöglichungsgrund des Begriffspaares Vergangenheit – Zukunft liegt darin, daß die je augenblickliche Gegenwart sowohl als ankommende wie auch als entgleitende, fortgehende, vergehende Zeit erlebt werden kann." Oder in der beschwingten Sprache der Luise Resatz: „Wie die Gegenwart ein ‚währendes Abschiednehmen' ist, so ist sie gleichzeitig ein währender Willkomm für die Verwandlungen des rhythmischen Tanzes schwingender Zeit um die Nabe des Geheimnisses." – Und dieselbe, nun schon näher an unserer heutigen Frage: Wenn das eigentlich Wirkliche das Bild ist, wie sollte dann „das Vergangene dadurch wirklicher werden, daß es die Wirklichkeit der Bilder ständig und ohne Zahl mit sich fortnimmt in fernste Fernen, wirklicher als die Zukunft, welche doch in den Sehern ebenfalls *Bilder* wie vereinzelte Sterne aus der Nacht ihres Geheimnisses aufleuchten läßt, nicht anders als die bildermächtige Vergangenheit?" – Und noch dies, aus ihrer eigenen hingabefreudigen Lebendigkeit gesprochen: „Weil ‚Zukunft' zum Begriff gemacht wurde, in den man willkürlich seine geistigen Projekte hineinmanövrieren kann, ist sie uns Heutigen nicht mehr, was sie sein sollte: unter Schauern der Ehrfurcht ergreifender Zeugungsakt des Werdens, sich entzündend am Vergangenen, dem wir uns mitschwingend einfügen können, wenn wir alle schöpferischen Kräfte in uns entbinden, indem wir das goldsprühende Feuer der weltenschaffenden Liebe in uns selber nicht zuschüttten mit dem Sand alltäglicher Stumpfheit (und)

[23] Luise Resatz, „Gedanken zur Polarität von Zeit und Raum", Rhythmus Jg. 35, München 1962, S. 56–60, 73–76, 89–92. Hier zitiert nach Sonderdruck S. 6 = Ludwig Klages „Vom kosmogonischen Eros", Jena 1941, S. 139 f.

[24] Luise Resatz, „Gedanken zur Polarität von Zeit und Raum", Rhythmus Jg. 35, München 1962, S. 56–60, 73–76, 89–92. Hier zitiert nach Sonderdruck S. 7 = Ludwig Klages „Vom kosmogonischen Eros", Jena 1941, S. 142.

für ihre zündenden Blitze keine moralinischen Blitzableiter erfinden …" – Ein hohes Lied auf das der Zeitwoge hingegebene Leben, anklingend an jene Zeile Eichendorffs: [25] „Und ich mag mich nicht bewahren …" – denn das Sich-bewahren-wollen hat es ja eben mit der imaginären Zukunft zu tun.

Wir wenden uns nun jener in Buchform erschienenen Schrift von Luise Resatz zu, die es unmittelbar mit der Problematik des Polygapo-Zuges zu tun hat, dem Buch „Zeitkreis und Quellgrund". [26] Es verdankt seine Entstehung einem Mißgriff Hans Benders, wie es mir erscheint, der in seine Zeitschrift für Parapsychologie einen Beitrag aufnahm mit dem Titel „Zeit und Vorhersage" [27] und mit einem Ergebnis, das völlig leer war. In einer sehr umfassenden Weise spricht der Autor, Alan Owen, alle möglichen Theorien der Zeit durch, zumeist in Anlehnung an die modernen physikalischen Theorien, findet sie alle ohne hinreichende Aussagekraft zur Möglichkeit der Präkognition – und endet mit der Vermutung, „daß es nur drei plausible Erklärungen für die Präkognition" gäbe. – Da der Autor es von vornherein vermeidet, einmal selbst in den Polygapo-Train einzusteigen, da er, heißt das, sich um kein einziges Beispiel der Vorschau kümmert, so beinhalten seine Erklärungen auch nicht das mindeste von einer echten Schau. Die erste Erklärung: der Sensitive *verursache* das Vorhergesehene vermittels eines unbekannten Mechanismus, – also keine Vorschau und auch keine Erklärung, da die Hauptsache unbekannt bleibt. – Die zweite: dem Sensitiven sind durch Hellsehen oder Telepathie fremde Absichten kundgeworden. – Die dritte: „Wahrscheinlichkeitsvorhersagen ähnlich rationalen Schlußfolgerungen". – 2 und 3 widerlegt Schopenhauers Magd. Nur Nr. 1 wäre für sie etwas wert, *sie* hat die Tinte auf den Fußboden geklatscht. Dafür hat sie sich zwar an jenem Morgen auf die Knie legen und scheuern müssen; aber sie kommt anderthalb Jahrhunderte später noch zur Sprache, leider ohne Namen, doch jedenfalls am Geburtsort Friedrich Schillers.

Man darf wohl sagen, daß dieser Beitrag auch eine Arbeit auf jenen besagten Passierschein hin war, – eines der zahlreichen Beispiele dafür, daß ein Wissenschaftler von dem in Frage stehenden Erlebnis gar nicht angerührt ist, mithin sich auch nicht darum kümmern kann und infolgedessen in eine totale Leere hinausdemonstriert. Nicht aus dieser Veröffentlichung allein, doch mit ihr und im Hinblick auf Schmëing, Völkel und andere, ergibt sich zwingend,

---

[25]   „Wanderlieder": „Frische Fahrt".
[26]   Luise Dreesmann-Perterßen (= Luise Resatz), „Zeitkreis und Quellgrund", Darmstadt 1976.
[27]   Alan R. G. Owen, „Zeit und Vorhersage", Zs. f. Par, Bd. IX, 1966, S. 107–134.

bei unbezweifelbarem Vorkommen des Zweiten Gesichtes, daß ihren Urteilen ein Weltbild zugrunde liegt, das der erlebten Wirklichkeit nicht entspricht. So erwähnt auch Klages die Tatbestände eines „urwüchsigen Schauens …, das die ins Sachbewußtsein eingekerkerte Verständigkeit entweder ableugnen müßte", was ja in der Tat geschieht! – „oder einer schlechterdings unbegreiflichen Übersinnlichkeit zu überantworten genötigt ist."[28]

Folgerechterweise hat sich Luise Resatz darum bemüht, auf Grund der Klages'schen Philosophie die Grundzüge einer Welt zu entwerfen, in der Vorschau sinnvoll möglich ist. Sie und ihresgleichen, so schreibt sie, „wollen nicht wissen, mit Hilfe welcher Formeln oder Hypothesen Natur manipulierbar wird, sondern es geht uns darum, das Wirkliche verstehen zu lernen und uns nicht über seine Feinstruktur hinwegzusetzen und sie zu verletzen, sondern der Wirklichkeit ehrfürchtig zu begegnen, damit uns eine Ahnung jener Wahrheit werde, die nicht vom Menschenwillen abhängt noch gemacht werden kann." (S. 76)

Der Mensch findet sich als eine Seele im Kosmos, dies wäre die allererst zu nennende Polarität, und hinzuzusetzen, daß das All überhaupt in allen seinen Gebilden polar gefügt ist und demgemäß ein Ganzes bleibt. Das meint auch, daß Welt nicht in die Unendlichkeit hinaus additiv weiterläuft, wie es dem geistigen Vermögen entspricht. (S. 38) Dies vermag immer zum gezählten Schritt einen weiteren hinzuzurechnen – hinaus in eine nicht mehr erlebbare Unermeßlichkeit. In einer echten Ganzheit dagegen bliebe der Weiterschreitende immer spannungsvoll urbezogen. Luise Resatz zitiert in diesem Zusammenhang einen Denker und Rechner, für den sie sich, solange ich sie kenne, eingesetzt hat und der darum hier auch zu nennen ist. Ernst Barthel hatte in vielem ihre Zustimmung gefunden, weil er das Mathematische mit dem Lebensgemäßen gedanklich zu verbinden wußte. „Ganzheiten" sagt er, „sind solche Komplexe, in denen jede Funktion im Hinblick auf Kommensollendes mit den anderen Funktionen strukturell verbunden ist, und die Gemeinsamkeit proleptischer Verbundenheit nennt man organische Ganzheit." (S. 38) (Proleptische Verbundenheit hieße vorweggenommene oder immer schon mit einbezogene Verbundenheit.)

Eine zweite Urpolarität ist die von Raum und Zeit. Der Ganzheit des Räumlichen die Zeit als eine vierte Dimension zu addieren, widerspräche ihrem erlebten Miteinander; der Zusammenhang wäre nur unter Verlust

---

[28] Ludwig Klages, „Der Geist als Widersacher der Seele", München/Bonn 1954, S. 205.

ihrer wirklichen Qualitäten auseinanderzureißen und im Zerrissenen vergeblich wieder zusammenzurechnen. Mit jedem solchen Denkschritt entfernen wir uns von denjenigen Grundlagen, die ein Verstehen des Lebendigen ermöglichen, eben auch des Wesens der Zukunft, eben auch ihrer Potenz, im vollendeten Gebilde schon gegenwärtig zu erscheinen. Wie wollte man im Reisighaufen Verästelungen und Verzweigungen wiederfinden, wenn man den lebendigen Stamm zerspalten hat! An der Wurzel aber begegnet uns der Satz von Klages: „Die Zeit ist die Seele des Raumes."[29] Ein weisheitsvoller Satz im kosmogonischen Eros, Wegweiser zu vielen Tiefen des Lebens und lebendiger Erkenntnisse. Zwei Seiten weiter findet sich allerdings der nach meinem Empfinden *eine* schlimme Stolperschritt im gesamten Klages'schen Werk, der Analogieschluß von der *einen* räumlichen Ferne auf eine, auf die lediglich einzige zeitliche Ferne, die dann eben die Vergangenheit sein müsse, während die künftige unwirklich sei und mithin nur im Gedachtwerden Dasein besitze. Urwirklichkeiten wie Raum und Zeit aber kann man in dieser Weise nicht in gegenseitigen Analogieschlüssen aufhellen, sondern nur im Einleben und Vertiefen – in einer Wesensschau, heißt das. Ich meine und habe das wohl schon vor mehr als einem halben Jahrhundert an Klages geschrieben, daß Vergangenheit und Zukunft die Pole der Zeit seien und daß sie in der Gegenwart coincidieren. Das vom Welten-Eros beschwingte Erleben eines jungen Wanderers beschreibt Jean Paul mit den Worten: „Auf dem Zauberkreis der Höhen stand Zauberrauch … Vergangenheit und Zukunft brannten hell und nahe, entzündet von der Gegenwart."[30] – Oder, könnten wir sagen: Vergangenheit und Zukunft sind die Zwillinge auf den Knieen der allmütterlichen Gegenwart.

Verschmelzung der Pole, das ist das Lebensgeheimnis, der Kern zeugerischer Wirklichkeit, und so etwa ist ja auch die Goethische Rede gegen den Toast auf die Erinnerung gemeint. – Luise Resatz, indem sie sich der absonderlichen Position von Klages an jener Erosstelle bewußt war, einer Stelle, der doch viele andere in seinem Werk eine echte, eben eine erlebte Wahrheit entgegensetzen, – hat in ihrer Darstellung in schalkhafter Weise die Wirklichkeit von Zukunft und Vergangenheit vorweggenommen, – wodurch dann die Gegenwart ins philosophische Zwielicht gerät. Sie fragt: „Wodurch denn erscheint Gegenwart gewisser bei diesem ständigen Enteilen als die anderen Zeiten, von denen doch auch in ihr Weilendes ist? Es liegt uns nichts ferner,

---

[29] Ludwig Klages „Vom kosmogonischen Eros", Jena 1941, S. 136.
[30] Jean Paul, „Flegeljahre", Nr. 40.

als Gegenwart in Frage stellen zu wollen. Mit unserem Fragen allerdings wird fraglich, ob sie selbstverständlicher, wirklicher und gewisser ist als die ausgeborene Vergangenheit oder das mit der Gegenwart auf uns Zukommende, ob man vom Gegenwärtigen überhaupt *mehr* wissen könne als von Vergangenem oder Zukünftigem." (S. 42) – Das Rätselvolle zeitlichen Daseins drängt sich uns eben in allen drei Zeitparzellen auf.

In Bezug auf die Gegenwart freilich leuchtet uns ein echter metaphysischer Trost auf. Als ewiger Augenblick ist das Zeiterleben „ein Auftun der innerseelischen Schaukraft gegen das innerste Wesen einer Lebensgesamtheit, ein Durch-Schauen bis in den Ewigkeitsgrund. Damit wird im ewigen Augenblick vom geheimen Organ des Unbewußten nicht mehr eine bestimmte Zeit erlebt, sondern die vom aufspaltenden Geist unabhängige Zeit*eneinheit*." (S. 23 f.) Das Bild, mit dem wir einen solchen Augenblick erfassen können, der ewig ist, obschon er sich bewegt, ist die Welle. Nicht für den geistigen Akt ist Welle als Ganzes da; nur die Seele hat „zu *jedem* Zeitpunkt, in dem die Woge rollt, das *ganze* Wellenbild, das heißt sowohl ihre äußere Erscheinung wie auch ihre innewohnende wesenhafte Potenz erlebend gegenwärtig ..." (S. 65) Symbolisch ist eine solche Ewigkeitswelle nicht weniger als das Meer, in dessen Anblick unsere Seele versinken kann ohne zu ertrinken, und das Meer ist nicht weniger in solchen Augenblicken als das allumfassende Leben selbst. Gegenwart, so Luise Resatz, ist „die ganze Fülle des immer und überall Geschehenden, die Fülle der ganzen und ewigen Wirklichkeit." – Das Weltganze erscheint „in immerwährender und überall geschehender Gegenwart." (S. 43) – „Die Ganzheit des Weltenraumes umfaßt und erleidet die Ganzheit der Zeit, das ist die Ewigkeit." (S. 52)

Dem entspricht es auch, daß wir die Zeit messen an kreisenden Geschehnissen (S. 45), – ob es die Gestirne sind oder der Bogen, den der Schatten der Sonne durchläuft, oder die Sanduhr ist, die zu ihrem Fortgang in einem halben Kreis bewegt werden muß. Dem entsprechen auch die Bewegungen des Pendels und der Wechsel von Ebbe und Flut, bei dem wir von den Gezeiten sprechen und niederdeutsch von den Tiden, – eine Pendelbewegung, die herrührt aus dem Umschwung der Erde und den Umläufen von Sonne und Mond. „Der Zeitpuls selbst", sagt Klages, „bedeutet rhythmische Zeiterneuerung, und die, wenn es erlaubt ist zu sagen, kosmische Zeit hat die Gestalt des Kreises und mündet fort und fort in den eigenen Anbeginn." („Der Geist als Widersacher der Seele", S. 1349) Diese Anschauung der Zeit als eines Ringes, als eines Stromes, der in seine Quelle mündet, ist in den älteren Kulturen, in den rituellen zumal, ganz gewöhnlich. Sie *lebt* für die Träger jener Kulturen eben im Jahreskreise ihrer Feste, in deren einem, eben in ihrem Hauptfest, die Zeit sich erneuert.[31]

Ein solches Erleben findet sich umschlossen von einem mütterlichen All. Klages wie Luise Resatz betonen daher die Weibheit der Weissagung.[32] „Die waltende Schicksalsnotwendigkeit, der selbst die obersten Götter bisweilen sich beugen müssen, trägt ausnahmslos die Züge der Weibheit. Ananke, Heimarmene, Nemesis-Adrasteia, Tyche, Fortuna, … Parzen, Nornen, Feen, Walküren, Schwanenjungfrauen: es sind alles nur verschiedene Namen für die nämliche Sache, für die weiblich gefaßte Schicksalsmacht. Gedenken wir vollends der Pythien, Sibyllen, Kassandren, Druidinnen, Alraunen, der Veleda, Aurinia, Ganna, denen so manche geschichtlich beglaubigte Einzelgestalt weissagerischer Frauen anzureihen wäre, so gewinnt es den Anschein, als habe die Machtstellung des pelasgischen Weibes vorzugsweise auf der Überzeugung beruht, daß es viel unmittelbarer als der Mann mit dem Schicksal verwoben und darum in dessen Fügungen eingeweiht sei.“

Finden wir so auf der weiblichen Seite den unmittelbaren Zusammenhang mit den Fügungen des Zeitverlaufes, so wäre auf der männlichen Seite der andere Zugang hervorzuheben, dessen sich gebotener Weise auch die Seherinnen gelegentlich bedienten, der der Berauschung, die eine Ausschaltung der ich-beschränkten Bewußtheit bewirkt. Klages erinnert an die mythischen Urbilder des Rauschtrankes, den indischen Soma, den Nektar der Griechen, den Met der Germanen, die alle drei durch göttliche Adler aus unfruchtbarem Gewahrsam entwendet wurden und damit für einen pelasgischen Urgedanken zeugen: „höchste Weisheit, einweihendes Wissen, bedeutende Eingebungen werden der Seele nicht im Zustand des gewöhnlichen Wachseins, sondern bald im Tiefschlaf, bald in traumverwandter Entrücktheit zuteil; und nur den *Betäubungen* des Geistes entblühen die *Bilder*, von denen *befruchtet* er ‚sehend‘ wird.“ („Der Geist als Widersacher der Seele“, S. 1285)

Es gibt noch einen Weg, oder es gibt doch ein besonderes Verhalten, das die Augen öffnet für das nur zu Schauende im Schicksalsgange: den Weg des Opfers. Es entsprach der eigenen Lebensverfassung, daß Luise Resatz gerade auf diesen Zugang aufmerksam wurde. (S. 32) Sie weist hin auf das Augenopfer Odins, das Martin Ninck so schildert: „Um den Verlust des einen

---

[31] Heino Gehrt, „Von der Wirklichkeit der Märchen“, Regensburg 1992, S. 17ff.
[32] Ludwig Klages, „Der Geist als Widersacher der Seele“, München/Bonn 1954, S. 1341; Luise Dreesmann-Peterßen (= Luise Resatz), „Zeitkreis und Quellgrund“, Darmstadt 1976, S. 77f.

Auges, also des Körperlichsehens, tauscht der Gott die tiefere Schaukraft ein. Des Riesen Freundschaft, könnte man auch sagen, macht Odin zwiesichtig, er sieht jetzt am Tag und sieht durch die Nacht; am Urdbrunnen bleibt sein eines Auge verborgen als Pfand der Verbindung mit dem Quellgeist, der ihm die Ratschlüsse der Urd zuraunt. Für Mimir ist das Auge die Schale, die seinem Wissen Gestalt gibt."[33] Leibliche Blindheit, seelische Schau sind auch in der Gestalt des Sehers Teiresias verbunden; als Hera ihn des Augenlichtes beraubt, gibt Zeus ihm den seherischen Blick.

Den Opfersinn hebt Luise Resatz auch hervor in der eigenartigen Gestalt des Eismeerfischers Anton Johansson,[34] dessen Angedenken gerade in Deutschland nicht erlöschen dürfte, da er unsere schlimmen Kriegs- und Nachkriegsschicksale, die Weltkriege und ihre Folgen, vorgeschaut hat. Auch hat er auf Grund seiner erschreckenden Gesichte versucht, die Machthaber zur Zurückhaltung zu überreden, zur Frömmigkeit, zum Frieden, – vergebens, wie wir wissen. Von ihm führt unsere Autorin die folgenden Sätze an: „Ich bekam zu erfahren, daß ich zwischen zwei Wegen zu wählen habe. Der eine war, eine Familie zu gründen, und ich bekam zu erfahren, wie es dabei zugehen würde. Der andere Weg war, Gottes Botschaft den Menschen zu bringen … Ich wählte den letzten Weg." Die Autorin meint, daß die Aufopferung eines Teiles der Persönlichkeit Kräfte freimache, die sonst im eigenen Lebensschicksal gebunden bleiben. Leider, wie wir wissen, verhallt in unseren Zeitläuften die seherische Rede überhaupt ungehört, und dem Opfer folgt keine heilsame Wirkung mehr.

Es ist angemessen, in diesem Zusammenhang noch einmal eines anderen Eismeerfischers zu gedenken. Hans Kern schreibt im September 1939 an Carl Haeberlin, daß Axel – das Pseudonym erklärt sich wohl aus dem Datum, dem ersten Kriegsmonat – daß also Klages aus seinen Jugenddichtungen vorgetragen habe: „Das Gewitter", in dem kosmisch-elementare Schicksale abrollen, ferner aus „Desiderata" und „Karthagos Fall"[35] „Im letztgenannten Drama

---

[33] Martin Ninck, „Wodan und germanischer Schicksalsglaube", Jena 1935, S 298.
[34] „Merkwürdige Gesichte, gesehen vom Eismeerfischer Anton Johansson. Aufgezeichnet … von A. Gustavsson", Stockholm 1953 (1. Aufl. 1918). Luise Dreesmann-Peterßen (= Luise Resatz), „Zeitkreis und Quellgrund", Darmstadt 1976. S. 82f.
[35] Kopie aus dem Besitz von Heinrich Döhmann, Bochum. Die zitierten Dichtungen in Ludwig Klages, „Rhythmen und Runen", Gewitterhymnus S. 114ff. – Desidereta S. 77ff. – Karthagos Fall S. 193ff. Die zitierte Zeile S. 195:
Ein tiefbedeutsam Panorama soll
Vor den erstaunten Blicken sich entfalten,
Von Graun und Ekel übervoll,
Und doch kein Trugbild! Die Gestalten

befindet sich ein Abschnitt, der viele, viele Jahre vorher den Ausbruch des Weltkrieges mit seinen Blutopfern aufs deutlichste prophezeit, (ich erinnere mich des Schlußverses: ‚O mög' es bei den Göttern nie geschehen!'). Man könne daraus, so äußerte ich nach Beschluß der Lesung, lernen, daß das, was wir Gegenwart zu nennen pflegen, allemal gleichsam nur der *nachträgliche* Vollzug von Ereignissen ist, die sich metaphysisch bereits entschieden haben. Axel bestätigte das und entwickelte dann eine Theorie der prophetischen Voraussage. Wesentliche Geschehnisse der sogenannten ‚Zukunft', so führte er aus, würfen schon in der Gegenwart ihre Schatten voraus. Das Heute sei mit Keimen des Kommenden geschwängert. Der Seher erkennt diese Keime und deutet ihre Wachstumsrichtung. Das und nichts anderes heiße: Vorsehen-können. Daher die echten Seher auch nie feste Termine des zu Erwartenden angeben können, sondern stets nur: *daß* etwas Bestimmtes in mehr oder minder ferner Zeit eintreten werde. Da aber nun das Zukünftige, im Empirischen also noch nicht Eingetretene, metaphysisch in der Tat schon geschehen sei, könne es für den Seher keine Möglichkeit geben, das Verhängnis abzuwehren. Er wisse das Schicksal voraus, müsse sogar warnen und – könne dennoch nichts daran ändern."

Eben dieser Eismeerfischer schreibt im Dezember 1918:[36] „Wohl mancher meiner Freunde, dem ich ehemals für einen Hypochonder galt, wird heute meine besonderen und allgemeinen Prognosen für bedenkenswerter halten. … Auch für die nächsten zehn Jahre glaube ich den großen Gang der Ereignisse vorauszusehen; aber was ich sagen müßte, fiele noch weit düsterer aus, als was ich am Tage der Kriegserklärung wußte: daß nämlich Deutschland untergehen werde. Und warum sollen die, welche es schon spüren, denen Sorge machen, die es noch nicht spüren! So habe ich gelernt zu schweigen. Es ist das Schicksal der Kassandren, daß nicht geglaubt werden *darf*, was sie wissen, *damit* es eintrete."

Schon 1914, als er mit Freunden in München die blumengeschmückten Truppen ausrücken sah – unter dem Jubel der sieghoffenden Bevölkerung –, da packte auch ihn das machtvolle Bild. Allein – „Jagende Wolken querten die Straße. Ein kurzer Blick seiner Augen streifte sie – schweigend und kaum

---

Sind unter uns! Daß wir sie wirken sehn,

Das mög', bei allen Göttern, nie geschehen! –

[36] Hans Eggert Schröder, „Ludwig Klages – Die Geschichte seines Lebens II", Bonn 1972, S. 787, 608, 605, 616. – Mit der im Mai 1905 erlebten „Flucht der Götter" wird die Prognose zusammengebracht im 1. Teil, Bonn 1966, S. 397f.: „Deutschland wird unterliegen und entweder sofort oder dann später untergehen; denn das gehörte aus Gründen, die ich übergehe, zu den Folgerungen des 1905 Erkannten."

bemerkt löste er sich aus dem Freundeskreis, aus der Menge der Zuschauer. Viel später, viele Jahre später erst hat er es bekannt: aus den jagenden Wolken sei ihm das Bild der Niederlage, des geschlagenen Heeres entgegengetreten. Von diesem Augenblick an *wußte* er, wie der Krieg ausging.“

Oft hat er damals an ein Gedicht von Kleist gedacht und es in Briefen zitiert: *Das letzte Lied*. „Es ist eine der flammendsten Offenbarungen jener Tage und sieht auf eine Weise und singt mit Tönen, die mir wie aus dem eigenen Innern hallen, die Zukunft nicht etwa nur eines Volkes, sondern der Menschheit.“ –

> „Und wie er flatternd das Panier der Zeiten
> sich näher pflanzen sieht von Tor zu Tor,
> schließt er sein Lied; er wünscht mit ihm zu enden
> und legt die Leier tränend aus den Händen.“

Und vom Ende September 1914: „... noch nie war Deutschland seinem Untergang näher. Ich bin leider nicht in der Lage, die allgemeine Siegeszuversicht zu teilen, und sollten wir dennoch siegen, so sehe ich Folgen voraus, über die ich mich nicht freuen kann. Es ist kein Gnadengeschenk, den Kassandrablick zu haben und gleich jener Seherin des Altertums ohnmächtig zu sein zu ändern und zu helfen. – Inzwischen *wünsche* ich unseren Sieg mit aller Kraft meines Herzens; denn unterliegen wir, so ist es mit uns aus und vorbei – daran zweifelt wohl niemand mehr.“

„Meine Prognosen – das Schicksal der Kassandren – die Vision der Niederlage – Deutschlands Untergang – der Kassandrenblick – Kleists offenbarendes Lied“ – dies sind Worte, die – ebenso wie schon das Antlitz ihres Urhebers – von der Schaukraft für Künftiges zeugen – und die zugleich anzeigen, aus welchem Grunde, zusätzlich zu der christlichen Erstarrung der Zukunftswoge, dem kassandrischen Seher, der über das vereisende Meer schaute, die Zukunft – auch und vorzugsweise im Erleben – nur noch als ein sich verfinsterndes Hirngespinst erschien. Mit aus diesem geheimen Grunde wohl hielt er an der philosophisch unbegründbaren Formel: die Zukunft ein Hirngespinst, fest. Sie wäre letzten Endes nicht eine metaphysische Aussage gewesen, – sondern, 1921 im kosmogonischen Eros, selbst eine Prognose: die vermeintlich noch in ihrer Fülle zu erlebende Zukunft liefe in Wahrheit auf ein zerschlissenes Gespinst hinaus. –

Zum Abschluß seien in einigen Stichworten die Gesichtspunkte wiederholt, mit denen Luise Resatz den Blick aus dem Zugfenster im Polygapo-Train begreiflich macht: die schauende Seele im ganzheitlichen All – nicht in der zerstückten Unermeßlichkeit des separierten Zweierlei von Raum und Zeit – die Zeit nicht rasender Pfeil, sondern hegender Ring – der Zeitkreis nicht zerrissen und überschüttet von einer losgelösten Zukunft – sondern gespeist aus dem kosmischen Quellgrund – der Weg des Rausches und des Opfers – die All-Offenheit des ewigen Augenblicks.

Es würde ein Lebenswerk sein, so bescheidet sich Luise Resatz im Abschluß ihres Buches „Zeitkreis und Quellgrund", das Thema der Vorschau erschöpfend zu behandeln. „Es ist aber zu hoffen, daß zumindest soviel aus diesen Ausführungen hervorgeht, daß in einem polar gegründeten Weltbild – welches das Universum als „wirklich und einmalig" aufzeigt – sich die Frage nach der kausal bedingten Determiniertheit der Welt gar nicht mehr in den Vordergrund zu schieben vermag. Auch die Frage nach der Zeit und ihrem Wesen wie nach der Möglichkeit von Vorschau kann durch das polare Weltbild und die aus ihm sich ergebende neue Wesensschau der Zeit ohne Widersprüche in sich beantwortet werden."

POLYTHEISMUS-DISKUSSION

Stellungnahmen zu James Hillman, „Die Psychologie: monotheistisch oder polytheistisch?" (GORGO 1/1979)

[Erschienen in „GORGO". Zeitschrift für archetypische Psychologie und bildhaftes Denken, Heft 2, Jahrgang 1979, Raben-Reihe, Schweizer Spiegel Verlag, S. 61–62]

Am Schluß eines Vortrags („Der Wind der Märchenwelten"), den ich gerade zu Papier gebracht habe, kam ich, ausgehend von einer Situation, in der sich eine der Schülerinnen des Juan Matus findet, zu folgenden Sätzen: Auch für uns stellt sich immer wieder das Problem der Wandlung, des Neuwerdens, – von grundauf erneuerte Lebensweisen anzunehmen und dadurch auf den Kern zurückzuwirken. Gewöhnlich ringen wir, um der Trägheit Herr zu werden, die sich der Wandlung entgegensetzt, mit den Kräften unseres Innern gegen andere innere Gewalten – ein schrecklicher, nutzloser Kräfteverschleiß. Ob es uns nicht besser glücken möchte, wenn wir uns dabei solcher Helfer versicherten, die aus dem Nagual, dem Ungeheuren, herüberwirkten, – uns einließen mit den eigentlichen Welt- und Lebensmächten – und eben auch und vor allem mit dem gewaltigen Weltenwinde, – eingedenk nämlich der gewichtigen Worte, die ich heute schon einmal zitiert habe: Dein lebendiger Leib bedarf der Nacht, der Angst und des Windes …

Jener Absatz fiel mir ein, als ich heute vormittag endlich dazu kam, den Beitrag von Hillman zu lesen, – wo sich auch das Problem stellt; wie bringt man denn die Götterbilder zu dem Grade von „Wahrheit" für den Patienten, daß sie ihm wirklich hilfreich entgegenwirken. Mir fiel dabei auch ein Bericht aus dem Archiv für den thierischen Magnetismus ein, wo geschildert wird, wie eine alte Frau zur Heilung ihrer Patienten sich einer anderen „Weltmacht" bedient, nämlich bestimmter Sterne, die sie in der Nacht mit dem gegenwärtigen Kranken in einen wirkenden Zusammenhang bringt.

Die Weltmacht, um die es bei der Entgegensetzung von Polytheismus und Monotheismus eigentlich geht, ist die Zeit. Die Gorgo zu spiegeln, bedeutet ja auch, in ihrem Anblick auszuharren. Der Eingott ist dazu erfunden, momentan, instantan, jede Not zu stillen. In einer Welt der Götter muß aber immer der durchlebt werden, der jeweils auf dem Throne sitzt und der nur nach der Ordnung der Zeit von einem anderen abgelöst wird. Mit der Vielgötterei sitzt man im Pendelkörper und schwingt von Licht zu Finsternis und umgekehrt, durch die Nacht und durch den Tag. Das Mono-Selbst aber sucht sich im Aufhängepunkt zu installieren, um der Not der Zeit zu entgehen. Psychotherapie wäre die Herabführung der kranken Selbstseele aus dem Aufhängepunkt in den Pendelkörper, wo sie das Vertrauen gewinnen muß, die Stationen aller Götter zu passieren und in den Wendepunkten auszuharren, ganz gleich, ob es schreckende oder nährende Gottheiten sind, die dort wohnen.

Natürlich ist das Leben im polytheistischen System nicht das Haben einer Religion. Ich halte ja mit Entschiedenheit die Stufen der rituellen und der religiösen Kultur auseinander. Der Mensch in der rituellen Kultur durchläuft im Kreise die Stationen der Götter, während der religiöse Mensch sich innerhalb des Zeitenflusses an jenen Felsblock klammert, den er „Ewigkeit" nennt im Sinne einer stillstehenden Zeit und der dem ewig-einen Gott entspricht. Religion haben, heißt je und je erlöst zu sein, in Ritualen leben heißt, sich immer wieder zu verlieren und wiederzufinden. Das Mandala gehört aber nicht eindeutig zur religiösen Seite; seine Eigentümlichkeit – und daher sein Reiz – besteht ja gerade darin, daß es ein Simultanbild des Zeitkreises ist. Das heißt, es kann nach der polytheistisch-rituellen und nach der monotheistisch-religiösen Seite hin aufgefaßt werden und wirken. Es kann die stehende Ewigkeit des Eingottes oder die zeithaft kreisende Ewigkeit der Vielen bedeuten.

WEISHEITSWORTE DES MAHĀBĀRATA

in Ruhaijat gefaßt

Nicht obenauf thront, der die Herrlichkeit
der Welt, der Götter schuf, die Erde breit, –
nein, tief versunken sinnt dem Weltenlos
er nach im Schoß der Unergründlichkeit.

****

Welchen du wählst von tausend Weltenwegen,
wie ihn erkennst im bunten Weltenregen,
den einen, fragst du, deinen Pfad! – vernimm:
dort wandeln deine Götter dir entgegen.

****

Folgt deiner Tat der Ruhm von Land zu Lande,
strickt dich dein Handeln an den Pfahl der Schande:
in Fesseln schlägt dich alles Menschentun, –
allein das Opferwerk schlingt *keine* Bande.

****

So mächtig wie beim Kalb der Hörner Wuchs
anschwillt zur Überlast des Bullenschmucks,
so wächst im Wohlstand riesenhaft die Gier
nach Prunk und Prassen, Zins, Kredit und Kux.

****

Wolf ohne Wald stirbt unter Pfeileschauern,
Wald ohne Wolf verfällt des Holzes Hauern.
Schirme so Wald als Wölfe, denn es kann
Wald ohne Wolf, Wolf ohne Wald nicht dauern.

****

Das Schicksal, klagt ihr, türme Stein auf Stein
in jeden Weg euch, spräche immer Nein! –
So dürft ihr mit dem Schicksal euch nicht zwein,
das Schicksal selbst nur kann euch Zuflucht sein!

    ****

Wie doch entgehen mag der Schicksalsnot
der, den des Schicksals Feuer rings umdroht? –
Das Schicksal selber brennt die Bahn ihm frei,
sein Weg führt, wo der Brand am höchsten loht.

    ****

Die Götter schirmen nicht mit Erz und Zinn,
sie strecken nicht für dich die Wölfe hin
wie mit dem Knüttel Hirten tun fürs Vieh, –
sie schirmen dich da innen – mit dem Sinn.

    ****

Lebst du nicht abgekehrt vom Daseinsfeste,
so ist zur Lebensführung dies das Beste:
mit Feuer, Speise und Verneigung ehr'
die Götter, Ahnen, Weisen du und Gäste ! –

Inhalt

Schriften zur Märchen-, Mythen- und Sagenforschung

Bislang in dieser Reihe erschienen:

Band 1

Heino Gehrts

Gesammelte Aufsätze 1
Aspekte der Märchenforschung

Mit einem Vorwort herausgegeben von Heiko Fritz

Br., 304 Seiten, 36,90 €
ISBN 978-3-86815-588-4
Igel Verlag, Hamburg 2014

Band 2

Heino Gehrts

Gesammelte Aufsätze 2
Justinus Kerner und die Zeit der Aufklärung

Herausgegeben von Heiko Fritz
Mit einem Vorwort von Sven Gallinat und Uwe Schellinger

Br., 308 Seiten, 36,90 €
ISBN 978-3-86815-700-0
Igel Verlag, Hamburg 2015

Band 3

Heino Gehrts

Gesammelte Aufsätze 3
Initiation, Einweihungsrituale und Wesensphänomene

Herausgegeben von Heiko Fritz
Mit einem Vorwort von Wolfgang Giegerich

Br., 280 Seiten, 36,90 €
ISBN 978-3-86815-707-9
Igel Verlag, Hamburg 2016